하이트렌드

한국미래연구원

재단법인 한국미래연구원은 2000년 5월 선진 한국의 미래 비전을 세우기 위해 창립되었다. 지식정보사회의 새로운 세계 질서를 이끌어 갈 미래비전과 전략, 창조적 가치창출 전략, 미디어·정보통신 환경 변화와 에너지 이슈를 연구하고 있으며, 전문가 지식 네트워크의 구축을 통해 지식정보사회의 비전 연구기관으로 발돋움하고 있다.

미래전략포럼

2003년 KT와 함께 조직되었으며, 미래의 성장을 이끌 국가비전을 만들어 왔다. 경제, IT, 정부, 문화·디자인, 에너지·환경, 가족·노동, 과학기술 등 각 분야의 핵심리더들을 결집시키고 축적된 지식과 비전을 공유하며 미래전략을 만들고 있다. 150여 회의 세미나와 6회의 심포지엄을 통해 250여 명의 전문가들이 지식네트워크를 형성하였으며, 5권의 연구 보고서와 1권의 도서 『퓨처코드-대한민국 미래 트렌드』가 출간되었다. 『하이트렌드-디자인과 콘텐츠가 창조하는 기업의 미래』는 미래전략포럼의 연구 성과를 모은 두 번째 책이다.

디자인과 콘텐츠가 창조하는
기업의 미래

하이트렌드

HIGH TREND   이각범 외 지음

21세기북스

추천사

미래를 창조하는 힘, 디자인과 콘텐츠

『디지로그』선언편을 쓰고 아직도 실천편을 출간하지 못한 채 3년을 허송했다. 게을러서가 아니라 집필 기간 중에도 디지털 기술의 비약과 IT관계 기업들의 부침이 나의 집필 속도보다 빨랐던 탓이다. 그런데 이번에 한국미래연구원이 펴낸 『하이 트렌드: 디자인과 콘텐츠가 창조하는 기업의 미래』를 보면서 솔직히 무력감과 자괴감을 씻을 수가 없었다.

특히 디자인과 콘텐츠는 바로 디지털에 혼과 감성을 불어넣는 아날로그의 상징적인 자원이기 때문에 디지로그 트렌드의 핵심이라 할 수 있다. 그동안 나는 이각범 원장과 디자인과 콘텐츠 개발의 전략 문제를 놓고 몇 차례 의견을 나누어왔으며 그에 대한 구체적인 프로그램에 대해 안건도 제의한 바 있었다. 그런데 어느새 이토록 참신하고 짜임새 있는 연구물들을 엮어내게 되었는지 그저 놀랍기만 하다.

마쓰시다 고노스케는 일본 기업인으로 디자인 파워를 맨 먼저 비즈니스에 도입한 사람이다. 패전 뒤 처음 미국을 방문한 마쓰시다 사장에게 큰 충격을 준 것은 바로 '디자인'이라는 신개념이었다. 성능이 똑같은 라디오인데도 가격이 다른 이유를 백화점 점원에게 물었을 때 그 답은 간단명료했다. "디자인의 차이"라는 것이다. 마쓰시다 사장은 '상품은 기능이 아니라 소통'이라는 새로운 트렌드를 발견한 것이다. 그는 돌아오자마자 처음으로 자기 회사에 디자인부서를 신설하여 파나소닉 브랜드를 세계화 한다.

근대화에 한발 늦은 한국이 과학 기술면에서 뒤지는 것은 어쩔 수 없는 일이라고 해도, 디자인과 같은 문화적 감성 면에서 뒤쳐져 있는 것은 기업이 아니라 지식인의 책임이다.

하물며 IT 선진국을 자처하고 있으면서도 디자인과 콘텐츠가 없는 우리나라 실정을 볼 때마다 "산업화는 뒤졌지만 정보화는 앞서 가자"는 구호를 만든 사람으로서 얼굴이 붉어진다. 미국은 땅이 넓어 광케이블을 설치하기 힘들어 브로드밴드(broadband, 광대역)의 보급이 한국보다 훨씬 뒤져 있다. 그러나 지식정보시대에서 창조시대로 문명의 트렌드를 읽고 앞서가는 나라는, 여전히 미국이다. 구글의 사무실 디자인만 봐도 알 수 있다. 구글 직원들은 아래층으로 내려올 때 소방대원들처럼 기둥(파이어 폴)을 타고 내려온다. 놀이의 감각에 기능성을 가미한 디자인 마인드가 세계 최대의 자동차 제조 회사인 도요타를 주식 시가 총액에서 앞지르게 된 동력이었다.

구글이 천문학적 액수를 들여 유튜브를 사들인 것도, 대학

도서관들의 책을 스캔하여 웹 콘텐츠를 확충하고 있는 것도 모두 디지털 콘텐츠의 한계를 느꼈기 때문이다. 콘텐츠 없는 검색 엔진은 '겨울의 부채요, 여름의 화로'와 다를 게 없다. 이미 그전에 빌 게이츠는 막대한 자금으로 수 십 만점의 미술관 소장품을 통째로 계약 디지털화했다. 이 모든 사례가 디지털 자산이 무엇인지를 보여준다.

사실 서양의 콘텐츠는 거의 폐광과 다를 게 없다. 그래서 디즈니사는 중국의 고전 '뮬란'을 애니메이션으로 개발하지 않았는가.

지식정보는 넘쳐날 만큼 많다. 그런데도 갑작스레 닥친 미국의 금융위기는 오늘의 지식정보·디지털 혁명이라고 부르는 그 문명이 얼마나 취약하고 허장성세로 포장된 것인가를 깨닫게 한다. 영국의 엘리자베스 여왕은 금융위기로 허둥대는 정치·경제인들을 바라보며 수상에게 물었다. "그 많은 전문가들 가운데 한 사람도 이런 일이 일어날 줄 몰랐단 말입니까?"

지식정보가 아무리 많아도 그리고 그것을 활용하는 전문가, 지식인들이 아무리 모여 다녀도 콘텐츠 없는 문명과 기업의 붕괴현상은 지식과 정보만으로는 예견할 수도 방어할 수도 없다. 존 코터가 말하고 있듯이 우리는 지금 녹고 있는 빙산에서 살고 있는 펭귄과도 같다는 사실을 몇 사람이나 제대로 파악하고 있을지 의심스럽다.

디자인이 디지털, DNA와 함께 3D의 문명 트렌드로 각광받고 있지만 디자인은 디지털이나 DNA와는 달리 인간의 상상력과 감동이 만들어내는 창조력의 산물이다. 시와 음악처럼 삶의 양식이 아니라 삶의 목적이며 그 내용이다.

그 많은 전문가, 지식인들이 닥쳐올 위기를 몰랐다니! 엘리자베스 여왕의 한숨을 멈추게 하는 것은 예언자가 아니라 창조자이다. 미래는 예견하는 것이 아니라 창조하는 것이기 때문이다.

여기 이각범 원장을 비롯한 23명의 창조인들이 펼친 미래의 하이트렌드 담론이 바로 그렇지 않은가. 아시아 지역에는 많은 고전들이 망각 속에 묻혀있다. 공연, 게임, 영화, 애니메이션화 할 수 있는 소재를 캐내기만 한다면 미래의 한국호는 창조적인 지적 보물을 싣고 당당하게 블루오션을 항해할 것이다. 이런 의미에서 기업인은 물론 오늘 우리가 처한 '위기극복을 위한 책'으로 자신있게 이 책을 추천한다.

이어령 _ 중앙일보 상임고문, 초대 문화부 장관

서문

미래의 성장 동력은 무엇인가?

세계는 변화하고 있다. 인류의 사상, 지식과 학문 또한 끊임없이 진화하고 있다. 이 변화의 흐름에는 새로운 시도와 좌절, 적응과 도태가 있으며 도전과 응전이 있다. 최근 세계금융위기와 이로 인하여 시작된 실물경제위기가 이러한 진화의 과정을 단면적으로 보여주고 있다. 이 위기는 단순한 경제부문의 위기가 아니다. 당장 기업 도산과 대량실업이 일어난다고 해서 응급처방 식으로 이 위기 극복에 급급할 수만은 없다. 위기의 원인은 보다 근본적인 데 있기 때문이다.

금융위기가 터지기 전에 세계경제는 가격혁명으로 소용돌이쳤다. 중국, 인도, 동남아시아, 남미 등 세계 인구의 절반을 점하고 있는 나라들이 새롭게 세계의 공장 역할을 하면서 저가품의 대중소비가 급격하게 팽창했다. 이에 대한 반대급부로 원자재와 에너지 가격은 폭등했다. 해운 등 서비스 요금도 덩달아 뛰었다. 인류는 그 이전의 어떤 세기에서도 누릴 수 없었던 물질적 풍요를 경험했다. 그러나 가격은 널뛰듯 춤추었다. 한편으로는 더 많은 소비를 부추기고, 다른 한편으로는 가격불안으로 인한 위험을 방지(hedge)하기 위하여 금융공학적 기법이 동원되었다. 이에 실물경제규모와는 동떨어진 금융버블이 형성되었고, 끝내 붕괴되었다. 20세기적 진보의 마지막 장에서 생산의 국경도 허물어졌지만 소비의 국경 역시 허물어졌다. 이에 인류는 지구를 달구고 더 이상 감당할 수 없는(unsustainable) 환경으로 몰고 갔다.

세계경제위기는 지금까지 해온 발전방식이 갖는 한계를 보여주면서 새로운 진보의 방향을 제시하고 있다. 양적 팽창을 추구해 온 경제, 일방주의에 입각한 군사행동은 좌절의 벽을 만났다. 하드 파워만으로 통하던 시대가 지나간 것이다. 대신 문화, 품격, 감성, 매력을 상징하는 소프트 파워가 주도하고 하드 파워가 이를 뒷받침하는 스마트 파워 시대가 왔다. 2009년 1월 17일자 『이코노미스트』는 부시의 퇴임을 일컬어 "딱딱한 친구 퇴장(The frat boy ships out)"이라고 썼다. 대신 하드 파워보다 소프트 파워에 보다 높은 가치를 두는 오바마 대통령의 식견에 기대감을 표시하였다.

21세기를 지배하는 불확실성은 세계경제위기와 같은 큰 시련을 예고하지만 하드 파워와 소프트 파워의 성공적인 결합을 통해 진보를 꾀하는 국가와 기업에게는 새로운 도전과 기회의 시기이기도 하다. 20세기 세계경제위기의 와중에서 미국의 루즈벨트 대통령은 유효수요 창출의 방식으로 경제위기를 돌파하였고, 독일의 히틀러도 '아우토반' 건설로 경제부흥의 고속도로를 깔았다. 미국의 오바마 대통령은 21세기 경제위기를 정보고속도로의 건설과 소통의 리더십으로 극복하려고 한다. 아울러 "큰 정부냐, 작은 정부냐"를 논쟁하는 교과서적 경직성을 뛰어 넘어 "문제를 해결하는 정부"라는 유연한 길을 제시하고 있다. 양적 팽창의 한계에 직면한 세계는 이제 '질적 승화'의 고속도로를 달려야 할 때에 이른 것이다.

세계의 변화를 직시하면서 그 변화의 조류를 순방향으로 타고 항진航進하는 나라는 세계에서 경쟁력 있는 나라가 될 수 있다. 한국미래연구원이 미래전략포럼의 조직을 통하여 이루고자 하는 바는 세계적 변화를 이끄는 추진력의 핵심을 파악하고 우리 나라가 이를 갖추기 위한 전략을 도출하는 것이다. 이에 미래전략포럼은 경제, 과학기술, 정보통신, 문화, 디자인, 환경, 에너지, 가족, 기업 등 각 분야의 전문가를 아우르는 지식네트워크를 구축하여 미래연구를 진행해 왔다. 통섭을 기조로 미래를 다각도로 연구한 결과, 21세기 변화의 핵심은 창조적 능력에 있다는 사실을 발견했다. 아울러 지식네트워크사회에서는 뛰어난 개별 지식이라고 하더라도 집합적 지식이 포괄하고 있는 비전의 범위를 갖추기 매우 힘들며, 산업 또한 융합을 통하여 새로운 성장의 신천지를 개척할 수 있다는 사실 또한 확인할 수 있었다.

미래전략포럼은 '디자인'과 '문화콘텐츠'의 두 축을 중심으로 미래전략을 논의하였다. 이 두 축은 우리의 상상력을 자극하여 창조적 융합을 가능하게 하고 소프트 파워를 강화시키는 원동력이기 때문이다. 디자인은 단순히 미학적 영역에 국한되지 않는다. 디자인은 전체를 아우르는 포괄적 시야를 전제로 하며, 가장 거시적 차원으로부터 가장 미시적 차원으로의 체계적 전개를 요구한다. 문화콘텐츠 역시 디자인과 마찬가지로 이성적인 로직을 감성적 수용성으로 전환하는 과정이 탁월(excellent)해야 한다. 디지털 시대에 걸맞는 하이테크의 뒷받침이 이들 분야의 새로운 전개 여부를 결정하므로 하이로직-하이터치-하이테크의 3결합이 디자인산업과 문화콘텐츠 산업의 성패를 좌우한다. 광범위한 대중이 이들 산업을 수용할 기회를 갖는 복지의 실현 또한 간과할 수 없는 과제이다. 국가와 기업이 '디자인'과 '문화콘텐츠'를 적절히 활용하여 매력적인 문화와 브랜드를 만들어낸다면 우리의 창조산업 육성과 창조인력 양성에 획기적인 전기를 만들어 낼 수 있을 것이다.

지금은 산업구조, 인력체계, 세계 금융산업 등에서 미래지향적인 대전환을 모색해야 하는 시기로, 우리나라가 창조와 융합 산업을 이끌 소프트 파워를 배양한다면 미래 성장 동력을 찾을 수 있을 것이다. 이를 위해 의사소통의 리더십이 절실히 필요한 때이다.

이각범 _(재)한국미래연구원 원장

차례

1 디자인

추천사   004
서문   008

1부 미래 소비자 트렌드

1장 소비자 감성과 트렌드 찾기   019
2장 감성소비와 뉴로마케팅   031
3장 미래소비자를 위한 트렌드 이야기   043

2부 미래 디자인 경영

4장 디자인, 비즈니스의 새로운 가치   057
5장 디자인 상상력으로 승부하라   072
6장 디자인, 국가의 새로운 경쟁력   085

3부 디자인이 창조하는 미래 라이프스타일

7장 모바일 디자인의 미래   099
8장 브랜드, 생각이 만든다   117
9장 패션이 IT와 만날 때   126
10장 정보는 도시와 건축을 어떻게 바꿀 것인가   137
11장 걷고 싶은 거리, 살고 싶은 도시   159

2 콘텐츠

1부 미래 콘텐츠 트렌드와 발전방향

1장 인터넷 미래와 콘텐츠　　　　　　　　　　　181
2장 창조적 융합이 문화콘텐츠의 힘이다　　　　193
3장 오감을 활용한 커뮤니케이션　　　　　　　　213
4장 미래 콘텐츠의 진화 방향　　　　　　　　　　237

2부 콘텐츠로 승부하는 미래 기업

5장 문화콘텐츠로 승부하는 미래 기업들　　　　257
6장 애니메이션 산업의 비전과 과제　　　　　　276
7장 공연산업의 성공요인과 시장 전망　　　　　297
8장 영화산업, 지금이 기회다　　　　　　　　　309
9장 생활속의 게임, 미래의 게임　　　　　　　　330
10장 문화+콘텐츠, 그리고 마케팅　　　　　　　351

3부 미래 세대와 콘텐츠

11장 네트워크 부의 미래　　　　　　　　　　　375
12장 새로운 세대와 콘텐츠　　　　　　　　　　392
13장 청년세대의 미래　　　　　　　　　　　　　406

참고문헌　　　　　　　　　　　　　　　　　　　440

1 디자인

1부 미래 소비자 트렌드

1장 소비자 감성과 트렌드 찾기

박수경 | 아모레퍼시픽 고객지원담당 상무

디지털 시대: 이성과 감성을 결합하기

디지털 시대는 지금까지 우리를 지배했던 이성에 감성을 결합하는 시대이다. 사람들이 감성에 대해서 많은 얘기를 한다고 해서 그것이 감성이 이성보다 앞서거나 더 중요하다는 것을 의미하는 것은 아니다. 우리가 너무 이성적으로만 생각해 왔기 때문에 그동안 거론하지 않았던 감성을 끄집어내어 부각시키자는 것뿐이다. 중요한 것은 이성과 감성의 조화이다. 감성적 또는 이성적으로만 쏠리지 않고 양쪽을 조화롭게 하는 것이 지금 시대를 살아가는 노하우다. 이렇게 하기 위해서는 이전에 보이지 않았던 가치인 감성을 어떻게 정의하고 어떻게 끌어낼 것인가가 중요하다.

성공적 비즈니스를 하려면 감성에 초점을 맞추어야 한다. 그런데 감성이라는 것에는 템포와 사이클이 있다. 이 템포와 사이클이 잘 맞아야 소위 말하는 히트를 칠 수 있다.

IT의 진화: '정보전달' 수단에서 '감성전달' 수단으로

IT가 정보전달 수단에서 감성전달 수단으로 진화하고 있다. 동영상사이트인 '유튜브'에는 몇 백만 명이 동시 접속을 한다. 이러한 유튜브에 이어서 전 세계적으로 빠른 속도로 가입자가 늘어나고 있는 사이트가 '세컨드라이프'이다.

어릴 때 종이인형을 가지고 놀았던 적이 있을 것이다. 실제로 옷을 마음껏 살 수 없기 때문에 마치 자신이 디자이너가 된 양 종이에 옷을 그려 입힘으로써 대리만족을 느끼도록 한 놀이다. 세컨드라이프는 소비자의 이러한 욕구를 충족시킴으로써 수익을 창출하고 있다. 아이템들을 구입하여 아바타를 꾸미고 집을 장식하기도 하는 등 가상공간에서 현실과 다른 삶을 만들어 갈 수 있다.

이러한 흐름을 반영하듯 전 세계적으로 가장 큰 화장품회사인 로레알은 세컨드라이프에서 아바타를 대상으로 한 '미스 로레알' 선발대회까지 했다. 여기에서 흥미로운 것은 최고의 인터넷 사이트로 구글이 일등이었다가 유튜브가 일등이 되고 그 다음 세컨드라이프가 그 자리를 차지했다는 것, 그리고 이뿐만 아니라 이들이 컨버전스 되고 있다는 점이다. 다시 말하면 세컨드라이프에서 열린 미스 로레알 선발대회 동영상이 유튜브에 올라가고, 유튜브에서 그 동영상을 본 사람이 로레알 홈페이지에 들어가는 식으로 서로 공진화하고 있다는 얘기이다. 한 사람이 모든 것을 독식하는 구조가 아닌 무리가 승자가 될 수 있는 시대로 흘러가고 있는 것이다. 이렇게 앞으로 오픈소싱이 더욱 활성화 되면서 일등은 한 명이 아니게 된다. 어떤 카테고리에서든지 서로 뭉쳐서 같이 승자가 되는 시대가 오고 있다.

이렇게 감성이 진화하고 있다는 징후들이 많이 보이는 가운데, 중요한 가치가 바뀌고 있다. 지금까지는 기업전략의 핵심요소가 '집중력'에서 '속도'로 변화했다면, 이제는 속도가 아닌 '타이밍'이다. 즉, 가려운 곳을 정확하게 긁어줄 수 있는 것, 정확한 지점을 찾는 것이 중요해졌다. 이 타이밍을 맞추기 위해서는 가까운 미래를 예측할 수 있어야 한다.

메가트렌드

트렌드 찾기

감성사회를 준비하기 위한 미래 예측 전략의 일환으로 기업은 1~2년 앞서 트렌드를 발표하고, 그것에 맞추어 신상품을 준비한다. 기업에서의 트렌드란 '유행'을 짚어내서 남보다 먼저 혹은 적어도 그 시점에 맞추어서 상품을 출시한다는 것을 의미한다. 따라서 트렌드 개발을 어떻게 하고 어떤 준비를 하며, 어떤 결과가 나오는가를 아는 것은 기업에게 매우 중요하다. 이런 점에서 봤을 때 '개발'이라는 표현보다는 '찾아낸다'는 표현이 더 맞을 것이다.

트렌드를 찾는 과정에서 '메가트렌드'를 살펴보는 것은 매우 중요하다. 메가트렌드란 세부적인 트렌드보다는 3~5년간 지속될 사회전반에 대한 현상들을 끄집어내는 것을 말한다. 그 현상들은 주로 소비자의 라이프스타일에 나타나기 때문에 기업들은 여기에 촛점을 맞춰 연구하고 거기에 나타난 정치, 경제, 디자인 경향 등을 파악한다.

아모레퍼시픽의 경우 메가트렌드를 먼저 파악하고 여기에 맞추어 뷰티트렌드를 예측하여 상품 개발부터 마케팅 전략에 이르기까지 일련의 프로세스를 수립하고 있다. 그리고 단기적으로는 최신 이슈에 대해서 월 2회씩 사내에 트렌드 정보를 발송한다. 그래서 최신 유행 외에 특히 이슈가 되는 마케팅 기법을 소개하고 있다. 이것을 수행하는 사내 조직은 소비자미용연구소에 속해 있는 뷰티트렌드팀이다. 이 뷰티트렌드팀 안에서 트렌드 연구와 발신을 하는데, 구체적인 트렌드 연구 분야로는 마케팅 트렌드, 소비 트렌드, 소비자의 라이프스타일 등이 있다. 또 아모레퍼시픽은 유행컬러를 예측하는 일 외에도 뷰티 문화 개발, 사내 마케팅리서치팀과 함께 소비자행동조사를 시행하거나 라이프스타일을 연구한다.

뷰티트렌드팀에서 발송한 정보는 상품을 만드는 브랜드팀을 포함해 용기를 만드는 디자인팀, 마케팅 전략을 짜는 마케팅이노베이션팀에서도 유용하게 이용된다. 또 광고홍보업무를 하는 마케팅 커뮤티케이션팀에서도 이 정보를 이용한다.

하이퍼 휴먼

'하이퍼 휴먼Hyper Human'은 미래를 이끌어갈 새로운 인간상을 의미한다. 하이퍼 휴먼은 지식 노동 단계에서 한 단계 더 진보한 형으로 디지털이나 첨단과학으로는 대체할 수 없는, 인간의 풍부한 감성적 욕구를 충족시켜줄 수 있는 사람을 말한다. 마음이 없는 컴퓨터가 흉내낼 수 없는 일들을 하면서 사람들을 행복하게 해주는 사람이 바로 하이퍼 휴먼이다. 즉 하이퍼 휴먼은 직관력, 상상력, 창의력 그리고 감수성 같은 역량이 발달된 인간형이다.

Trend Flow

메가트렌드에서 창의성은 계속해서 중요해질 것이고, 하이퍼 휴먼의 가장 중요한 자질 또한 창의성이다. 이 창의성은 다시 4가지 트렌드로 나타날 것으로 예측했는데, 'Dynamic Well Liver', 'Inspirence', 'Timeless', 'Exclusive Taste'가 그것이다.

Dynamic Well Liver

건강한 삶에 대한 욕구는 끝이 없다. 정신적인 안정뿐 아니라 물질적인 만족에서 오는 풍요는 인간의 삶을 보다 윤택하게 해준다. 인간은 오직 나만을 위한 것이 아니라 너와 나, 우리가 함께 풍요로워지는 방법을 찾고 그 속에서 행복해지길 원한다.

 Dynamic Well Liver는 3가지 키워드로 정리할 수 있다. 첫 번째, Eco-lution이다. 환경을 지키기 위한 행동은 생산단계에서부터 적극적으로 개입되어야 하며, 환경 경영은 앞으로 지속적으로 추구해 나가야 할 가치이다. 두 번째는 Pure Paradise이다. 인위적인 것에 대해 거부감을 갖고 있는 소비자들은 순수하고 자연적인 것을 추구한다. 따라서 순수한 유토피아를 꿈꾸는 소비자들의 까다로운 욕구를 만족시키기 위한 노력이 필요하다. 마지막으로 Happy+. 디지털이 만든 사회는 정확한 틀에 짜여 돌아가고 현대인들은 극도의 스트레스를 받는다. 이를 해결하기 위한 방법들이 등장하고 인간들은 점점 더 행복을 추구하게 될 것이다.

Inspirence (Inspire + Experience)

체험을 중요시 하는 지금의 소비자들은 단지 보고 듣는 데서 만족하지 않는다. 직접 체험을 통해 가치를 부여하고 그 가치를 소중하게 간직한다. 렌탈숍이 엄청난 인기를 누리는 것도 이 때문이다. 소비자들은 소유보다 경험이란 가치를 더 소중히 여긴다.

   Inspire와 Experience를 어떻게 결합할 것인가. 첫 번째 키워드인 Arty inspiration은 삶 자체가 예술적인 삶으로 변화할 것이라는 의미이다. 편리성을 요구하던 가구들도 이제는 심미적인 기능으로 확대되고 있다. 두 번째 키워드 Cultural Composer는 문화적인 장점이 혼합된 진일보한 문화적 코드가 생성됨을 의미한다. 글로벌 환경에서 문화의 경계를 논하는 것은 아무 의미가 없다. 각기 다른 문화들은 새로운 시도를 통해 그 형태와 의미가 변화하고 전혀 다른 제3의 문화를 창조하기에 이르렀다. 마지막 키워드는 Ex-recipe이다. 이것은 무엇을 가졌는가가 아니라 무엇을 경험했는가가 중요해지고 있음을 의미한다. 색다른 경험의 가치는 어느 때보다도 중요해지고 있다. 소비자들은 점점 더 새로운 경험을 원하고 기업들이 제공하는 경험의 장을 넘어 자기만의 창조적 행위가 가미된 경험들을 시도하고 공유한다.

그리는 대로 가구가 만들어지고 소비자들이 화장품을 만들고 레시피를 인터넷에 올리는 등 생산자를 뛰어넘는 소비자들이 등장하고 있다. 이는 기업이 제공하는 경험 외에 무언가가 더 필요함을 의미한다. 더구나 진화된 웹 환경은 개인의 경험을 공유할 수 있게 해주면서 생산자와 소비자 사이의 경계를 허물고 있다.

Timeless

나이는 진정 숫자에 불과한 시대다. 팝가수 마돈나는 50대인데도 불구하고 전혀 그 나이대로 보이지 않는다. 외국에서는 10대, 20대 젊은 여성의 전유물처럼 여겨졌던 화장품 모델로 40대, 50대 여성들이 나서고 있고, 심지어 60대인 제인 폰다도 화장품 모델로 활동하고 있다. 이제 나이는 숫자 그 이상도 이하도 아니게 되었다.

Timeless의 첫 번째 키워드는 Stay Cool이다. 어제의 미래가 오늘의 현재로 다가오는 시간의 흐름이 계속되는 이상, 현재를 살고 있는 현대인들에게 과거의 후회나 미래에 대한 걱정은 감정 낭비다. 현재를 즐겨라! 현재를 풍요롭게 하라! 그것도 쿨하게! 이것이 바로 Stay Cool의 의미이다. 두 번째 키워드는 Remake yesterday이다. 과거의 기억들은 늘 따뜻한 느낌으로 다가온다. 과거에 대한 향수, 시간의 깊이가 배여 있는 물건의 아날로그적인 감성은 더욱 중요하게 부각된다. 마지막 키워드는 Nextism이다. IT의 영향으로 현대인들의 상상과 창조의 폭은 점점 넓어지고 있으며 미래에 대한 관심은 끊임없다.

Exclusive Taste

사람들은 누구나 대접받는 존재가 되고 싶어 한다. 차별화되길 원하고, 자신만의 것을 가지는 것에 큰 의미를 부여한다. 절대 같을 수 없는 나를 표현하고 느끼기 위해 상응하는 부가가치를 기꺼이 지불한다. 물질보다 정신적인 기준이 더 중요하다.

 대중문화의 영향력은 나날이 커지고 있다. 일반인들은 연예인이라고 불리는 사람들의 라이프스타일을 흉내냄으로써 만족을 극대화하고 그 속에서 자기 가치를 격상시키려고 한다. 이러한 의미를 내포하고 있는 키워드가 Red carpet story이다. 마케팅 수단으로 레드카펫을 중요하게 생각하는 이유는 연예인들이 레드카펫 위로 걸을 때 입고 나온 옷이 대중에게 크게 어필하기 때문이다.

 또한 높은 가격만이 '럭셔리'의 척도인 시대는 지났다. 이제 럭셔리에는 이제 타인에게 보여지는 것뿐만 아니라 나 스스로가 차별화 될 수 있는 희소성과 자기만족이 포함되어야 한다. 자기만의 꿈을 달성하면 '나는 럭셔리한 삶을 산다'고 말할 수 있다. 이것이 바로 Dream yours이다.

이러한 럭셔리에 대한 갈망은 상상의 경계를 넘나든다. 가치, 효용 등과 같은 이성적 잣대는 차별화를 원하는 이들에게 그다지 중요하지 않다. 고급스러움의 끝은 존재하지 않으며 Beyond cost까지 가는 상황이 되었다. 중요한 것은 감성을 이해하고 이를 만족시킬 수 있는 차별화와 고급화를 어떻게 실현시키느냐이다.

감성사회에 적응하기 위한 전략

감성사회에서 가장 필요한 것은 탄력성이다. 변화는 어떤 것을 새롭게 만들거나 내가 아닌 다른 사람이 되는 것이 아니라 내가 가진 좋은 유전자를 꾸준히 관리하면서 그 유전자를 진화시켜 가는 것이다. 마치 애벌레에서 누에고치, 나비가 되는 것처럼 가지고 있는 유전자를 보호하면서 변신해나가야 한다. 그 과정에서 탄력성은 중요하다. 혁신은 탄력있게 시의 적절한 타이밍을 맞추면서 변화하는 것을 의미한다.

마케팅은 6인치 넓이의 전쟁터에서 벌어지는 전쟁이라 한다. 여기서 6인치란 우리의 뇌를 의미한다. 결국 핵심은 '머릿속에 어떻게 자리 잡을 것인가'이다. 감성이라는 뇌는 결국 마음과 연결된다. 마음속에 어떻게 우리 브랜드를 파고들게 할 것인가에 대한 싸움이다. 사람의 마음을 차지하기 위해서는 앞서가는 트렌드를 찾아내서 적절한 타이밍을 포착해야 한다. 그리고 마케팅 전쟁터에서 보다 감성적으로 생각해야 한다. 또 소비자의 감성을 이해하기 위해 사람들과 더 많은 얘기를 해야 한다.

전략은 비즈니스 주변에 일어나고 있는 것들, 우리가 알고 있는 것 중 '기업이 관심을 집중하는 특정한 어떤 것'이어야 한다. 마이클 포터의 '수익적 성장Profitable Growth에 의한 구조분석', 게리 하멜과 프라할라드의 '전략의 혁명', 애드리안 슬라이워츠키의 '가치 이동의 관점' 등 전략이론은 많다. 그러나 모든 전략을 한꺼번에 쓸 수는 없다.

전략은 믿을 만해야 하고, 설득력이 있어야 하고, 독특한 관심을 끌 수 있어야 하며, 상업성이 있어야 한다. 오늘날 회사의 핵심역량에 관한 아이디어는 직급에 상관없이 누구에게서나 나올 수 있다. 필요한 것은 이러한 것들을 담을 수 있는 그릇(악보)이다.

2009 트렌드

'U-Nique'가 아닌 'I-Nique'

어제까지의 나는 남들과 다르게 보이기 위한 'U-Nique'를 추구했다면, 오늘부터의 나는 나 그 자체의 특별함, 'I-Nique'

를 추구하며 '있는 그대로의 나'와 '내가 원하는 나'의 모습에 집중한다. 나의 정체성과 본질에 대하여 물음표를 던지고 나를 있게 한 역사를 되돌아보고 그것에서 가치를 발견하며, 오늘의 나의 모습에 맞게 재해석한다. 또한 자기 가치와 취향을 중요시하며 새로운 가치기준에 맞는 나를 만들어나간다.

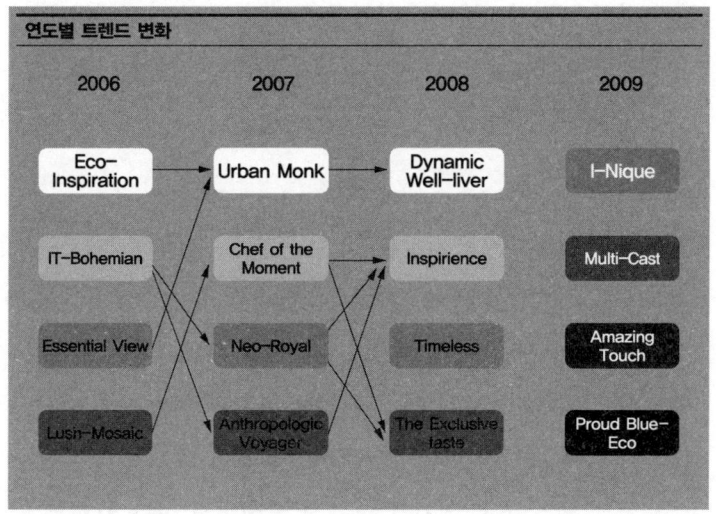

Multi-Cast

우리는 이제 하나만 잘해서는 인정받지 못한다. 여러 가지 직업과 성격을 가진 멀티 인간형, 다기능의 제품과 공간 등 복합적인 코드로 이루어진 현대 사회는 복잡하면서도 한편으로는 기술 발전이 빚어내는 심플한 미래상을 보여준다.

Amazing Touch

한계는 없다. 모든 것이 가능하다. 현대 사회의 하이-테크놀로지는 꿈을 실현하기 위해 진화하지만, 미래의 하이퍼-테크놀로지는 꿈을 실현하는 것에 머무르는 것이 아니라 꿈을 앞서나가는 것으로 한 단계 올라선다. 인간은 테크놀로지의 주체가 되어 주어진 환경에 순응하기보다 자신의 능력을 통해 신의 영역을 넘보려 한다. 거대한 하나의 영역은 섬세하게 나누어지고, 조각조각 나뉘어졌던 것들은 하나로 통합되어 때로는 예상했던 가능성 이상의 것을 만들어낸다.

Proud Blue-Eco

에코의 바람은 이제 어느 누구도 피해갈 수 없다. 에코는 생활 속에 자연스럽게 녹아 들어 필수불가결한 삶의 요소를 이루고 있다. 우리의 의식 세계 역시 이러한 에코의 바람에서 자유로울 수 없다. 라이프스타일 뿐 아니라 마음 깊은 곳에서도 에코의 물결은 계속되며, 대상은 단순히 자연만이 아닌 사회를 포함해 나를 둘러싼 모든 환경으로 의미가 확대되고 심화된다.

2장 감성소비와 뉴로마케팅

성영신 | 고려대학교 심리학과 교수

감성, 소비자의 지갑을 열다

누구나 MP3 플레이어를 하나쯤 갖게 되면서, 음악을 듣는 것이 하나의 일상처럼 되고 있다. 음악감상에 대한 대중적 관심은 인터넷망 확산에 따른 MP3 파일의 접근 용이성에 힘입어 MP3 시장의 폭발적 확대를 낳았다. 이제 MP3를 목에 걸고 산책하는 기성 세대의 모습이 낯설지가 않다.

그렇다면 세계에서 가장 많이 팔린 MP3는 무엇일까. 바로 애플을 살린 신화, 전 세계에서 1억대 이상의 판매고를 기록하고 있는 아이팟이다. 이미 MP3을 가지고 있는 사람들조차 아이팟에 열광하고 있는 이유는 획기적인 디자인 때문이다. 애플은 검정색에 기능위주의 단순한 디자인의 MP3가 대부분이던 때에, 잡다한 기능버튼을 최소화하고 하얀색의 미니멀한 디자인의 아이팟을 선보였다. 이후 더 작아지고 화려한 파스텔톤으로 단장한 2세대, 3세대를 잇달아 출시했고, 기기의 보호 케이스에는 '양말socks', 연결선에는 '미니독mini dog'이라는 아이팟만의 별칭을 부여하며 소비자들의 감성의 문을 두드렸다. 그 결과, 이제 아이팟은 더 이상 MP3로 불리지 않는다. 아이팟은 MP3 시장을 '아이팟'과 '아이팟이 아닌 MP3'로 양분하면서, 전 세계적으로 두터운 매니아층을 지닌 아이콘이 되었다.

언제부터인가 성공적인 마케팅 사례를 분석할 때 '감성'이라는 단어의 등장이 낯설지 않게 되었다. 이런 현상은 화장품, 패션제품, 음료 등과 같은 쾌락적 제품뿐만 아니라 에어컨이나 세탁기와 같은 가전제품, 아파트 등과 같은 기능성 위주의 실용적 제품에도 적용된다. '백색가전'이라 불리던 냉장고는 이제 유명한 화가의 꽃 그림이 그려진 한 폭의 예술작품이 되었다. 과거에는 소비의 기준이 가격과 품질이었으나, 최근에는 기호에 맞는가, 생활을 즐겁게 해주는 것인가와 같은 심리적 만족감이 기준으로 자리잡았다. 즉 현대의 소비자들은 계획적이고 합리적이고 제품의 성능과 가격을 중시하던 결핍에 의한 소비 행태에서 벗어나, 점차 비계획적이고 충동적이며, 감각 및 디자인을 우선하고 소비 자체를 즐기는 소비양상을 보인다. 이처럼 소비자들이 마음 속 깊이 숨겨져 있는 가치의식, 개성, 취향, 기분 등, 감성적 측면에 따라 의사결정을 하고 소비자체를 즐기는 것을 '감성소비'라 한다.

감성소비는 왜 증가하는가

기술이 점차 발전하고 대부분의 제품 시장이 성숙기에 접어들면서 기업은 더 이상 기술력 만으로는 차별화를 만들어내기가 어려워졌다. 또 과거에는 새로운 성능의 제품이 끊임없이 출시된데다 낮은 수준의 기술력으로 제품수명이 짧았기 때문에 적절한 제품구매 주기를 실현할 수 있었다. 하지만 신기술 개발 속도가 늦어진 현대의 기업들은, 기존의 기술력은 그대로 유지한 채 소비자에게는 새로운 기술의 신제품인 것처럼 인식시키기 위한 노력을 해야 한다. 이에 기업은 소비자가 자사의 제품을 선택하도록 하기 위해서 디자인, 이미지, 색, 브랜드 등의 감성적 측면을 통해 차별화를 모색하고, 성능이 별반 다르지 않아도 새로운 제품인 것처럼 만들어낼 수 밖에 없는 것이다.

앞서 예를 들었던 MP3를 보면 이러한 사실이 잘 드러난다. 초기의 MP3 시장은 용량싸움 이었다. 기업들은 얼마나 큰 용량의 메모리를 탑재해서, 얼마나 많은 음악을 담을 수 있는가를 두고 경쟁했다. 하지만 삼각기둥 모양의 아이리버, 순백의 아이팟, 최고의 아이돌 그룹을 내세운 옙 등은 MP3 시장이 감성위주의 경쟁이 될 것임을 예견했다. 이제는 미키마우스 모양, 큐빅 모양의 MP3 등이 출시되고 있다. 메모리 용량의 차이보다는 디자인의 차이가 더 중시되었고, 어느 브랜드 제품이냐에 따라 가격이 천차만별로 달라지는 등 감성적 측면을 부각시키는 마케팅 전략이 나오고 있다.

소비자들 역시 변화한다. 과거 소비자들은 기본적 욕구를 충족시키기에도 급급했기 때문에 필요에 의한 구매가 위주였지만, 국민소득이 증가함에 따라 기본적 욕구충족이 아닌 보다 상위의 다양한 욕구를 충족하고자 소비를 하게 된 것이다. 구석기 시대에서 신석기 시대로 넘어오면서 음식을 담던 토기에 빗살무늬가 생겨났던 것처럼 사람은 생리적이고 기본적인 욕구를 충족하고 나면 심리적이고 감성적인 욕구를 채우고 싶어진다. 소비는 이제 단순히 필요한 물품을 구할 수 있는 방법에 그치지 않고, 나를 대변하고 심리적 만족을 얻기 위한 목적 그 자체가 되었다. 소비를 위한 소비가 생겨난 것이다. 이제 소비자들은 단순히 목이 말라서 물을 마시는 것이 아니라, 커피전문점의 커피를 테이크아웃해서 들고 다닐 것인지, 작고 예쁜 페트병에 담긴 녹차를 마실 것인지를 고민하게 되었다. 내가 '무엇을 마시는가'가 곧 '내가 어떤 사람인가'를 의미하기 때문이다. 미래학자 롤프 옌센Rolf Jensen은 정보화사회 이후를 '드림 소사이어티dream society'라고 하였다. 드림 소사이어티란 시장 욕구가 단순히 물질적인 것에서 감성적인 것으로 변화한 사회를 의미한다

감성에 호소하는 감성마케팅

20세기까지 마케터들은 소비자가 제품의 기본적인 가치에 근거해 이성적인 의사결정을 하는 합리적인 존재라고 생각했다.

따라서 제품의 특징과 속성 등을 차별화하는 것이 가장 큰 과제였다. 하지만 최근 사회적·심리적 요인에 의해 감성이 중요시 되면서 기업은 소비자의 감성적 반응을 이끌어 내기 위한 노력을 하고 있다. 이처럼 논리적 사고나 이성보다는 소비자의 기분이나 감정과 같은 감성적 반응을 유도하는 마케팅을 감성마케팅이라 부른다. 소비자의 감성을 자극하는 정보를 통해 제품이나 서비스에 대해 호의적인 감정을 유발하고, 소비자를 즐겁게 하고 감동시킴으로써 제품 판매를 높이고자 하는 것이 감성마케팅의 목적이다. 예를 들어, 최근 기업은 소비자의 시각·청각·미각·후각·촉각 등의 감각적 요소를 만족시키고자 하는 감각마케팅sense marketing을 펼치고 있다. 현대 기술의 총아라 할 수 있는 휴대전화만 해도, 그날그날 기분에 따라 휴대폰의 커버를 다른 색상으로 바꾸어 낄 수 있는 기종이나 진동이 올 때마다 오토바이 진동음이 울리는 기종 등이 출시되어 소비자의 눈과 손끝을 자극하고 있다. 뿐만 아니라, 길 밖까지 도너츠 냄새가 퍼지도록 하여 가게로 들어오게 하는 향기마케팅, 레스토랑 안에 빠른 음악을 약간 크게 틀어 사람들이 큰 소리로 웃고 떠들면서 음식을 빨리, 많이 먹도록 유도하는 음향마케팅 등이 좋은 성과를 거두고 있다. 단편적인 이미지보다는 이야기구조로 다가갈 때 더 관심을 기울이고, 다른 사람의 흥미로운 이야기에 관심을 보이는 인간의 심리에 바탕을 두어 상품에 얽힌 이야기를 만들어 광고에 활용하는 스토리텔링 마케팅도 감성마케팅의 일종이다. 그 밖에도 포장이나 패키지가 재미나거나, 먹는 방법이 색다르고, 레스토랑의 분위기가 고객을 즐겁고 재미있게 해주는 등 흥미와 재미를 판매 포인트로 삼는 펀 마케팅fun marketing도 감성이 중요해진 소비현상을 반영하는 마케팅 기법이라 할 수 있다.

감성마케팅에서 중요한 것은 소비자가 원하는 감성을 정확히 파악해서 마케팅에 활용하는 것이다. 그렇다면 소비자는 무엇을 원하는가? 어떤 상황에서 어떤 감성을 느끼는가?

감성을 파악하기 위한 기존 소비자 심리 조사에는 크게 양적 조사법과 질적 조사법이 있다. 양적 조사법은 객관성을 중시하는 방법으로 주로 설문조사 방법이 많이 사용된다. 그러나 이 방법은 복잡하고 모호한 소비자의 마음, 특히 추상적이거나 잠재된 마음을 심층적으로 알아내는 데는 한계가 있다. 또 사람들은 사회통념이나 도덕에 위배되는 사항에 대해서는 답변을 기피하거나 솔직하지 않는 경향이 있다. 이러한 양적 조사법의 문제점을 극복하기 위하여 정성적 조사기법으로 ZMET, FGI 등이 등장하게 된다. 그러나 정성적 조사기법 또한 소비자의 언어적 보고에 의존해야 하며, 연구자가 결과를 주관적으로 해석하기 때문에 결과를 왜곡할 수도 있다는 한계점을 갖는다. 따라서 이러한 기존의 소비자 조사 방법이 가진 문제를 보완하기 위하여 최근 등장한 새로운 연구 방법론이 업계 및 학계의 관심을 받고 있다.

뉴로마케팅이란 무엇인가

마케터에게 소비자의 마음을 읽는 것보다 중요한 것이 또 있을까. 하지만 안타깝게도 소비자의 속마음을 파악하는 것은 그리 쉬운 일이 아니다. '신경'을 의미하는 단어인 뉴로neuro와 마케팅marketing을 결합한 '뉴로마케팅neuromarketing'은 첨단 뇌 신경 영상과학을 이용한 마케팅이라는 의미의 신조어로, 과학적이고 합리적으로 소비자의 성향을 파악할 수 있다는 전제에서 출발한다. 뉴로마케팅은 당초 소비자가 특정 제품을 선호하는 근본 원인을 신경과학적으로 규명하면 기업 마케팅에 유용하리라는 일부 과학자들의 호기심에서 비롯됐다. 이러한 출발점은 소비자의 선택이 '이성적 판단'보다는 '잠재의식'에 기초한다는 것을 전제로 한다. 뇌영상 기법은 소비자의 인지적인 보고에 의존하지 않고 자신도 모르는 사이에 변하는 몸의 반응을 알아낼 수 있다는 점에서 매력이 있다. 비록 실험적 단계이지만 기존의 소비자 조사기법이 가지고 있는 한계를 보완해 줄 수 있는 만큼 기업들의 관심은 계속해서 증가하고 있다.

브랜드 파워를 측정하는 뇌과학

뉴로마케팅에서 가장 널리 쓰이는 것 중 하나는 바로 기능성자기공명영상functional Magnetic Resonance Imaging, fMRI법을 이용한 뇌 영상분석이다. fMRI는 뇌의 어느 부분이 활동하고 있는

가를 영상으로 보여준다. fMRI 기기는 커다란 자기장을 유지하고 있는데, 기기 안에 누워있는 사람의 몸 안에 있는 수소분자가 자기장에 반응하여 생기는 신호를 해부학적으로 영상화하여 보여준다. 이후 뇌의 특정 부분이 활동을 하고 있을 때의 뇌 속 혈류량 변화를 촬영하여, 이를 뇌의 해부학적 영상과 결합하면, 어느 영역이 활발히 활동하고 있는가를 알 수 있다. fMRI를 이용한 뇌 신경 영상 분석은 기존의 다른 신경학적 측정방법에 비하여 뛰어난 시간해상도와 공간해상도를 자랑하며, 자극에 따라 변화하는 뇌 혈류량, 산소 농도의 변화 신호를 동영상처럼 찍어 3차원 색채지도로 구현한다는 장점이 있다. fMRI를 이용하면, 소비자에게 자극을 준 뒤에 즉각적으로 뇌의 활동이 어떻게 변화하는가를 알 수 있기 때문에 소비자가 광고를 보면서 어떤 생각을 하고 있는지, 브랜드를 보면서 어떤 기분을 느꼈는지 등을 알 수 있다. 그렇기 때문에 감각, 정서, 무의식처럼 소비상황에서 중요한 주제임에도 방법론적인 한계로 그동안 깊이 연구되지 못했던 분야에서 효과를 볼 수 있다.

뉴로마케팅 연구의 대표적인 사례로 코카콜라와 펩시콜라에 대한 소비자 심리연구를 들 수 있다. 수년간 코카콜라와 펩시콜라간의 시장쟁탈전은 '콜라전쟁'이라 불릴 정도로 치열하다. 이에 2004년, 맥클루어McClure 등의 학자들은 fMRI 뇌 영상 촬영법을 사용하여 왜 펩시콜라에 비하여 코카콜라가 더 인기가 있는가에 대한 소비자 심리를 과학적으로 증명해보고자 시도하였다. 그 결과, 브랜드를 알려주지 않고 음료를 맛보게 한 경우 사람들은 두 음료를 잘 구분하지 못하는 것으로 나타났다. 심지어 코카콜라보다 펩시콜라가 더 맛있다는 반응을 보이기도 했다. 반면에 브랜드를 알려주고 똑같은 음료를 맛보게 한 경우, 사람들은 코카콜라가 더 맛있다고 응답했다. 이 과정에서 소비자의 뇌가 어떻게 변했는가를 살펴보면 매우 흥미롭다. 브랜드를 보여주지 않고 콜라를 마실 때에는 코카콜라보다 펩시콜라를 마실 때 배안쪽 이마앞 피질ventromedial prefrontal cortex이 활성화되었다. 이 영역은 보상 관련 감정을 느낄 때 활성화되는 것으로 알려져 있다. 하지만 브랜드를 보여주게 되면, 코카콜라에 대해 정서와 기억, 학습과 관련된 영역인 후복측 전전두엽 피질dorsalateral prefrontal cortex과 해마hippocampus가 더 유의미하게 활성화되었다. 이 영역들은 펩시콜라에 대해서는 활성화되지 않았다. 즉 사람들은 콜라의 맛이 아닌 '브랜드'에 이끌려 코카콜라를 선택하는 것이다. 사람들은 코카콜라를 단순히 탄산음료로만 보는 것이 아니라 코카콜라의 광고, 마케팅 정보 등 기존에 자신이 갖고 있는 기억을 떠올리면서 본다. 이 결과는 사람들이 왜 맛이나 화학성분이 거의 동일한 것으로 알려진 두 음료 중 코카콜라를 더 선호하는가에 대한 해답을 제시한다. 지금껏 확인할 수 없었던 '브랜드 파워'라는 것이 드러난 것이다.

한국의 뉴로마케팅 사례

우리나라에서도 소비자의 마음을 읽기 위해 뉴로마케팅 기법을 시도하는 기업이 늘어나고 있다. 아모레퍼시픽의 경우 라네즈의 브랜드 파워가 유지되는 이유를 알아내기 위하여 뉴로마케팅을 도입, 정서적·무의식적인 소비자 심리를 분석해보았다. 그 결과 소비자들은 라네즈에 대하여 과거의 경험을 떠올리거나 흐뭇한 기분을 느끼고, 자신이 알고 있는 지식을 떠올리려는 경향이 있음을 알 수 있었다. 이는 소비자들이 무의식적인 수준에서도 라네즈 제품을 써보고 좋다고 생각한 적이 있거나, 브랜드를 잘 알고 있다고 생각한다는 사실을 보여준다. 기존의 시장조사에서는 라네즈가 10대 후반에서 20대 초반의 '화장을 잘 모르는 사람이 쓰는 저렴한 화장품'이라는 이미지를 갖고 있다고 보고된 바 있으나, 실제로는 소비자 마음 속에 라네즈에 대한 애틋함과 향수가 내재되어 있다는 것이 밝혀졌다. 이는 세계시장으로 발돋움하고 있는 라네즈의 브랜드 파워를 입증한 사례이다.

국외에서는 포드, 제너럴 모터스, 켈로그, P&G 등에서, 국내에서는 아모레퍼시픽, 엘지텔레콤 등의 기업에서 뉴로마케팅을 시도하고 있다. 뉴로마케팅은 감성적이고 다이나믹한 소비자를 정확하게 이해할 수 있다는 점에서 기업의 경쟁력과도 밀접하게 연관되어 있다. 이를 통해 기업이 직면한 문제의 본질이 무엇인지, 또 어떤 방향으로 그 문제를 풀어야 하는지에 대한 해법을 찾을 수 있을 것이다.

국내 학계에서도 fMRI 뉴로이미징neuro-imiging기법을 이용한 소비자 연구가 활발히 진행되고 있다. 성영신, 김보경, 손민, 이주원(2007)은 소비자들이 왜 더 마음에 드는 디자인의 제품을 위해 기꺼이 많은 돈을 지불하는 것인지 의문을 가졌다. 이 질문에 대한 대답을 찾기 위해 소비자들이 좋아하는 디자인을 볼 때와 싫어하는 디자인을 볼 때의 뇌 반응을 촬영하였다. 그 결과, 소비자들이 싫어하는 디자인을 볼 때에는 아무런 반응도 하지 않는 반면, 좋아하는 디자인을 볼 때에는 디자인 요소에 주의를 기울여 유심히 보고, 기억을 떠올려 디자인의 아름다움을 평가하는 반응을 보였다. 심지어 직접 만지거나 사용해보는 상상을 하며, 보는 것만으로도 흥분되고 긍정적인 감정과 친근함을 느꼈다. 디자인이 마음에 들면 설레이고 두근거리는 감정을 느끼면서 깊게 몰입하지만, 마음에 들지 않으면 관심조차 없다는 것이다. 이는 소비자의 입장에서 디자인이 갖는 의미를 확인하고, 디자인이라는 요소가 감성소비에 왜 중요한가를 직접적으로 보여주는 증거라 할 수 있다.

소비자의 감성을 파악하는 것은 업계와 학계를 불문하고 관심의 대상이 되고 있을 뿐만 아니라 이를 과학적으로 증명하는 작업이 활발하게 이루어지고 있다.

뉴로마케팅의 가능성과 한계

뉴로마케팅의 등장은 그동안 기업이나 학계에서 관심은 있었지만 접근할 수 없었던 주제들을 연구하고 이를 확인할 수 있게 해주었다. 특히 뇌 영상 이미지를 활용한 방법은 감각, 정서, 무의식과 같은 소비상황에서 중요한 주제를 다루는 데 효과적이다. 또한 뇌의 활성화를 통하여 소비자의 브랜드에 대한 반응과 같은 미묘한 심리를 정확하게 읽어낸다는 점에서 마케팅 전략 구성에 대한 과학적 증거를 제시하기도 한다.

하지만 이는 신경반응 외의 구매, 광고효과 등의 행동은 알아낼 수 없다는 한계를 지니고 있다. 자극에 대한 뇌 반응만으로 소비행동을 설명하는 것에는 무리가 있기 때문이다. 현재까지 인지 신경분야에서 뇌 영역에 대한 연구가 활발하게 이루어지고 있고, 그 기능도 상당부분 밝혀졌지만 백퍼센트 규명되지 않아 해석에의 어려움이 존재한다. 이러한 한계점을 보완하기 위해서는 기존의 행동심리학적 측정방법을 함께 사용하여 연구의 완성도를 높여야 할 것이다.

3장 미래소비자를 위한 트렌드 이야기

김해련 | ㈜에이다임 대표

첫 번째 이야기 : 나 자신을 아이콘화 하라

불과 몇 년 전 청룡영화제에서 김혜수가 가슴이 거의 들어난 드레스를 입고 무대에 섰을 때 대부분의 관중은 경악을 금치못했다. 여론 또한 김혜수가 노출증이 있다거나 아니면 약간은 정신 나간 사람인냥 묘사하곤 했다.

하지만 불과 몇 년이 지난 지금, 여배우들이 서로 앞다투어 적극적인 노출을 하고 있고 그들을 비난하는 것은 시대에 뒤떨어진 아주 촌스러운 행동이 되고 있다. 뿐만 아니라 평범한 대중을 대상으로 하는 홈쇼핑에서조차 가슴의 골을 풍만하게 보여 줄 수 있는 기능성 속옷이며 깊게 파인 파티 드레스가 히트 아이템이 되고 있다. 게다가 가슴 확대수술은 연예인이 되려면 필히 거쳐야 하는 성형코스가 되었고 평범한 여성들에게도 가장 하고 싶은 성형수술 1위 아이템이 되고 있다.

연예인의 시상식 패션을 보면 오히려 가슴이 드러나지 않는 옷을 입은 연예인들이 신기해 보일 정도로 대부분의 여자 연예인들은 가슴을 유감없이 드러내고 있다. 이제 풍만한 가슴을 보여주기 위해 여자 연예인이 가슴 성형을 하는 것 자체는 논란꺼리가 되지 못한다.

개인적으로 김혜수를 높이 평가하는 이유는 그녀가 시대의 트렌드에 맞게 자기 캐릭터 변신을 잘하고 있다는 점이다. 그녀는 1986년에 데뷔해 대중에게 얼굴을 내민지 20년이 넘는 연예인이다. 그 동안 특별히 휴식기를 많이 가지지도 않았지만 항상 새롭게 느껴지는 연예인 중의 한명이다. 데뷔초인 1980년대에는 그 시대의 바람직한 여성상과 어울리는 순박하고 착한 이미지로 배역을 잘 소화했고, 1990년대 여성의 지위가 업그레이드 되는 시기에는 건강하고 활력 넘치는 모습으로 등장하여 당찬 여성상을 대표했다. 그리고 2000년대, 자기 감정에 솔직하고 주위의 시선을 의식하지 않고 자신의 매력을 드러내는 여성이 주목받는 시대가 되자, 풍만한 몸매를 드러내면서 세간의 이목을 주목시켰다.

그녀의 파격적인 노출은 새로운 캐릭터의 김혜수를 아이콘화 하였고 섹시미의 대표적인 여자 연예인으로 20년만에 극과 극의 변신을 가능하게 했다. 그리고 파격적인 노출을 시도하는 다른 연예인들을 모두 김혜수를 따라하는 추종자로 만들어 버린 것이다.

최근 트렌드 중에서 가장 중요한 이슈가 되는 것이 개인의 캐릭터를 아이콘화 하는 것이다. 힐튼 호텔 상속녀이면서 자유분방한 말썽쟁이인 패리스 힐튼은 항상 새로운 파격 변신으로 언론의 주목을 받는데, 자신의 트렌드리더 다운 캐릭터를 활용해 패션산업에서 성공을 거두고 있다. 최근에는 BBC어패럴사와 손잡고 자신의 이름을 내건 패션 브랜드 '패리스힐튼'을 런칭하여 의류와 란제리, 신발, 수영복, 아우터웨어, 안경, 여행용 가방, 애완동물 관련 제품에 이르는 풀 컬렉션으로 브랜드를 키운다는 계획을 갖고 있다.

항상 언론의 주목을 받고 있는 축구선수 데이비드 베컴의 부인인 빅토리아 베컴도 2007년에 'DVB(David Victoria Beckham)' 브랜드를 론칭했는데 지금도 여전히 성공 가도를 달리고 있다.

앞으로는 더욱더 개인의 캐릭터를 브랜드화 하는 것이 중요해질 것이다. 남들이 하는 것을 추종하기만 한다면 결코 자신을 아이콘화 할 수 없다. 소비자를 리드하고 자신을 따라하고 싶어하는 추종자들을 만들어 낼 수 있다면 큰 부가가치를 창출할 수 있다.

평범한 사람들도 자기 특성을 살려서 유명인 이상으로 스타가 된 사람들이 많이 있다. 살림의 여왕 '현진희'씨는 이미 주부들 사이에서는 엄청난 팬을 확보하고 있는데 블로그 방문자만 하루에 2만 명이 넘는다고 하고 홈쇼핑과 방송을 통해 톡톡한 수입을 올리고 있다.

우리도 자신의 어떤 부분을 특성화하고 아이콘화 해야 할지 고민해보자. 나자신을 아이콘화 하는 데 성공한다면 부가가치 높은 인생을 살 수 있을 것이다.

2006년 『타임스』가 선정한 올해의 인물은 "YOU"였다. 앞으로 개인의 특출난 개성이 그 어떤 위대한 인물보다 더 각별한 의미가 있는 시대가 될 것이라는 서막을 알린 것이다.

**두 번째 이야기 :
글로벌 시대의 뜨거운 감자 '뉴킨'을 이해하자**

대한민국에 거주하는 전 세계 여성들을 초대한 KBS토크쇼「미녀들의 수다」는 새로운 기획으로 인기를 끌고 있는 TV프로그램이다. 많은 시청자들은 여러 상황 설정에 따른 그녀들의 인식의 차이나 문화적 차이를 느끼면서 새로운 흥미와 관심을 보이게 되는데 그러한 스토리들이 재미를 유발하면서 인기 토크쇼로 자리매김을 하게 되었다. 피부색이나 인종의 차이를 그대로 인정하고 그들이 가지고 있는 사고나 문화적 차이를 있는 그대로 받아들이고 즐기는 새로운 소비 주체를 '뉴킨New Kin'이라고 하는데 세계화가 과속화 되면서 뉴킨의 존재는 중요한 소비주체로 부각되고 있다.

요즘 대한민국 농촌에서는 시어머니가 되려면 베트남어를 배워야 한다는 열풍이 불고 있다. 8명에서 1명은 국제결혼을 한다고 하니 이상할 것도 없다. 이젠 외국인의 존재를 우리사회에서 인정하고 있다는 것을 보여주는 사례일 뿐이다.

한때 '퓨전'이라는 용어가 트렌디한 언어로 등장하면서 사회 전반에 걸쳐 퓨전음악, 퓨전음식 등이 인기를 끌었는데 최근 들어서는 별 관심을 받지 못하고 있다. 이는 각 나라의 정체성을 잃어버리고 이것도 저것도 아닌 국적 불명의 소비문화는 더 이상 주목받지 못한다는 사실을 보여준다.

이제 인종, 문화 등의 차이에 따른 다양성·정체성이 존중되고, 도전과 교류와 섬김이 풍부한 새로운 의미의 친밀감이 적용되는 공동체가 확장되고 있다. '똘레랑스(tolerantia, 寬容)'가 다름에 대한 존중으로 그치는 것이 아니라 성장과 성숙을 도모하는 가치 중심적인 네트워킹을 이끌고 있다.

퓨전은 A문화와 B문화가 합쳐져 A도 아니고 B도 아닌 C가 된다는 의미인데 국적불명의 퓨전은 더 이상 소비자의 관심에서 사라지고 그 지역 문화와 인종 그 자체를 인정하는 뉴킨이 대세가 될 것이다. 즉 A문화와 B문화가 함께 하되 각각의 고유성은 유지한 채, 'A+B'가 되어 하나의 울타리 안에서 새로운 의미의 친밀감을 형성하는 가치 추구 공동체로 거듭날 것이다.

뉴킨을 활용한 사례로 스페인 바르셀로나에서 열렸던 유명 디자이너 '안토니오 미로'의 패션쇼를 들 수 있다. 패션 모델로 등장한 사람들은 일자리를 찾기 위해 머무르고 있는 외국인 불법체류자들이었는데, 이는 불법체류자들도 우리의 같은 동료로 인식하고 그들의 다양성을 인정하면서 같은 패션쇼 안에서 공동체의 친밀함을 표현한 것이다.

안젤리나 졸리와 브레드 피트는 동거를 하면서 제3세계 빈곤국에서 아이들을 입양하여 새로운 뉴킨 형태의 가족을 구성하고 있다. 이런 안젤리나 졸리의 가족들을 미국 화가 케이트

그렛츠가 예수 그리스도의 어머니인 성모 마리아로 묘사하여 그릴 만큼 전세계의 우상이 되고 있는데 이러한 새로운 형태의 다양한 가족들이 등장하게 될 것이다.

'미스 식시티Miss Sixty'라는 이탈리아 유명 패션브랜드는 다국적 영크레이티브를 활용해 새로운 개념의 뉴킨 호텔인 식스티Sixty 호텔을 지었는데, 'T-Yong Chung'이라는 한국 출신 디자이너를 비롯한 세계 각지에서 선출된 30명의 젊은 디자이너들이 자신의 고유의 특성을 최대한 살려서 각자 룸을 디자인함으로써, 브랜드 특유의 히피문화를 각 나라 젊은이의 개성 넘치고 스타일리시한 감각으로 표현하여 인기를 끌고 있는 호텔이다.

세계적으로 글로벌화는 가속되고 있고 이젠 각 나라의 특성 및 지역적 특성을 그대로 유지하면서 새로운 공동체를 형성하는 뉴킨의 시대가 올 것이다. 뉴킨의 시대를 이해하고 세계인과 어떻게 협력Collaboration 하면서 공존할 것인가에 대해 충분한 연구를 한다면, 새로운 트렌드를 주도하는 위치에 서게 될 것이다.

세 번째 이야기 :
소비활동으로 자기 가치관을 표현하려는 소비자가 늘어난다

IBM 비즈니스컨설팅이 발표한 「2010 세계 소비형태 분석 보고서」에 따르면 소비자들이 개인의 가치관을 반영하여 구매를 결정하고 기업의 윤리적 신념과 기업에 대한 선호도를 중시하는 경향이 계속 커지고 있다고 한다. 스웨덴에서는 이미 45%가 넘는 소비자들이 윤리를 중요시하는 소비자로 간주될 정도이다.

세계 최고의 부호인 빌 게이츠와 워렌 버핏의 개인재산 기부를 시작으로 세계 부호들의 기부가 줄을 잇고 있는 것도 이 흐름을 반영한다. 이는 게이츠-버핏 효과라 불리며 세계는 지금 기부열풍에 휩싸이고 있다.

지금까지는 물질적 부를 축적하면 성공을 하고 상류사회로 진입할 수 있다는 물질 만능주의적 사고가 팽배했었다. 그러나 이제는 정신적 가치를 중요시하고 의식있게 행동하는 사람, 즉 진정한 노블리스 오블리제만이 상류사회로 진입할 수 있는 시대이다. 이러한 진정한 의미의 상류사회의 가치가 이제는 일반인들에게도 전이되고 있고, 소비자들은 브랜드의 가치를 넘어 스스로의 가치관을 투영해 상품을 선택한다. 단순히 브랜드와 값비싼 가격을 내세워 부를 과시하는 시대는 지났다. 자신이 구입하고 있는 브랜드의 사회적 공헌도는 어느 정도인지, 자신의 구매활동이 어떤 사회적 영향력을 미치는지가 구매의 관건이 되고 있다.

최근 우리나라에서 일고 있는 불매운동, 주식사기 운동 등도 소비자 스스로가 기업활동에 자신의 가치관을 반영하고 있는 대표적인 사례이다.

이러한 소비자의 변화를 간파하고 있는 명품회사들은 실제로 사회적 인식을 바꾸기 위한 의식있는 이벤트를 많이 진행하고 있는데, 셀린느Celine는 클라우디아 쉬퍼, 요르단 왕비 등 유명인들이 직접 캔버스에 그린 그림으로 핸드백을 제작하여 자선경매에 내놓는 행사를 개최하고 있다.

셀린느는 한국에서도 자선경매를 주최했는데 사회 각 계층의 유명인들이 참여해서 걷은 수입금을 난치병 걸린 어린이를 위한 기금으로 내 놓았다. 루이비통도 환경문제를 개선하기 위한 운동을 지속적으로 펼치면서 기업이미지 제고를 위해 노력하고 있다. 앞으로도 명품 업체들은 그들의 이미지를 개선하는 자선행사에 보다 더 적극적으로 투자할 것이고 그러한 노력은 명품에 대한 이미지 개선과 로열티 증대로 나타날 것이다.

가치관적 소비자들이 대세가 되어가는 시점에서 단순히 제품만 파는 것이 아니라, 사회에는 공헌적 의미를, 개인에게는 정신적 만족을 부여함으로써 제품의 본질적인 가치를 높일 수 있다. 이러한 마케팅 차별화를 통해 시장에서 새로운 추가 프리미엄을 획득할 수 있게 될 것이다.

이러한 새로운 소비자 트렌드인 정신적 가치추구를 상품에 부여한 사례를 몇 가지 살펴보면서 아이디어를 확장해보자.

사탕 중에 식물의 씨앗을 사탕 가운데 넣은 것이 있다. 사탕을 다 먹고 나서 속에 있는 씨앗을 다시 심으면 식물이 자라난다. 작고 쓸모 없는 것처럼 보이나 한 알의 밀알이 땅에 떨어져 새 생명을 탄생시킨다는, 소박하지만 심오한 메시지를 전달하는 유쾌한 상품이라 할 수 있다.

실제로 뉴욕 브로드웨어 19번가에 있는 'ABC 홈퍼니싱'은 '대의 관련 상품cause-related product' 전략을 펴고 있는 대표적인 가구 및 소품 회사이다. 지구 곳곳의 여러 민족의 생활상이 담긴 상품을 소비자에게 공급함으로써 세상에 대한 다양한 관점을 제공한다는 것이 이 회사가 규정한 상품 가치이다.

이와 더불어 판매 가격의 20%를 세계 각지의 소외되고 고통 받는 사람들을 위해 사용하는 자선을 실천하고 있다. 이 회사에 따르면, 소비자들은 이러한 긍정적인 사회적 메시지가 담긴 상품을 구매하는 데 드는 추가 비용에 대한 거부감을 거의 느끼지 않고 인기리에 판매되고 있다고 한다.

그린컴퓨터는 2006년 『비즈니스위크』가 후원하는 IDEA(미국산업디자이너협회)에서 은상을 수상함은 물론, 영국 『인디펜던트』 인터넷판(2006. 8. 8)에서도 「21세기를 위한 50가지 위대한 아이디어」에 뽑혀 각종 미디어의 관심을 불러일으켰다. 또 다보스포럼에서는 아프리카 어린이들을 위한 공동기금 상품이 되기도 했는데, 이 100달러짜리 랩탑 컴퓨터는 이 세상의 아이들에게 지식과 교육을 접할 수 있는 기회를 제공하고자 고안된 제품이다.

이런 기획안을 가지고 시작한 100달러짜리 랩탑은 지구 전반에 걸친 성장과 생명에 연관된 이미지로 그린 칼라와 혁신적인 디자인을 자랑하고 있다. 이 제품은 리눅스를 운영체제로 이용하고 있고 하드 드라이브 대신 플래시 메모리를 장착함으로써 가격을 낮추고 있다. 이 때문에 재원이 넉넉치 않은 개발도상국의 기본적 정보 수요를 해소하는 데 이 제품이 적절히 활용될 수 있을 것으로 보인다.

단순한 컴퓨터에도 의미를 부여함으로써 보다 가치 있는 소비를 유도했고 이에 공감한 태국 정부는 자국의 모든 초등학교에 이 컴퓨터를 보급하기로 했다.

새로운 가치관적 소비형태를 대표하는 패션 상품이 바로 안냐 힌드마치Anya Hindmarch가 만든 쇼핑백이다. 이 쇼핑백은 처음에는 고급 가방을 담는 공짜 쇼핑백이었다. 그런데 워낙 인기가 있어 추가로 10달러짜리로 한정판을 만들어 전 세계 힌드마치 매장에서 판매했는데, 그 가방을 사기 위해 엄청난 인파가 몰려들었다. 재활용 소재 오가닉으로 만들고 "I am not a plastic bag" 문구가 인쇄된 이 가방은 유명 연예인들이 환경보호주의자로 자신을 내보이면서 너도나도 들고 싶어 하는 가방으로 부각됐고 대중에까지 인기가 확산돼 200달러 이상으로 가격이 치솟았다. 우리나라에서는 동대문 카피상품이 등장할 정도로 히트상품이 되었다. 그만큼 새로운 의식을 담은 상품은 모든 라이프 스타일에 큰 영향을 미치고 있다

소비자 스스로가 소비활동의 중요성을 인정하고 의식있는 소비를 하려고 하는 사람이 늘어날수록 좋은 기업이미지를 만드는 것은 무엇보다 중요하다. 존경받는 기업, 소비자와 함께하는 기업이미지를 만들기 위한 노력은 단순히 상품의 효용성을 인식시키는 광고이미지 메이킹보다 우선시 되어야 한다. 무형의 상품에도 의미를 담고 정신적 가치를 부여한다면 많은 소

비자들의 사랑을 받고 부가가치를 높여주는 히트상품이 될 것이다.

2부 미래 디자인 경영

4장 디자인, 비즈니스의 새로운 가치

정경원 | KAIST 산업디자인학과 교수

혁신과 디자인: 성장과 삶의 질의 원동력

혁신의 중요성이 크게 부각되고 있다. 미국의 인터넷서점 아마존에서 인기있었던 책 중의 하나는 『혁신하지 않으면 도태된다Innovate or perish』이다. 리차드 서스만Richard Sussman이 쓴 이 책은 세계화의 요구에 대응하기 위한 일곱 가지 혁신 단계를 자세하게 다루고 있다. 2006년에도 에드워드 칸Edward Kahn이 같은 제목의 책을 출간했을만큼 혁신은 조직의 생존이라는 문제에서 늘 화두가 되어 왔다. 교수직이나 연구직에서 "저술하지 못하면, 퇴출된다Publish or perish"는 말이 사용되는 것과 같은 맥락이다.

그런데 혁신과 디자인은 '안'과 '밖'처럼 밀접한 관련을 맺고 있다. 변화의 원동력인 혁신이 디자인을 만나면 비로소 가시적인 형태를 갖추어 지적재산권으로 보호받는 신기술과 신제품이 되기 때문이다. 신기술과 신제품들이 적절한 비즈니스

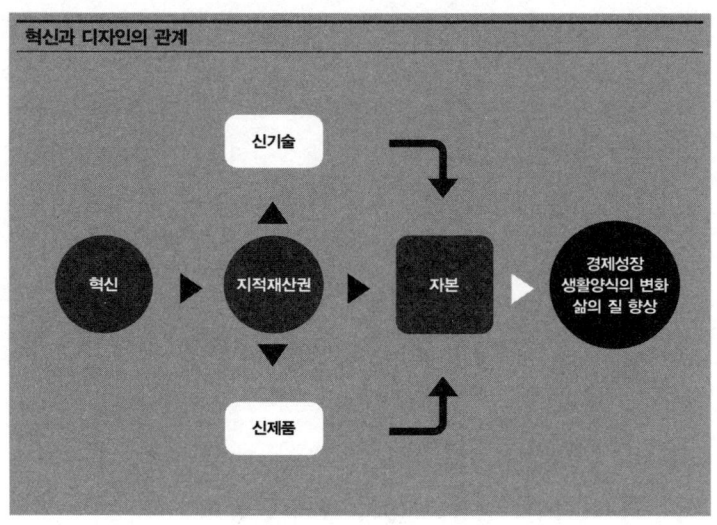

모델을 통해 구현되면 자본의 창출로 이어지게 되어 경제성장, 생활양식의 변화, 삶의 질의 향상을 만들어낸다.

창조산업의 특징

전 세계적으로 큰 화두는 창조성과 창조산업Creative Industry이다. 방대한 데이터와 체계적인 접근을 기반으로 하는 지식경영의 한계를 극복하기 위해 창조경영이 각광을 받고 있는 것도 같은 맥락이다. 리차드 플로리다Richard Florida는 『창조적 사회The Creative Classes』에서 "창조성은 경쟁적 우월성의 원천이며, 자동차에서 패션, 음식산업, 정보기술에 이르기까지 사실상 전 산업에서의 승자는 계속 창조하는 사람들"이라고 강조했다. 창조산업은 개인이나 집단이 갖고 있는 창의성과 특별한 기술이나 재능을 바탕으로 부富와 일자리를 창출하는 분야들의 집합이다. 대표적인 예로 광고, 방송 네트워크, 디자인, 편집, 시사해설, 영화 비디오 산업, 공연예술, 소프트웨어 및 컴퓨터 서비스를 꼽을 수 있다.

디자인, 디자인산업, 창조산업의 관계
디자인은 과학기술, 조형예술, 경영의 유기적인 조화를 도모하여 새로운 가치를 창출하는 분야이다. 디자인이 제조업, 서비스업 등 관련 산업의 가치를 크게 향상시켜 준다는 것은 이미 잘 알려진 일이다.

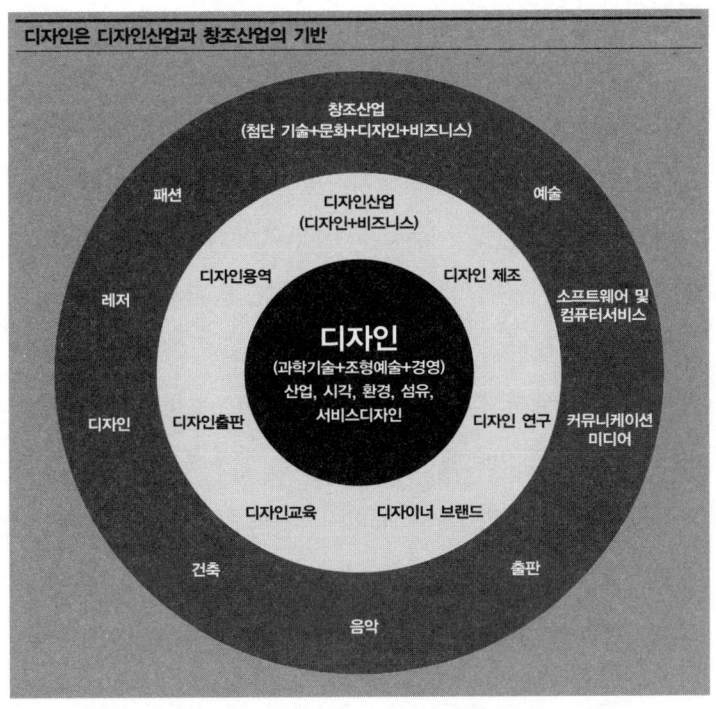

디자인이 비즈니스와 결합하면 연구, 용역, 제조, 출판, 교육 등 다양한 디자인산업이 생성된다. 첨단 기술과 문화가 디자인산업의 지원을 받으면 패션, 레저, 소프트웨어 및 컴퓨터 서비스, 커뮤니케이션 미디어, 출판, 음악, 건축 등과 같은 창조산업을 꽃피우게 된다. 전 세계적으로 창조산업이 가장 잘 발달된 나라로는 영국을 꼽을 수 있다.

영국 창조산업의 규모와 잠재성

1978년 마가렛 대처의 보수당이 집권을 했을 때, 영국의 경제는 거의 파탄 지경에 이르러 세계 최초로 IMF 구제 금융을 받았다. 극심한 노사분규로 인해 영국병이 만연하면서 제조업이 붕괴되었기 때문이다.

대처 수상이 "디자인하지 않으려면 사퇴하라Design or resign"라는 말로 각료들을 독려하며 국가적 차원에서 디자인 경영을 전개한 결과, 영국은 디자인 르네상스를 맞았다. 이를 기반으로 토니 블레어 수상은 1990년대 후반부터 창의적인 영국Creative Britain을 앞세워 창조산업을 꽃 피우게 된다. 창조산업은 GDP성장률의 2배에 달하는 16%의 고도성장을 하여 2005년에 이르러서는 785억 파운드(약 140조원)로 영국 전체 GDP의 8.2%를 차지했다. 창조산업의 고용 인력은 총 195만명으로 전체 인구의 7%에 달한다. 한편 UN에서는 창조산업이 세계 GDP의 7%를 차지하고 있으며, 향후 매년 10%가 넘는 고도 성장산업이 될 것으로 전망하고 있다.

특히 영국 디자인산업은 전체 GDP의 1%에 해당하는 116억 파운드(약 20조 8,000억 원) 규모로 창조산업 전체의 14.7%를 차지하고 있다. 이처럼 디자인산업의 규모가 큰 것은 창조산업 전반에 매우 유용한 디자인 서비스를 제공하기 때문이다. 일반적으로 창조산업은 눈에는 보이지 않는 기술이나 재능을 기반으로 하므로 디자인을 통해 가시화하는 것이 매우 중요하다. 디자인산업의 매출을 분석해보면 기업의 디자인부서가 44%, 디자인전문회사가 42%, 프리랜서가 14%를 차지하고 있다. 영국정부는 글로벌 디자인 중심국가가 되기 위해 전방위적으로 다양한 전략을 구사하고 있다.

경쟁 패러다임의 변화와 경쟁력의 3대 요소

시대의 변화에 따라 글로벌 시장에서의 경쟁 패러다임이 가격에서 품질, 품질에서 디자인으로 변화하는 것을 볼 수 있다. 1인당 국민소득이 5,000달러 미만의 후진국들은 낮은 임금과 생산비를 기반으로 한 저가격이 경쟁 우위 요소이지만, 소득 1

만 달러 수준의 중진국이 되어 인건비가 상승하면 품질을 통한 차별화를 꾀하고 소득 2만 달러에 이르면 디자인을 통한 특성화에 중점을 두게 된다. 하버드경영대학원의 명예교수인 로버트 헤이즈Robert Hayes는 1980년대 말에 이미 '15년 전에는 기업들이 가격 경쟁을 했지만, 오늘날에는 품질, 내일은 디자인으로 경쟁할 것이다'라고 말했다.

가격은 경제적 수준이나 구매력에 따라 판단기준이 달라지는 상대적 가치이고 품질은 성능과 사용성 등 기술력에 의해 수준이 결정되는 절대적 가치이며, 감각과 취향 등 심리적 요인들에 의해 선호가 좌우되는 이미지는 상징적 가치이다. 따라서 가격과 품질, 이미지를 한데 엮어서 굿 디자인Good Design을 만들어내는 것이 바로 경쟁력을 높이는 지름길이다.

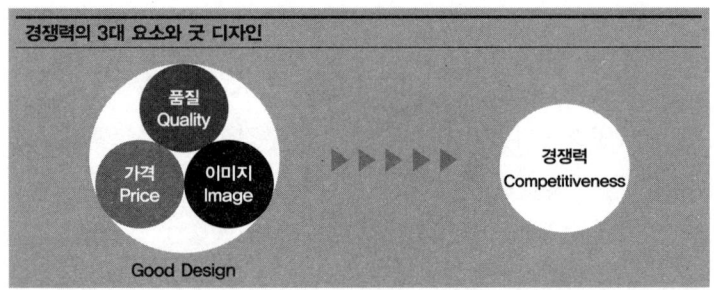

굿 디자인은 굿 비즈니스

디자인은 연구개발, 마케팅, 판매, 생산 등의 요소들로 구성되는 비즈니스 퍼즐을 완성하는 마지막 조각이다. 만일 디자인이 없다면 비즈니스 퍼즐은 완성될 수 없다. 디자인은 단지 일회성으로 끝나는 것이 아니라, 기획에서부터 제조·영업에 이르는 모든 비즈니스 라이프사이클에서 중요한 역할을 하기 때문이다. 그렇기 때문에 로고부터 상품, 옥외광고 건물, 매장 등 모두가 디자인의 산물이므로 종합적으로 관리해야 한다.

IBM의 회장을 역임한 토마스 왓슨 2세Thomas Watson Jr.는 1974년 펜실베이니아 와튼스쿨에서 개최된 디자인경영 세미나에서 '굿 디자인은 굿 비즈니스다'라는 제목의 강연을 통해 IBM이 세계적인 기업으로 성장한 비결은 바로 굿 디자인이라고 설명했다. 실제로 IBM의 로고, 제품, 광고, 매장, 사옥 등은 굿 디자인을 기반으로 기업의 이미지와 고객의 신뢰도의 향상에 크게 기여하고 있다.

굿 디자인이야말로 R&D, 마케팅, 생산, 영업을 총체적으로 지원하는 가장 중요한 비즈니스 기능인데도 불구하고, 우리는 그 동안 이 소프트파워를 간과했었다. 다른 부문에 투자하는 것의 10%만 투자해도 엄청난 성과를 올릴 수 있을 만큼 굿 디자인은 투자대비 회수효과ROI가 아주 큰 경영 수단이다.

한국디자인진흥원과 서울대 경영연구소의 조사 결과에 의하면, 굿 디자인 상을 받은 제품 중에는 매출이 무려 220배 높아진 사례가 있으며, 49개 제품들의 평균 매출 신장은 무려 20배에 달하는 것으로 나타났다.

한편 디자인을 지적재산권으로 보호해야 할 필요성도 커지고 있다. 2007년 초, 애플 '아이폰'과 LG '프라다폰' 디자인이 유사하다는 논란이 있었다. 처음에는 LG가 모방한 것이 아닌가 하는 의혹이 제기되기도 했으나, 이미 2006년 12월에 독일 IF포럼에서 수상을 한 적이 있다는 사실이 밝혀지면서 디자인 표절 논란이 가라앉게 되었다. 우리 기업의 디자인 역량이 세계 최고 수준임을 상징적으로 보여주는 사례이기도 하다.

디자인경영

디자인경영의 중요성

기획-연구개발-마케팅, 제조-영업, 홍보로 이어지는 비즈니스 가치사슬의 모든 단계에서 디자인의 역할이 커지면서 여러 분야의 디자인활동과 경영을 융합하는 디자인경영의 필요성이 강조되고 있다.

미국의 주간경제지인 『비즈니스 위크』는 2006년 10월 1일자에서 비즈니스와 디자인을 융합하기 위한 교육과정이 속속 개설되고 있다고 보도했다. 그러나 디자인과 경영의 융합은 매우 어려운 과제다. 경영은 정량적 목표를 추구하는 반면, 디자인은 정성적 목표를 지향하기 때문이다.

따라서 디자인에서 창조력·디자인 센스·디자인 마인드를, 비즈니스에서는 기획력·사업 마인드를 받아들여 디자인경영이라는 새로운 지식체계를 구축함으로써 두 분야의 상호 이해와 공생적 협동이 원활히 이루어지게 해야 한다.

디자인과 디자인경영의 역할은 확연히 구분된다. 디자인은

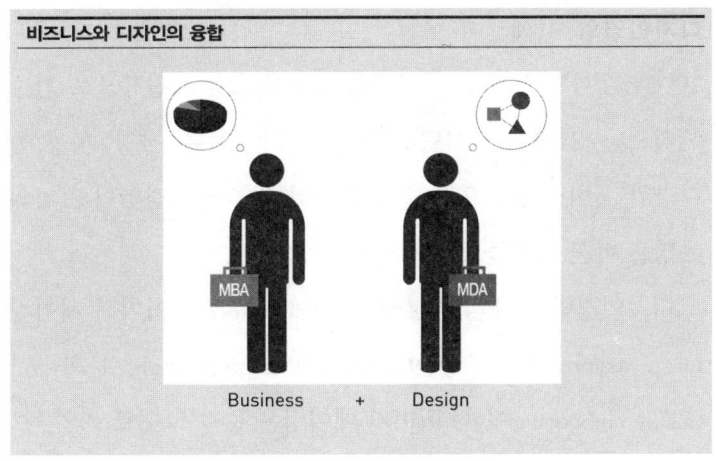

상품기획, 연구개발, 마케팅, 생산, 판매와 같은 위상에서 창의적인 디자인 해결안을 만들어내는 스페셜리스트Specialist 역할을 수행하는 데 그치지만, 디자인경영은 관련 부문들간의 유기적인 협력을 이끌어내는 촉매제인 제너럴리스트Generalist 역할을 하기 때문이다.

디자인경영은 경영자가 주도하는 '비즈니스 디자인하기 Designing business'와 디자이너들이 추진하는 '디자인 관리하기Managing design'가 시너지를 내도록 해준다. 즉 경영자는 창의적인 디자인 사고를 바탕으로 새로운 사업기회의 창출, 기존 비즈니스 방식의 개선 등 혁신을 도모하며, 디자이너는 그런 혁신을 눈으로 볼 수 있고 손으로 만질 수 있는 실체로 디자인하여 경쟁력을 부여한다.

디자인경영 사례

1990년대까지만 해도 디자인경영은 제조업의 전유물로 간주되었으나, 21세기 디지털 시대에는 금융, 물류, 유통, 항공 등 다양한 서비스 산업으로 확산되고 있다. 디자인경영이 기업의 운명을 바꾼 사례들도 점점 늘어나고 있다.

디자인경영 사례의 기본적인 틀Framework은 이미지 메이킹Image making, 매력 창출Unique selling proposition, 문화구현Culture embodying이다. 이미지 메이킹은 문자 그대로 기업, 브랜드, 제품의 이미지를 구축하는 것이다. 매력 창출은 자사가 제공하는 제품과 서비스를 고객들이 선택하게 해주는 독특한 구매 제안을 만들어내는 것이고, 문화구현은 디자인경영 활동으로 조직 구성원들의 문화와 고객들의 라이프 스타일에서 생겨나는 변화를 의미한다.

-움프쿠아 은행Umpqua Bank

움프쿠아 은행은 1953년에 오리건 주, 캐년빌Canyonville에서 설립된 은행으로, 규모가 작고 전통적이며, 국립공원 지역사회를 주요 고객으로 삼았다. 마치 로우엔드Low-end 커피숍과 같은 이미지를 가지고 있었으며, 지역의 소규모 은행의 한계로 수익성이 저하되어 1990년대 초에 위기를 맞았다. 이를 타개하기 위해 1994년 레이 데이비스Ray Davis를 CEO로 영입하여 호텔 수준의 서비스를 제공하며 규모를 확장하는 등 타 은행과의 차별화를 도모하기 시작했다.

움프쿠아 은행은 '아주 멋진 호텔Pretty Cool Hotel'이라는 캠페인을 통해서 변화를 주도했다. 새로운 CI를 도입하여 싸구려 커피숍의 이미지를 벗고 멋진 호텔의 이미지로 바꿨으며, 느린 은행을 지향하는 디자인경영이 성공을 거두어 비약적인 성장을 한다. 2001년부터 지바 디자인Ziba Design과 전략적 제휴를 맺고 CI를 도입하는가 하면 인테리어 디자인을 개선하는 등 본격적으로 디자인경영을 추진했다. 그 결과, 1994년 1.5억 달러였던 자산이 2004년에는 48억 달러에 이르게 되어 지역 은행의 한계를 벗어나게 된다. 움프쿠아는 2007년 『포춘』이 선정하는 근무하고 싶은 100대 직장 중 34위를 차지했다.

－P & G

P&G는 1837년에 설립된 이래로 다양한 사업을 전개하면서 비약적인 성장을 하였으나, 2000년 3월에 심각한 경영위기를 맞았다. 당시 마이크로소프트가 GE의 주가 총액을 앞지르는 등 닷컴 기업이 득세하는 반면 굴뚝산업은 저물고 있다는 경향이 팽배해있었다. P&G도 전통기업으로 분류되어 하루 아침에 주가가 반토막이 났다. 위기 극복을 위해 회장으로 선임된 래플리A. G. Lafley는 "P&G의 DNA에 디자인을 심는다"는 목표로 디자인경영을 실시하여 큰 성공을 거두었다. 래플리 회장은 디자인이야말로 고객이 처음 제품을 만나는 순간 호감을 갖게 하는 전략적 수단이라는 확신을 갖고 전략과 디자인을 통합하는 새로운 부서를 만들었다.

전략 및 디자인부문을 책임지는 부사장으로 영입된 클라우디아 코츠카Caludia Kotchca는 고객들이 '와우'라고 감탄하는 제품을 만들어낼 수 있는 디자인 중심 문화로의 혁신을 주장했고, 2001년 45명에 지나지 않던 P&G의 디자이너 숫자를 2004년에는 150명으로 늘리는 등 디자인 주도의 비즈니스모델을 정착시켰다. 이후 P&G의 주식가격은 크게 오르기 시작해 위기를 잘 넘길 수 있었다. 주부들이 집안을 청소하는 노력을 현저히 덜어준 스위퍼swiffer 시리즈는 대표적 사례로 손꼽힌다. P&G는 먼저 고객들의 라이프스타일을 꼼꼼히 파악한 다음, 고객이 무엇을 원하고 어떤 환경에서 제품을 사용하는지를 이해했다. 그리고 그 해결책으로서 디자인 중심의 제품을 제시함으로써 고객의 마음을 사로잡았다.

-BMW 미니

BMW의 미니는 디자인 DNA가 배어있는 소형차 라인 개발이라는 전략을 실현하기 위해, 영국의 미니를 인수하여 명품으로 전환시킨 사례이다. BMW는 'Alternative Drive Machine'이라는 비전을 가지고 프로세스를 단축해서 경쟁력을 높였다.

BMW가 '로버'를 인수하여 소형차 라인업을 만들면서 출시한 '미니 쿠퍼'는 오감을 만족시키는 방향으로 디자인되었다. 코너링할 때 느끼는 감각, 고속으로 주행할 때 차가 가라앉는 느낌 등의 승차감을 고려했고, 조형적인 면에서는 폭포수가 떨어질 때 만드는 곡선을 반영하여 차의 외관을 디자인했다. 또 바퀴간의 '휠 밸런스Wheel Balance'는 여성의 각선미처럼 늘씬하게 만들었다. 그리고 각 나라 사람들의 취향에 맞춘 컬러 콤비네이션을 활용했다. 디자인 측면에서 무엇보다 중요한 것은 오리지널 미니가 가지고 있던 감성을 계속 이어나가는 것이었다. 이것이 바로 BMW의 전략이다. 새로 나온 '뉴 미니' 역시 전체적인 미니 형태를 그대로 유지하면서 "작지만 강한 차"라는 콘셉트를 내세우고 있다.

BMW는 당초 소형차 미니의 매출 목표를 연간 10만대 정도로 설정했으나 2005년까지 매출고가 80만대에 달하는 대성공을 거두었다. 특히 젊은 여성들에게 큰 인기를 얻으면서 3,000만원이 넘는 고가에도 불구하고 베스트셀러로 자리잡고 있다.

디자인경영은 고객과 기업 전략을 이어주는 창

이상의 사례에서 살펴본 것처럼 디자인경영은 CEO가 주도하는 혁신을 성공적으로 가시화하는 역할을 수행한다. 움프쿠아은행은 CEO인 레이 데이비스의 혁신 전략에 맞추어 'Pretty Cool Hotel', 'Slow Bank'를 구현했고, P&G는 소비자의 행태 관찰을 통해 신제품 혁신을 주도했다. BMW는 "기본으로 돌아가자"는 콘셉트로 BMW다운 소형 명차를 개발했다. 또한 기업 여건에 따라 사내 디자인부서와 외부 디자인전문회사를 선별적으로 활용했다.

   디자인경영은 고객·사용자와 기업 전략을 이어주는 창으로, 추상적인 개념으로 존재하는 전략을 물리적인 실체로 구현하여 관심과 감동을 가져온다. 기업이 가지고 있는 비전이나 목표는 문서나 언어로 존재하지만 눈에 보이지는 않는다. 여기에 형태를 부여해서 고객을 감동시키는 것, 이것이 바로 디자인경영이 추구하는 세상이다.

디자인경영을 성공으로 이끄는 비결

디자인경영을 성공으로 이끄는 비결은 CEO의 지원과 시스템 구축, 전략 수립, 가치지향, 핵심역량, 환경 조성의 5가지 요소로 구성된다.

   먼저 디자인경영의 성공은 CEO를 비롯한 최고경영진의 지원에서 시작된다. CEO가 얼마만큼 관심을 갖고 디자인하느냐에 따라 그 성공여부가 결정된다. 하지만 "한팔 거리 정책 Arm's length policy"이라는 말처럼 지원은 최대한 하되 간섭은 최소화해야 한다. CEO는 분위기를 만들어주고 방향만 설정해 주면 된다. CEO의 지원 외에도 독창적인 디자인 전략 수립은 필수적이다. 이때 제품, 브랜드, 기업 아이덴티티가 일관성을 갖고 형성되도록 해야 한다. 디자인은 가치지향, 가치경쟁의 최첨병이다. 최고와 최초를 지향하는 게임에서 디자인을 적극 활용해야 한다. 이를 위해서는 핵심역량을 길러야 하고, 디자이너들이 창의력을 발휘할 수 있는 체계적인 환경이 조성되어야 한다. CEO의 지원 외에도 디자인 투자에 인색해서는 안된다. 디자인에 투입되는 재원은 비용이 아니라 투자이기 때문이다.

디자인하지 않으려면 사퇴하라
앞에서 잠시 살펴본 대로 1970년대 말 세계 최초로 IMF 구제금융을 받을 만큼 위기에 빠졌던 영국의 경제를 되살린 마가렛 대처 수상은 신 국부론의 일환으로 디자인을 활성화하기 위해 각료들에게 "디자인하지 않으려면 사퇴하라"고 요구했다. 그 결과 영국의 디자인산업이 크게 번창하여 1990년대 후반에 이르러 창조산업이 꽃을 피우게 된 것이다.

 기업이든 국가든 혁신이 중요하며, 이를 위해서는 역량과 전략이 필요하다. CEO가 갖고 있는 비전을 실현시키는 힘을 '상재商才'라고 한다면, 디자인 능력이 곧 상재가 될 수 있다. 하지만 그 상재가 효율적으로 발휘될 수 있으려면 디자인경영의 역할과 지원이 있어야만 한다. 새로운 성장동력으로 지식서비스산업을 육성하기 위해서는 디자인경영을 적극 지원해야 한다. 디자인경영은 우리의 미래를 결정지어주는 소프트 파워의 핵심이다.

5장 디자인 상상력으로 승부하라

이돈태 | 탠저린 대표

Lean for six sigma에서 Design for six sigma

1980년대에는 대부분의 사람들이 제품을 살 때 가격을 비교했고, 1990년대에는 제품의 질을 따졌다면, 2000년대에는 디자인적 가치를 보고 구매하고 있다. 예를 들어, 1980년대에는 냉장고가 귀했기 때문에 가격이 구매에 결정적 요인이었다. 그리고 1990년대에는 양문형 냉장고 문이 '수평이 맞는지', '냉장실 문을 닫았을 때 냉동실 문이 열리지 않는지' 등 품질의 차이로 제품을 판단했다. 하지만 지금은 기술과 가격에 큰 차이가 없기 때문에 사람들에게 주는 가치, 품격에 주목하고 있고, 이에 따라 무엇보다 디자인이 중요해지고 있다.

디자인의 중요성에 대해서는 우리나라를 포함해 세계 모든 국가들이 인식하고 있다. 2006년 다보스포럼이나 최근 『비즈니스위크』에서 언급했던 바와 같이 'Lean for six sigma'가 아닌 'Design for six sigma'가 부각되고 있는 것이다.

Design

디자인은 무엇인가? 많은 사람들이 디자인에 대한 정의를 내릴 때 외형적인 면만을 생각한다. 물론 그것도 디자인의 정의에 포함되지만 외형은 디자인이라는 상위개념에 종속된 요소 중의 하나이다. 디자인은 사람들이 가지고 있는 다양한 감각과 제품이 가지고 있는 기능을 통합적으로 어울러서 만들어내는 것이다.

Sensual Design

보이지 않는 감각을 디자인한다는 말이 있다. 이른바 센슈얼 디자인Sensual Design이다. 스타벅스에 가면 커피를 마시는 동안 매장에서 흘러나오는 음악을 인식할 수 없는데, 그것이 바로 스타벅스의 보이지 않는 전략이다. 스타벅스 매장의 음악은 스타벅스 본사의 100여 명의 전문가들이 선곡한 것인데 커피를 마시거나 대화를 나눌 때 음악이 방해하지 않도록 한 훌륭한 디자인 사례이다.

또 다른 사례로 싱가포르 에어라인 기내의 독특한 향기를 들 수 있다. 이는 '스테판 플로리안 워터스'라는 향기로, 이 향은 기내 물품에도 사용될 뿐만 아니라 승무원의 향수로도 사용되는 등 보이지 않는 곳곳에 사용되고 있다. 이런 전략을 통해 사람들은 이 향을 맡을 때마다 싱가포르 에어라인을 연상하게 되는데, 이 또한 훌륭한 디자인 사례이다.

Functional Design

반면 보여지는 기술만을 가지고 디자인하는 것도 훌륭한 방법이다. 예를 들어, 한국에서는 널리 알려지지 않은 브랜드이지만 '다이슨Dyson' 이라는 청소기는 '사이클론 스타일' 이라고 하는 새로운 방식을 개발해 소비자로 하여금 기술이 완전히 노출되도록 디자인되어 있다. 조형자체는 심미성이 다소 부족하지만, 다이슨의 특징적 기능을 제대로 표현했기 때문에 소비자들은 오히려 이것에 매력을 느끼고 있었고 그로 인해 시장에서 큰 성공을 거두고 있다. 또한 많은 사람들이 알고 있는 질레트 면도기 역시 기능적 디자인으로 접근하여 큰 성공을 거둔 사례로 볼 수 있다.

이렇게 감성적인 오감과 훌륭한 기능을 유기적으로 잘 결합했을 때 훌륭한 디자인이 탄생한다. 그리고 바로 이것이 디자인을 정의하는 최고의 단계이다.

Design Creation

지금껏 세계경영은 효율성을 많이 강조해 왔다. 조직을 집중, 분산해 보기도 하는 등 여러 측면에서 많은 시도를 해왔지만, 효율성만으로는 한계가 있다는 것이 드러나고 있다. 『비즈니스 위크』가 '이제 효율성에서 창조로 넘어간다' 고 정의했듯이 그 동안 사람들이 눈으로 느꼈던 즉, 단순히 제품을 바라보는 경험에서 감정적 경험, 관찰하는 경험으로 이동하고 있는 것이다. 아울러 '미래 기업은 예측을 못해서 망하는 것이 아니라 상상을 못해서 망하는 것'이라는 말에서도 알 수 있듯이 디자인은 이제 기업경영의 필수 요소가 되고 있다.

그리고 상상하라

"라이벌과의 경쟁을 포기하라. 경쟁에서 이기는 유일한 방법은 경쟁자를 이기는 노력을 그만 두는 것이다."

위 문장은 필자가 감명깊게 읽은 글귀 중 하나이다. 이 문장에 "그리고 상상하라"는 문장을 덧붙이고 싶다. 결국 상상이 비즈니스의 성패를 좌우하기 때문이다. 그렇다면 이 상상에 날개를 달아주는 것은 무엇일까. 바로 '디자인'이다. 필자가 진행한 프로젝트 중 상상을 극대화한 사례가 세 가지 있는데, 이들을 소개하면서 디자이너가 상상을 통해 어떻게 기업의 전략과 순익에 기여하는지 설명하고자 한다.

첫 번째는 가장 유명한 프로젝트 중의 하나인 '브리티시 에어웨이British Airways(이하 BA)'의 비즈니스 클래스 디자인으로 이 프로젝트의 가장 큰 요구사항은 '세상에서 가장 편안한 비행을 상상하라'는 것이었다. 두 번째 프로젝트는 '가장 환상적인 수면 상상하기'라는 과제의 '로얄 아우핑Royal Auping' 프로젝트이고, 세 번째는 '가장 효율적인 인터렉션 상상하기'의 '디지트 와이어리스Digit Wireless' 프로젝트이다.

편안한 비행을 상상하기

높은 수익을 내는 항공사로 유명한 BA도 과거에는 강경한 노조로 인해 조직이 퇴보하고, 순이익이 줄어드는 어려움을 겪었다. 1995년에 이를 타계하기 위해 처음 시도한 것이 비행기 꼬리의 디자인을 바꾸는 것이었다. 하지만 이 방안은 소비자의 감성을 제대로 읽지 못하여 실패로 끝나고 말았다. 그 후 BA가 '소비자의 감성을 제대로 읽어보자'는 취지에서 프로젝트를 진행하였다.

먼저 BA사의 비즈니스 클래스를 한 번 이상 이용해 본 고객들을 초빙하여 연극, 토론, 게임을 통해 과연 가장 훌륭한, 가장 편안한 비행으로 상상하는 것이 무엇인지를 알아보는 워크숍 형태의 리서치를 수행하였다. 이른바 'The Big Talk'라고 이름 붙인 프로젝트다. 이 과정을 통해 다섯 가지 키워드를 도출했는데, 'Privacy, More space, A good night sleep, The ability to work, Flexibility'였다. 이 다섯 가지 키워드를 큰 방향으로 두고, 과연 어떻게 편안한 비행을 할 수 있는지 상상하기 시작했다.

그때의 결론은 'Lounge in the Sky'라는 콘셉트로, 비즈니스 클래스에서 마치 호텔에서 누워있는 것과 같은 경험을 제공하자는 것이었다. 지금은 비즈니스 클래스에서 평평하게 혹은 평평하진 않더라도 어느 정도 누워갈 수 있는 스타일이 많이 보편화 되어 있지만, 처음 이 작업을 진행했을 때에는 세계 최초로 시도된 것이었다.

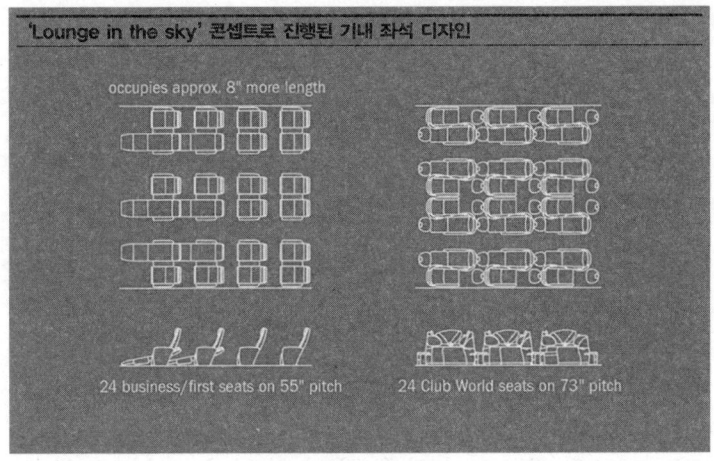

이 디자인을 제안할 때에 BA의 가장 큰 저항은 '비행 좌석을 절대 줄이지 말아달라'는 것이었다. 좌석을 줄이는 것은 이익과 직접적으로 관계가 있어 손해가 발생할 수 있기 때문에 '좌석수는 유지하면서 평평하게 누워갈 수 있게' 고안해 달라는 것이었다. 결국 최종적으로 좌석을 유지한채 2줄을 추가함으로써 앞뒤 공간을 넓혀 수평으로 누울 수 있도록 디자인할 수 있었는데, 이를 가능하게 한 것이 바로 S자 포맷이다. 사람은 하체에 비해 상체가 더 크기 때문에 S자로 한 쌍을 만들면 효율적으로 공간을 사용할 수 있게 된다. 이 디자인 개발을 위해 많은 테스트를 진행하였고, 이 과정에서 사람들이 실제로 수면을 해 보는 테스트도 실시하였고, 이를 통해 상상을 현실화시켜 나갔다.

최종적으로 BA에 제안했던 디자인은, 앞뒤로 마주보고 앉도록 하고 친분이 있는 사람과 갈 때는 페달을 열어서 쉽게 대화할 수 있도록 했다. 또 모르는 사람과 갈 때에는 페달을 닫아 시선을 차단할 수 있도록 하였다. 처음에는 비행하는 방향에 등을 지고 앉는다는 문제 때문에 걱정도 있었지만, 유럽의 마차가 앞뒤 서로 마주앉아 타고, 현재도 영국의 많은 열차들의 좌석 절반이 그러한 형태로 되어 있다는 영국의 문화적 헤리티지를 통해 BA를 설득했고, 성공적으로 론칭할 수 있었다.

그 결과 2006년, 이 비즈니스 클래스를 통해 얻은 순이익은 1조 3,000억 원 정도가 된다. 한 발 더 나아가 이 프로젝트는 경제적 이익뿐 아니라 BA에 종사하는 모든 사람들을 포함한 영국시민에게 의욕을 가져다 주었다. 2000년 이전에 영국은 좋지 않은 경제 사정과 몰락해가는 국가이미지로 자신감 상실을 겪고 있었다. 특히 비행에 민감한 영국인들은 국적기인 BA의 재도약을 통해 국가를 대표하는 브랜드의 성공을 보았고, 자신감을 찾을 수 있었다. 이는 가시적인 것을 넘어선 측정할 수 없는 이익이다. 그후 많은 유사모델이 등장할 정도로 이 프로젝트는 성공을 거두었다.

2006년말 BA는 새로운 비즈니스 클래스를 런칭하였다. 이번에는 오감디자인을 반영하여 사람들이 비행을 하면서 전혀 불편함을 느끼지 않도록 디자인하였다. 장시간 비행을 하다 보면 일정 부위가 계속 아파오는 것을 느끼게 되는데 그것은 압점을 제대로 분배하지 못하기 때문이다. 이 디자인 프로젝트를 진행하면서 가장 중요하게 생각한 것은 압점을 찾아서 이를 제거하는 것이었다.

보다 넓은 공간을 확보하고 압점을 제거한 새로운 디자인이 2007년 론칭되었고, 시장에서 상당히 좋은 반응을 얻었다. 또한 기존과 같은 실루엣에 내부 공간을 25% 확장하였다. CNN을 통해 대대적인 프로모션을 벌였던 이 프로젝트에 든 비용은 총 1,800억 정도였다.

환상적인 수면 상상하기
두 번째 프로젝트는 '환상적인 수면 상상하기'라는 주제였다. BA 성공 이후 로얄 아우핑이라는 네덜란드의 침대회사에서 어떤 환경에서 사람들이 가장 편안한 수면을 취하는지 조사해 달라는 요청을 했다. 이를 위해 먼저 각계각층의 사람들을 만나 보았다. 특히 이 침대는 1,300~1,500만 원의 고가로, 연예인이나 운동선수들이 많이 애용하였기 때문에 그 분야의 사람들을 많이 만나 보았다.

수면에서 가장 고통스러워하는 순간이 언제인가에 주목한 결과, 잠이 들려고 누웠으나 잠이 잘 오지 않는 상황이었다. 그래서 과연 어떻게 해야 편안히 잠들 수 있을까에 대해 상상했다.

여러 리서치와 상상을 토대로 제안했던 방안은 침대의 매트리스를 움직이는 것이었다. 즉 사용자가 수면에 도달할 때까지 매트리스가 움직여서 엄마 품의 편안함을 느낄 수 있도록 했다. 물론 이 침대는 매트리스 안에는 수면시 증발하는 수분을 조절하는 기능과 온도를 조절하는 등 과학적인 시스템이

내장되어 있다.

효율적인 인터렉션 상상하기

세 번째로 소개할 프로젝트의 클라이언트는 '디지트 와이어리스'라는 미국회사였다.

휴대폰 디자인 2가지를 비교해보자. 하나는 삼성전자에서 개발한 모바일폰이고, 다른 하나는 스마트폰이다. 영어권 사람들에게 삼성이 디자인한 휴대폰은 텍스트 작성이 어렵다는 단점을 갖고 있었다. 우리와 같이 디자인이 잘 된 언어를 사용하는 경우와 달리, 영어는 c를 입력하려면 a, b를 거쳐 입력해야 하는 불편함이 있다. 그렇다 보니 말이 자꾸 흐트러지고 텍스트를 입력하는 속도가 느려져 소비자의 불만이 많았다. 그래서 나온 것이 바로 스마트폰이다. 이것은 키패드를 넓게 디자인하여 자판을 늘리고 텍스트 입력속도를 빠르게 한 휴대폰으로, 휴대폰 크기가 크다는 단점이 있었다. 사람들은 텍스트를 빨리 보내고는 싶어하지만, 벌키Bulky한 느낌은 좋아하지 않는다.

이러한 단점을 보완하기 위해 개발한 것이 'Fastap(패스탭)'으로 키패드의 레이어를 이중으로 만들었다. 숫자키와 자판키의 레이어를 분리함으로, 사이즈는 유지하면서 텍스트는 빨리 보낼 수 있도록 했다. 또 기존 스마트폰을 사용하다 보면 텍스트 입력시 오작동이 많이 발생했는데, 이런 점을 해결하면서 시장에서 큰 성공을 거둘 수 있었다.

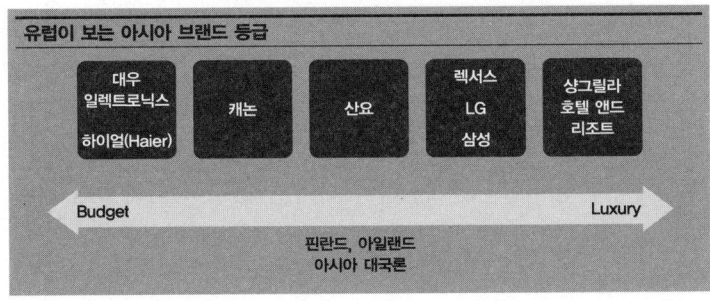

상상력 실현하기

필자는 한동안 '영국무역투자청UKDTI'의 디자인 프로모션 위원으로 활동한 적이 있다. 그 때 필자는 영국 디자인의 우수성을 알리고 영국 디자인업계에 고급 인력을 끌어들이기 위한 다양한 활동에 많이 참여했었다. 영국은 자국의 디자인 파워를 유지·발전시키기 위해 브랜드 이미지 관리에 세심한 노력을 기울인다.

위의 표는 아시아의 브랜드를 유럽인들이 분류한 것으로, 값싼 이미지와 고급스런 이미지를 등급화하여 보여주고 있다. 한국의 LG나 삼성은 렉서스의 이미지와 동급으로 되어 있다. 사실 한국에서는 렉서스의 이미지가 '고급스럽다'이지만, 유럽에서는 삼성전자와 렉서스를 보았을 때 삼성전자의 브랜드가 더 고급스러울 수도 있다.

필자는 '아시아에서 한국 제조업은 알아 주는데, 왜 디자인

분야에서는 두각을 나타내지 못할까?'라는 생각을 많이 했었다. 1996년에 필자가 영국에 처음 갔을 때 앞으로 한국 디자인이 영국을 충분히 따라잡을 수 있을 거라고 생각했다. 그러나 현재 IT 분야를 제외한 한국 디자인과 영국 디자인의 격차가 오히려 더욱 벌어졌다. 원인이 무엇일까?

전달과 확신

사실 한국 디자이너들은 영국 디자이너들에 비해 두 배, 세 배 훨씬 더 열심히 일하고 혼신의 힘을 다한다. 그런데 왜 영국 디자인을 따라잡지 못할까? 언젠가 이러한 질문을 영국무역투자청 디자인 고문인 크리스틴 로즈캇에게 한 적이 있다. 그는 "영국과 한국은 아마 같은 수준의 디자인 상상력을 가지고 있을지 모른다. 다만 차이는 전달과 확신일 것이다."라고 말했다. 그 말을 듣고 필자는 '전달'과 '확신'이 어떤 의미일지 다시 고민하기 시작했다.

전달은 지속성을 가지고 있어야 한다. 지금은 한국에서 디자인이 중요하다고 하지만 어느 때가 되면 디자인은 사라지고 다른 요소가 화두가 될 것이다. 하지만 영국은 약 150년 동안 디자인을 가장 중요한 국가경쟁력으로 삼고 지속적인 투자를 해왔다. 이것이 지금 영국 디자인이 세계 디자인의 중심으로서 위치를 확고히 하게 된 초석이다.

또 디자인에 대한 확신도 필요하다. 이것은 전문가의 의견을 존중하는 것을 말한다. 이러한 확신을 바탕으로 제대로 된 디자인을 전달하기 위한 지속성이 필요하다. 그리고 지속성을 가진 전달을 위해 가장 필요한 것은 기업이 제대로 된 브랜드 전략과 디자인 전략을 세우는 것이다.

디자인 철학

많은 사람들이 좋아하는 BMW는 'The ultimate driving machine'이라는 브랜드 전략을 구사한다. 그리고 이 브랜드 전략이 디자인에 응용이 될 때에는 'Flame surfacing'이라는 디자인 언어로 해석되어 외형에 반영된다. BMW를 보면 표면이 아주 잔잔하게 흐르다가 살짝 맺히는 부분이 있는데, 이런 것들이 BMW 디자인 철학이 반영된 외형이라고 볼 수 있다.

앞에서 언급한 BA와 함께 일할 때 가장 첫 번째로 한 것이 'Service Excellence'라는 브랜드 철학의 하위개념인 디자인 철학을 세우는 것이었다. 이에 'International Address'라는 디자인 철학을 만들었고, 이를 적용하여 디자인을 진행했었다.

간혹 디자인을 전달하는 데 철학이 왜 필요한지 의문이 들 수도 있을 것이다. 그러나 한국에서 특히 디자인 철학이 필요한 이유가 있다. 한국에서 발견한 가장 큰 단점 중 하나는, 사람이 바뀌면 조직이 전부 바뀐다는 것인데, 이는 CEO가 바뀌면 관계된 모든 시스템이 다 바뀐다는 것이다. 이러한 잦은 변화는 기업의 디자인이 10년, 20년 꾸준하게 가는 것에 장애 요소로 작용한다. 디자인이 CEO에 따라 중구난방으로 변모하면 아이덴티티를 상실하기 마련이고 이런 문제점을 해결할 수 있는 것이 디자인 철학이다. 디자인 철학이 바로 세워지면 CEO가 바뀌어도 근본적인 전략과 방향은 바뀌지 않는다. 기업에서 무엇보다 우선으로 해야 하는 작업이라고 할 수 있다.

그리고 디자인에 의한 확신이 필요하다. 지금 멋진 디자인으로 호평 받고 있는 '아이팟', '아이폰'을 디자인 한 애플의 부사장인 조나단 아이브는 사실 애플의 모든 디자인을 담당하고 있다고 해도 과언이 아니다. 그가 애플에서 성공할 수 있었던 가장 큰 요인은 CEO인 스티븐 잡스가 아이브의 의사를 전적으로 존중해 주었기 때문이다.

우리나라의 디자이너가 재능이 뛰어나지 못해서 애플만큼 못하는 것이 아니다. CEO가 얼마큼 디자인에 힘을 실어 주느냐에 따라, 전문가의 의견을 얼마나 경청해주는가에 따라 그 결과가 다를 수 있다.

미래경영의 힘은 상상이다. 상상은 지속성을 가진 전달과 디자인에 의한 확신에서 시작한다. 우리가 디자인을 잘 활용했을 때, 상상을 조직 안에서 실현할 수 있다. 디자인은 당신의 상상을 실현할 것이다.

6장   디자인, 국가의 새로운 경쟁력

이각범 | (재)한국미래연구원 원장

Design or Die

덴마크의 코펜하겐 미래학연구소Copenhagen Institute for Futures Studies는 정보화 사회 이후에 '드림 소사이어티'가 올 것이라고 주장하면서 지식 및 상상력을 바탕으로 한 창의력이 가치창출의 원천이 될 것이라 예측했다. 산업화 시대에는 자본과 기계 등 물리적인 자산이, 정보화 시대에는 무형자산인 지식이 가치를 창출한 원동력이었다면, 상상력의 시대에는 창의적 아이디어가 그 역할을 하게 될 것이다.

최근 각국의 유명한 도시 디자인 사례에서 두드러지는 것이 바로 상상력과 창의력에 의한 발상의 전환이다. 독일은 한 때 환경파괴의 주범이었던 공장을 환경공원으로 변모시켰다. 쓸모없이 남겨진 옛 제철소 건물을 활용해 '뒤스부르크 환경 공원Landschaftspark'을 조성한 것이다(조선일보, 2008. 4. 1). 광석 저장벙커에 암벽 시설을 설치해 암벽 등반 훈련장으로 활용하는가 하면, 가스저장탱크는 물을 채워 다이빙훈련장으로 사용하고 있다. 검은 연기를 내뿜던 공장을 오히려 환경 친화적인 공간으로 바꾸는 것이 바로 상상력의 힘이자 창의력의 힘이다.

정보 사회가 성숙하여 상상력과 창의력이 지배하는 '문화산업사회'가 되면 감성에 기반을 둔 소비자의 다양한 수요를 충족시켜야 하므로 디자인이 주요기술이 된다. 그러므로 모든 산업분야에서 디자인과의 융합은 필수적이다. 최근 뉴질랜드의 디자인 진흥기관 'BBDBetter by Design'는 'Design or Die'라는 제목으로 5편의 글을 발표하였다. 피셔앤드파이클Fisher & Paykel의 서랍식 식기건조기 고안을 혁신적인 예로 제시하면서 시작하는 이 글은 디자인이 어떻게 그와 같은 혁신적인 프리미엄을 이끌 수 있는 도구가 될 수 있는지 설명하고 있다. BBD의 글은 디자인의 중요성을 단증하는 예로서 디자인을 통하지 않고서는 비즈니스에서 성공을 거둘 수 없을 뿐만 아니라 살아남지조차 못한다는 강한 메시지를 보내고 있다.

문화력에 의해 평가되는 드림 소사이어티 혹은 문화산업사회에서는 감성을 자극하는 디자인이 그 핵심 기술임은 앞서 말한 바 있다. 일본과 영국은 국가 차원에서 문화와 디자인을 적극적으로 활용하여 성공한 사례에 해당한다. 이는 디자인 코리아 프로젝트 및 디자인 서울 등 디자인 열풍이 불고 있는 한국에 시사하는 바가 크다. 상상력의 기반은 자유가 숨쉬는 문화적 바탕이다. 또한 문화적 자산에 새로운 가치를 불어넣어 국가 브랜드로 발전시키는 것도 새로운 트렌드이다.

문화와 국가브랜드, 일본의 쿨 재팬Cool Japan전략

GNC와 매력적인 국가

과거 하드 파워hard power가 지배적이던 시대에 국민총생산이 국가를 평가하는 주요지표로 사용되었다. 그러나 최근 군사력, 경제력 등에 기반을 둔 하드 파워는 문화, 지식 등을 바탕으로 한 소프트 파워soft power로 대체되고 있다. 따라서 국가경쟁력을 평가하던 잣대로서 얼마 전까지 사용되어 오던 국민총생산GNP : Gross National Production이 머지않아 국민총매력 GNC : Gross National Cool에 자리를 내어줄지도 모른다.

국민총매력은 문화라는 무형의 가치로 한 국가의 국력을 평가하는 지표이다. 국민총매력이라는 용어는 뉴아메리카재단 연구원의 더글러스 맥그레이가 『Foreign Policy』 2002년 5·6월호에서 「Japan's Gross National Cool」이라는 제목의 논설로 과거 경제대국에서 문화제국으로 변모하고 있는 일본을 묘사하면서 회자되기 시작했다.

2003년 12월 27일자 『워싱턴 포스트』는 「Japan's empire of cool」이라는 제목의 기사를 보도하며 일본의 문화를 소개하고 있다. 20세기에 군사력, 경제력과 같은 하드 파워에서 세계에 영향력을 행사했던 일본은 21세기에 문화를 기반으로 한 소프트 파워로 그 영향력을 넓혀가고 있다. 한류가 중국, 일본을 비롯한 아시아 각국을 넘나들고 있을 때, 일류日流는 전 세계 곳곳으로 확산되고 있는 것이다.

Japanesque Modern

일본이 가진 문화적 아이콘은 패션, 만화, 애니메이션, 음식문화 등 다양한 분야에 걸쳐 일본 특유의 스타일을 보여준다. 일본의 정부·재계·학계는 세계가 주목하고 있는 재패니즈 스타일을 바탕으로 '쿨 재팬Cool Japan'이라는 21세기 국가전략을 수립하여 경제 및 기술 위에 문화를 융합해 경쟁력을 높이려는 '국가 매력 전략'을 펼치고 있다. 2005년 5월 총리 직속 경제재정자문회의는 일본의 21세기 비전을 '열린 문화창조 국가'로 규정하였으며, 총무성은 소프트 파워의 강화를 통해 국가경쟁력을 높이기 위해 노력하고 있다. 일본은 콘텐츠, 패션, 의류, 디자인, 농수산식품 및 기계 부품 분야에 걸쳐 문화적 특성을 융합한 국가 브랜드 전략을 실행하고 있다.

KOTRA가 2007년에 발표한 『일본의 국가브랜드 육성전략』에는 일본의 경제산업성(옛 통상산업성)이 작성한 2005년 7월, 「신일본양식(新日本樣式)의 확립에 대하여」라는 보고서가 소개되어 있다. 이 보고서에 따르면 신일본 양식이란 일본의 전통적인 기술과 디자인, 기능, 콘텐츠를 현대의 생활에 맞추어 재구성하는 것으로 부가가치의 평가 기준이 가격에서 품질로, 더 나아가 품격(품위)으로 전환되었으므로 일본 고유 브랜드의 가치를 향상시키는 것이 필요하다고 조언하고 있다. 그동안 고품질 전략으로 일본은 세계 시장에서 자리매김해왔으나, 중국과 한국 등 후발국들이 기술개발로 품질을 향상시키는 등, 더 이상 고품질에만 의존할 수는 없는 상황에서 '품격'

이라는 또 다른 승부수를 던진 것이다. 기존에 품격은 문화의 영역 안에서만 다루어지던 가치였으나, 지금은 일본의 새로운 경제 전략에 의해 경쟁 우위를 갖추는 하나의 요소로서 자리매김하게 되었다.

보고서의 '신일본양식(新日本樣式)'이라는 용어는 영어의 재패니스크 모던Japanesque Modern을 번역한 것이다. 이는 19세기 중후반 일본 문화가 유럽에서 열풍을 일으켰던 데서 착안한 것으로 전 세계에 일본 문화를 전파하겠다는 의지가 보인다. 21세기 경쟁력에서 우위를 점하기 위해 문화적 매력으로 일본 브랜드를 확립하겠다는 것이다. 이에 대한 호응으로 2006년 1월, 샤프·캐논·히타치·후지쓰·NEC(전자), 미쓰이물산·이토추·마루베니(종합상사), 덴츠·하쿠호도(광고), JAL·ANA(항공), 파나소닉·도요타자동차 등 76개 대표 기업 및 단체, 38명의 디자이너·학자·전문가가 함께 '신일본양식 협의회'를 결성해 일본 정부의 신일본양식 정책을 지지했다. 일본 디자인의 국제화 및 브랜드 제고에 초점을 두고 일본이라는 국가브랜드 파워를 성장시켜 타국의 제품 및 콘텐츠와 차별화하겠다는 국가 차원의 의지가 엿보인다.

영국의 디자인 파워

강력한 리더십, 국가주도의 디자인 진흥
앨버트 공, 윈스턴 처칠, 마가렛 대처, 찰스 황태자, 존 메이저, 토니 블레어. 이들의 공통점은 바로 디자인 진흥을 위해 리더십을 발휘한 영국의 지도자라는 것이다. 그 중 마가렛 대처 수상은 당시 쇠퇴해가던 제조업의 부흥을 위한 강력한 디자인 드라이브 정책을 집행한 것으로 유명하다. 토니 블레어 총리는 창조적인 영국 만들기Creative Britain사업을 추진함으로써 자국의 창조산업, 특히 디자인 산업 진흥을 위한 각종 정책들을 추진해왔다.

영국은 국가 지도자의 강력한 지지 하에 디자인카운슬The British Design Council을 중심으로 정부주도의 디자인 육성에 성공한 사례이다. 영국 정부의 디자인 진흥정책은 1915년 디자인산업협회Design and Industries Association, DIA, 1932년 예술사업위원회Committee on Art and Industry를 거쳐 1944년 산업디자인카운슬Council of Industrial Design, CoID이 설립되면서부터이다. 산업디자인카운슬은 현재 영국의 디자인 진흥기관인 디자인카운슬의 전신으로서 영국 제품의 디자인 개선을 목표로 활동하였다는 점에서 최초의 디자인 진흥기관이다. 이후 영국의 디자인카운슬은 핵심 비즈니스 분야 및 공공사업의 발전을 위한 디자인 캠페인, R&D, 디자인 솔루션 제공, 그리고 디자인 비엔날레 개최 등을 지원하고 있다.

지속가능한 국가 지향

최근 디자인카운슬은 '굿 디자인 플랜'을 통해 보다 경쟁력 있고 창조적이며 지속가능한 국가를 지향하는 광의의 디자인

진흥정책을 펼치고 있다. 굿 디자인 플랜은 2008년을 기점으로 2011년까지 3년간의 예정으로 진행되고 있다. 디자인카운슬은 '굿 디자인'이 의미하는 바를 지속가능한 디자인, 과정, 창조와 혁신에의 참여, 가치전달, 훌륭한 디자이너들과 고객들의 작업이라고 정의하고 각 분야별로 세부계획을 추진 중이다. 구체적으로 기업과 정부부문의 혁신, 정부와 커뮤니티 연계, 디자인 스킬 개발, 디자인 정책과 프로모션, 디자인카운슬의 조직과 운영 부문으로 분류하여 정책을 집행하고 있다. 영국은 디자인 강국으로서의 자리를 지키기 위한 프레임으로 지속가능한 국가 디자인을 지향하고 있다.

디자인 코리아, 브랜딩 코리아

한국 국가브랜드 현황

2008년 4월 현대경제연구원에서 발표한 「소득 2만 달러 시대, 한국의 국가브랜드 현황」 보고서에 따르면 우리나라의 국가브랜드 가치는 2006년 기준 5,403억 달러로 2000년(2,097억 달러)에 대비하면 양적으로는 성장했으나, 일본의 1/6, 미국의 1/26 수준에 불과하다. 또한 Anholt-GMI는 한국의 브랜드 순위를 2005년 35개국 중 25위에서 2007년 38개국 중 32위로 발표하였다. Anholt-GMI 등 국제 국가브랜드 평가기관들은 국가브랜드를 정부, 문화, 관광, 기업, 국민성, 이민 등 6개 항목으로 나누어 평가하고 있다. Anholt-GMI의 평가에 의하면 한국이 6개 항목 중 '문화'에서만 35개국 중 7위를 기록할 뿐, 나머지 항목들에서는 취약한 상황이다.

코리안 스타일Korean Style 정립 및 홍보

일본의 경우 '신일본양식'의 제품 100선을 선정, 도요타 '프리우스', 파나소닉 '플라즈마 TV' 등을 재패니즈 스타일의 국가브랜드로 적극적으로 홍보하고 있다. 한국 또한 한국만의 문화적 특성을 살려 코리안 스타일을 정립하고 널리 홍보하여 국가브랜드로 성장시켜야 한다. 최근 문화관광부의 국가 브랜드 육성전략이 이에 해당한다.

문화관광부는 '한(韓)스타일 육성정책'을 발표하여 2007년부터 2011년까지 4년간 전통문화의 산업화를 통해 부가가치를 창출하고자 정책을 수립하여 추진 중이다. 자연, 건강, 품위, 과학을 한(韓)스타일의 핵심가치로 하여, 6대 핵심분야로 한글, 한식, 한복, 한옥, 한지, 한국음악(국악)을 선정하였는데 이 정책이 한국적 특색을 살린 국가브랜드 확립으로 연결될 것인지 주목된다.

국가적 차원에서의 노력뿐만 아니라 지방정부, 기업 차원에서도 특유의 한국적 스타일을 정립하여 한국의 세계적 이미지를 제고하고, 코리아 프리미엄을 향상시키고자 노력해야 할 것이다. 장기적 관점에서 코리안 스타일의 확립과 이를 활용한 디자인을 통해 '메이드 인 코리아'를 전 세계인들에게 각인시켜야 한다.

미래지향적 이미지, IT 전문성 + 디자인

산업정책연구원의 '2007 국가 브랜드 맵' 조사결과, 한국의 전반적인 이미지는 역동적이고 첨단기술 및 전문성을 보유한 것으로 평가되어 미래지향적 첨단 산업에 잘 어울리는 것으로 나타났다.

 Anholt-GMI의 평가에서 우리나라가 강점을 나타내고 있는 영화, 음악, 문학 등에서 현대문화와 국가의 문화적 유산을 활용하여 소프트 파워 시대에 부응하는 국가브랜드를 창출해야 한다. 특히 한국은 미래지향적 첨단 산업에 잘 어울리는 이미지와 IT분야의 기술 및 전문성을 전통문화와 융합한다면 시너지 효과를 기대할 수 있다.

 따라서 우리도 일본의 쿨재팬 전략과 같이 한국의 문화적 가치를 이용한 디자인 진흥에 적극적으로 나서야 한다. 한국의 전통문화와 IT의 융합으로 한국 특유의 감성경쟁력과 문화산업을 강화시켜야한다. 하이터치와 하이테크의 조우는 문화와 디자인, IT의 조우로 '주식회사 한국'의 이미지를 확고하게 각인시켜 줄 것이다.

글로벌 디자인 전문인력 양성

국경을 넘어 펼쳐지고 있는 경쟁에서 디자인 또한 예외일 수 없으므로 글로벌 교육 트렌드에 맞는 한국식 디자이너 양성 프로그램을 마련해야 한다. 따라서 각국의 다양한 인력양성 정책을 살펴보고, 한국형 디자인 파워의 원천을 수립해야 한다.

영국은 현장체험을 통한 실무형 인재를 양성하기 위해서 산학협력형 교육진흥사업을 추진하고 있으며, 장기적인 관점에서 디자인 교육을 위한 인프라 조성을 위해 디자인 친화적인 학교교육시설 조성을 시행하고 있다.

일본은 인재개발센터 사업을 통하여 실무형 디자인 인재 양성을 위해 노력하고 있다. 그 일환으로 디자인 박물관을 설립하고 디자인 커리큘럼 지침을 제정하는 등 다양한 방안으로 디자인 분야의 진흥을 도모하고 있다.

이외에도 스웨덴은 석사과정에 전문디자인과정을 마련하거나 기존 과정에 접목하는 등의 디자인 분야 전문가양성에 힘을 쏟고 있다. 한국의 경우에도 디자인 교육을 전담하는 기관을 설립하거나 디자인 박물관 사업을 통해 디자인에 대한 관심을 유도하는 등 선진 사례를 적극적으로 벤치마킹 할 수 있을 것이다.

디자인 강국, 한국을 기대하며

드림소사이어티, 환상경제, 문화사회 등의 용어들은 감성, 문화, 이미지 등의 가치를 중요시한다는 점에서 공통점을 가지고 있다. 다가올 미래사회에서는 속도와 타이밍에 의한 감성경쟁, 창의력경쟁이 나타날 것이며, 디자인이 중요한 요소로서 모든 분야에 적용될 것이다.

따라서 한국이 21세기 경쟁력을 확보하기 위해서는 감성과 창의력에 기반한 디자인 강국으로 거듭나야 한다. 한국의 미래지향적 이미지와 IT 전문성을 활용하여 디자인과의 융합을 모색하는 것이 디자인 경쟁력을 키울 수 있는 가장 빠른 길이다. 또한 한국 특유의 전통문화를 활용한 코리안 스타일의 정립 및 홍보로 전 세계에 한국의 이미지를 각인시켜야 할 것이다. 더 나아가 장기적인 관점에서 상상력과 창의력을 마음껏 발휘할 수 있는 디자인 친화적인 환경 조성을 통해 글로벌 인재 육성 기반을 마련해야 할 것이다.

창조적인 국가 경영으로 하이로직(high logic, 이성)과 하이터치(high touch, 감성), 하이테크(high tech, 기술)의 조화를 통해 한국은 디자인 강국으로 거듭날 수 있을 것이다.

3부 디자인이 창조하는 미래라이프 스타일

7장 모바일 디자인의 미래

차강희 | LG전자 MC디자인연구소 상무

Overall Mega Trend

21세기는 감성중심의 활동, 인간중심의 사고, 문화중심의 생활로 전환되는 인간중심의 새로운 가치가 창출되고 있는 시대이다. 이런 시대의 흐름을 알지 못하면 디자인이 나올 수 없다. 디자인은 사회, 환경, 패션 등의 트렌드가 디자이너의 머리를 통해서 손으로 자연스럽게 녹아져 나오는 것이다.

트렌드 읽기는 어느 디자이너나 대체로 비슷할 것이다. 다만 같은 트렌드를 보더라도 어떤 디자이너가 풀어내느냐에 따라서 달라질 것이다. 디자이너는 폭넓게 보는 것이 무엇보다 중요하다. 사회학, 철학, 과학, 경제학 등 여러 분야들을 다양하게 접하면서 알게 된 정보들이 디자이너의 창조적인 생각과 맞물리게 되면 새로운 아이디어들이 나온다.

모바일 시장 트렌드

모바일 시장을 살펴보면 고객, 휴대폰 사용자, 기술이 각각 필요에 의해 만들어지고 개발되며 네트워크화 하는 과정을 거쳐 공통분모가 생긴다. 우선 고객의 측면에서 보면 점점 개인화되고 있으며, 디바이스는 컨버전스화 되고 콘텐츠는 높은 수준으로 발전하고 있다. 기술적 측면에서는 브로드밴드 네트워크 Broadband Network가 실현되고 다양하고 높은 수준의 기능이 포함된 기기들이 등장하고 있다. 지금까지는 휴대폰의 음성통화 기능을 통해 커뮤니케이션이 이루어졌지만 이제 휴대폰이 멀티 디바이스화 되면서 정보의 집합체가 되어가는 상황이다. 그리고 음성보다는 시각정보가 80% 이상을 차지하고 있는 상황이기 때문에, 시각화된 정보를 읽는 것이 더 중요해지고 있다.

컨버전스

모바일은 다양한 산업 영역과 서로 연결되면서 메가 컨버전스가 이루어지고 있다. 제품의 흐름을 살펴보면, 제품들은 계속 소형화되어 미니 미디어, PC 디바이스화로 변모하다가, 갖고 다니기 편리하고 휴대할 수 있는 기기로 발전하였다. 좀 더 개인화되면서 Personal A/V, PC로 소형화되어 왔다. 그리고 최근에는 언제 어디서나 접속이 가능한 유비쿼터스 시대로 넘어가면서 모바일을 통해 다양한 기능의 수행하는 것이 가능하게 되었다. 이 모든 변화들이 개별적으로 진행되는 것이 아니라 상호작용을 일으키면서 필요충분조건으로 서로 맞물려 발전하고 있다.

디자인의 변화

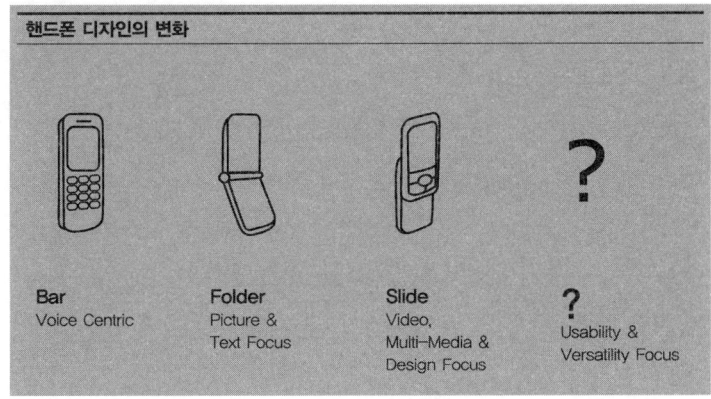

통신 서비스에만 치중했던 초기의 휴대폰은 디자인을 생각할 여지가 없어서 굉장히 크고 투박했다. 하지만 지속적으로 기술이 개발되고 소비자들의 요구가 증가하면서 그 형태가 변해갔다. 바 타입이 대중에게 소개되었고, 그 다음에는 시각적으로 불필요한 요소들을 은폐하기 위한 폴더 타입으로, 그리고 좀 더 첨단적인 이미지인 슬라이드 타입으로 발전했다. 최근에는 카메라 기능, 동영상 기능 등이 강조된 터치 타입의 폼 팩터가 대중화되고 있고 워치폰 등 좀 더 웨어러블할 수 있는 시도도 이루어지고 있다. 결국 틈새시장을 겨냥한 방향으로 가고 있음을 확인할 수 있다.

소재의 변화

전화기의 소재도 변해가고 있다. 기존에는 플라스틱을 썼지만 최근에는 스테인레스와 같은 전혀 다른 신소재가 적용되고 있으며, 앞으로는 섬유, 세라믹 등 여러 가지 소재로 발전될 것이다. 이러한 소재들을 통해 다양한 기능을 수행할 뿐만 아니라 남들에게 폰을 노출하고 과시하고 싶은 욕구를 충족시키기 위해 보다 패셔너블한 경향을 강조하는 쪽으로 폰의 형태의 변화가 나타날 것이다.

테크놀러지 트렌드

Codec Society

'Codec Society'는 모든 기능이 칩 하나에 통합되는 세상이다. Codec(코덱)은 Coder(코더)와 Decoder(디코더)의 합성어로, 다양한 정보와 서비스가 칩 하나로 집약되어 제공되는 기술을 말한다. 지금도 RFID Radio Frequency Identification, 홈네트워크시스템 등이 많이 사용되고 있고, 특히 모바일에 있어 심 카드(Sim Card, 휴대전화 사용자의 개인 정보를 저장하는 플라스틱 카드 – 동아프라임영한사전 · YBM Sisa.com 참조)가 중요한 기술로 부각되고 있다. 앞으로 심 카드를 국내에서 어떻게 활용할지 여부에 대해서 논의가 활발해지겠지만, 결국 모든 정보 하나가 작은 칩 속에 들어갈 것으로 보인다. 미래에는 더 작은 칩이 몸 속에 들어가게 되는 시대가 도래할 것이라고 예측하고 있다.

네트워크를 입는다

사람들은 한 곳에 가만히 있지 않는다. 그래서 언제, 어디에서도 자유롭게 접속이 가능하고 정보를 업로드, 다운로드 할 수 있게 하는 Location-free 기술이 개발되고 있다. 위치기반 서비스, 네비게이션 등이 활성화되고 유비쿼터스 환경하에서 언제 어디에서나 전자상거래가 가능해지고 있으며, 듀얼모드 TV폰으로 상대방의 얼굴을 보고 화상통화를 하는 시대로까지 발전했다.

오감을 통한 만족

기술을 개발하는 것 자체도 중요하지만, 이러한 기술을 소비자들에게 어떻게 전달할 것인가가 더욱 중요하다. 카메라폰의 경우 높은 화소수 때문에 잘 팔리는 제품도 있겠지만, 이것은 틈새시장일 뿐 높은 화소수 기술을 원하는 소비자는 일부에 불과하다. 반면 높은 화소수가 아님에도 초콜릿폰처럼 많이 팔리는 경우도 있는데, 그 이유는 소비자들을 감동시키는 다른 요소들이 작용하고 있기 때문이다. 그런 면에서 시각, 청각, 촉각, 후각과 관련된 기술의 접목이 중요하다. 은은한 라벤더향이 나게 만든 화이트폰은 감정을 바탕으로 세심하게 디자인된 제품이다.

근미래 구연가능 기술

이외에도 많은 융합 가치Convergence Value를 변화시키고 강화시키는 기술, 기계자체를 강하게 만드는 기술, 다이나믹하게 연결시켜주는 기술, 그리고 인간의 감성을 극대화시키는 기술, 고객의 요구를 어루만져주는 기술이 중요해질 것이다. 커스터마이징 기술은 현재는 틈새시장으로 여겨지지만 미래가 되면 그 시장이 활성화될 것이고 고객들의 요구를 충분히 고려해야 하는 상황으로 변해갈 것이다. 프라다폰과 같이 결국 휴대폰은 패셔너블한 제품으로 변화하면서 다른 산업과도 긴밀한 관계가 형성될 것으로 보인다. 또한 '트랜슈머(Transumer, 이동하면서 물건이나 서비스를 구매하는 사람)'라고 불려지는 노마드족들의 요구를 맞추기 위한 다양한 소프트웨어가 개발될 것이다.

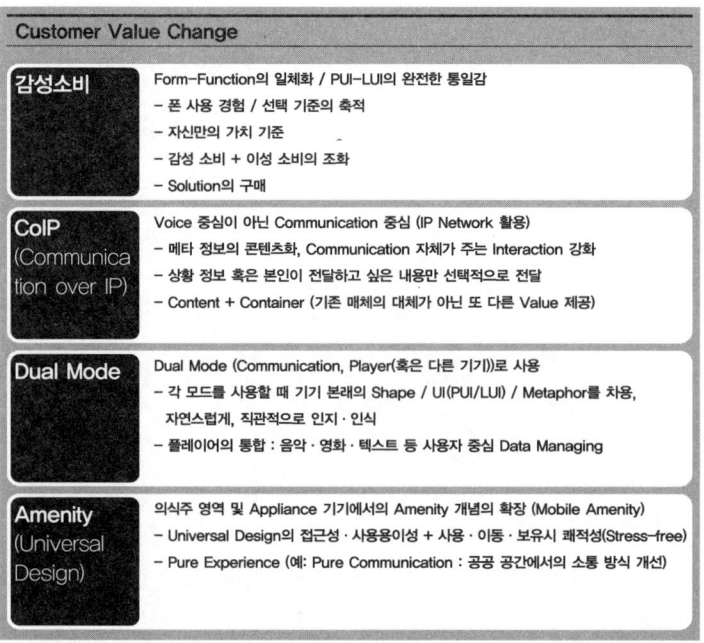

Device-Device Dynamics

Mobile Internet
〈Innovate〉 대부분의 Contents / Application은 Web기반으로 사용
- Stand-alone과 Network서비스 / Application 사이의 Convergence
- PC는 S/W 기반 Convergence, Phone은 H/W 기반 Convergence
  Web 기반 Convergence (H/W 측면은 Divergence)

3-screens
Contents Portability / Cross-screen
- 사용자는 Contents를 중심으로 상황에 맞게 디바이스를 선택적으로 사용
- 3가지 Platform간의 Dynamics정의 (사용자와의 거리 Screen Size)
  : Palm-top 2", Within Hands 4", Lap/Table-top 15"

Multi-device
- 디바이스를 상호 보조적으로 활용 (Digital-Analog / 특정 기능-일반 기능)
- 하나 이상의 폰 사용 (Context / Habit / Usage)
- 동시에 여러개의 폰 구입 / 순차적으로 구입

Network Multimedia (New Platform)
폰 형태가 아닌 다양한 Network Multimedia Device
- Smartphone/OpenOS가 아닌 새로운 Device로 인식 (사람들은 PDA 원하지 않음)
  (PMP · 전자사전 · Dica · MP3 등)
- Downloadable / Real-time Content-on-demand

Extended Sensibility

Emotional Choice-able Interface
Selective Interface (Transparent Avatar)
- 감정상태 인식(자동 / 반자동 / 수동)
- Interface변환 (동일한 감정 / 다른 감정)
- 감정 Type : Usage기반 파악
- Suggestion

Augmented Reality
과하지 않은 증강 현실
- 사용자의 작업량 줄임
- 한번에 보여지는 메뉴 · 정보의 단순화 (Layered Info)
- 직관적인 인터페이스

Second Life
- 현실세계와 가상세계간의 커뮤니케이션 (seamless)
- Virtual Presence
- 분산된 자아 (다양한 인격, More Safe, 새로운 형태의 커뮤니케이션 툴)

Multi-modal (공감각)
Multi-modal을 통한 경험 제공 (새로움 / 친숙함 / 감정)
- Device 측면의 Multi-modal 검토로 새로운 Innovation
  (Input-focus / Output-focus)

Hyper-Customized

3D Input
- Analog적인 조작감을 통해 직관적 인터페이스
- Interaction 자체의 경험을 통한 즐거움

Emotional Choice-able Interface
- Selective Interface (Transparent Avatar)
- 감정상태 인식 (자동 / 반자동 / 수동)
- Interface 변환 (동일한 감정 / 다른 감정)
- 감정 Type : Usage 기반 파악
- Suggestion

Fashion-like
- Value-Industry-driven
- Fashion-item : Style-conic

사용·착용의 변화
- Wearabla + Accessory의 Evolution
- Watch Phone, 의류형태 Device
- E-paper / E-tattoo 형태 등 Simple Form
- 손에 들고 다니지 않는 형태 / 두 손 다 활용
- Disposable

Transumer

Travel & Global
- 지역정보 + 번역·통역 + Navigation
- Search 기반, 다국어 번역 및 정보 검색
- 역할 인식 / 전화번호 입력
- 위치 정보 (Augmented Input)

Enriched Navigation
- 목적성 Navi., 주기능 강화하는 보조적 Navi.
- SNS + Navigation
- PND (Personal Navigation Device) : Platform / Interface

True Mobile Navi
- Mobile에 적당한 형태의 Navi.
- 보는 방식, 검색 방식 (빠른 응답 속도, 필요한 정도의 정밀도)
- 도시형 / 지방형에 따른 적합 방식 (이동거리 길고 목적지맵 확인 습관, Benifit 크다)

New Target
- 업체가 H/W를 구입·공급, 사용자는 서비스 이용 / 광고 대상 (윈-윈)
- Freebie : 고객의 개인 정보 Selling
- 업체 : 원하는 Specific Target Window
- 사회적 약자 : 정부차원의 Infra측면으로 보급 (유지·관리 비용 낮아짐)

Social Device / Software

New 유통채널
- 새로운 Player의 등장
- 기술의 보편 / 진입장벽 낮아짐 + 소비자 선택 가치 변화 : Life Solution 구입
- 특정 채널 보유, 고도화된 CRM 정보
- 새로운 가치 제공

New 플랫폼
- Micro Segment / Niche Market형 플랫폼 (Open OS)
- Long-tail
- 새로운 커뮤니티 (법인형 : 영어마을, 퀵서비스, 금융 · 증권 등)

New Operator (Industry Convergence)
- 이종 산업의 통신업 진출 증가
- 소비재 (Coca-cola 등), 금융 · 증권, 미디어업체 (디즈니 등)
- 검색 업체 (구글 등) : 방대한 콘텐츠 + 진화된 Web Application

New Power Manufacturer
- 다양한 Operator / Target형 제품 요구 증대
- 소비자와의 접점 : 제품 (H/W PUI 등의 중요도 증대)
- 다품종 소량생산
- 부품업체와 Eco System간 관계 강화 (다품종에 따른 물량 많아짐)

Infra-dependent

Web 2.0 (Mobile Internet / CoIP)
- Mobile Web 2.0의 Killer Application / Service
- Installable Memory / Temporary Contents Memory / Bigger Display

All-IP Network
- IP를 통한 Seamless / Ubiquitous Network
- 전체 네트워크 Seamless / 부문 네트워트 Seamless-부문 네트워크 Seamless
- IT / Mobile 부문의 연계 강화 (WPAN-UWB : WUSB, B/T)
- 공공부문 · 상업부문과의 New Service (예: 주유소=기름+콘텐츠)

Home Network
- 개인별 리모컨 / ID 역할 (개인별 Setting, 적합 Communication 연결 도구 선정)
- Life Bookmark / Family Agent
- Personal Contents Hub / Distributor (타인의 콘텐츠 보기 / 이어보기 등)

Social Network
- B2G : 센서스, 통계조사, 재난 · 재해, 공중 보건 · 안전, 봉사
- 집단 지성
- 집단 Welfare
- Broadcasting / Big Brother : Podcating / Small Brother

소비자 행동의 변화

2007~2008년 소비자 행동의 변화 추세는 웰빙, 가치있는 소비, 새로운 경험Neo Experience 3가지 테마로 살펴볼 수 있다.

'웰빙'은 오래 전부터 등장했지만 시기적으로 조금씩 변화가 있었다. 2004~2005년에는 개인의 삶만을 건강하게 하는 방향으로 추구했다면 최근에는 에코라이프, 즉 자연과 내가 하나가 되고 자연을 훼손시키지 않으면서 개인들도 쾌적한 삶을 살아가는 방향으로 변모하고 있다.

'가치있는 소비' 트렌드는 과거의 과시형 소비나 양극화된 소비에서 벗어나 현명해지고 있다는 것을 의미한다. 비싸고 좋은 것만 쓰는 것이 아니라 싸고 실용적인 것도 사용할 줄 아는 현명한 소비, 이성적인 소비들이 이루어지고 있다.

지금까지 소비자들은 재미있고 즐거운 것들을 추구했었다. 최근에는 UCC와 같이 자신이 주인이 되어 적극적으로 참여하는 형태가 나타나고 있다. 여러 가지 모바일 기기들이나 잘 짜여진 네트워크를 통해 시공간을 초월하는 차별화된 경험을 추구하고 있다. 이것이 새로운 경험의 의미다.

그렇다면 앞서 살펴본 부분들만 잘 조합하면 소비자들이 선택할만한 제품을 개발할 수 있을까? 여기에는 창조적 디자인이 추가되어야 한다. 앞서 설명한 내용들은 변화해야 할 요소이고 필요한 조건이지만, 디자이너의 생각을 형상화하기 위한 노력이 추가로 필요하다. 디자이너가 가지고 있는 창조적인 아이디어들은 매우 중요하며 그 생각들을 통해서 새로운 개념의 모바일 제품들을 개발해내는 것이 필요하다. 물론 기술적으로 지금 가능한 것이 아닐지라도 디자이너가 다양하게 전개하는 콘셉트 제품들은 결국 어느 시점에는 상품으로 나오게 될 것이다.

많은 미래영화 속에 나오는 소품이나 아이디어들은 사실 미래를 예측하고 스케치하는 디자이너들에 의해서 만들어지는 것이다. 그리고 이러한 영화들을 통해서 소비자들은 미래가 이렇게 펼쳐질 것이라고 생각하기 때문에, 영화 속의 물건과 비슷한 제품이 나오면 자연스럽게 선택하게 된다. 지금 당장은 이 제품이 과연 팔릴까 내지는 개발이 가능한 것일까 의심스럽겠지만, 결국엔 시장이 이를 증명할 것이다. 그러므로 디자이너의 창조적 아이디어를 개념화한 디자인들은 미래를 예측하고 현실화하는 매개체로 사용될 수 있는 것이다.

미래의 모바일 디자인

미래의 폰 디자인은 이미지 중심이 될 것이다. 자동차의 경우, 회사 이미지에 맞는 콘셉트카가 나오면 몇 년 동안 다듬어지고 변화되어서 현실화된 제품으로 나오게 된다. 하지만 모바일 시장의 상황은 약간 다르다. 모바일 제품은 워낙 첨단 분야이기 때문에 경쟁사보다 먼저 내놓지 않으면 바로 아류로 전락하는 속성을 가지고 있다. 따라서 업체의 이미지에 맞는 콘셉트폰을 만들더라도 경쟁사보다 한 발 앞서 출시하는 것이 필수 요소이다.

그렇다면 미래는 어떻게 될까? 확실하진 않지만 미래를 가시적으로 제시해줄 수 있는 것은 결국 디자이너의 창조적 상상력이다.

현재 많은 사람들은 다양한 캐릭터를 가진 채, 다양한 행동양식을 보이고, 다양한 것을 원하고 있다. 이럴 때 중요한 것이 고객의 직관이다. 고객의 직관이란 소비자들이 입으로 말하지는 않지만 마음속으로 원하는 것이다. 기업은 고객이 마음속으로 원하는 것을 채워주어야 할 뿐만 아니라 새로운 요구를 발굴해서 새로운 가치를 부여해야 한다.

이런 시대에 필요한 것은 현명한 직관력이다. 생각이 비슷한 90%의 사람이 아닌 나머지 5~10%에 해당하는 사람들의 기발한 아이디어에 의해서 제품이 성공하고 실패한다. 성공과 실패는 바로 현명한 직관력으로 판가름 나는 것이다.

애플의 아이팟과 아이폰의 히트 이유는 많은 이유가 있겠지만 가장 중요한 요소 중 하나의 디자인이다. 공룡기업인 애플은 여러 가지 사업을 하다가 어려운 상황에 처했었는데 애플을 위기로부터 살려낸 것은 바로 아주 작은 MP3 하나였다. 물론 기능적 측면의 완성도도 있었지만 가장 중요한 요소는 사람들이 생각하지 못했던 여러 가지 부분들을 디자인으로 표출했다는 점이었다. 그래서 그 점 하나로 제품이 더 좋게 보였고 이는 제품 성공으로 이어져 애플이 살아났던 것이다. 한 가지 더해서, 이러한 성공을 이끌어낸 데 '스티브 잡스'와 '조나단 아이브'를 얘기하지 않을 수 없다. 스티브 잡스는 뛰어난 경영자이지만, 그 뒤에는 걸출한 디자이너 조나단 아이브가 있었다. 현명한 직관력을 가진 디자이너와 그를 100% 지원할 수 있는 CEO가 있었기 때문에 지금의 애플이 있는 것이다.

LG전자를 통해 본 우리나라 모바일 디자인

LG전자의 제품개발 및 사업을 이끌어가는 중요한 방향 중 하나가 Design-Minded Company이다. 또한 디자이너의 중요성을 인식하고 디자이너가 가지고 있는 재능을 폭넓게 발휘할 수 있는 장을 마련해주고 있다.

Design Life Creator

2003년까지 LG전자 디자인의 목표는 Global Design이었는데, LG전자의 제품이 전 세계적으로 확산되는 데 이 목표는 중요한 역할을 수행했다. 2007년에는 디자인 부분의 역량이 더 커졌다고 판단, 각 제품군에 Global Top Design을 만들자는 목표를 수립했다. 2010년까지는 문화를 이끌어갈 디자인을 창조하자는 비전을 세웠으며 궁극적으로는 디자이너들이 Digital Life Creator의 역할을 수행한다는 사명감을 갖고 있다.

이모셔널 디자인, 초콜릿폰

초콜릿폰은 2005년 초부터 개발하기 시작해서 11월에 제품이 출시되었다. 초콜릿폰이 나오기 전에는 LG휴대폰은 디자인적으로 그다지 좋은 평가를 받지는 못했다. 따라서 LG는 변화에 대한 의지가 매우 강했다. 이러한 점에서 초콜릿폰은 LG모바일폰이 자신감을 갖고 재도약할 수 있었던 기회를 제공한 폰이기도 하다.

초콜릿폰은 일반적인 제품 개발과정과는 다른 시각으로 진행되었다. 통상적으로는 고객의 의견을 바탕으로 상품이 기획·개발되고, 그것이 디자인으로 만들어져 제품으로 출시된다. 그러나 제품 개발에 걸리는 시간이 1~2년 임을 감안하면 당시 상황·트렌드에 맞춰 개발하는 것은 무의미한 활동일 뿐이다. 초콜릿폰은 이렇게 시대에 뒤떨어진 제품 개발과정을 벗어나 다른 방법으로 제품개발을 해보자는 의지에서 나온 제품이다. 즉 '디자인에 포커스를 맞추겠다'는 전략을 먼저 세우고 이를 실현할 수 있는 방법을 모색한 것이다. 그 결과, '기술을 위한 디자인'은 '디자인을 위한 기술'로 바뀌었고, 이 새로운 접근방법은 초콜릿폰이라는 제품개발로 이어졌다. 그리고 추후에 마케팅이 힘을 보태면서 제품의 가치는 극대화되었다.

초콜릿폰이 나오기 전까지 모바일폰 시장은 시장주도형 시장과 기술주도형 시장이 전부였다. 어떻게 하면 더 첨단제품으로 보이게 할 것인가에 초점을 맞추면서 1,000만 화소의 폰이 등장하는가 하면, 메모리도 다양하게 늘어났다. 또 기존에 보이지 않았던 새로운 폼펙터Form Factor들이 많이 노출되었다. 가격이나 사업자요구에 맞추어서 유사한 제품이 대거 출시되기도 했다. 이러한 시장 환경에서 LG는 어떤 것을 차별화 할 것인지 고심하였고, 이를 디자인으로 해결하고자 했다. 그래서 다른 핸드폰과 비교해서 기능이 특출하지는 않지만, 기본기능을 갖추고 있으면서도 디자인적인 감성이 살아있는 제품을 만들게 되었다.

초콜릿폰의 차별적 요소는 디자인 프로세스가 기존의 제품들과 다르다는 사실이다. 이를 '레이저폰'과 비교해보자.

당시 소비자들은 슬림화를 요구하였는데 이런 요구를 발빠르게 파악하여 출시한 것이 레이저폰이다. 옆으로는 넓어졌지만, 슬림화에 성공하였기 때문에 굉장히 히트를 쳤다. 그러나 초콜릿폰은 '폰 같지 않은 폰'을 만들려고 한 의도에서 제작되었기 때문에 슬림하면서도 작고 단순하게 디자인했다. 그 과정에서 디스플레이나 버튼 등을 어떻게 감출 것인지 고민했다. 사용하지 않을 때는 안보이다가 사용하기 위해 폰을 만지면 디스플레이가 환하게 드러난다던가, 혹은 버튼이 없더라도 터치센서나 빨간 불빛을 통해서 드러나게 함으로써 디자인을 극대화 하면서도 핸드폰의 사용성과 기능성을 유지할 수 있었다. 이런 결과가 가능했던 이유는 '디자인 구현을 위한 테크놀로지'를 실현하기 위해 개발부서와 디자인부서가 함께 작업을 했기 때문이다. 단순히 핸드폰의 두께를 얇게 하기 위해서가 아니라 소비자의 감성을 만족시키기는 디자인을 실현하기 위해 테크놀로지를 접목했다는 것이 여타 디자인 프로세스와 다른 점이다.

스토리텔링 디자인, 샤인폰

샤인폰의 특징은 스토리텔링 디자인이다. 초콜릿폰이 처음 나왔을 때 터치가 불편하다던가, 지문이 잘 묻는다는 불만사항이 있었음에도 불구하고 경쟁사들은 초콜릿폰을 모방했다. 이런 상황은 인터페이스에서 하나의 축을 형성하게 된다. 경쟁사들이 어떻게 나올 것인지 예상했기 때문에 LG는 초콜릿폰에서 얻은 DNA를 바탕으로 초콜릿폰에서 한 단계 더 발전하여 또 하나의 새로운 이미지를 만들어내겠다는 의도로 샤인폰을 기획했다.

초콜릿폰과는 완벽하게 다른 얼굴, 그러면서도 좋은 디자인으로 앞서가고자 했기 때문에 스토리텔링이라는 명제 하에 디자인을 개발했다. LG는 휴대폰이 가진 여러 특성 중 하나인 커뮤니케이션 과정 속에서 기쁨과 슬픔, 환희의 순간을 맞게 되는 순간을 포착, '휴대폰을 통해서 많은 사람들이 환희의 순간을 맞는다'를 제품 개발의 모티브로 삼았다. 육안으로 보았을 때 빛나게 하기 위해 High-Glossy처리를 어떻게 할 것인지 고민한 결과, 사람의 눈을 시리게 할 정도로 강력한 발광력이 있는 스테인리스라는 소재를 폰에 접목했다. 또한 폰이 얇아지고 작아지면서 충격, 파손, 고장에 취약할 수 있다는 단점을 극복하고자 스틸이라는 소재를 적용하였다. 이를 통해 기존의 소재가 가지지 못하는 '근본적인 강함'으로 소비자들에게 어필할 수 있었다. 또한 수신감도를 높이는 프로젝트를 동시에 병행하여 디자인의 완성도를 높이면서도 사용에 불편함이 없도록 제품을 개발했다. 그렇게 디자인된 것이 'Shining Moment'라고 하는 마케팅 콘셉트와 연결되어 '빛나는 순간', '빛나는 폰'으로 소개되었다.

협력을 통한 디자인, 프라다폰

초콜릿폰을 개발하면서 '터치'가 새로운 Inter-Device로 자리 잡을 것이고, 2~3년 후에는 동영상이 강세를 보일 것이라고 예상했기 때문에 화면이 좀 더 커져야 한다는 필요성을 느꼈다. 또 편리한 사용성과 심플한 외관을 위해서 버튼을 완전히 없애자는 논의가 시작되었다. 이러한 현상은 초콜릿폰의 성공으로 인해 후속제품의 개발기회가 생겼음을 의미하는 것이기도 하다.

풀터치를 활용하는 부분에는 자신감이 있었지만, 다른 한편으로는 이런 풀터치 방식이 소비자들에게 어떻게 받아들여질 것인가에 대한 두려움이 있었다. 이를 적극적으로 풀어가고자 프라다와 제휴를 통해 디자인을 진행하였다. 물론 기본적인 형태나 테크놀로지는 LG에서 개발하였지만, 제품의 격을 높이는 부분에 있어서는 프라다의 도움을 받았다. 본래 휴대폰의 기능에서 디스플레이가 크고 선명하게 보이게 하는 것은 굉장히 중요한 요소이다. 그러나 프라다폰에서는 첫 화면이 켜질 때 블랙으로 처리되도록 과감한 시도를 하였다. 이는 테크놀로지를 극대화해서 보여주는 것보다는, 감성적으로 보여주는 부분이 더 중요하다고 생각했기 때문이다.

프라다가 가진 트렌디한 색상과 디자인 트렌드, 그리고 LG의 아이디어와 기술이 만나 작고 심플한 블랙폰이 탄생하였다. 이 폰은 프라다라는 브랜드와 상승작용을 일으켜 좋은 반응을 얻었다.

감동과 신뢰를 디자인한다

'감동과 신뢰를 디자인 한다'는 LG모바일 캐치프레이즈이다. 디자인은 0.6초 안에 승부가 난다. 보는 순간 그 제품에 대한 시각정보가 들어오게 된다. 여러 가지 폰들이 놓여 있을 때 한 눈에 봐서 눈에 띄고 손을 움직이게 하는 것이 바로 감동이다. 그리고 신뢰란 제품을 선택했을 때 그것이 지속적으로 나를 감동시키고 사용할 때 불편하지 않으며, 그 다음 제품의 구매로 연결되는 것을 말한다.

8장 브랜드, 생각이 만든다

정일선 | 소디움파트너스 대표

브랜드의 현대적 의미

브랜드는 고대 바이킹들에게는 짐승을 식별하기 위한 표식으로, 중국·그리스·로마에서는 도자기나 식기를 구분하기 위한 수단으로, 20세기 들어서는 품질 보증뿐만 아니라 법적 보호의 대상으로 그 역할이 진화해 왔다. 지금의 브랜드는 단순한 품질 표시나 법적 보호의 대상으로만 국한하기에는 우리의 일상생활과 기업 경영 활동에 미치는 영향력이 너무 크다. 게다가 소비자 또한 다양한 계층으로 확산됨에 따라 기존의 브랜드에 대한 개념으로는 수많은 현대적 브랜드를 이해하고 관리하는 데 어려움이 따를 수밖에 없다.

'본질이 아닌 것을 제거하고 나면 본질이 보인다'는 에쿠하르트 톨레의 말처럼 브랜드가 아닌 것들을 하나씩 지워가면 브랜드의 본질에 더 근접할 수 있을 것이다. 다행히도 몇 해 전에 마티 뉴마이어의 저서 『브랜드갭』을 통해서 소개된 브랜드에 대한 정의가 이를 잘 보여주고 있어 인용하고자 한다.

첫째, 브랜드는 로고가 아니다. 로고(트레이드마크)는 브랜드가 아니라 브랜드를 상징하는 도구다. 보다 복합적이고 다양한 모습으로 현대인의 삶에 영향을 미치고 있는 브랜드는 단순한 트레이드 마크의 역할 그 이상이다. 시대에 따라 브랜드의 역할이 변화하고 있으며 브랜드에 대한 정의 또한 진화하고 있음을 인식할 필요가 있다.

둘째, 브랜드는 제품이 아니다. 다시 말하면, 제품이 곧 브랜드는 아니라는 말이다. 마켓의 선반에서 만나는 수많은 제품들 자체는 브랜드가 아니다. 마케팅 담당자들은 제품의 품질, 서비스, 유통 또는 판촉을 브랜드로 생각하는 경향이 있지만 브랜드를 관리한다는 것은 제품과 고객 사이를 관리하는 것이다. 눈에 보이는 제품으로 브랜드를 설명하기에는 그 인식의 범위가 너무 넓은 것이 사실이다.

셋째, 브랜드는 전략이 아니다. 브랜드 전략 또한 브랜드에 관한 것이지 브랜드 자체는 아니다.

이를 종합해보면 브랜드란 제품이나 서비스 또는 기업에 대한 개인의 '본능적인 감정'이라 할 수 있다. 그렇다면 브랜드를 관리한다는 의미는 무엇인가? 이는 기업, 서비스, 제품에 대해 개개인이 가지고 있는 인식, 즉 개인의 본능적 감정인 브랜드를 기업이 관리할 수 있느냐의 문제이다. 마케팅 담당자들은 제품, 가격, 유통 및 판촉 등의 관리를 브랜드 관리라고 생각하는 경향이 있는데 브랜드 관리란 눈에 보이지 않는 다양한 층을 관리하는 것이다. 따라서 브랜드는 로고, 라벨, 제품, 명칭, 슬로건, 태그라인, 사명선언문과 구별된다.

브랜드를 제품이나 서비스 또는 기업에 대해 느끼는 개인의 본능적 감정이라고 정의한다고 하면, 이러한 본능적 감정을 유발하는 핵심을 들여다봄으로써 보다 유용하고 현대적으로 브랜드를 정의할 수 있을 것이다.

다시 말해, 브랜드란 주요 대상들에게 영감을 주고 매력을 느끼게 하는 자신만의 독특한 '아이디어'와 깊은 관련이 있다.

브랜드 아이디어

'브랜드 아이디어'란 고객에게 제안하는 가장 본질적이고 확고한 가치이며 브랜드의 존재 이유이다. 이러한 아이디어는 현대인들의 마음을 움직일만한 차별화된 가치로 전달될 때, 그리고 확고하며 열망할만한 약속으로서 일관성을 유지할 수 있을 때 브랜드를 이끄는 강력한 동력이 된다. 또 다양한 고객 접점에서 브랜드 아이디어가 일관되게 발현될 때 고객의 마음속에 차별화된 브랜드로 각인시킬 수 있다.

나이키 : 개인적 성취 Individual Achievement

'개인적 성취'는 나이키만의 차별점으로 인식되는 가장 확고한 가치이다. 이 핵심가치는 새로운 제품의 디자인을 결정하고 커뮤니케이션의 태도를 선택하는 데 영향을 미친다. 나이키가 진행한 광고 커뮤니케이션에서 보듯이, 개인적 성취를 최대로 느끼게 하기 위하여 마이클 조단, 타이거 우즈 등 수퍼 스타의 퍼포먼스에 초점을 맞추고 있는 것을 볼 수 있다.

'당신도 할 수 있다'는 의미의 '저스트 두 잇 just do it' 캐치 프레이즈가 용기를 불러 일으키듯, 나이키는 개인적 성취감을 자극하여 고객이 그 가치를 일관성있게 느끼도록 하고 있다. 또한 나이키는 고객이 의미있는 차별성을 느끼도록 적극적으로 이를 관리한다. 이러한 일관된 약속의 전달은 나이키만의 고유한 시각, 철학에서 출발하여 만들어진 브랜드 경영의 일환이며, 브랜드가 글로벌 환경에서도 일관된 매력을 유지하게 하는 비결이기도 하다.

스타벅스 : Leisure

스타벅스는 제품뿐만 아니라, 제품을 둘러싸고 있는 요소들에 집중함으로 고객들에게 차별화된 가치를 느끼게 하는 데 중점을 두고 있다. 남들이 커피라는 물리적 속성에 집중하고 있을 때 스타벅스는 언제 어디서나 누구나 4,000~5,000원의 커피를 통해 Leisure를 경험하게 하자는 기발한 브랜드 아이디어를 떠올렸다. 그리고 지금 스타벅스는 고객들에게 집, 직장을 이어 주는 제3의 공간으로서 지위, 직업을 막론하고 모두를 아우르는 문화브랜드로 자리매김 하고 있다. 또한 이와 같이 브랜드를 이끄는 핵심적 가치인 브랜드 아이디어는 스타벅스를 경험하는 공간 스타일에도 영향을 미친다. 이 공간 스타일은 스타벅스만의 독특한 개성으로 인식되는데 고객과의 브랜드 대화시 중요한 역할을 한다.

볼보 : For Life
'Volvo for life'에는 볼보의 철학이 배어있다. 볼보의 경우는 브랜드 아이디어가 곧 브랜드 스테이트먼트로서 고객과의 커뮤니케이션 전면에 나서는 경우라 할 수 있다. 최근 몇 년 전부터 볼보자동차는 디자인에 많은 변화를 추구해 오고 있다. 과거에 그저 튼튼하게만 보이던 박스형태의 스타일에서 벗어나 가히 혁신적인 변화를 꾀하고 있다. 현재 훨씬 더 세련되고 감각적이며 매력적인 모습으로 변했음에도 불구하고, 그 변화된 모습 속에서도 볼보만의 브랜드 아이디어가 배어 있음을 알 수 있다.

이와 같이 세월의 흐름이 요구하는 디자인 변화의 흐름 속에서 볼보다움을 유지할 수 있는 것은, 브랜드만이 가지고 있는 의미가 고객과 호흡했기 때문에 가능하다. 이와 같이 남다른 의미를 확고히 하고 그것을 널리 알리는 일, 디자인, 광고, 홍보, 기업연감 보고서 등에 힘써야 브랜드 빌딩을 효과적으로 진행할 수 있다. 많은 기업들이 이러한 브랜드 아이디어가 제안하는 가치에 대한 확고한 정의 없이 알리는 일에만 수 백억씩 소비하고 있다. 그러나 이는 의미없는 활동에 불과하다. 이런 경우 인지도는 높일 수 있을지 모르나, 고객에게서 선호도와 매력도를 이끌어 내기란 쉽지 않다.

애플 : Making technology serve man

애플은 제품개발에서 브랜드 커뮤니케이션에 이르기까지, CEO에서 말단 직원에 이르기까지 '인간을 위한 기술을 만든다'는 가치를 위해 일하고 있는 기업이다. 일관된 디자인은 이러한 브랜드 아이디어 공유의 힘이며 늘 새롭게 선보이는 신제품들도 하나같이 같은 플랫폼에서 나온 것 같은 패밀리룩을 이루어 낸다. 또한 애플의 힘은 애플만의 독특한 시각이 소수의 매니아들을 먼저 열광시키고 점차 빅마켓으로 넓혀나가는 브랜드 전략을 구사하고 있다는 데 있다.

이와 같이 애플은 자신만의 가치를 특정한 고객층에게 일관성 있게 전달하기 위해 디자인 파워를 활용하고 있다. 애플은 매력 덩어리의 개별적 제품을 파는 듯하지만, 1985년 매킨토시를 시작으로 2007년 아이폰에 이르기까지 애플이라는 기업 브랜드를 패키지로 만들어 팔고 있다.

브랜드 전략

크리스피 도너츠

'크리스피 크림'의 브랜드 아이디어는 'Delivering magic moments 도너츠만을 파는 게 아니라 마법 같은 순간을 판다'는 것이다. 이들 매장은 도너츠가 만들어지고 있는 과정을 고객이 볼 수 있도록 도너츠 제조 기기들을 매장 중앙에 배치 했다. 크리스피 크림에서는 이스트가 부풀어 오르면서 도너츠가 만들어지는 과정을 직접 볼 수 있다. 후각적 효과를 위한 전략으로 도너츠를 만드는 스케쥴을 오전 6시부터 10시까지, 저녁 6시부터 10시까지로 조정하고 'Hot'이라는 글자가 새겨진 네온사인이 켜지도록 했다. 미각적 효과를 위해서는 도너츠의 무료시식을 권하고 있다. 또한 새로운 매장을 오픈 할 때는 3,000명을 동원해 마치 극장 같은 분위기와 퍼포먼스를 연출함으로서 크리스피 크림의 브랜드 아이디어를 구현하기 위한 무대Retail theater로 활용한다. 이들은 고객의 브랜드 경험 중에서 가장 사랑받고 있는 것이 무엇인가를 알아내고 그것을 더 발전시킨다.

타겟스토어

브랜드에서 가장 중요한 것은 고객에게 의미있는 차별점을 만들어내는 일이며 모든 것에 앞서 가장 먼저 해야 할 일은 브랜드 포지셔닝을 하는 일이다.

다음의 타겟스토어 사례에서 보듯이 포지셔닝 작업을 통해서 우리만이 잘할 수 있는 것이 무엇인지를 발견하고 그것이 고객들에게 의미있는 것인지 그리고 우리가 지속적으로 잘 할 수 있는 것인지를 확신하는 과정을 통해서 브랜드 아이디어를 창출한다.

'타겟Target'은 소득의 고하를 막론하고 가치에 민감한 사람들이 주고객층을 형성하고 있으며 '적정한 가격대'에 '아주 좋은 디자인'을 제공하는 디스카운트 스토어이다.

타겟은 소비자들의 디스카운트 스토어에 대한 기존의 시각을 바꾸기 위하여 기획된 브랜드로, BMW, 벤츠를 타는 경제적으로 여유 있는 중상류층과 혼다, 씨빅을 타는 서민층을 브랜드의 주요 대상으로 삼았다. Design for all이라는 브랜드 아이디어를 실현하기 위해 백화점과 할인점의 시설이나 쇼핑 환경의 경계를 모호하게 했고 이를 통해 브랜드 오디언스의 폭을 새롭게 정의할 수 있었다.

모두에게 디자인의 혜택을 누리게 하겠다는 생각은 타겟스토어의 모든 제품은 물론, 커뮤니케이션에까지 그대로 배어나고 있다. 이러한 디자인중심 경영은 단번에 경쟁사들을 구태의연한 할인점으로 리포지셔닝 시키는 효과를 가져왔다.

성공적 브랜드를 위하여

성공적 브랜드는 고객과 약속한 핵심적 가치가 모든 브랜드체험에서 제대로 전달되고 있는지 끊임없이 점검한다. 그리고 이를 통해 그들이 사랑받고 있는 핵심적 이유를 재차 확인하고 확고히 한다.

또한 성공적 브랜드는 늘 새로운 언어로, 고객과 브랜드 대화Brand conversation를 이어간다. 그들의 끊이지 않는 브랜드 호감 창출법은 고객이 열망할 수밖에 없도록 만들며 이런 경험들을 치밀하고 정교하게 브랜드 아이디어로 승화시킨다.

브랜드를 관리한다는 것은 쉬운 일이 아니지만, 브랜드 아이디어로 고객과 끊임없이 대화하며 신뢰를 쌓는다면 성공적인 브랜드를 계속 유지할 수 있다.

우리가 부러워하는 강력한 브랜드들 뒤엔 브랜드 아이디어가 초석이 되어 기업과 제품 또는 서비스의 진정성Authenticity을 고객이 느낄 수 있도록 하는 일련의 지속적인 브랜드 관리가 있음을 알아야 한다.

9장 패션이 IT와 만날 때

지영만 | 제일모직 전무

블렌딩의 시대_
서로 다른 것을 섞어 새로운 가치 창출하기

다니엘 헤니, 석호필, 제시카 알바, 이 세 사람의 공통점은 무엇일까? 멋진 배우라는 공통점 이외에도 블렌딩Blending, 즉 2가지 이상의 인종 간 융합이 이루어진 사람들이라는 점이다. 「프리즌 브레이크」의 주인공 '스코필드'역을 맡은, 한국에서는 '석호필'로 알려진 웬트워스 밀러의 경우 12가지 인종이 블렌딩 됐다고 한다.

서로 다른 인종이 만나듯, 패션이 IT를 만난다면 어떤 일이 생길까? 지금 정보통신과 의류라는 전혀 어울릴 것 같지 않은 두 분야가 만나 새로운 감각과 새로운 기술을 만들고 있다.

서로 섞는다는 것, 그것은 '단순결합單純結合 → 융합融合 → 창발創發'이라는 3단계로 진행된다. 먼저, 원초적인 것들이 결합되고, 그 다음에는 좀 더 세밀하고 복합적인 기능간 융합

Convergence이 이루어진다. 그리고 더 나아가 창조성이 가미된 창발적 융합이 일어난다.

단순결합Bundling

IT와 패션이라는 다소 생소한 분야에도 결합이 이루어지고 있다. 사실 IT와 패션의 결합은 정반대 이미지의 결합이다. 소품종 소량생산과 장인정신은 패션명품의 기본원칙으로 IT업계에서는 어울리지 않는 항목들이었다. 그리고 첨단 기술을 먼저 도입하고 원가 절감을 위해 대량생산을 내세우는 IT업계의 원칙 역시 패션과 어울리지 않아 보였다. 하지만 이러한 전통과 첨단의 만남은 이제 서로 부족한 부분을 보완하며 새로운 가치를 만들고 있다. 최근 IT업계는 브랜드의 고급화를 추구하는 과정에서 디자인에 대한 새로운 가치를 발견하였다.

서로 다른 두 영역의 만남의 시작은 단순결합으로부터 이루어진다. 각각 다른 기능을 지닌 두 영역이기 때문에 완전한 융합이 만들어지기는 어렵지만, 각자의 보완점을 채워주고 장점을 부각시킨다는 매력을 지니고 있다.

애플이 자랑하는 아이팟은 단순한 MP3 플레이어가 아닌, 라이프 트렌드이자 패션아이콘으로 떠올랐다. 특히, 이어폰, 케이스 등 아이팟 MP3 플레이어와 어울리도록 제작된 액세서리의 경우 외부충격으로 부터의 기기 보호나 스크래치를 방지하는 기능적인 면 이외에 세련된 스타일을 연출해 주는 역할을 하고 있다. 전자기기와 액세서리의 결합, 사실 휴대폰이 등장하면서 간단한 장식 줄이나 휴대폰을 감싸는 케이스는 이미 있었다.

하지만 아이팟이라는 전자기기에만 사용할 수 있는 케이스, 이어폰이라는 콘셉트는 신선한 발상이다. 아이팟 케이스의 경우, 케이스를 만들지 않은 패션 브랜드가 거의 없을 정도인데, 각각 자사를 대표하는 디자인을 내세워 아이팟 마니아들의 구미를 자극하고 있다. 과거의 크고 투박했던 전자기기들이 얇아지고, 소형화되면서 단순히 음악서비스만 제공하면 그만이라는 시대는 지나갔다. 다양한 디자인을 이용하여 '나만의' 개성을 표현해 주는 패션이 된 것이다.

세계적인 명품 브랜드인 루이비통에서 출시한 아이팟 케이스는 재미있게도 아이팟보다 훨씬 고가이다. 그렇다보니 아이팟보다 악세서리 판매를 통해 이익을 보는 소매점들이 많다고 한다. 아이팟 마니아인 디자이너 칼 라거펠드Karl Lagerfeld는 40~50개의 아이팟을 가지고 있다고 한다. 하지만 아이팟을 3개 이상 소유한 사람들을 위한 편리한 케이스는 없기 때문에 펜디FENDI에서 아이팟 쥬크박스를 제작하기도 했다.

청바지로 유명한 리바이스는 청바지 주머니에 아이팟을 넣고 다니면서 자유롭게 음악을 들을 수 있도록 케이블을 정리해 줄 수 있는 공간을 만들고, 청바지 표면에 버튼을 만들어 주머니 속에 손을 집어넣지 않고도 간단하게 조작할 수 있도록 디자인된 상품을 출시했다.

MP3 플레이어라는 전자기기는 분명 예전보다 작고 얇아졌으며 편리하게 작동할 수 있게 되었지만, 손에 들고 다닌다거나 주머니에 넣고 다니기에는 아직도 불편하다. MP3 플레이어를 이용하는 사람들이 점차 많아지고, 좀 더 편리한 이용을 원하는 요구들이 많아지게 되면서 리바이스는 이와 같은 아이디어를 창안하게 되었다.

'버튼BURTON'이라는 스노우보드 전문 브랜드도 스노우보드를 탈 때에 쉽게 조정할 수 있도록 자켓 표면에 버튼을 장착하여 디자인하기도 했다.

또 남성 브랜드 '에르메네질도 제냐Ermenegildo Zegna'의 아이재킷iJacket에는 아이팟을 넣을 전용 주머니가 달려 있고 손쉬운 조작을 위해 밝기 조정 기능까지 포함된 패치를 소매부분에 붙였다.

융합 Convergence

단순결합의 시대는 이미 지났다. 각각의 고유의 기능을 중심으로 한 결합이 아닌, 종래 하나의 기술이 다른 분야에 응용되거나 복합기능으로 변화하는 융합의 시대가 왔다.

사회가 복잡해지면서 여러 업무를 동시에 수행해야 하는 현대인들의 수요도 그만큼 다양해지고 고도화되었다. 그래서 신기술 개발에 주력하는 것보다 이미 존재하는 것들을 새롭게 재조립하는 것이 효과적인 경우가 많아졌다. 그렇기 때문에 각 분야가 융합된 서비스는 이미 일반화되어 있고 앞으로도 더 많이 관심을 가져야 할 분야이다.

이에 따라 다양한 컨버전스 제품들이 우리의 눈길을 끌고 있다. 컨버전스 제품이란 하나의 기계에 여러 가지 기능을 집어넣은 융·복합 제품을 말한다. 휴대폰 하나의 기기에는 MP3 플레이어, 디지털카메라, 전자사전, DMB(이동 멀티미디어 방송), 게임 등 각종 기능이 포함되어 있다. 그리고 컨버전스 제품, 서비스의 등장은 비단 정보통신 분야에만 국한된 것이 아닌, 건축, 패션, 학문 등 다양한 분야에서 나타나고 있다.

Fashion + Technology, Retail Convergence

인도의 한 패션 회사는 자사의 주력상품인 의류를 'WWW'라는 IT를 대표하는 인터넷주소로 상징화해 홍보하고 있다. 온라인으로 의류를 판매하는 기업의 아이디어가 넘치는 비쥬얼 전략이라 하겠다.

ZOZOTOWN이라고 하는 일본의 가상스토어에는 50여 개의 콘셉트 매장이 입점하여 550여 개의 브랜드가 판매되고 있다. 이제 온라인 비즈니스는 과거 쇼핑몰을 넘어 3D 가상스토어라는 새로운 모습으로 탈바꿈하고 있다. 단순히 제품의 사진을 찍어 놓은 모습만 보고 구입하는 것이 아니라, 정확한 정보와 입체감을 토대로 오프라인 매장 못지않게 꼼꼼히 제품을 고를 수 있게 되었다. 이 또한 패션업계와 IT가 융합한 좋은 사례라 할 수 있다.

ZOZOTOWN사이트에서 'R. NEWBOLD'라는 브랜드를 찾으면 실제 매장의 분위기와 똑같이 3D로 구성해 놓은 매장으로 들어갈 수 있다. 그리고 마음에 드는 옷을 하나 선택하면, 그 옷에 대한 상세한 정보들을 볼 수 있게 된다.

폴로POLO는 매장 쇼윈도우 자체에 터치스크린을 설치하여 고객들이 굳이 매장 안에 들어가지 않더라도 상품에 대한 정보를 쉽게 얻을 수 있게 하였으며, 매장이 문을 닫은 후에도 언제든지 원하는 정보를 볼 수 있고 온라인으로 구매신청을 할 수 있도록 만들었다.

마찬가지로, 블루밍데일스Bloomingdales에서 선보인 인터랙티브 미러Interactive Mirrors도 선택한 상품의 코드를 입력하면 상품의 형상과 상황에 따라서 아바타와 결합된 이미지를 보여준다. 그리고 Shoptogether.com이라는 온라인 사이트를 통해서 액세서리나 직접 고른 옷이 잘 어울리는지에 관해 전문 컨설턴트, 스타일리스트의 조언을 받으면서 구매를 결정할 수 있도록 돕는다.

Design + Technology, Fashionable Mobile

휴대폰에도 디자인의 바람이 불고 있다. 하지만 아이팟 케이스처럼 기기와 결합하는 액세서리나 보조품의 디자인이 아니라 휴대폰 기기 그 자체에 모양을 변화시키고 색상과 무늬를 넣고 있다. 이른바 IT기기와 디자인이 서로 녹아들고 있는 것이다. 이제 휴대폰도 디자이너의 감각이 담긴 패션이 되었다.

모토로라, 지멘스, 노키아, 삼성 등 디자인에 문외한처럼 보였던 이들 업체들이 이제 디자인을 강조하고 있다. 실제로 이 기업의 디자이너들은 디자인에 대한 애착이 상당히 강하다.

대량생산의 상징이던 휴대폰, MP3플레이어 등과 같은 IT기기에도 '스페셜 에디션' 제품들이 잇따라 출시되고 있다. 삼성전자는 세계적인 팝스타 '비욘세'가 디자인한 뮤직폰 'B폰', LG전자는 패션 디자이너 '이상봉' 씨가 디자인한 '샤인 디자이너스 에디션'을 국내 시장에 한정판으로 선보이기도 했다. 이 스페셜 에디션 제품들은 한정판으로 판매되다 보니, 큰 수익을 얻기는 힘들다. 물론 생산 효율성도 낮을 수밖에 없다. 그럼에도 불구하고 유명인 스페셜 제품을 경쟁적으로 내놓는 이유는 무엇보다 브랜드 인지도를 높이는 무형의 효과가 크기 때문이다.

다양한 제품들의 컨버전스 시도는 아직도 진화하고 있다. 스와로브스키Swarovski와 필립스가 손잡고 개발한 USB 메모리는 USB만이 아닌 아름다운 액세서리 그 자체로도 손색이 없을 정도이다.

창발 Creative Emergence

결합과 융합을 넘어선 창발단계는 기존 개개의 하위구성요소에서 발견할 수 없었던 특징이 전체를 이루는 과정 속에서 출현한 현상을 말한다. 하지만 현재 이러한 창발단계는 겨우 첫

걸음마 단계이다.

  테이블을 옷처럼 입을 수 있다고 생각할 수 있을까? 그런데 테이블이 우아한 원통형 드레스로 변화하면서 테이블이라는 기능을 넘어선 새로운 가치가 만들어지는 세상이다. 이전에는 전혀 발견할 수 없던 특징이 갑자기 출현하는 현상, 즉 계량적으로 설명할 수 없는 $+\alpha$가 창조된다.

  아이팟의 등장은 음악산업을 비롯하여 인류의 문화에 거대한 변화를 일으켰다. 음악서비스 제공 방식의 변화는 물론, IT산업과 패션산업에 이르기까지 누구도 예상할 수 없었던 상호작용이 발생하면서 새로운 문화가 형성되었다. 이제 모든 산업에는 융합을 넘어선 창발이 요구되고 있다.

New Virtual Retail World

패션업계에도 창발이 나타나고 있다. 아메리칸 어패럴 American Apparel이 세컨드라이프라는 가상 세계 Virtual World에 매장을 열었다. 매출이 좋은 디자인은 실제 오프라인으로도 제품화해서 시장에 내놓는다. 이곳은 사이버 세계의 한계를 넘어서 완벽한 3D 리테일 서비스를 제공하고 있으며, 브랜드들의 테스트 마켓, PR의 역할까지도 톡톡히 해내면서 상상력과 가상공간의 만남의 장을 만드는 가치를 창출하고 있다.

  'SIMS'라는 게임 사이트에서는 옷을 디자인하여 패션쇼를 개최하기도 한다. 마치 실제 패션쇼를 하듯이 심사가 이루어지고 시상식도 거행된다. 그리고 선정된 옷은 실제 제작되어 오프라인 마켓에서 판매되기도 한다. 이렇게 새로운 사이버 문화가 만들어지고, 오프라인과의 연계 또한 자연스럽게 이루어진다.

　LG전자의 프라다폰은 제품 개발 초기 단계부터 창발적 협업이 이루어진 경우이다. 프라다 고유의 디자인을 휴대폰 외형뿐만 아니라 콘텐츠까지 적용했는데, 제품 디자인, 액세서리, 패키지를 비롯하여 사용자 인터페이스, 음향 등 기능 부분까지 함께 연구하고 디자인했다. 그리고 숫자와 메뉴 버튼을 없애고 터치스크린 기술을 적용했다. 또한 단말기, 가죽 케이스와 스타일러스 펜, 이어폰에까지 프라다 로고를 새겨 소비자들을 유혹하고 있다. 이는 경제성과 편리성을 추구하는 '테크놀로지 컨버전스'를 넘어 차별성과 희소성을 부여해주는 '밸류 컨버전스'라는 새로운 가치를 창출하였다. 이는 삼성과 아르마니와의 협업에서도 찾아볼 수 있다.

　리바이스 또한 창발을 통해 제2의 애플을 꿈꾸며 2007년 9월 유럽에서 리바이스 청바지에 어울리는 '리바이스폰'을 출시했다. 프랑스의 주문형 휴대전화 제조업체 '모드랩'과의 협업으로 탄생한 리바이스폰은 청바지와 잘 어울리는 스테인리스 스틸 재질로 만들어졌으며 특히 청바지 장식용 착탈식 체인을 부착할 수 있도록 휴대전화 하단에 고리가 달려 있다. 그리고 200만 화소 카메라, MP3, 비디오 플레이어 등 다양한 멀티미디어 기능이 탑재됐다. 리바이스폰과 청바지의 결합이라는 창발적 노력은 젊은 세대의 라이프스타일과 유행을 선도하겠다는 리바이스의 전략을 가늠하게 한다.

　스포츠전문 브랜드 나이키와 아이폰의 만남, 얼핏 보면 엉뚱해 보인다. 하지만 우리는 이전부터 운동을 할 때, 귀에 이어폰을 꽂고 음악을 들으며 운동의 지루함을 달랬다. 이러한 점을 착안하여 음악서비스 제공은 물론, 신발에 장착된 센서를 통해서 운동량, 거리 등을 체크하여 사용자에게 정보를 전달해 주는 기능까지 추가하고 있다. 그리고 앞으로도 다양한 기능들이 추가되어 스포츠 문화에 많은 변화를 가져다 줄 것으로 보인다.

서로 다른 상상력의 만남

결합과 융합에 있어 산업 간의 경계는 허물어지고 있다. 따라서 혁신적인 생활의 변혁을 가져다 줄 융합의 산업화를 이끌고 세계적인 경쟁력을 확보하는 것이 우리의 미래를 위한 길이 될 것이다.

　블렌딩 산업의 본질은 이종산업간의 협업이다. 앞서 언급한 애플-나이키, LG전자-프라다와 같이 기존에 전혀 성격이 다른 산업들이 경쟁상대이자 협력상대가 될 것이다. 따라서 서로 다른 이종간의 무한경쟁보다는 전략적 아웃소싱을 통해 서로가 윈-윈할 수 있는 기반을 마련해야 가치를 창출할 때도 훨씬 효과적일 것이다.

　블렌딩은 기술적 통합에서 시작해 산업, 학문, 경제, 문화적 통합으로 확산중이다. 또한 단순결합에서 창발로, 새로운 비즈니스로, 새로운 효용의 창출로 이어져 전체는 부분의 합 이상이라는 말을 잘 보여주고 있다.

특히 패션과 IT는 감성이 중요하고 하나의 문화를 형성하는 파급력을 지닌 닮은꼴로서 이들의 블렌딩은 신선하고 매력적인 가치 창출 방법이 될 것이다.

하지만 블렌딩이 결코 성공만을 가져다주지 않는다. 블렌딩은 기업에 위협과 기회를 동시에 제공하는 양면성을 지니고 있는데, 무조건적인 블렌딩은 오히려 가치를 하락시키는 역효과를 낼 수 있다. 따라서 앞으로는 창발적 발상으로 새로운 효용을 찾는 기업만이 성공하게 될 것이다.

10장 정보는 도시와 건축을 어떻게 바꿀 것인가

김광현 | 서울대학교 건축학과 교수, 건축가

정보화사회와 도시의 변화

'정보화사회의 도시'라고 하지만, 이는 결코 새로운 도시가 아니다. 도시는 본래부터 정보 도시였다. 오늘날의 도시도 마찬가지다. 현실의 도시가 정보 도시로 바뀐 것이 아니다. 단지 기존의 정보 도시가 새로운 타입의 정보 도시로 바뀐 것이며, 실제의 현실 도시를 다시 발견하게 하는 것일 뿐이다.

'글씨가 희귀해진 시대. 아이들은 젓가락 대신 포크를 잡듯 연필을 잡지 않고 컴퓨터 자판을 두들긴다. 뇌가 손가락 끝에 달려 있기라도 한 것일까? 자판을 두드리지 않으면 생각조차 제대로 하기 어렵다는 사람들도 많다.(동아일보, '손글씨의 미학', 2004. 6.25)'라는 기사는 그만큼 우리 사회가 정보와 밀접한 관계를 맺으며 이상생활을 형성해 가고 있다는 말이다. 또한 다른 한편으로는 '장소는 더 이상 중심이 아니고, 오히려 경계이다.'라는 말을 하기도 한다. 이것은 도시가 오늘날 예전과는 다른 모습으로 크게 변하고 있다는 말이다.

20세기 이후, 도시는 건물과 사람이 일정한 관계를 유지하던 한정된 영역을 벗어나, 거대한 활동의 장으로 바뀌기 시작했다. 자신이 어떤 공동체에 속해 있다는 생각은 희미해지고 어떤 일정한 공간에 속해 있다는 느낌도 받지 못하며 살고 있다. 우리가 살고 있는 현실의 도시는 어떠한가? 한마디로 변화하는 도시와 도시를 만드는 방법에는 너무나 큰 간극이 존재한다. 다시 말하면, 생활은 땅에 구속되어 있지 않은데, 도시를 만드는 방법과 제도는 땅에 속박된 '공동체'라는 관념 속에 있으며, 여전히 도시를 만드는 공리公理처럼 작용하고 있다. 문제는 바로 여기에 있다.

우리의 일상생활은 21세기에 들어서면서 고도화한 IT, 비대해진 서브 컬쳐에 직면하고 있다. 도시의 경제활동도 로컬과 글로벌의 구분이 없어지고, 인터넷, 매스 미디어, 휴대 미디어 등으로 우리의 생활환경과 커뮤니케이션 방식이 크게 변화하였다. 이렇게 우리의 도시는 끊임없이 변화하고 있다. 80년도에는 도시론이 대세였다. 그러나 그 왕성하던 도시론도 이제는 뒤로 물러나 있다. 복잡한 현대도시를 관통하는 이렇다 할 논리가 없기 때문이다. 정보화와 글로벌라이제이션이 확대되고 있는데 건축가, 도시계획가는 그 범위를 포착하지 못하고 있다.

도시의 변화가 이렇게 지역의 벽을 넘고 있는데도, 우리는 여전히 90년대 이전의 도시와 건축이라는 하드웨어를 간직하고 있다. 이에 대해 새로운 도시환경이 가져야 할 소프트웨어는 무엇인가? 과연 가족이나, 공동체, 사회라는 이전의 인간관계 안에서 오늘날 우리의 도시와 건축을 해석할 수 있을까? 그렇다면 잠재적으로 변하고 있는 도시의 소프트웨어에 대응하는 도시와 건축을 어떻게 만들어낼 수 있을까?

분절된 땅 위에 지어진 도시 서울

정보화도시의 가장 큰 특징은 정보의 흐름과 물질의 흐름이 분리된다는 것이다. 새로운 공동체의 모습이 요구되는 것은 바로 이러한 현실 때문이다. 이렇게 두 가지 흐름이 분리되면서 정보의 도시공간은 크게 압축되었다. 도시공간의 압축이란 한 마디로 고도의 입체화를 뜻한다. 정보화란 본래 실제 거리를 압축하는 것이며 그 거리에 드는 시간을 압축하는 것이다. 결국 거리를 압축한다는 것은 견고한 경계를 없애는 것과 같은 말이며, 시간을 압축한다는 것은 다양한 시간대에 다양한 활동이 일어나게 한다는 것이다. 이렇게 하여 거리의 압축과 시간의 압축은 형태상으로 공간의 입체화를 요구한다. 따라서 여기에서 말하는 입체화는 이제까지 건축가들이 즐겨 생각했던 단순한 3차원적인 볼륨을 가리키는 말이 결코 아니다.

이제까지 도시는 2차원의 원반 모양으로 한없이 펼쳐져 왔다. 도시계획은 땅을 기준으로 2차원적으로 규정하여 왔다. 도시의 중심부에 고층의 오피스 빌딩을 밀집시키고, 그 주위에 저층의 소규모 주거를 둘러 배치하는 것이 그것이다. 이러한 모습은 한국의 어떤 도시에서나 되풀이되는 도시의 모습이다. 이러한 도시 모습은 근대 산업도시에서 많이 보였다. 그러나 결과적으로 교통난, 지가앙등, 빈곤한 주거환경, 빈약한 도시경관, 경계 없는 교외의 확장 등 여러 가지 불합리를 초래하였다.

만일 인구가 수 십만 이내라면, 3차원의 입체 도시에서는 주민 한 사람당 거주면적이나 녹지면적이 늘고, 또 주민끼리의 물리적인 거리도 줄게 될 것이다. 그렇다고 이 입체화가 반드시 단독의 고층 건물을 의미하는 것은 아니다. 이는 고층 빌딩의 옆을 이어 마치 정글짐과 같은 공중도시를 만드는 것을 말한다. 이러한 3차원 도시를 만드는 목적은 직장과 주거를 가깝게 배치하고 정보기술을 이용하여 여러 장소에서 자유로이 일할 수 있으며, 물리적인 거리를 줄여 주민 사이의 교류를 쉽게 만들기 위함이다. 요새 흔히 말하는 '유비쿼터스'도 실은 이러한 도시공간의 압축과 직접 관련이 있는데, 유비쿼터스가 인구밀도가 높은 압축된 공간에서 가능하다는 것도 이런 이유에서다.

  이제까지 우리는 도시를 잘 구획된 토지이용과 도로의 폭, 이에 대한 각종 시설의 적절한 배치라는 관점에서 파악해 왔다. 그리고 도시를 하나의 커다란 행정의 대상이 되는 건물로 여겨 왔다. 그러나 이러한 도시는 교환되는 정보가 매체 물질과 떨어질 수 없다는 전제에서 이루어진 것이다. 예전의 도시에서 도로가 중시되는 것은 정보를 담은 물질이 도로를 지나 운반되었기 때문이다. 정보의 발전에 따라 네트워크 사회가 점차 현실적인 것으로 나타나면서 우리의 거주공간도 변해가고 있다. 지금 우리가 사는 공간은 사실 20세기 근대 산업사회가 만들어낸 것인데도, 그 거주공간은 그대로 둔채 정보기술혁명을 오직 인터넷의 보급과 같은 관점에서만 바라본다면 그것은 잘못이다.

  지금의 지역사회는 과거와 같은 지역사회와는 전혀 다르다. 예전에는 개인을 구속하는 광범위한 동질화였다. 그러나 이제 새로운 공동체는 공간적 지역성을 넘어선 다른 의미의 공동체, 곧 다원화, 이질화가 병행하여 일어나는 새로운 공동체다. 이러한 공동체에서는 가족이라는 공동체 대신에 개인을 먼저 생각한다. 그러나 여기서 말하는 개인이란 이기적이며 닫힌 의미의 개인이 아니라, 무언가에 의존하는 개인이라는 뜻을 지니고 있다.

  근대 산업사회에서는 일부 엘리트가 사회의 정보를 독점하고 있었다. 그러나 이제는 누구나 디지털 정보에 접근할 수 있게 되었다. 중앙에 집중된 정보의 흐름이 분산되고 산재하게 되었다. 정보가 도심에 집중하였으므로, 도심에 가는 것 그 자체가 즐거움이었다. 그러나 이제는 어디에서나 정보를 입수할 수 있어서, 영역의 구별이 의미를 잃게 되었다. 그리고 균질해지며 끝없는 자유의 이미지를 갖고 싶어 한다. 이것이 왜 정보 도시에서 모더니즘을 다시 물어야 하고 기능주의에 깊이 묻혀 있는 도시 형성의 요인들을 심각하게 물어야 하는 이유이다.

위계란 19세기 이전의 서구 공간의 기본적 원리였다. 그러나 20세기의 모더니즘은 위계가 아닌 조닝Zoning의 원리를 도입하였다. 도로를 두고 이 용도와 저 용도를 분리하고, 지역과 영역을 분류하는 것은 20세기 도시계획의 기본이었다. 근대의 도시는 공동체 이론, 곧 공동체는 경계라는 개념으로 만들어진 것이다. 우리 도시 안에는 도시계획의 근간을 이루는 것으로, 용도지역이라는 것이 있다. 도시의 토지를 여러 용도로 사전에 규정하고, 이것을 제각기 주거지역, 상업지역, 공업지역 등으로 부른다. 분할된 대지마다 여기는 오피스, 여기는 상업지, 여기는 주거지라는 식으로 용도를 규정하는데, 이것이 '조닝'이다. 이것이 20세기의 도시계획, 건축계획의 대전제였다.

도시의 분절은 이것으로 끝나지 않는다. 20세기의 부분과 전체의 관계는 이렇게 주어졌다. 그러한 용도 지역은 각각의 세포를 하나로 묶는 공동체의 개념으로 정리되었다. 서로 다른 곳에서 들어온 사람들은 주거지역 안에서 크고 작은 공동체로 분류되고, 그것을 근린주구라는 개념으로 도시에 통합되었다. 그리고 그 안에 들어가는 건축물도 철저하게 사무소, 주상복합 등의 용도로 분절되고, 건물의 형식도 홀, 통로, 용도를 위한 방으로 분절된다. 그 결과 대지는 건물로 분할된다.

그러나 정보공간에서는 실제의 도시공간과는 달리 분절이 배제되고, 공간은 하나로 연결된다. 유비쿼터스라는 새로운 정보공간은 위계, 조닝이 없다. 마찬가지로 새로운 도시공간도 위계나 조닝을 갖지 않는다. 도시를 용도에 따른 지역으로 분절하고 있는 것과는 전혀 다른 방식이다.

땅바닥과 연속성

본래 땅바닥이란 연속적인 것이었다. 그 위로 사람이 다니고 여러 종류의 행위를 전개시키기 위해서는 평평한 땅바닥이 필요했다. 그런데 20세기 도시설계방법으로 도시를 만든다면, 땅바닥의 대부분을 건물이 덮고 있는 결과를 낳는다. 도시의 땅바닥이 연속성을 지닌다는 것은 땅을 행위로 파악하는 것이며 신체에 근거하여 공간을 생각하는 것이다. 위계와 조닝이 가장 강력하게 남아 있는 곳은 건축이 아니라, 도시계획이다. 도시계획은 어떤 공간설계보다도 위계와 조닝을 근거로 성립하고 있으며, 도시의 분절은 이 도시계획에 의한다.

정보화사회의 도시란 땅바닥(地表)이라는 원점에서 도시를

분절되지 않은 도시의 바닥과 시설(명동 중앙로)

다시 생각하는 것이다. 이것은 도시계획과 건축계획에 동시에 적용되는 문제이다. 도시계획의 땅바닥은 건축계획에서는 바닥과 같은 것이다. 도시계획만이 아니라 건축계획도 마찬가지로 어떻게 바닥을 나누고 어떤 모습을 만들까에만 관심을 집중한다면, 결과적으로는 조닝과 실루엣silhouette에 구속되는 것이다. 이렇게 되지 않으려면 벽을 가급적 배제하고, 도시의 바닥인 땅바닥을 자유로운 표면으로 만드는 것이 필요하다. 이렇게 하려면 도시의 입체화가 필요한데, 이 도시의 입체화는 결국 도시의 땅바닥, 건축의 바닥을 어떻게 같은 개념으로 보고, 그 위에서 어떻게 인간의 자유로운 행위를 분포시키는가에 있다.

이러한 탈공동체의 도시를 만들려면, 먼저 위계 질서나 용도로 구분하려는 사고에서 벗어나, 도시의 땅을 횡단하는 땅

서울 삼성동 COEX의 쇼핑몰

바닥으로 이해하는 것이 절대로 필요하다. 이렇게 되려면 실은 건축과 도시의 구분이 사라져야 한다. 종래처럼 도시계획에서 용도 구분을 정하고, 각종의 규제를 정해 놓은 다음, 주어진 대지라는 윤곽 안에서 건축이 해결해보라는 태도로는 새로운 도시, 새로운 건축이 실현될 수가 없다. 건축가가 도시의 차원까지 다루지 않는다면, 건축이 어떻게 도시에 접속하며, 도시가 어떻게 다양한 개인의 잠재적 활동을 공간화할 수 있는가 하는 문제를 풀지 못할 것이다. 마찬가지로 조경도 도시와 건축이 다 이루어진 다음에 적용되는 것이 아니라, 도시의 내부에서 작용하듯이 건축의 내부에서도 깊이 작용함으로써 도시를 구체화하는 다양한 영역이 횡적으로 접속하는 방식을 발견해야 한다.

도시의 땅바닥이 건축의 바닥이 되고, 건축의 바닥이 조경의 바닥이 되며, 건축이 도로를 품고, 토목적 스케일이 건축의 영역과 인접하는 방식은 공동체의 논리, 경계의 논리에 얽매여 있던 근대적 도시설계를 넘는 유일한 방식이다. 자동차, 보행자, 자전거라는 이동의 방식도 구분 위주의 완결적 도시 설계방식에서 벗어나게 할 수 있을 것이다.

도시는 인간이 만나 더 많은 가능성을 얻기 위해 만들어지는 것이다. 도시는 다양하게 흔들리는 정경情景의 집합체이다. 따라서 도시에는 만나기 위한 많은 장소를 필요로 한다. 인간은 타자他者와 만나고 타자에 의존하기 위해 도시를 만드는 것이다. 이것이 시민사회의 원리이다. 정보화사회의 도시에 근거하는 입체도시란 최종적으로 이런 인간의 만남을 어떻게 가능하게 해 주는가에 있다.

흐름과 건축

정보화사회의 건축은 어떻게 달라지는가? 그리고 어떤 제도의 변화를 가져오는가? 이에 대한 공간의 배열은 어떻게 달라지는가? 물론 여기에서 말하는 제도는 정치적 제도만이 아니다. 그것은 경제적 제도일 수도 있고, 사회적 제도의 변화일 수도 있다. 아무튼 사람들의 행위는 다양하고 다의적이다. 책을 읽으면서 먹고 마시며, 누워서 무언가를 보고, 졸며 키보드를 치며 생활하는 것이 오늘날 멀티태스킹의 삶이다. 공간을 만들고 공간을 유동적인 것으로 만든다. 기능이라는 개념은 이미 공간의 추상작용일 뿐이며, 인간의 행위는 공간적 시간적으로 다층화해 있다. 그만큼 인간은 생생한 시간을 살고 있는 것이다.

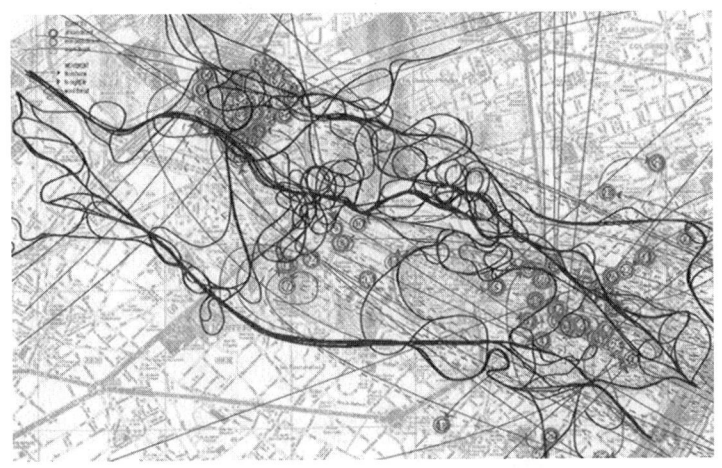

현대도시는 연속되고자 한다

정보 미디어의 발달로 생활은 서로 교차한다. 팩스, 이메일, 휴대폰 등 다양한 상황에 따라 다양한 미디어를 사용하고 있다. 그 결과 사회는 경계 없는 사회로 변화하고, 사람들의 생활이 일정한 장소에 얽매이지 않게 되었다. 그리고 사람과 물건은 이동을 계속한다. 사람들은 특정한 장소에 모여 장소를 공유하지만, 그렇다고 해서 그곳이 최종의 목적지라고 생각하지 않는다.

앞에서 정보화사회의 도시와 건축에서는 시간과 공간이 압축된다고 말하였다. 이동한다는 것과 경계가 사라지고 있다는 말은 결국 공간을 압축한다는 뜻이지만, 더 정확하게 말한다면 공간적인 거리를 압축하는 것을 말한다. 그래서 여기에 있는가 아니면 저기에 있는가는 중요하지 않다. 그러려면 이 공간은 반드시 이래야 한다는 규범을 벗어나는 것이 필요하다.

먼저 이동을 생각해보자. 예전에 물류는 철도나 고속도로망, 배로 이루어졌다. 그렇기 때문에 물류의 거점이 반드시 필요했으며, 커다란 역 근처가 이 역할을 해 왔다. 또 이런 이동을 위해서는 철도와 배를 잇는 컨테이너가 필요했으며, 당연히 컨테이너를 재워두는 컨테이너 야드가 필요했다. 그러나 자동차의 보급, 고속도로망, 항공기의 대형화로 도시의 중심부나 바다에 면한 부분에 커다란 토지가 비게 되었다. 흐름이 빨라지고 이동이 계속되고 있기 때문이다. 종래에 있어야 할 장소가 사라지기 시작했고, 있어야 할 시설이 없어지거나 새롭게 나타나게 되었다. 이렇게 하여 물류는 도시의 구조를 크게 변화시켰다. 이제 중요한 것은 물류가 체류하는 커다란 토지가 아니라, 그 흐름이 지나가는 도로 그 자체인 것이다. 정보의 유통이 원활해지고 서플라이 체인이 확립되어 가면서 어딘가에 물건을 담아둔다는 것 자체가 문제가 되었다.

물품은 실제 시간으로 얼마나 팔리는지 그 수량과 내용이 즉시 집계된다. 이제 물류는 단지 사물을 운반하는 것이 아니라, 정보의 흐름을 잡는 것이다. 그러므로 흐름이나 이동은 트럭이 물건을 운반하는 것이 아니라, 트럭이 운반하는 물건에 관한 정보의 흐름을 부품의 레벨까지 파악하는 것이 중요해졌다. 메시지 자체의 속도가 메시지인 셈이다.

그 결과 창고는 결정적으로 변화하고 있다, 바꾸어 말해 도시는 미술관과 같은 곳에서 시작하는 것이 아니라, 우리 건축가가 그다지 중요하게 여기지 않은 B급 건물에서 움직이고 있다. 이제 창고는 장소를 차지하며 물건을 담아두는 곳이 아니라, 항상 움직이고 변화하는 곳으로 나타나게 된다. 벽돌로 지어진 창고의 이미지에서 컴퓨터화하고 첨단의 반송 시스템을 가진 기계로서의 창고가 현대의 창고다. 피자는 빠른 시간에 집으로 배달된다. 그렇지만 피자가 새로운 것은 아니다. 피자는 옛부터 있었다. 달라진 것이 있다면 30분만에 피자가 배달되며, 이를 위해 재료, 인원, 생산 등에 관한 정보가 집약된다는 점이다. 이렇게 생각하면, 30분만에 배달되는 피자 한 판은 그야말로 흐름과 정보와 물류의 경로에서 얻어지는 것이다. 도시의 구조는 이미 면과 점이라는 것 안에 있는 것이 아니라, 흐름 속에 있다는 것은 이렇게 일상생활에서도 잘 나타나 있다. 오늘날 건축과 도시에서 흐름이란 바로 이런 관점에서 파악되어야 한다. 집약된 흐름은 도시에서 현실이다.

휴대하는 자기공간

일반적으로 정보기술과 건축을 융합한다는 움직임이 있다. 그러나 반대로 생각해보면, 정보기술 그 자체가 건축이라는 공간과 매우 깊은 관계를 가지고 개발되고 있다고도 보아야 한다. 정보화와 건축은 각각 별개로 융합되는 것이 아니다. 오히려 정보기술 속에 건축공간이 들어가 있다. 컴퓨터나 인터넷이라는 통신 수단은 그 자체가 개인적이며 폐쇄적인 공간을 전제로 하고 있다. 그렇다면 이미 그 정보기술은 폐쇄적인 건축공간을 전제로 한 것이다. 곧 정보는 이미 공간과 밀접한 관계를 가지고 있다. 정보가 언제나 건축공간을 소거하는 것이 아니라, 특별한 양식의 공간을 요구하고 있는 것이다. 이것이 정보화사회의 건축의 요건이다.

지금 자동차의 콘셉트는 '휴대공간'이다. 이것은 집(가족, 가정) → 개인(개실) → 도시의 길(스트리트, 친구, 휴대)라는 변화에서 비롯된 것이다. 그것은 가정이 단위인 소비의 대상이 아니라, 개인이 단위인 소비의 대상이 되었다는 사실을 나타낸다. 그리고 이것은 개인이 있는 공간이 집 안이 아니라, 거리 속에 있음을 전제로 한 것이다. 70년대 자동차는 가전家電 제품이었으나, 80년대 자동차는 젊은이의 개인용 상품이었다. 그러나 현재의 자동차는 자기확장감이 없고 사람들은 자신에 맞는 차를 선택한다. 가전家電 → 개전個電 → 가전街電이라는 제품 개념의 변화는 개인과 도시의 관계를 단적으로 나타낸다. 바꾸어 말해 개인과 도시의 관계는 건축에만 나타나는 현상이 아닌 것이다.

제도는 공간에 반영된다. 그런 의미에서 편의점은 냉장고와 전자레인지와 같은 것이다. 건축에서도 마찬가지이다. 원룸이란 주택이 기능단위가 아니라 개인단위로 바뀌는 모습을 드러내는 말이다. 주택건축은 가족을 상징하는 것이 아니라, 개인을 베이스로 하는 공간을 실현하고자 한다.

이처럼 공公과 사私가 직접 만난다. 사회→ 가족→ 개인의 관계가 아니라, 사회→ 개인의 관계가 성립한다. 그렇게 되면 개인 공간은 도시공간이 된다. 기존의 공동체는 개실→ 주거→ 근린주구→ 더욱 큰 공동체라는 단계를 거치지만, 지금의 공동체는 이와는 달리 개실→ 도시라는 직접적인 단계를 가진다. 이렇게 되면 공동체라는 개념과 구조가 변화하고 '경계'라는 개념과 실제가 변화한다. 이것은 주거 개념이 변화함을 의미하는 것이다. 이것은 이미 일어나고 있는 사실이다. 과거의 주택은 생활의 모든 것을 포함하던 시설이었다. 그러나 이제는 주거 기능이 독립되어 주택에서 벗어나 도시에 산재하고 있다.

20세기 전반 건축은 생활의 존재방식 곧 스타일 자체를 공급하는 미디어였다. 편리하고 풍부한 근대적 생활에 건축은 공헌하였다. 건축에서 키친 시스템의 배열과 소파의 배치는 구조형식이나 외관만큼 중요하였다. 왜냐하면 인테리어는 생활의 스타일을 직접 표현했기 때문이다. 그러던 것이 새로운 기술이 만들어내는 새로운 생활 스타일을 구가하기가 어려워졌다.

오히려 예측할 수 없을 정도로 물건이 흘러넘치고 있다. 도시와 상점 사이의 경계가 흘러넘치는 물건으로 흐려지고 있다. 이와 마찬가지로 주거의 개념적 경계도 지워지고 있다. 단신생활자單身生活者가 많은 대도시 고밀도 주거지역에서 고도로 발달한 물류 시스템이나 서비스업이 일상생활의 여러 기능을 직접 대체하고 있는 것이다. 예전에는 문이 방의 내부와 외부가 대비된다는 것, 주거의 개념적 경계, 공과 사를 구분하는 특권적 위치를 나타냈다. 그러나 일상생활의 변동으로 이 문의 특권이 박탈되고 있다. 외부의 내부화라기보다는 내부와 외부의 차이 자체가 생활을 다루는 문제에 대하여 주도적 역할을 못하고 있다고 해야 할 것이다. 주택 또는 집합주택도 현재는 그 내부가 사물의 위협에 놓여 있는 실정이다.

파사주와 시설의 교환

발터 벤야민Walter Benjamin은 『파리-19세기의 수도』에서 섬유업계의 호경기에 철을 사용한 건물과 유행하는 상품을 아끼는 눈빛으로 바라보며 걷는 사람들과 걷는 사람들과의 관계에 주목한 바가 있다. 이때 상품은 유행의 일상화였으며, 파사주(passage(프), 영어로 아케이드arcade)는 근대 이후의 도시를 표상하는 시설이 되었다. 여기에서 쇼우 윈도우는 사람들의 시선에 노출되고 그 시선 속으로 사람들을 유혹하는 경계를 이루고, 상품과 욕망이 교차하였다. 파사주라는 건축형태는 이러한 시선의 장으로 사람들을 들어놓기 위한 시각적인 장치였다.

　벤야민의 19세기 도시는 상업에서 착안된 것이다. 철골과 유리를 사용한 파사주라는 지붕이 덮인 상점가는 전천후형全天候型 도시로서, 상점가와 교통로가 분리된 다른 곳과 구별된다. 옛날에는 신전에 상인이 모여들었으나, 이제는 반대로 상업에 예술이 모여들게 되었다. 상점이 밀집한 곳에는 물리적인 도시와 욕망이 교차한다. 도시가 상점을 낳은 것이 아니라, 상점의 양태가 도시문화를 출현시켰다. "시민이 자택의 네 방향의 벽 안에 살듯이, 길을 걷는 사람은 집들의 정면과 정면 사이에 산다. 그에게는 상점의 번쩍번쩍 빛나는 간판이 벽의 장식이고 집의 벽은 서재의 책상이며, 그는 그의 메모장을 그곳에 밀어 넣는다. 신문 가판대는 그의 서재, 카페 테라스가 그의 베이 윈도우이다."

오늘날에도 벤야민의 파사주와 같은 발상과 변화가 나타나고 있다. 그리고 기술적인 장치는 빌딩 타입의 변화를 가져 온다. 여러 현대의 시설들도 이와 마찬가지다. 철도역 가까운 곳에서 심야까지 열어 두는 도서관을 두어 귀가하는 길에 잡지를 읽고 비디오를 고르게 할 필요가 있으며, 주택이라면 거실과 식당과 아이들 방이 있는 집을 생각하지만, 이제 주택은 벌써 다양한 방식으로 분산중이다.

벤야민은 "집인 동시에 도로이기도 한 파사주"를 말한다. 즉 가로街路의 실내화를 의미한다. 또 "실내공간이 밖으로 걸어나온다. (…) 가로가 방이 되고, 방이 가로가 된다."고 말한다. 건축의 내부는 가로화하고 가로는 실내화한다. 참으로 현대적 도시공간과 똑같은 현상을 지적하고 있다. 거리로 흘러나와, 친구 이외의 타자를 단지 풍경으로 무시하며, 도시에 있으나 마치 실내에 있는 것처럼 행동하는 것이 이미 벤야민이 지적하는 파사주에 나타나 있는 것이다. 아무렇지도 않게 길바닥에 앉거나 공공공간인 역의 홈에서 사람의 눈치를 아랑곳하지 않고 옷을 갈아 입는 것은 그곳이 부분적으로 종래의 개실로서 인식하기 때문이다. 공공성이 변화하고, 부끄러움의 문화가 붕괴하고 있기 때문이다. 벤야민은 또 "군중 속에서 도시는 어느 때는 풍경이 되고, 또 어느 때는 거실이 된다."고 말한다. 휴대전화로 떠들면서 걸어가는 현대 도시인들은 도시의 가로를 실내로 느끼며 산다. 전차 안에서 화장을 하고, 연인들은 사람 눈을 의식하지 않고 행동하는 것도 도시가 개실로 바뀌고 있다는 증거이다.

시설의 교차와 새로운 시설의 변화는 이미 우리나라 대도시에 나타나 있다. 서울 압구정동과 청담동의 건물군은 자연에 대해 은유하고 있지도 않으며, 근대의 기술을 전면적으로 구사하고 있지도 않다. 도시를 향해 운동하는 그들의 행위 그 자체가 공간이 되고 장소가 된다. 밤이 되면 열심히 운동하는 그들의 행위 속에서는 적어도 사건으로서의 장소를 만들어내고 있는 것이다.

편의점: 정보 단말의 건축

편의점(컨비니언스 스토어)이라는 건축의 모델이 있다. 편의점이라는 창고는 단말기다. 이 창고는 현대 도시에 편재해 있으며, 24시간 빛을 발하는 창고인 편의점을 현재 건축가들은 정보화 사회의 새로운 건축 모델로 보고 있다.

이토 도요오는 "편의점의 물건의 배열, 균일함은 건축가가 계속 말해 온, 드라이하다든가, 또는 기능적이라는 말을 훨씬 철저하게 합리적으로 성취하고 있다. 그것은 우리 신체 감각을 결정적으로 바꾸고 있다."고까지 말하고 있다. 심지어는 편의점의 판매형식을 화랑에 가져오기도 한다. 그러면서도 장소성을 부정하기 쉬운 정보건축이면서, 전략적으로 장소성을 중시하는 건축의 모델이 되기도 한다.

편의점을 통하여 생활의 절약을 본다. 생활은 다양화했지만, 욕망은 빈곤화, 획일화하고 있다. 편의점은 같은 타입의 점포로 되어 있으며 도시공간을 높은 밀도로 점유하며 분포한다. 그리고 어떤 장소에서도 눈에 띈다. 균일하게 분포되어 있기 때문이다. 이 편의점은 물건을 파는 것 이상으로, 편리함을 파는 타입의 상점이다. 그런 의미에서 쇼핑 행위의 패턴으로 보면 슈퍼마켓의 셀프 서비스를 계승한 것이지만, 판매하는 물건의 종류, 도시 또는 사회 프로그램의 조합 방식에도 차이가 있다.

점포의 규모는 작다. 그리고 경영 계열은 많지만, 내부의 배열, 선반의 종류, 상품의 진열방법, 상품의 내용에 이르기까지 아주 비슷한 매뉴얼로 이루어진다. 상품은 일용잡화이다. 그러나 이전의 잡화점과는 다른 모습이다. 금속제의 규격화된 가동 선반, 벽에 붙은 냉장시설의 선반만으로 점내는 구성된다. 한눈으로 관리가 가능하다. 그렇지만 점포는 반드시 지상층이다. 직접 들어간다. 외관은 반드시 전면 유리다. 안에서 밖을 다 내다본다. 평면은 장방형이며, 하나의 상자이다. 커다란 간판이 파사드(façade(프), 건축물의 주된 출입구가 있는 정면부-두산백과사전 참조) 전면에 걸쳐 있다. 24시간 영업을 한다. 방범상의 문제, 월간 대중잡지를 점두에 두고 손님이 서서 읽게 한다. 가게 안에 언제나 누군가 서 있게 할 필요가 있기 때문이다.

점포의 분포는 도시생활자의 분포상태와 관련이 있다. 이 편의점은 도보의 범위에 있으나 주차장은 따로 없다. 따라서 어떤 가게를 선택해도 똑같다. 그런데 기존의 건축 1층에 플러그 인plug-in한다. 그러면서도 철저하게 규격화한 장치, 컨테이너이다. 이 컨테이너는 고유한 가게 이름이 없다. 더군다나 점원은 손님과 인간적인 접촉이 없다. 쇼핑센터는 건축가가 설계하지만, 이것은 건축가의 설계 대상이 아닌 채 도시 속에서 증식한다. 이 편리한 컨테이너는 그 자체로도 현대 도시 생활을 읽게 해 주는 땅바닥이다. 획일화한 컨테이너로 어느 도시에 가도 동질적이다. 그래서 익숙한 시설이다. 이렇게 하여 도시 자체를 균질하게 만든다.

편의점에서 취급하는 상품은 많으나 상품의 알맹이는 빈곤하다. 그렇지만 최소한의 물건을 갖추고 있다. 그리고 투명한 필름으로 덮인 물건이 많다. 기호로 치환된 물품이다. 이 때문에 공간을 지배하는 것은 위계 없음뿐이다. 균질한 냉동 케이스, 선반, 균질하고 그림자도 없다. 파는 물건에는 제한이 있다. 어디에서 사도 똑같은 우유나 커피 필터 같은 것을 판다. 급할 때 필요한 물건도 판다. 편리한 상품을 공급한다고 하는 의미에서 서비스를 상품화하고, 도시를 상품화하고 있다.

독신자가 주된 대상이다. 자기 냉장고로 항상 남는 식품을 저장할 필요가 없다. 따라서 이 상점은 냉장고의 연장이다. 쇼핑센터는 유희적 감각을 도입하지만, 편의점은 그런 장치가 아니다. 사적인 생활의 일부를 도시의 장치로 넣는가, 아니면 도시의 장치에 사적인 생활이 넣어진 것이다. 그러나 편의점은 상상력을 자극하지는 않는다. 생활의 최저한의 요구인 편리함에 도시가 응답할 뿐이다.

이 현상은 소비사회가 아니라, 정보사회라는 개념 속에서 나온 것이다. 쇼핑이라는 생활행위의 패턴을 획일적인 컨테이너와 결부하여 균질화하는 것은 정보의 네트워크 때문이다. 자택의 수장고의 일부이며, 동시에 불필요한 창고를 갖지 않

정보화사회의 첨단을 보여주는 건축유형, 편의점

는다. 재고가 없다. 계산은 본사의 컴퓨터로 이어진다. 정보가 그대로 본사로 이어진다. 팔리는 것과 팔리지 않는 것의 구별이 금방 이루어진다. 소수의 상품만 놓고, 효율적으로 매매를 성립시킨다. 곧 물류를 정보의 흐름에 편입한 것이다.

편의점은 현대정보화 사회의 첨단과 같은 건축유형이다. 그러나 여기에서 더욱 중요한 것은 편의점이 그러하다는 사실이 아니다. 오히려 별로 눈여겨보지 않는 건물유형이 현대정보의 흐름과 중요하게 연동하고 있으며, 이전의 도시계획과 건축설계의 방식으로는 담아낼 수도, 만들 수도, 제어할 수도 없는 건물이 우리의 일상을 이미 그렇게 광범위하게 점거하고 있다는 사실이다.

11장 걷고 싶은 거리, 살고 싶은 도시

정석원 | 엑스포디자인브랜딩 대표

도시가 달라지고 있다

요즘 공공디자인에 대한 관심이 커지면서 도시가 달라지고 있다. 서울시는 부시장급인 '디자인서울총괄본부장' 이하 도시경관담당관, 도시디자인담당관을 포함한 전문조직을 구성하고, 서울의 공공디자인을 전면 개조하는 작업을 이미 착수한 바 있으며, 이는 점차 다른 도시로 확산되고 있다.

서울시는 그 첫 번째 작업으로, 8차로 이상 도로에 행정현수막들을 전부 철거하고 불법광고물이나 간판을 집중적으로 단속하기 시작했다. 또한 'Street Furniture' 디자인 개념을 도입하여 고가 차도까지도 아름다운 예술 작품으로 만들어 서울의 브랜드 가치를 향상시키겠다는 계획을 발표한 바 있다.

우리나라와 다른 나라의 도시 모습

현재 우리의 도시 모습은 어떠한가? 먼저 건축이나 토목과 같은 큰 범위보다는 Street Furniture, 표지판 등과 같은 작은 부분에 초점을 맞추어서 살펴보자. 서울 종로의 뒷골목을 가보면 간판과 전선이 복잡하게 얽혀 있는 모습을 볼 수 있다. 전선들이 교차하면서 만들어낸 형상들은 어떻게 다른 관점에서 보면 하나의 예술작품일 수도 있겠지만 행인들의 눈에는 '복잡하게 얽힌 전선' 그 이상은 아닐 것이다.

다른 '도심골목의 표정' 또한 그리 다르지 않다. 여기서 강조하고 싶은 것은 간판에 관한 문제이다. 수많은 상점의 크고 원색적인 간판들이 우리의 도시 모습을 어지럽게 만드는 원인이 되고 있음에도 불구하고 이러한 간판을 사용하는 상점들이 장사가 잘된다는 것은 아이러니라고 볼 수 있다. 상점의 간판뿐만 아니라 공공 표지판들 역시 복잡하게 얽혀있다. 버스정류장 표지판도 크게 다르지 않다.

다른 나라는 어떤가. 주변 거리 풍경과도 조화를 이루고 있다. 또한 다양한 돌출 간판들은 각각 개성을 드러냄과 동시에 건물과 조화를 이루어 예술 작품을 연상시킨다.

공공디자인이란?

공공디자인Public Design이란 무엇인가? 공공디자인이라는 용어가 부각되기 시작한 것은 얼마 되지 않았다. 국회에도 공공디자인포럼이 생기는가 하면, 공공디자인학회, 공공디자인협회까지 설립되는 등 공공디자인에 대한 바람이 최근 거세게 불고 있다. 그러나 아직까지 공공디자인에 대한 개념정리나 사례가 없었기 때문에 여기서는 국회 공공디자인포럼에서 발표되었던 자료를 수집하여 공공디자인에 대해 정리를 하였다.

공공디자인의 개념은 공공기관이 관리하는 시설, 용품, 정보 등을 공공 정책에 의해서 심미적, 기능적 가치를 높임으로써 국민의 삶의 질을 높이고 품격있는 문화창출에 기여할 수 있는 '공공에 의한 디자인 행위'라고 정의할 수 있다.

공공디자인의 반대되는 개념은 사적디자인Private Design 또는 상업디자인Commercial Design이다. 공공디자인이 대국민 서비스가 목적이라면, 사적디자인은 기업의 이윤창출이 목적이다. 공공디자인은 국민이 고객이라고 한다면 사적디자인은 소비자가 고객이다. 공공기관이 공공디자인 사업실행의 주체라면, 사적디자인은 기업이 사업의 주체이다. 그리고 공공디자인이 공익적 논리로 접근한다면, 사적디자인은 마케팅 논리로 접근한다는 것에 차이를 둘 수 있다.

공공디자인의 영역

공공디자인학회에서는 공공디자인을 세 가지 영역으로 구분하고 있다. 첫째는 '공공 공간디자인'이다. 철도역사, 학교, 미술관, 박물관, 고가도로, 지하도 등을 공간디자인의 영역으로 설정할 수 있다. 두 번째는 '공공 시각매체디자인'이다. 주로 광고판, 표지판, 상업적인 간판이 여기에 포함된다. 마지막 세 번째는 '공공 시설물 디자인'이다. 주로 Street Furniture라고 할 수 있는 가로등, 버스·택시의 승차대, 쓰레기통, 공중화장실, 보도블럭과 같은 시설들을 공공시설물 디자인의 영역으로 구분하고 있다.

공공디자인의 특성 및 주요 요소
공공디자인은 시설물 자체를 환경, 장소에 맞춘 절제성 Minimum, 도시경관을 개선하기 위한 공공미술(함께하는 조화-Ensemble), 시설물의 공간과 시점에 따른 맥락적 경험 Context, 인간과 상호 교감하는 공공공간 Convergence 네 가지 특성으로 설명할 수 있다.

공공디자인 특성 요약			
Minimum 최소화한 것들의 조합-절제 시설물 자체→시설물의 환경 장소에 따른 절제성		**Ensemble** 함께하는 조화 도시 경관을 개선하기 위한 공공미술	
시설물+공간 시설물+공간+정보 사용자 Interaction	시설물+시설물 시설물+시설물+정보	공간과 생활	단위공간과 커뮤니티
Context 맥락적 조화, 소통 시설물의 공간과 시점에 따른 맥락적 경험		**Convergence** 상황, 영역, 방식의 융합과 접합 인간과 상호 교감하는 공공공간	
공간과 역사성 시간과 사건 길과 길	공간과 지형 시간과 공간 길과 광장	전통과 현대 대중문화의 해석	아날로그와 디지털 감성과 기술

공공디자인에서는 다음의 6가지를 가장 중요하게 생각한다. 그 중 가장 핵심적인 것은 안전성이며, 그 외 심미성, 경제

성, 기능성, 소재의 적합성, 주변과의 조화성을 공공디자인의 주요 요소로 꼽고 있다.

공공디자인과 사적디자인의 비교

공공디자인과 사적디자인을 비교해 보자.

첫째, 의미적인 면에서 공공디자인은 Public, 사적디자인은 Private이다. 즉, 공공디자인이 같이 사용하는 디자인이라는 '우리의'라는 의미를 지닌다면, 사적디자인은 내가 사용하는 디자인인 '나의'라는 의미를 가지고 있다. 둘째, 실행주체를 기준으로 공공디자인은 국가, 지방자치단체, 공기업들이 주체이며, 사적디자인은 민간, 개인, 이익집단이 실행주체라고 말할 수 있다. 셋째, 공공디자인은 불특정 사회구성원이나 시민을 대상으로 하고 있고, 사적디자인은 특정 개인 및 집단을 대상으로 하고 있다. 넷째, 공공디자인이 공공영역이라는 울타리 바깥 개념이라면, 사적디자인은 사적영역인 울타리 안쪽의 영역이라고 할 수 있다. 다섯째, 공공디자인의 개념 특성이 강제적이고 집단적인 선택을 강조하고 있는 반면, 사적디자인은 개인적 선택, 개별소유라는 점을 강조한다. 마지막으로 공공디자인이 사회의 시대적 정신을 반영하거나 시민 문화수준의 척도가 된다고 하면, 사적디자인은 이윤추구와 시장의 경제성을 반영한다.

도시 환경 시설물, 무엇이 문제인가?

도시의 환경 시설물은 무엇이 문제인가? 환경 시설물은 분전함, 전신주, 휴지통, 우체통, 공중전화 부스, 가판대, 맨홀, 벤치, 볼라드, 가로등, 보도 블록, 소화전, 지하철 환기구, 안내게시판, 장애인 점자블록, 수목 보호 덮개, 배수구, 버스·택시 승차대로 다양하다.

환경 시설물의 관리주체를 따져보면 한전, 지하철공사, 도로공사, 통신회사, 경찰청, 행정안전부, 지방자치단체 등 각각의 주체가 다르다는 것을 알 수 있다. 환경 시설물의 관리주체가 제각각 다르다는 점은 공공디자인을 생산하고 관리하는 문제에서 서로 간의 책임 소재가 다르기 때문에 전체를 아우르는 정책을 펼 수 없다는 문제점을 갖고 있다.

서울시 자료에 따르면 환경 시설물 관리주체는 다음과 같다. 도로부속물인 점자블록, 가로등, 방음벽, 방호울타리 등은 서울시청 도로관리과에서 관리한다. 그리고 교통카드 판매대는 건설행정과, 버스·택시승차대, 볼라드, 자전거보관대, 주차장 안내 표지판, 주차장관리소 등은 각각 버스정책과, 운수물류과, 교통운영과, 주차계획과 등 담당부서가 다르다는 것을 알 수 있다.

가로녹지, 가로수보호덮개는 조경과, 도로명판은 행정과, 광고물에 관계되는 것은 최근에 생긴 도시경관담당관에서 관리하고 있다. 그리고 관광안내소·안내도·시티투어 안내표지판은 관광과, 미술장식품이나 동상은 문화과, 문화재 안내판·경고판 등은 문화재과에서 관리하고 있다. 그 외 휴지통, 화장실, 환경미화원 대기소 등은 청소과에서, 대기오염 전광판은 보건환경연구원이 관리하고 있다.

지하철 환기구, 지하철 출입구 등은 지하철건설본부, 서울메트로, 서울도시철도공사에 의해 관리되고 있으며, 맨홀뚜껑은 수도사업소, 소화전은 소방서, 우체통은 우체국, 교통안전표지판, 교통신호 개폐기, 경찰 맨홀 뚜껑은 경찰청, 변압기나 분전반은 한국전력공사에서 관리하고 있다. 가스 맨홀 뚜껑은 서울도시가스에서 관리하고, 공중전화부스나 통신 관련 맨홀 뚜껑은 KT 관계사에서 관리하고 있다.

앞서 강조한 바와 같이 이렇게 환경시설물들의 관리주체가 다르다는 점은 공공디자인의 일관된 정책을 펴나갈 수 없는 문제점을 야기시키는 주요한 원인이 되고 있다.

도시 환경 시설물 해외 디자인 사례

일본의 아트시티 도쿄

일본의 '아트시티 도쿄'는 롯본기힐스Roppongi Hills 와 미드타운Midtown을 중심으로 비즈니스와 문화를 연결하여 창의적인 디자인의 입체적인 복합타운을 구성한 사례이다. 특히 미드타운은 롯본기힐스, 오모테산도힐스를 한 단계 업그레이드한 명품 복합 타운이다. '디자인과 아트'를 더욱 강화했고, 모든 건물과 주변 환경이 서로 조화를 이룰 수 있도록 동선까지 고려했다. 이곳들은 '도쿄 시민들의 프리미엄 라이프스타일'을 만들어 내는 곳으로 문화관광을 활성화시키는 촉진제 역할을 하고 있다.

영국 런던

런던은 "낯선 여행자들에게 친근함, 편안함을 전하는 매력적인 도시"로 디자인되고 있다. 각종 교통 안내 표지판을 비롯하여, 공원과 공중전화부스, 공중화장실 등이 잘 완비되어 있고, 구민의 편의를 위한 기능성이 돋보이는 디자인으로 유명하다. 도시를 찾는 낯선 여행자들에게도 쉽고 편리한 여행이 되도록 도움을 주는 체계를 갖추고 있으며 트라팔가 광장에는 보행자를 위해 차 없는 도로를 만들어 명소가 되고 있다.

오스트리아 잘츠부르크

오스트리아의 '잘츠부르크'는 "빛을 자제하고 정제된 색을 통해 주변 경관과 아름다운 조화"를 이루는 모습을 보여준다. 기존 건축물을 유지하되 주변경관과 잘 어울리는 디자인을 적용하고 있고, 튀는 컬러와 디자인을 자제해서 주변 경관과의 조화성을 가장 우선적으로 고려하고 있는 좋은 사례이다. 상점들의 간판을 최소화, 통일화하여 시각을 어지럽히지 않도록 배려하고 있으며, 보행자의 동선 및 시선에 방해가 되지 않도록 절제된 색과 디자인을 적용하고 있다.

덴마크 코펜하겐

코펜하겐은 "보행자와 자전거 이용자 중심의 쾌적한 거리와 문화 환경을 조성"한 사례로 보행자의 편의를 위해서 계단과 설치물을 없앤 보행자의 천국이다. 코펜하겐은 사람들이 걷는 즐거움과 재미를 느낄 수 있도록 자전거 대여소 등과 같은 보행 인프라를 구축했다. 세계에서 가장 길고 오래된 보행자 전용도로 '스트로이'가 있으며, 저비용으로 '보행'을 '문화'로 업그레이드하여 쾌적한 도시문화 환경을 조성하고 있다.

도시브랜딩이란?

공공디자인을 전개할 때, 가장 먼저 해야 할 작업은 도시를 어떻게 브랜딩 할 것인지에 대한 방향설정이다. 도시브랜딩은 도시 아이덴티티와 일맥상통하는 개념으로 '도시의 개성 만들기'로 쉽게 설명될 수도 있다.

도시브랜딩의 의미

일반적으로 브랜드라고 하면 특정 판매자의 제품 또는 서비스를 식별하는 데 사용되는 명칭, 기호, 디자인들을 총칭한 것이다. 그래서 언어로 표현한 것은 브랜드명, 시각적 기호로 표현한 것은 브랜드 마크, 법적 보호 장치를 한 것을 트레이드마크(상표)라고 한다.

그렇다면 도시브랜딩이란 무엇인가? 도시가 가지는 다양한 환경, 기능, 시설, 서비스 등에 대해서 다른 도시와 구별되는 상태로 만드는 것을 도시브랜딩이라고 정의한다. 광의적 개념으로는 도시의 이미지나 개성 등 총체적인 의미로서 소비자에게 도시를 특정목적에 부합되는 이미지로 인식되도록 하는 도구이자 수단이 되며, 협의적 개념으로는 도시명, 슬로건, 심볼마크, 캐릭터 등 언어적이고 시각적인 이미지를 만드는 것이라 할 수 있다.

요즘 도시브랜딩이라는 말이 많이 거론되고 있다. 최근 추세에서 도시브랜딩은 도시의 개성을 창조하는 것으로 도시상품을 구매하고자 하는 소비자들에게 강한 인식을 갖도록 하는 일련의 도시 마케팅 활동이라고 정리할 수 있다. 여기에서 도시상품은 관광, 주거, 기업 및 자본유치 등과 같이 소비자가 특정도시와 그 외 도시 사이에서 자신의 행동을 선택할 수 있는 모든 도시환경을 의미한다.

도시브랜딩 구축의 3단계

도시브랜딩 구축의 3단계는 다음과 같다.

먼저 '나는 누구인가?'로 시작한다. 기업이든, 상품이든, 도시든 자기의 정체성을 확립하고 자기의 핵심자산과 비전을 파악하는 '자기다움 찾기' 단계로 시작한다. 이 단계에서는 전략을 구축하고 체계화시키는 과정도 포함된다.

그 다음은 '매력 만들기' 단계로 '나의 매력을 만드는' 과정이다. 나의 매력을 만들기 위해서 '어떻게 언어적, 시각적으로 형상화 할 것인가'라는 질문을 통해 심볼마크, 캐릭터 등 디자인적 요소로 만든다.

마지막은 '기억심기'로 '나를 알리는' 단계이다. 만들어진 나의 매력을 '어떻게 알릴 것인가', '어떻게 사람들에게 기억될 수 있을 것인가'를 고민하는 단계이다. 이 단계에서는 올바른 BI 활용 및 확산유도, 적극적인 BI 확산 및 홍보, BI 인지도 및 충성도 제고를 위한 활동이 수반된다.

도시브랜딩 개발 프로세스

도시브랜딩 개발 프로세스는 다음과 같다. 국내외 유사 BI 개발 및 활용 사례 분석을 통한 경쟁분석, 현재 이미지 자산 및 지향이미지 분석을 통한 자산분석, 그리고 내부구성원 및 고객들의 인식 및 기대 이미지를 분석하는 고객분석 결과를 바탕으로 한 버벌 이미지Verbal Image와 비주얼 이미지Visual Image로 이미지 콘셉트Image Concept를 추출한다. 그 다음 기본 및 응용 디자인 시스템을 구축하고, 표준화 시스템을 구축하는 순서로 진행된다.

도시브랜딩 개발 주안점

도시브랜딩 개발시 주안점으로는 차별성, 마케팅 적합성, 대표 상징성, 기억 용이성, 의미 연상성, 부정연상 배제, 디자인 적용성, 상표 등록성이 있다.

도시브랜딩 개발 과정에서 타 경쟁도시 BI와 차별화되는가,

도시 마케팅 전략의 방향에 적합한가, 대표적 도시이미지를 표현하기 용이한가, 시각·음성·의미적으로 기억이 용이한가, 개발항목 속성이나 특징 관련 연상이 있는가, 시각적 요소에 부정적 연상이 있는가, 각 분야의 디자인에 적용이 유리한가, 상표 등록을 통해 법적보호 받을 수 있는가 등과 같은 사항들의 검증이 필요하다.

도시브랜딩의 자산

도시브랜드 기반 구성요소는 관광산업, 각종 이벤트, 시민, 문화, 유산, 사기업, 기관, 도시정책, 투자환경 등이다. 그리고 도시브랜드 자산의 결정요인은 브랜드의 인지도, 도시 브랜드의 차별성, 도시브랜드의 호감도, 도시브랜드의 이미지이다. 이러한 요소들을 통한 도시브랜드 자산구축은 고객과의 관계형성을 통해서 투자 유입의 증대를 이루고, 관광산업을 촉진시키고, 총체적인 도시브랜드 가치를 증대시키는 효과를 가져온다.

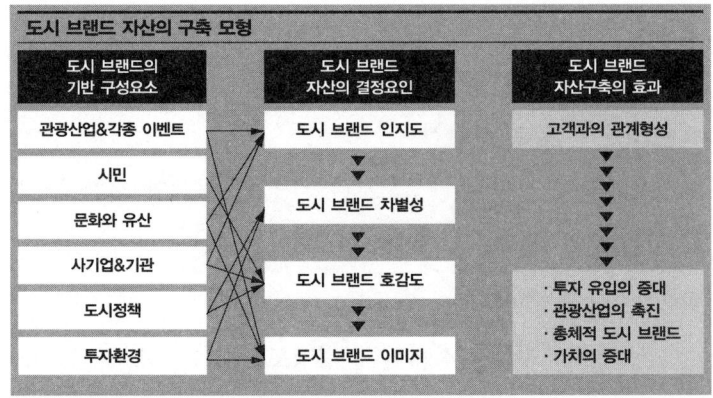

국내외 주요 도시들의 브랜딩 사례

서울시

2007년 서울은 '하이 서울'이라는 브랜드를 내걸고 서울의 이미지를 만들기 시작했다. '하이 서울'은 "서울의 역동적인 에너지와 서울시민의 자부심을 친근한 인사말로 표현"하기 위해 만들어졌고 밝고 활기찬 서체를 활용하여 누구나 쉽게 이해하고 사랑 받을 수 있는 표현을 만들고자 했다.

2007년을 '서울 브랜드 마케팅 원년'으로 삼고 세계 각국 언론인을 초청하여 브랜드의 가치 제고를 위한 프레스 투어도 실시했지만 한국 내에서만 사용하는 영어표현이어서 외국인들에게는 전혀 어필할 수 없다는 논란이 일었다.

부산시

도시브랜딩은 서울을 시작으로 부산을 비롯한 각 지방 자체단체로 확산되기 시작했다. 부산은 "세계적인 항만도시로 도약하는 부산의 힘찬 미래를 일출과 파도로 상징화"하기 위해 '다이나믹 부산'이라는 브랜드를 발표하였다. 힘차고 자유분방한 서체로 약동하는 부산의 이미지를 상징화했고 떠오르는 태양의 일출과 역동적인 파도문양은 세계도시로의 도약을 상징한다.

경기도

경기도는 '세계 속의 경기도'라는 브랜드를 내걸고 변신 작업을 시도하고 있다. "New BI 개발을 통해 적극적인 브랜드 마케팅 전개로 긍정적 이미지를 구축"하고자 했다. BI는 경기도 산하 31개 시·군들의 강력한 네트워크와 팀워크 및 21세기 글로벌시대의 네트워크를 상징하고, 캐릭터Blue Ring는 경기도의 푸른 환경, 링 모양의 지형을 반영하여 친근하고 적극적인 형상으로 표현했다. BI와 캐릭터가 연관되어 있고, BI 위주로 커뮤니케이션함으로써 통합된 이미지를 구축하고 있다.

뉴욕

뉴욕의 도시브랜드는 'I♥NY'이다. 'LOVE'라는 언어적 체계를 '♥'로 시각화함으로써 커뮤니케이션 효과를 극대화시킨 좋은 사례이다. 'LOVE'라는 언어적 체계의 가독성을 높여 '♥'로 시각화 함으로써 전 세계 모든 사람과 손쉽게 소통할 수 있는 계기를 만들었다. 현재 'I♥NY'는 대중문화의 일부이자 뉴욕의 도시브랜드로, 미국을 상징하는 문화 아이콘으로 자리 잡고 있다.

도쿄

도쿄의 도시브랜드는 'YES TOKYO'이다. 단순한 슬로건과 명쾌한 워드마크형 디자인이 현대적인 도시이미지를 형성하고 있다. 'YES'는 'Your Exciting Stage!'의 줄임 말로서 모든 이의 요구와 질문에 YES!라 답하는 완벽도시임을 지칭한다. 흥미롭고 역동적이며 친절한 도시라는 광범위한 도시 이미지를 'YES!'라는 한 단어에 간결하게 표현했다. 관광객 유치를 위한 5년간의 캠페인 진행 후, 도쿄의 도시 브랜드로 정착하였고 시티 세일즈 활동에도 적극 활용하고 있다.

홍콩

홍콩의 도시브랜드는 'Asia's world city HONG KONG'으로 중국을 상징하는 붉은색과 '용'을 핵심 모티브로 강력한 시각적 이미지를 형성하고 있다. 홍콩의 이니셜인 HK와 용의 모습을 혼합하여 진취적이고, 자유롭고, 끊임없이 변화하는 홍콩의 모습을 상징하고 있다. 기념품 및 교통수단, 대형광고물 및 웹사이트 등에 일관성있게 적용하여 홍콩의 정체성을 부여하고 있다.

싱가포르

싱가포르는 'Uniquely Singapore'라는 BI를 통해 싱가포르의 세련되고 모던한 도시의 이미지를 화려하고 유연한 서체로 표현하고 있다. 국제적 유연성과 활동적인 이미지를 지닌 싱가포르의 문화를 표현하고 이미지를 강조하는 전략을 펼치고 있고, 전통적인 아시아 문화와 현대적인 서구문화가 어우러진 새로운 아시아라는 도시브랜드를 형성하고 있다.

걷고 싶은 거리, 살고 싶은 도시를 위하여

거리를 걷다 보면 너무 많은 Street Furniture들이 설치되어 있는 것을 볼 수 있다. 이제 우리는 더 만들고 더 늘리는 것 보다는 오히려 불필요한 것들을 없애는 방안을 고민해야 한다. 무엇보다 먼저 기능의 통합을 통해서 개수를 줄이는 것을 제안하고 싶다. 앞선 해외 사례들에서 볼 수 있듯이 거리의 풍경과 조화를 이루고, 기능적으로 통합된 디자인으로 설치된 Street Furniture를 통해 도시의 새로운 이미지를 만들어 가는 것이 현재 공공디자인의 모습을 바꿀 수 있는 가장 좋은 방법이다.

자신이 살고 있는 도시의 브랜드 가치를 높이는 것은 도시 행정가뿐만 아니라 그 지역 주민들이 절실하게 원하는 일일 것이다. 따라서 공공디자인 개선을 통한 도시 브랜딩의 성공적인 추진이야말로 시민의 만족을 증대시키고, 관광객과 투자자를 더 많이 유치할 수 있는 '시티 업그레이드'의 가장 효과적인 방법이라 할 수 있다.

2 콘 텐 츠

1부 미래 콘텐츠 트렌드와 발전방향

1장 인터넷 미래와 콘텐츠

이각범 | (재)한국미래연구원 원장

세계 각국의 미래 인터넷 정책

인터넷의 발달은 우리의 시공체계에 획기적 변화를 가져왔다. 인터넷을 통하여 실시간 경제활동과 실시간 의사소통의 공간이 지구적으로 확장된 것이다. 인터넷은 우리의 경제성과와 사회복지, 문화와 과학기술의 발달에 막대한 영향을 미침과 동시에 인터넷 자체도 빠른 속도로 진화하고 있다.

2008년 6월 서울에서 개최된 '인터넷 경제의 미래에 관한 OECD 장관회의'가 분과토의를 위해 선정한 주제들인 '경제성과', '사회복지', '융합', '창의성', '신뢰', '글로벌', '경제' 등은 인터넷 발달이 우리사회에 미치는 긍정적 영향과 부정적 영향을 효과적으로 정리하고 있다. 또한 융합환경에 대한 적극적인 적응과 인터넷의 미래를 위하여 창의성을 높이고 신뢰를 구축하기 위한 각국 정부와 민간의 노력이 필요하다는 점이 부각되었다.

세계 인터넷 사용인구의 양적 증가와 더불어 무선 인터넷의 활용과 모바일 기기의 보편화로 다양한 인터넷 환경이 조성되고 있으므로 인터넷은 세계인의 가장 보편적인 생활 네트워크로 등장하고 있다. 일례로 2007년 모건스탠리가 발표한 통계에 의하면 전 세계 13억 4,300만 명 인구가 인터넷을 사용하고 있다. 지난 10년 동안 전 세계에서는 닷컴 버블 붕괴를 경험하였지만 같은 기간 동안에 구글, 페이스북, 세컨드라이프 등 검색과 SNS 기업의 급격한 부상은 인터넷이 매우 강력한 비즈니스 모델을 창조하는 기반이 됨을 입증하고 있다.

이에 미국과 유럽을 비롯한 세계의 주요 나라들은 미래 인터넷 전망과 자국의 인터넷 미래 지향 정책을 내어놓고 세계의 미래 인터넷 연구를 선도하고 있다.

우선 EU는 2007년부터 FP7Framework Program 7 내 ICT프로그램을 마련하여 2013년까지 약 11조 원을 투입할 예정으로 유무선 통합환경을 기반으로 한 미래 네트워크 구조에 관한 연구를 진행 중이다. 이 외에도 EU내 미래 인터넷 전문가 그룹인 EIFELEvolved Internet Future for European Leadership과 2008년에 시작된 European Future Internet Portal 등이 미래 인터넷과 관련된 문제를 연구 중이다.

미국의 경우에는 FINDFuture Internet Design와 GENIGlobal Environment for Network라는 프로젝트를 통해 미래 인터넷 연구에 박차를 가하고 있다. 특히 GENI는 대규모 네트워크 복잡성을 이해하고, 새로운 아키텍처를 개발하여 보안과 프라이버시를 보호할 수 있는 새로운 어플리케이션과 신경제를 가능하게 하는 퓨처 네트워크를 개발하고 있다. GENI Engineering Conference는 4개월에 한번씩 정기적으로 개최되어 프로젝트 작업 과정을 함께 검토한다.

OECD 초고속 인터넷 통계현황에 따르면 2008년 6월말 현재 우리나라는 100인당 광통신망Fiber/Lan을 통한 인터넷 서비스 가입자가 12.2명이나 되어 OECD 30개 회원국 중 1위를 차지한 것으로 나타났다(연합뉴스, 2008. 10. 26). 정보통신기반의 세계강국임에도 불구하고 한국의 미래 인터넷 연구는 다소 늦게 시작되었다. 정보통신부는 2007년에 'IT 신성장동력 핵심기술개발사업'으로 미래 인터넷 핵심기술연구를 선정하고 2010년까지 36억 원을 투입할 계획으로 원천기술개발과 표준화 등 미래 인터넷 핵심기술에 대한 연구를 시행 중이다.

인터넷 미래에 대한 전망들

이미 2006년 9월에 미국의 Pew Internet은 인터넷의 미래와 사회에 대한 예상 시나리오를 『The Future of the Internet Ⅱ』라는 보고서로 발표한 바 있다. 동 보고서에서는 2020년의 미래 인터넷 및 사회 예측을 7가지의 시나리오로 정리하고 있다. 그 가운데, 첫 번째 시나리오인 'A global, low-cost network thrives'에서는 미래에 완벽한 세계 정보처리 상호운용이 가능해지고, 데이터를 저비용으로 활용할 수 있는 전 세계적 네트워킹이 실현될 것이라고 예측한다. 또한 전 세계 어느 곳에서든 누구든지 모바일 무선 커뮤니케이션을 활용할 수 있을 것이라고 한다. 한편 여섯 번째 시나리오인 'The internet opens worldwide access to success'에서는 인터넷이 2020년까지 현재의 국가·문화 및 지리적 경계를 무너뜨릴 것으로 보고 있다.

빈튼 서프Vinton G. Cerf 구글 부사장 역시 인터넷이 가져올 혁명적 변화를 전망하고 있다. 세계지식포럼 2007 강연에서 그는 인터넷 활동의 핵심요소로서 휴대폰을 강조하고, 인터넷에 연결되는 수 억 개의 장치들의 등장을 예고하였다. 또한 그는 IPTV의 범용화에 따라 양방향 커뮤니케이션이 활성화될 것이며 머지않아 우주 공간에서까지 인터넷을 사용할 수 있을 것으로 예측하였다(ZDNet Korea, 2007.10.17).

이들 이외에도 인터넷의 미래에 대한 첨단 연구의 예측결과를 종합하면 인터넷은 미래에 다음과 같은 특성을 가지고 발전하게 될 것이다.

첫째, 융합의 진전으로 인터넷은 우리 생활의 구석구석에 용해될 것이다. 우리나라에서는 이미 유비쿼터스 환경의 조성을 위하여 각 분야에서 어플리케이션이 진행되고 있고, 이를 위한 통합통신망이 체계를 갖추어 가고 있다.

둘째, '쌍방향 커뮤니케이션'의 확대로 방송은 통신에 흡수되는 현상이 진행되고 있다. 방송을 의미하는 브로드캐스팅 broadcasting은 하나의 사업자가 다수broad를 향하여 내용을 송출casting하는 방식이다. 이러한 일방향성은 인터넷을 기반으로 하는 쌍방향 통신으로 대체됨으로써 프로그램으로 정해 놓은 콘텐츠의 수용이 아니라 원하는 프로그램을 원하는 방식으로 수용하는 콘텐츠 교환의 유연화가 일어나고 있는 것이다.

셋째, 인터넷은 움직이는 환경에서 실현됨으로써 유비쿼터스 환경을 촉진하고 있으며, 동시에 시간과 공간의 제약을 받지 않고 이미 생활의 일부로 용해되어 실현되면서 비가시성 invisibility을 높여가고 있다.

인터넷과 디지털 네이티브digital native

디지털 혁명기의 한가운데에서 성장기를 보낸 30세 미만의 세대를 디지털 네이티브Digital Native라고 부른다(전자신문, 2008. 7. 14). 이들은 태어나자마자 인터넷 및 각종 디지털 기기와 더불어 생활하게 되면서 자연스럽게 디지털홀릭digitalholic이 되어 왔다. MIT의 리치 홀리튼 교수가 발표한 2003년 보고서에 따르면, 디지털 네이티브에 해당하는 1980년 이후 출생자들은 대학 졸업 시점까지 최소 20만 건 이상의 문자메시지와 이메일을 주고받고, 휴대폰 사용에 최소 1만 시간, 비디오 게임을 즐기는 데 최소 1만 시간을 활용하고 있다고 한다.

디지털 네이티브는 각 매체의 콘텐츠를 수동적으로 수용하고 소비하는 것에 그치지 않고, 각자의 선호에 맞는 콘텐츠를 생산, 소비하며 공유하는 프로슈머prosumer의 모습을 나타낸다. 이러한 프로슈머의 특성은 인터넷을 통한 정치 참여 및 민주주의의 실현에 크게 기여하고 있다. 점점 기업가형으로 변화하는 선진국 정부의 경우에 전자정부란 국민을 고객으로 생각하며 서비스 하는 것이며, 인터넷의 구현으로 e-CRM이 가능하게 된 것을 의미한다. 전자정부란 기존 행정업무의 전산화에 그치는 것이 아니라 인터넷을 통하여 국민을 위한 가치 창조를 하는 것을 말하는 것이다. 또한 정부와 국민 사이의 의사소통 통로가 넓어짐으로써 대의민주주의에만 의존하던 간접적 의사결정 과정에 직접민주주의적 요소를 가미함으로써 국민참여형 국정이 이루어질 수 있음을 의미한다.

이렇게 인터넷은 미래 경제 및 문화와 사회 인프라에서 없어서는 안 될 기반임과 동시에, 의사소통과 물류 흐름의 확실한 근간이 되고 있다.

미래 인터넷과 콘텐츠

미래 인터넷의 경쟁력은 네트워크 기반 자체의 경쟁력이 아니라 네트워크 위에서의 서비스 수준에 의하여 결정된다. 디지털 네이티브의 구미에 맞는 다양한 콘텐츠가 생산·유포될 것인가, 인터넷 기반의 서비스는 얼마나 시너지 효과를 거둘 것인가에 의해 경쟁력 있는 나라, 경쟁력 있는 기업이 될 것이다. 우선 DMB, IPTV 등 미디어 발달로 콘텐츠 산업은 다양한 소비자의 수요에 직접적으로 대응하게 될 것이다. 또한 콘텐츠 산업은 영화, 게임 등을 비롯하여 교육, 쇼핑, 의료 등 구체적으로 생활과 밀접한 관련이 있는 분야에서 활발하게 성장할 것으로 예상된다. 지식기반사회, 창의력이 중요한 요소로 작용하는 디지털 시대에는 타 분야와의 융합 및 인터페이스를 통하여 성장이 촉진되기 때문이다.

2004년까지 마이크로소프트 프랑스지사에서 컨설팅 및 서비스 디렉터로 활동한 온라인 미디어 전문가 필립 마티노 Philippe Martineau는 Eurescom mess@ge와의 인터뷰에서 콘텐츠가 미래 인터넷의 형성에 중요한 요소가 될 것이라고 하였다. 인터뷰에서 그는 콘텐츠와 미디어 세계에서 미래의 온라인 세상을 이끌 수 있는 추동력의 하나로 3D 리얼타임 콘텐츠를 강조하고 있다.

초고속 및 양방향 커뮤니케이션이 기반이 된 미래 인터넷 환경은 소비자의 다양하고도 복잡한 수요를 읽고 기민하게 반영할 수 있는 기회를 기업에 제공하며, 이의 시너지 효과에 의하여 인터넷 산업은 폭발적인 성장을 앞두고 있다.

양방향 커뮤니케이션과 개별 맞춤 정보

인터넷은 이미 단순한 이메일과 정보검색을 위주로 한 웹 1.0 시대와 정보를 공유하고 같이 생산함으로써 사회적 관계가 웹 기반에 용해된 웹 2.0 시대를 거쳐 인간의 활동이 웹 컨텍스트 web context 속에서 펼쳐지는 웹 3.0 시대에 이르렀다. 웹 3.0 에서는 자기가 원하는 정보만 골라서 받을 수 있는 일종의 필터링이 가능한 맞춤형 개별 정보시스템이 형성되는 것이다.

인터넷 공간이 실제의 활동공간이며, 정보의 공급자와 소비자의 구분 자체가 모호한 디지털 네이티브 혹은 디지털 프로슈머가 주력이 되는 미래의 도래는 이제 초읽기에 들어갔다.

Project 10X가 발표한 "Semantic Wave 2008 : Industry Roadmap to Web 3.0"은 소비자 전용의 시맨틱 기술과 기업 어플리케이션의 등장을 중심으로 웹의 진화를 설명하고 있다. 이 보고서는 웹의 진화에 관하여 사회접속성Social Connectivity 의 한 축과 지식접속성 및 추론성Knowledge Connectivity & Reasoning을 다른 축으로 하여 비교분석하고 있다. 구체적으로 정보를 연결하는 웹 1.0, 사람들을 연결하는 소셜 웹인 웹 2.0, 지식을 연결하는 웹 3.0으로 각각 표현하고 있으며, 더 나아가 웹 4.0은 유비쿼터스 웨이브 환경으로서 인간과 기계 간에도 상호의사소통이 가능할 것으로 전망한다. 이렇게 인간과 기계간의 교감을 걸림 없이 이루기 위해서는 인간의 언어를 기계어로 전환해 줄 수 있는 온톨로지Ontology개발이 높은 수준에서 진전되어야 한다.

또한 웹전문블로그 'ReadWriteWeb'의 기고가인 슈라마나 미트라Sramana Mitra는 자신의 블로그에서 웹 3.0을 '개인화에 콘텍스트context를 더하는 것'이라고 정의하였다. 쇼핑을 예로 들어 웹 3.0의 모습을 재미있게 설명하므로 이를 원용하기로 한다. 개인의 머리색이나 눈동자, 사이즈 등의 정보가 주어지면 자동적으로 자신의 조건에 맞는 옷들만을 모아둔 자신만의 백화점인 삭스 피프스 애비뉴Saks Fifth Avenue, 자신만의 패션 매거진인 보그지Vouge를 갖게 되며, 추천시스템을 통해서 자신과 조건이 동일한 사람들로부터 좋은 스타일의 상품들만을 추천받을 수 있다. 웹 2.0 하에서 검색한 정보를 일일이 확인하면서 정보 필터링으로 많은 시간을 소비하는 것과는 달리 개별 수요자 하나하나에 맞춤형으로 정보를 검색해주는 것이 바로 웹 3.0에 해당하는 미래 인터넷의 모습이다.

감성 및 오감대응 콘텐츠

21세기에서는 감성, 이미지 등의 가치가 주요 요소가 되고, 상상, 창의를 바탕으로 한 하이터치High Touch가 문화콘텐츠의 핵심적인 힘이 된다. 소비자들의 욕구를 반영하는 감성중심 콘텐츠는 미래 인터넷에서 중요한 역할을 하게 될 것이다.

최근 인간과 기계의 직접적인 교감을 통하여 인간의 감정적 변화가 기기와 매체에 자동적으로 전달되도록 하는 연구가 활발하게 진행되고 있다. 미국 카네기멜론대학 엔터테인먼트기술연구소ETC는 '인식증폭augmented cognition' 프로젝트를 추진 중이다. 이는 뇌파를 이용하여 사용자의 감정상태를 파악하고 이를 외부기기 작동에 반영하는 '브레인TV'를 실용화하는 것이다(전자신문, 2008. 9.22). 이 연구가 성공적으로 수행된다면 소비자의 감정변화가 자동적으로 매체에 전달되도록 함으로써 감성인식 콘텐츠의 기반이 마련될 수 있을 것이다.

또한 최근 NTT 커뮤니케이션과 TOKYO FM은 후각을 이용한 '태피스트리Tapestry'라는 프로그램에서 아티스트 곡의 느낌을 전달할 수 있는 향기가 음악과 동시에 나오도록 하는 '향기 나는 라디오'를 개발했다. 이와 같이 오감 통신을 통해 기존의 시청각에만 의존하던 평면적인 인터넷 콘텐츠의 한계를 뛰어넘을 것으로 기대된다.

또 다른 현실, Virtual Reality
KT경영연구소의 '디지털이 만든 새로운 세상, Virtual Life'에서는 일반적인 30대 회사원 K의 생활을 현실세계와 가상세계로 나누어 묘사하고 있다. 현실에서는 한국에 거주하는 미혼의 일반기업 대리로서 생활하고 있으나, 가상세계에서는 미국에서 결혼한지 2년에 접어든 레스토랑 운영자로서 현실에서 체험하지 못하는 희망사항을 '사이버 스페이스'라는 매개를 통해 대리만족하고 있다. 대리만족이라는 Virtual Life의 매력 때문인지 세컨드라이프, 싸이월드 등 온라인 3D세계에 대한 관심이 점차 높아지고 있다.

미국 IT기업 린든 랩Linden Lab이 2002년 오픈한 사이트인 '세컨드라이프'는 북미를 중심으로 가입자 수가 1,000만 명을 넘어 빠르게 증가한 바 있다. 세컨드라이프는 3D 기술을 통해 실제 생활과 진배없는 엔터테인먼트를 제공한다. 현실과 가상세계의 구분을 모호하게 만드는 이유 가운데 하나는 현존하는 기업들이 가상세계에 활발하게 참여하기 때문이다. 그 중에서도 도요타나 델은 가입자들이 가상세계에서 자사 광고판을 접할 수 있도록 하여 현실과 같은 광고효과를 거두고 있다.

KISDI의 보고서에 따르면 스타우드 호텔Starwood Hotel의 경우 세컨드라이프에 진출하여 성공한 사례에 해당한다. 실제 건설을 앞두고 있는 호텔을 세컨드라이프 내에 먼저 선보여 가입자들이 사용하도록 하는 시뮬레이션을 거쳤다. 가상세계 이용자들에게 호텔의 디자인이나 호텔 이용시 불편사항을 조사하여 그 의견들을 실제 호텔 건축에 반영하기도 했다. Virtual Reality(VR)기법은 이 밖에도 의료부문이나 교육과 훈련 등에 실제 넓게 사용되고 있으므로 VR을 기반으로 하는 많은 비즈니스 모델이 등장할 것이다.

콘텐츠 강국, 한국을 지향하며

앞으로 국가경쟁력의 핵심은 각국이 갖고 있는 소프트 파워가 차지한다. 또한 하이터치가 힘을 발휘하는 문화콘텐츠 선진국이 되어야만 소프트 파워의 중요한 부분을 갖출 수 있다. 문화체육관광부는 2008년 10월 '2012년 5대 콘텐츠 강국 실현을 위한 차세대융합형콘텐츠 육성전략'을 발표하였다. 이 전략에 의하면 앞으로 우리나라 경제를 이끌어갈 신성장 동력으로서 컴퓨터그래픽CG산업, 디지털 가상세계 구축, 방통융합콘텐츠, U-러닝 콘텐츠, 가상현실Virtual Reality 분야를 5대 중점 추진과제로 선정하고 2012년까지 6,500억 원을 지원하기로 한 것이다.

미국과 영국, 일본의 경우 국가차원에서 콘텐츠산업을 전략적으로 지원하고 있다. 영국은 90년대 중반부터 국가적 차원에서 창조산업Creative Industry을 육성하여 이미 콘텐츠 분야에서 확고한 자리를 차지하고 있으며, 미국은 할리우드를 기반으로 한 영화산업에서, 일본의 경우 애니메이션, 게임 등의 엔터테인먼트 산업에서 강점을 보이고 있다.

우리나라도 세계 1위의 정보통신 네트워크를 기반으로 디지털 융복합 콘텐츠 육성을 체계적으로 도모한다면 머지않은 미래에 세계 5대 콘텐츠 강국으로 도약할 수 있을 것이다.

한국이 인터넷 강국의 자리를 지키면서 콘텐츠 강국으로 거듭나기 위해서는 콘텐츠산업 육성 환경 구축을 위한 기회의 장이 더욱 자주 마련되어야 한다. 발달한 네트워크와 하드웨어 기반을 소프트웨어의 개발과 콘텐츠 개발로 연결하기 위하여 다양한 소비자의 욕구 파악과 관련 서비스 개발이 우선되어야 한다. 그리고 획일적이고 무기력한 하향 평준화가 아닌 상상력과 창의력을 개발하는 교육 시스템의 구축이 시급하다. 또한 각양각색의 아이디어를 수집하고 반영할 수 있는 항시적인 사회 네트워크를 구축함으로써 창조적이고 개방적이며 친親 수요자적인 환경 조성을 위한 전략적 지원방안을 도출해야 할 것이다.

2장 창조적 융합이 문화콘텐츠의 힘이다

서병문 | 단국대학교 멀티미디어공학과 교수

문화콘텐츠 전쟁

바야흐로 세계는 문화콘텐츠 전쟁을 벌이고 있다. 콘텐츠산업에서 선두가 되기 위해 수많은 국가들이 산업 육성에 많은 투자를 하고 있다. 공산품을 만들기 위해서는 많은 자원이 들어가고 제조과정에서 불가피하게 공해물질이 배출되기도 한다. 최근 이산화탄소 배출 규제가 국제적으로 시행되고 있어 제조산업을 통한 부가가치 창출은 한계가 있어 보인다. 이러한 측면에서 굴뚝 없는 산업, 공해 없는 산업, 문화콘텐츠 산업이 각광을 받고 있다. "21세기 최후의 승부처"라는 피터 드러커의 전망을 굳이 들먹이지 않더라도, 이제 문화산업은 21세기를 대표하는 산업으로 떠오르고 있다. 주5일제가 정착되고, 사이버공간이라는 뉴미디어가 일상생활에 도입되면서 이제 개인은 여가에서 재미를 찾게 되었으며, 이러한 재미의 원천은 바로 창의력을 바탕으로 한 문화콘텐츠이다. 이제 경제는 정보통신기술을 바탕으로 지식기반 경제, 나아가 콘텐츠기반 경제로 이행하고 있으며, 특히 이러한 기술을 바탕으로 한 방송과 통신의 융합은 IPTV, DMB 등과 같은 다양한 신규 미디어를 등장시킴으로써 새로운 콘텐츠 시장을 창출하고 있다.

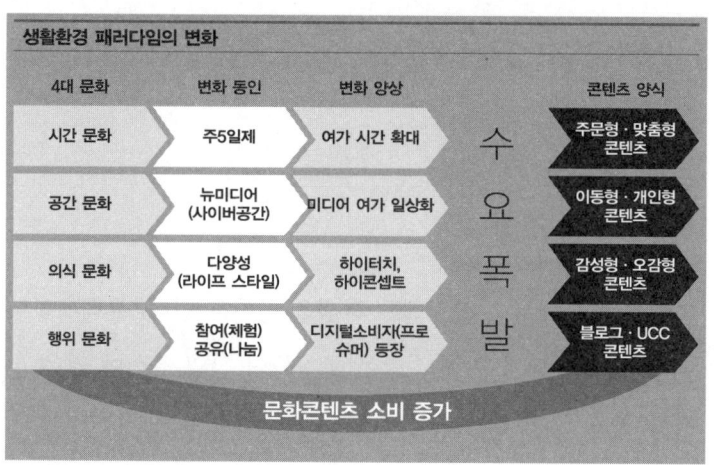

과거 아날로그 방식에 의해 제작, 전송, 수용되던 콘텐츠는 디지털화의 흐름에 편승하여 네트워크의 구분이 무의미해졌음은 물론, 서비스 사업자들의 융합으로 인해 관련 산업구조가 변화하고 있다. 구체적으로 살펴보면 방송과 통신의 경계영역이 무너지면서 방송통신융합 플랫폼인 DMB, IPTV, WiBro 등의 서비스 확대가 이루어지고 있으며, PMP, PDA, UMPC 등 디지털 디바이스가 다양해지면서 이에 따른 콘텐츠의 수요도 급증하고 있다. 이처럼 새로운 멀티미디어 서비스의 등장은 방송 서비스 자체의 다양화와 함께 정보통신 서비스를 포함하는 형태의 복합 서비스 미디어로의 변모를 불러오고 있다. 결과적으로 보다 세분화되고 전문적인 미디어 서비스의 길이 열리고 매체간의 경쟁이 치열해지면서 이러한 서비스의 핵심인 콘텐츠가 그 무엇보다 중요하게 인식되고 있다.

  시장의 소비자들에게 최종적으로 제공되는 콘텐츠는 그 속성상 제작 및 공급 부분의 성장이 네트워크나 중간 단계의 패키징, 유통 부분에 비하여 상대적으로 더딜 수밖에 없게 되고, 이와 같은 상황에서 콘텐츠의 발전 없이는 방송통신융합 시대에 문화산업의 발전을 기대할 수 없게 되므로 콘텐츠의 중요성은 점점 더 커지게 되는 것이다. 따라서 세계 각국은 이와 같은 콘텐츠 산업을 육성하기 위해 정책적인 목표와 관점에

세계 국가들의 문화산업 관련 정의 기준과 산업 범위

명칭	정의 기준	산업 범위
영국, 네덜란드, 싱가포르 : 창조산업 (Creative Industry)	Input 관점의 창의적 노동	출판, 음악, 미술품/골동품, 공예, 공연예술, 영화/비디오, 라디오/텔레비전, 광고, 양방향 레저 SW/소프트웨어와 컴퓨터 서비스, 디자인, 패션, 건축 등
호주, 핀란드, 헝가리 : 저작권산업 (Copyright Industry)	Output 관점의 산업적 자산	출판/문학, 음악, 극장공연/오페라, 영화/비디오, 라디오/텔레비전, 광고서비스, 소프트웨어/DB, 사진, 시각/그래픽아트, 저작권신탁 등
한국, 프랑스, 캐나다 : 문화산업 (Cultural Industry)	공공정책 관점의 기능과 기반조성	출판(책/신문/잡지/정기간행물), 음악, 영화/비디오, 라디오/텔레비전(시청각활동), 광고, 멀티미디어, 에이전시 등
일본 : 콘텐츠산업 (Content Industry)	산업생산 관점	영화, 음악, 연극, 문예, 사진, 만화, 애니메이션, 컴퓨터게임, 컴퓨터프로그램 등

따라 문화산업, 저작권산업, 창조산업 등으로 명칭을 부여하며 문화산업의 육성에 정책적인 지원을 아끼지 않고 있다.

문화콘텐츠 산업의 국가경쟁력과
국내 문화콘텐츠 산업의 성장 가능성

방송통신의 융합은 앞서도 언급했듯이 사회 구성원의 의사소통 방식과 콘텐츠의 유통 및 소비의 행태를 변화시켜 새로운 문화생활 양식을 이끌어내고 있다. 즉, 콘텐츠의 공유와 참여 구조로 인해 그동안의 수동적 소비에 머물렀던 소비자들은 콘텐츠의 생산 및 유통에 직접 참여하는 창조적인 프로슈머로 부상하게 되었으며, 콘텐츠 역시 미디어와 네트워크 서비스가 창의성과 문화적 요소에 따라 콘텐츠를 중심으로 통합되는

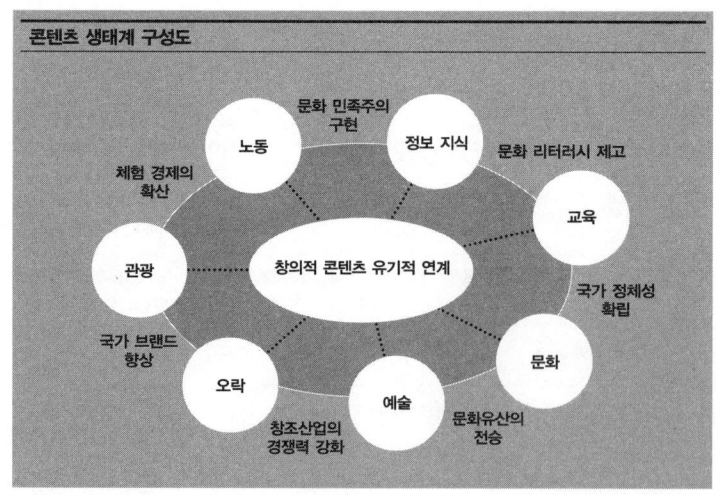

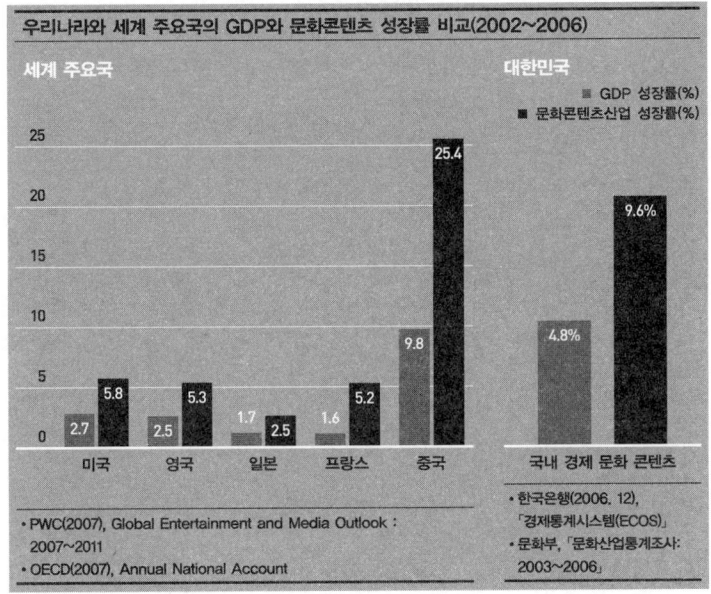

'콘텐츠 생태계'를 조성하고 있다. 콘텐츠 생태계는 지식, 정보, 교육, 문화, 노동, 오락 등 생태계를 구성하는 여러 요소들이 유기적으로 연결됨에 따라 인간의 삶을 유지하는 환경을 제공하고 있는데, 이 때 콘텐츠는 국가의 정체성을 확립하고 문화유산을 전승하며, 창조산업의 이행 등을 촉진하는 핵심 동인으로 작용하게 된다.

방송통신 융합을 필두로 한 다양한 융합 현상의 확대는 문화콘텐츠 산업의 급격한 성장을 불러 왔으며, 소득수준이 높아지고 삶의 질이 향상되면서 콘텐츠의 수요는 급속도로 증가하고 있다.

이와 관련해 국내 문화콘텐츠 산업은 영화와 게임, 방송, 캐릭터 등을 중심으로 지속적인 성장을 거듭하고 있으며, 2002년부터 2006년까지 연평균 성장률 9.6%를 기록하는 높은 성장세를 보이고 있다. 이러한 문화콘텐츠 산업의 성장은 비단 우리나라뿐만 아니라 전 세계적으로 비슷한 추세를 나타내고 있는데, 특히 중국의 문화콘텐츠 산업의 성장세는 가히 놀라울 정도이다. 회계컨설팅그룹 프라이스워터하우스Price Waterhouse Coopers의 2007년 조사에 따르면 중국의 문화콘텐츠 산업 성장률은 25.4%로, 같은 기간 우리나라의 문화산업 성장률의 두 배를 뛰어넘는 수치를 나타내고 있다.

이처럼 문화콘텐츠 산업은 잠재 성장률이 매우 높은 차세대 국가 성장 동력으로, 창의력을 바탕으로 한 문화산업은 원자재 수입이 불필요한 라이선싱기반 지적재산권 산업으로 제조업의 위기를 타파할 것으로 기대되고 있으며, 이를 바탕으로 정부는 2003년 문화산업을 "차세대 10대 성장 동력"이자 "미래 유망산업 14(산자부, 2006)"으로 명명하기도 하였다.

세계 문화콘텐츠 산업 시장점유율(2007년)

순위	국가	시장규모
1위	미국	6,122억 (40.1%)
2위	일본	1,161억 (7.6%)
3위	영국	1,013억 (6.6%)
4위	중국	955억 (6.3%)
5위	독일	882억 (5.8%)
6위	프랑스	643억 (4.2%)
7위	이탈리아	430억 (3.0%)
8위	캐나다	378억 (2.5%)
9위	한국	368억 (2.4%)
10위	스페인	323억 (2.1%)

현재 국내 문화산업의 규모는 미국(40.1%)과 일본(7.6%), 영국(6.6%), 중국(6.3%), 독일(5.8%), 프랑스(4.2%), 이탈리아(3.0%), 캐나다(2.5%)에 이은 아홉

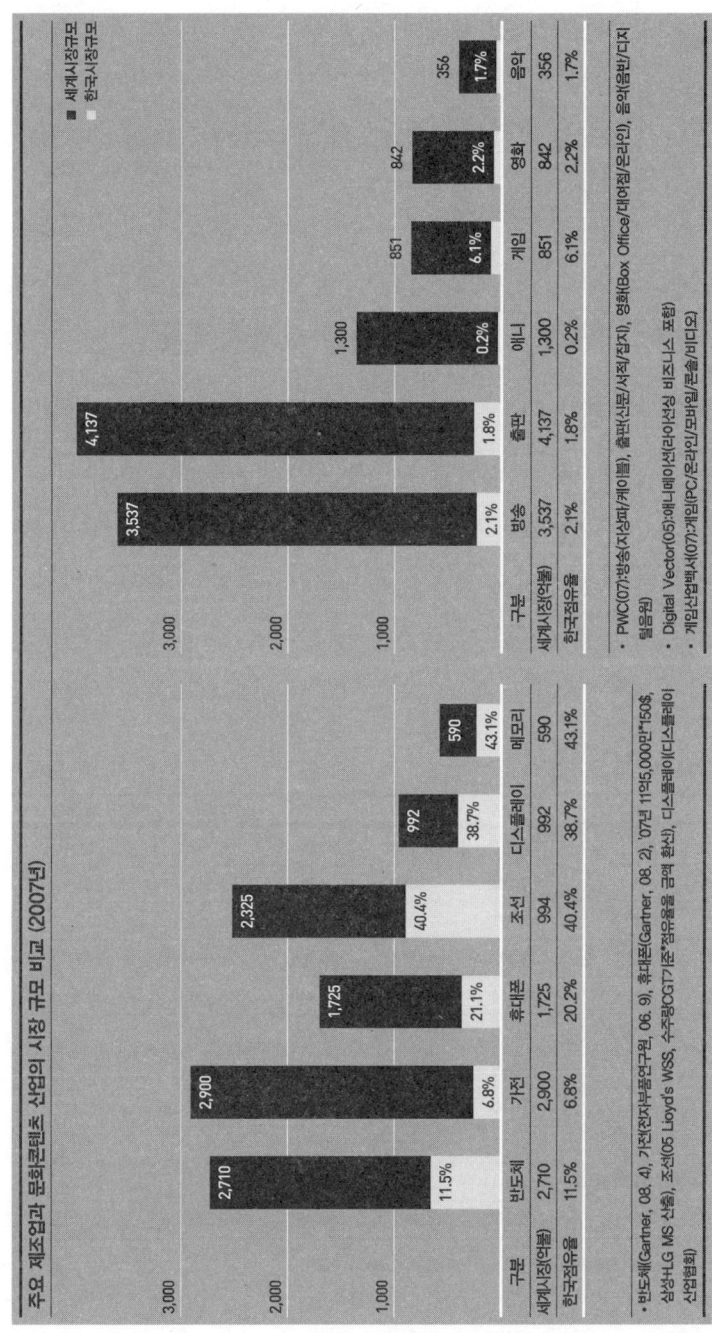

2장 창조적 융합이 문화콘텐츠의 힘이다

번째의 시장으로 전 세계 시장의 약 2.4%, 아시아 시장의 약 11.2%를 확보하고 있다. 하지만 이는 역으로 국내 문화산업의 높은 성장세를 감안했을 때 틈새시장을 공략해 세계 시장점유율을 높일 수 있다고 해석될 수도 있을 것이다.

국내 문화콘텐츠 산업의 현황과 경제적 효과

실제적으로 국내 문화콘텐츠 산업은 영화, 게임, 캐릭터산업 등을 중심으로 지속적인 성장을 해오고 있는데, 2002년에서 2006년까지 연평균 성장률 9.6%를 기록하고 있으며, 산업 장르별로는 2006년을 기준으로 애니메이션은 2,886억원, 캐릭터는 4조 5,509억 원, 만화의 경우는 7,301억 원, 게임 7조

국내 문화산업 시장 규모 (단위: 억원)

구분	2003년	2004년	2005년	2006년	연평균성장률(03~06)
출판	155,212	189,210	193,921	198,792	8.6
만화	7,591	5,059	4,362	7,301	20.1
음악	17,935	21,332	17,899	24,013	10.2
게임	39,387	43,156	86,798	74,489	23.7
영화	23,444	30,224	32,948	36,836	16.3
애니메이션	2,700	2,650	2,338	2,886	2.2
방송	71,366	77,728	86,352	97,199	10.8
광고	70,640	80,260	84,178	91,181	8.9
캐릭터	48,085	42,193	20,759	45,509	1.8
디지털 교육 및 정보	13,188	8,790	9,926	1,180	55.3
합계	441,957	500,602	539,481	579,386	9.4

• 문화관광부 · 한국문화콘텐츠진흥원, 「문화산업통계」(2004~2007)

4,489억 원, 영화 3조 6,836억 원, 광고 9조 1,181억 원, 방송 9조 7,199억 원 등 총 58조 원의 시장규모를 형성하고 있다.

또한 「2006 문화산업통계」에 따르면 국내 기업들이 2005년도에 해외로 수출한 문화콘텐츠 실적은 게임 5억 6,000만 달러, 캐릭터 1억 6,000만 달러, 애니메이션 7,800만 달러, 방송 1억 2,000만 달러, 영화 7,500만 달러 등 총 12억 3,000만 달러 규모로 성장했음을 알 수 있다. 이러한 수치는 2004년도 문화콘텐츠의 총 수출액인 9억 3,000만 달러에 비해 30% 이상 성장한 수치로, 전 장르에 걸쳐 국내 문화콘텐츠 산업의 수출이 꾸준한 성장세를 보였으며, 그 중에서도 게임과 방송 분야의 해외 진출이 매우 두드러진 것으로 나타났다. 이는 방송 분야의 한류 확산의 영향으로 해석할 수 있을 것이며, 게임의

문화산업 수출입액 (단위: 천 달러)

산업	수출액			수입액		
	2004년	2005년	증가율	2004년	2005년	증가율
출판	182,181	191,346	5.0	227,084	231,741	2.1
만화	1,909	3,268	71.2	444	900	102.7
음악	34,218	22,278	△34.9	20,580	8,306	△59.6
게임	387,692	564,660	45.6	205,108	232,923	13.6
영화	58,285	75,995	30.4	66,183	46,830	△29.2
애니메이션	61,765	78,429	27.0	8,003	5,458	△31.8
방송	70,306	121,763	73.2	58,586	43,177	△26.3
광고	20,761	9,359	△54.9	918,678	2,292,762	149.6
캐릭터	117,336	163,666	39.5	129,402	123,434	△4.6
디지털 교육 및 정보	4,909	5,203	6.0	400	360	△10.0
합계	939,362	1,235,967	31.6	1,634,468	2,985,891	82.7

경우는 국내 온라인 게임의 세계 시장 선점에 따른 효과로 분석할 수 있을 것이다.

또한 문화산업은 OSMU One Source Multi Use 등으로 방송·통신, 서비스 및 제조업과의 동반성장을 통해 생산유발, 경제 영향력, 고용유발 등 산업연관효과가 큰 성장동력 산업으로 인식되고 있어 국가정책의 중요한 화두가 되고 있다.

2006년 기준 문화콘텐츠 산업의 종사자는 약 43만 6,000여 명이며, 사업체 수는 약 12만 7,000개로 집계되었다.

국내 문화콘텐츠 산업의 종사자 수 및 기업 수

구분	2003년	2004년	2005년	2006년	CAGR
종사자 수(명)	463,233	458,926	455,757	436,685	-1.9%
기업 수(업체수)	-	121,070	137,829	126,815	2.3%

· 문화관광부 · 한국문화콘텐츠진흥원, 2007.

또한 문화콘텐츠 산업은 경제적 파급효과가 매우 큰 것으로 나타났는데, 문화산업의 생산유발계수는 1.81로, 특히 문화제조업의 경우 일반제조업이나 IT 산업 중심인 전기·전자업종보다 월등하게 그 수치가 높은 것으로 나타났으며, 부가가치 유발계수 역시 전 산업의 평균 수준인 0.77보다 높은 0.86으로 문화콘텐츠 산업의 부가가치 유발효과가 매우 높은 것으로 나타났다. 고용 역시 문화콘텐츠 산업의 고용유발계수가 13.91로 나타남으로써 10억 원의 생산유발을 통해 13.91명의 고용이 창출되는 높은 수준을 보여주었다.

문화산업의 산업연관효과 (2003년 기준)

비교기준	문화산업	문화제조업	문화서비스업	문화콘텐츠산업	제조업	전기·전자	서비스업	전산업
생산유발계수	1.81	2.05	1.74	1.97	1.98	1.72	1.63	1.82
부가가치유발계수	0.86	0.76	0.90	0.85	0.64	0.55	0.88	0.77
고용유발계수 (10억 원 투입시)	13.91	16.44	13.10	14.68	8.39	7.64	13.90	11.35
취업유발계수 (10억 원 투입시)	17.90	20.95	16.93	18.36	11.83	8.99	21.53	17.30
물가파급계수 (국내요소가격)	0.71	0.45	0.80	0.59	0.70	0.58	1.41	0.98
물가파급계수 (수입가격)	0.11	0.20	0.08	0.12	0.49	0.71	0.11	0.28

• 문화관광부·한국문화콘텐츠진흥원, 2007.

여기에 최근 디지털 기술의 발전에 따른 모바일 환경의 도래는 모바일콘텐츠 시장의 선순환 구조를 일으키고 있다. 즉,

무선인터넷이 가능한 단말기가 보급됨으로 인해 모바일콘텐츠의 매출이 증가하고, 이를 바탕으로 다시 무선인터넷 이용이 증가하자 이를 가능하게 하는 단말기 보급이 늘어나는 식의 선순환 구조가 형성된 것이다. 2006년을 기준으로 전체 단말기의 95%가 무선인터넷의 이용이 가능한 단말기이며, 전체 매출에서 무선인터넷 사용의 매출의 비중은 2001년 4.6%에서 2006년 19.6%로 대폭적인 증가세를 보여주었다.

이처럼 콘텐츠와 서비스, 플랫폼이 동반 성장을 하는 예는 '아이팟'에서도 찾아볼 수 있다. 아이팟의 판매 증가에 따라 콘텐츠 매출이 증가하였고, 이는 다시 '아이튠'의 이용을 증가시키는 선순환구조를 형성하였다. 아이튠의 경우 세계 온라인

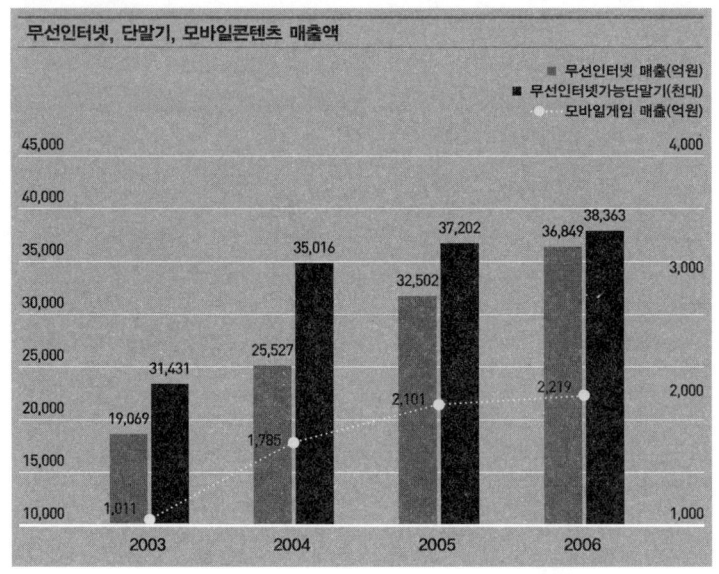

음악시장의 80%를 점유하고 있으며, 아이팟 단말기는 세계 시장의 70%를 차지하고 있는 것으로 나타났는데, MP3 플레이어를 세계 최초로 개발했던 우리나라의 경우에는 서비스 모델이 부재하여 세계 시장을 선점하지 못했던 것을 상기해 본다면, 콘텐츠와 서비스, 플랫폼의 동반성장의 중요성을 다시 한 번 깨달을 수 있을 것이다.

이러한 경제적인 효과 외에도 문화콘텐츠 산업은 국가의 이미지를 강화하고 문화교류를 통한 자국의 문화 전파 등 국가 브랜드로서 작용하는 눈에 보이지 않는 막강한 효과를 내포하고 있다. 방송산업의 해외 진출 붐을 일으킨 한류 역시 경제적인 성공 외에도 한국의 문화를 아시아 각국의 대중들과 소통하게 함으로써 자연스레 한국에 대한 긍정적인 이미지를 형성하는 한편, 한국이라는 국가 브랜드의 가치를 높여주었다는 측면을 지니고 있는 것이다. "장동건 때문에 한국을 용서했다"는 베트남 시청자의 말은 문화콘텐츠가 지닌 국가 이미지 형성 효과를 단적으로 보여주는 예라 하겠다.

이런 맥락에서 문화콘텐츠 산업은 우리 문화의 고유성과 함께 보편적인 정서를 바탕으로 한 문화 정체성의 확립에 기여하고 있으며, 온·오프라인의 환경 변화에 따라 소비자들의 문화 참여 및 공유가 활발해지면서 창의성 제고라는 문화적 역량을 견인하고 있다는 평가도 잇따르고 있다.

문화콘텐츠 산업, 어떻게 성장시킬 것인가?

한국형 킬러콘텐츠 창작 역량 강화

방송통신융합은 미디어 기능의 통합을 통해 새로운 부가가치를 창출하고 있으며, 플랫폼의 기능변화에 적합한 콘텐츠 기술과 구현능력을 필요로 하게 되었다. 따라서 융합시대에 걸맞은 새로운 형태의 부가가치 창출을 위해서는 예술과 문화적 자원을 킬러콘텐츠로 상품화하는 창의력이 절실해졌다.

따라서 예술과 전통문화 등을 활용한 콘텐츠의 창작기반을 확대하는 것이 무엇보다 중요하게 되었는데, 이를 위해서는 기초예술과 인문학에 대한 적극적인 지원을 통해 창작 소재를 개발하고 이에 따른 상품화를 지원하는 전략의 수립이 필요할 것이다. 또한 학예와 복식, 디자인, 영화 등의 융합을 통한 사극 장르의 방송용 디지털 시네마의 제작과 같은 융합형 프로젝트의 운영은 학제간 또는 부문간의 시너지 유발 효과를 기대해 볼 수 있을 것이다. 또한 전통문화유산과 문화원형을 디지털로 복원함으로써 창작 테마 활용 및 재가공을 유도하고, 새로운 디지털 환경과 수요에 부합하는 문화콘텐츠 산업을 육성할 수 있도록 지속적인 지원이 필요할 것이다. 여기에 이를 바탕으로 한 한국형 스토리텔링 및 포맷 개발 또한 꾸준한 관심과 지원이 필요한 분야라 할 수 있다.

창의적인 인력 양성

하지만 무엇보다 중요한 것은 통합적인 교육을 통한 창의적인 인력 양성으로, 이를 위해 예술, 문화, 미디어 분야의 기초지식을 통합한 문화교육 학제 과정을 신설할 필요가 있다. 현재 국내 문화콘텐츠관련 인력 양성 기관들은 양적인 증가는 이룩했을지 몰라도 그에 따른 창의적인 인력 양성이라는 당초의 목표를 달성했다고 보기는 어렵다. 따라서 융합형 콘텐츠 시대를 선도할 창의적인 콘텐츠 인력 육성 프로그램을 개발하고, 각 교육기관에 콘텐츠 특성화 교육 프로그램을 지원하는 방안을 마련하는 한편, 국제적인 인력 양성 프로그램의 교류를 통해 글로벌 인재를 육성하고, 이미 산업계에 종사하고 있는 인력들의 재교육을 통한 콘텐츠 인력 양성 체계의 과학화를 꾀할 필요가 있을 것이다.

CT 기술 경쟁력 확보

나아가 콘텐츠 맞춤형 응용기술인 CT 개발에 적극적인 투자가 필요할 것으로 보인다. 특히 시장 친화적이고 직접 콘텐츠 제작에 활용 가능한 핵심기술을 발굴하고 글로벌 경쟁력을 확보하기 위한 'CT 연구소'의 운영을 활성화하고, 산·학·관의 연계를 통한 CT 개발 협력체계 구축을 강화할 필요가 있을 것이다. 여기에 플랫폼과 장르, 기능간의 융합을 통한 콘텐츠 제작 역량을 강화하기 위한 지원이 필요하며, 이러한 신규 플랫폼의 콘텐츠 상품 기획력을 향상시킬 수 있는 시스템의 마련이 절실한 상황이다.

콘텐츠 비즈니스 선순환 구조 확립

콘텐츠 상품은 거래에 있어 불확실성이 높기 때문에 방송통신 융합으로 인해 유통창구가 활성화된다 해도 콘텐츠 제작에 대한 투자는 제한될 수밖에 없는 것이 현실이다. 따라서 다양하고 질 좋은 콘텐츠를 공급하기 위해서는 이를 가능하게 하는 투자 환경을 조성하는 것이 매우 중요해진다. 현재 콘텐츠의 제작 재원을 확보하기 위한 융자제도로는 콘텐츠산업의 특성을 반영한 모태펀드나 투자선순환 모델을 제시하고자 도입된 스타프로젝트 등이 있다. 이 밖에도 다양한 세제 혜택을 통한 투자 유인방안을 제공하고, 완성보증보험제도와 같은 선진 투자제도를 개발하는 등의 노력이 지속되어야 할 것이다. 여기에 투자자금의 투명성 제고를 위한 '문화산업전문회사(SPC)'

제도의 활성화를 비롯해 문화콘텐츠 기업의 회계 관련 정보 공개 역시 고려해봐야 할 것이다. 또한 정부의 문화산업에 대한 기금 운용 등을 통한 지원의 경우 문화산업의 특성을 고려해 단기적인 수익모델을 찾기에 급급할 것이 아니라 장기적인 안목을 통해 산업의 선순환 구조 확립에 초점을 두어야 할 필요성도 제기되고 있다.

또한 방통융합으로 다양한 콘텐츠 유통 비즈니스가 발달하고 다각적인 이용을 통해 부가가치 창출이 가능해지면서 공정거래구조와 유통체계의 정비는 콘텐츠산업의 글로벌 경쟁력을 확보하기 위한 선결조건이 되었다고 해도 과언이 아닐 것이다. 이를 위해 국가간 공동제작을 지원하고 해외 진출 매뉴얼을 개발하며, 국제 비즈니스 네트워크를 구축하는 등의 해외 진출을 위한 맞춤형 수출지원 정책을 지속적으로 추진할 필요가 있다. 뿐만 아니라 한류 콘텐츠의 해외 마케팅 강화를 위해 안정적인 배급과 송출을 위한 현지 창구를 런칭하고, 해외 쇼케이스를 개최하는 한편, 국내외 견본시 활성화를 위한 지원 역시 필요할 것이다.

나아가 통합적이고 공정한 콘텐츠 유통체계 도입을 위해 라이선스 관리 활성화를 위한 저작권관리사업법을 제정하고, 저작권라이선스 통합 관리 시스템을 구축하는 방안을 마련할 필요가 있다. 여기에 표준계약서 및 제작 위탁 가이드라인 정비 등을 통해 창작자의 적정 수익을 보장하고, 콘텐츠 유통대행사를 설립하는 한편 콘텐츠 이용료 산정 시스템을 개발하는 등의 유통 환경을 구축하는 노력 또한 더해져야 할 것이다.

마지막으로 미디어 융합 환경에 적합한 저작권 보호체계를 구축하기 위해 통합적인 저작권 법령체계를 마련하는 한편, 디지털 기술 발전에 따른 저작권기본법을 정비하고, 불법저작물 단속 강화 및 가이드라인 제정 등을 통해 합법화 유도를 위한 지원책 마련이 필요할 것으로 보인다.

문화콘텐츠 산업의 미래

현재 국내 콘텐츠 산업은 디지털 기술과 브로드밴드 등의 확산으로 채널의 수가 기하급수적으로 증가하고 있고 인터넷 이용에 따른 동영상 서비스가 확산되면서 콘텐츠의 수요 또한 급속히 증대되고 있으나 콘텐츠의 공급은 이를 따라가지 못하는 불균형을 초래하고 있다. 따라서 네트워크, 플랫폼, 미디어 사업자가 서비스를 차별화 할 수 있도록 다양하고 질 좋은 콘텐츠가 공급되느냐의 여부가 방송통신융합 시대에 문화콘텐츠산업의 성공을 결정할 수 있을 것이다.

모든 콘텐츠는 문화유산, 생활양식, 창의적 아이디어, 가치관 등 문화적 요소들이 상품으로 재구성되고 소비자의 공통된 문화적 가치에 따라 해석되는 과정을 통해 부가가치를 획득한다. 그러므로 융합 환경에서의 콘텐츠 상품은 미디어의 기능 통합을 고려한 사전 기획력, 그리고 독특한 소재와 탄탄한 이야기 구조를 바탕으로 소비자의 적극적인 관심과 참여를 유발해야 비즈니스로서 성공할 수 있게 된다.

대표적인 예로, 노키아에서 개최한 콘셉트 모바일 디바이스 콘테스트에서 우승한 'Nokia 888'를 들 수 있다. Nokia 888은 디바이스 자체가 콘텐츠의 내용에 따라 모양이 변할 뿐 아니라, 하나의 디바이스를 통해 이메일, 화상통화, 음성인식 등의 다양한 콘텐츠의 구현을 가능하게끔 한다.

또 독일의 기술박물관에 전시되어 있는 역사기반의 가상현실 체험 게임 역시 미래의 게임을 예측하게 해 주었다. 이 게임은 16세기 당시의 여행 규칙에 따라 관람자가 직접 항로를 운행하는 경험을 제공한다. 이를 바탕으로 판단해 볼 때, 향후의 게임은 체험지향적임과 동시에 교육과 엔터테인먼트적인 요소를 모두 갖추는 방향으로 발전할 것임을 보여준다.

마이크로소프트의 'Surface'는 미래지향적인 터치스크린 UI를 채택하여 30인치 와이드 스크린 테이블 탑 위에서 인체인식을 통해 콘텐츠를 디자인하고, MP3 플레이어, 디지털 카메라, 휴대전화 등의 디바이스에 음악과 이미지, 동영상 등의 콘텐츠를 자유롭게 다운로드하거나 업로드할 수 있는 모델을 시범 출시하였다. 이는 미래의 콘텐츠가 다양한 디바이스에서 사용자의 편의성을 극대화하는 방향으로 디자인될 것임을 의미하는 것이다.

2006년 그래미 시상식 오프닝 공연은 미래 콘텐츠의 한 단면을 보여준다. 마돈나의 「Hung up」과 애니메이션 캐릭터 밴드인 '고릴라즈'의 「Feel Good」을 3차원 입체영상 홀로그

국내 문화산업 시장 규모

구분	2003년	2004년	2005년	'03~'05년 CAGR	2012년	2017년
매출(억원)	441,957 (44조원)	500,602 (50조원)	539,481 (54조원)	10.5(%)	954,958 (95조원)	1,364,601 (136조원)
수출(백만달러)	630 (6억달러)	939 (9억달러)	1,235 (12억달러)	40.3(%) (78억달러)	7,780 (157억달러)	15,650
고용(만명)	46.3 (46만명)	45.8 (46만명)	45.5 (46만명)	−0.2(%)	97.6 (98만명)	124.6 (125만명)
세계시장규모 대비 순위		10위	9위		7위	5위
세계시장규모 대비 비중		2.3%	2.2%		4%	6%

· 문화관광부, 한국문화콘텐츠진흥원('03~'05), 「2006문화산업통계」
　매출 : '05~'12년(8.5% 성장 가정), '12~'17년(7.4% 성장 가정)
　수출 : '05~'12년(30% 성장 가정, 디지털 한류의 지속 확산), '12~'17년(15% 성장 가정)
　고용 : '05~'12년(11.5% 성장 가정, 융합으로 산업범위 확대에 따른 고용 증가), '12~'17년(5% 성장 가정)
　세계시장규모 대비 순위 및 비중 : PWC, 2006, Global Entertainment and Media Outlook : 2006~2010

램과 대형 LED를 이용해 합성한 이 공연은 콘텐츠끼리의 융합을 보여줌과 동시에 다양한 방향으로 발전할 수 있는 콘텐츠를 제안하고 있다.

　다시 말해, 미래의 콘텐츠는 화려한 컴퓨터 그래픽 기술보다 창의적인 상상력이 바탕이 되었을 때 비로소 성공할 가능이 높아지는 것이다. 따라서 향후 국내 문화콘텐츠 산업 역시 창의적인 콘텐츠의 육성에 초점을 맞춰야 할 것이다.

　현재 지속적인 성장세를 보이는 문화산업은 2012년 95조 원의 매출액을 달성하는 데 이어 10년 후인 2017년에는 136조 원의 매출액을 달성할 것으로 전망되고 있다. 특히 2017년에는 GDP 대비 문화산업의 비중이 현재의 2.2%에서 6%까지 늘어나면서 미국과 일본, 영국 등의 뒤를 잇는 세계 5대 문화산업강국으로 도약을 예상하고 있다.

　문화라는 것은 사실 우리 삶 그 자체라 할 수 있으며, 문화산업은 그러한 우리의 삶이 경제와 밀접한 관련을 맺고 있는 기반이라 하겠다. 따라서 문화콘텐츠 산업을 육성하기 위해서는 문화의 특수성을 이해하고 문화산업이 문화의 잠재력을 충전시키기 위한 기반이 될 수 있도록 추진력을 실어주는 노력이 필요할 것이다. 즉, 문화콘텐츠 산업은 '산업'으로서의 인식과 더불어 '문화'에 방점을 찍어야 하는 산업으로, 타 산업과의 차별성을 인식하고 이를 바탕으로 관련 산업과의 연계성을 높이는 방향을 모색해야 할 것이다.

기술이 발전하고 규제가 완화됨에 따라 다양한 융합 형태의 콘텐츠가 등장할 문화콘텐츠의 미래는 그보다 더 다양한 소비자들의 욕구를 충족시키기 위해 복합적이고 다양한 방향으로 발전을 거듭할 것이다. 이제 우리는 다양한 스토리를 바탕으로 기술과의 조화를 통해 대중으로부터 공감을 이끌어 낼 수 있는 콘텐츠의 미래를 만끽할 준비를 해야 할 것이다.

3장 오감을 활용한 커뮤니케이션

정영웅 | 멀티미디어 커뮤니케이션 컨설팅 & 디자인 스튜디오 '이응' 대표

창의성의 시대

우리가 살고 있는 사회는 끊임없이 변화하고 진화해간다. 역사적으로 수렵문화, 농경문화가 경제생활의 주요 역할을 하던 시기가 있었고 과학적 발명을 통한 산업사회가 중심이 되던 시기도 있었다.

우리는 20세기 후반 물질중심의 산업사회를 거치며 비물질중심의 정보사회로, 그리고 21세기 초기인 현대시대에는 막연히 언급되고 있는 문화사회로의 전환을 경험하고 있다. 또한 빠르게 변화하고 있는 환경에 발맞춰 개인과 개인, 개인과 집단, 집단과 집단이 소통하고자 하는 커뮤니케이션의 효율적인 방법을 필요로 하고 있다. 이러한 필요에 따라 요즘 각 분야에서 흔히 언급되고 있는 화두 중의 한가지가 '창의적인 콘텐츠 개발의 필요성'이다.

2007 11월 한국디자인진흥원에서, 대한민국의 새 시대를

향한 디자인 발전을 위한 '21세기 디자인 포럼'이 개최되었다. 디자인 이론 분야에서 국제적인 명성을 얻고 있는 존 헤스킷John Heskett 교수는 포럼 발표에서 다음과 같은 내용을 언급하였다.*

존 해스킷은 지식정보사회를 거쳐 창조사회로 변화하고 있다는 의견에 동의하지 않는다. 이미 존재하고 있던 대상은 사라지지 않고 새롭게 발생하는 대상과 서로 영향을 주고 받으며 더욱 복잡한 사회를 형성해간다고 하였다. 그 근거로 영국이 힘을 쏟고 있는 창조산업이, 경쟁력을 상실한 제조산업의 손실을 극복하지는 못했다는 것을 예로 들고 있다.

그러나 필자의 관점은 다르다. 영국이 제조산업 경쟁력을 상실한 이유는 창조산업을 지원하고 육성하는 데 힘을 쏟았기 때문이 아니었다. 오히려 선도적인 제조산업국으로서 영국정부가 누려왔던 국가경쟁력이 약화되었음을 뒤늦게 알아채고

---

* "I don't agree with statements regarding the passing of the knowledge and information age and the onset of an age of creativity. The history of design has not been a linear sequence in which anything new means what already exists disappears. Instead, new developments in design tend to be layered on what has previously existed, so that we have a situation of greater complexity.

Other ideas in the manifesto based on claims in the UK about creative industries replacing every other kind of activity are, I believe, unsustainable. The UK has lost most of its manufacturing industry and the idea that so-called creative industries can be a replacement is pure fantasy."

약해진 국가경쟁력을 다시 높이기 위한 노력의 하나가 창조산업 육성이었다. 이러한 정책은 다시금 21세기에 들어서면서 영국이 세계의 주목을 받는 계기가 되었음은 누구도 부인할 수 없다.

존 해스킷 교수의 견해에 따라 이미 제조산업 경쟁력을 상실한 영국이 다시 제조산업 경쟁력을 회복하는데 힘썼다면, 과연 현재 지금의 영국 소프트 파워 산업이 거둔 성과 중 일부라도 거둘 수 있었을까?

그의 말처럼, 지속적으로 변화하고 있는 사회현상에서는 새로운 대상이 끊임없이 생성되고 소멸되면서 더욱 복잡해져 간다. 즉, 그 어느 것도 과거로 돌아갈 수 없다. 복잡해진 환경에 따른 새로운 해법이 요구된다. 이러한 관점에서 제시되고 있는 것이 새로운 콘텐츠 생산이다.

- 콘텐츠란 무엇인가?
- 왜 창의적인 콘텐츠를 원하는가?
- 미래에는 어떠한 콘텐츠가 등장할 것인가?

이러한 질문에 대한 의견은 매우 다양해서 보편적인 해답을 제시하기란 쉽지 않다. '창의적인 콘텐츠' 개발의 필요성과 함께 대두되고 있는 또 하나의 화두가 '창의적인 디자인'이다. '창의創意'의 사전적 의미는 '새로운 의견을 생각해 내는' 것이다. 이러한 의미는 '개성', '아이덴티티'와 상통하는 맥락을 지닌다. 즉, 현대사회에서는 얼마나 독창적이고 인지도가 높은 아이덴티티를 구축하느냐가 경제활동에 영향을 미치는 중요한 요소라고 할 수 있다. 이 글은 효과적인 커뮤니케이션을 위한 아이덴티티를 어떻게 구축할 수 있는가에 대한 견해이기도 하다.

필자는 커뮤니케이션디자이너의 입장에서 콘텐츠를 구상하고 생산하여 디자인으로 가공하는 분야에 종사하며 얻은 경험을 바탕으로 그 해법을 제시해 보고자 한다.

먼저, 이 글에서 필자가 사용하고 있는 '창조'의 의미에 대해 밝히고자 한다. 존 해스킷 교수는 '이미 존재하고 있던 것은 사라지지 않고 새로 발생하는 것과 서로 영향을 주고 받으며 더 복잡한 사회를 만들어간다.'는 견해를 밝혔는데 이는 다시 언급할 필요가 없는 당연한 말이다. 즉 창조산업을 육성하기 위해서는, 당연히 잘 조성된 기존의 하드 파워를 효율적으로 이용해야 한다.

필자는 '창조란 과거의 경험을 바탕으로 변화하는 환경에 필요한 새로운 것을 더함으로써, 인간에게 필요한 최상의 환경을 만들어 가는 행위'라고 정의하고자 한다. 그리고 이를 바탕으로 변화하고 있는 콘텐츠의 미래환경에 대한 트렌드를 예측하고, 정보통신산업과 함께 그 중요성이 커지고 있는 문화콘텐츠 및 엔터테인먼트 감성산업의 트렌드에 대한 예측과 함께 창의적인 콘텐츠를 생산하기 위한 창작유형에 대해 살펴보고자 한다.

콘텐츠란 무엇인가

앨빈 토플러는 일련의 사회변화를 농업사회시대, 산업사회시대, 정보사회시대로 규정하였고 그 연장선상에서 현대의 많은 지식인들은 그 다음 사회에 관하여 다양한 의견을 제시하고 있다.

과거에는 집단이나 국가의 경쟁력 강화를 위해 문화를 구체적이고 우선적으로 고려하지 않았으나, 현대사회에서는 경쟁력 강화를 위해 뛰어난 문화를 활용해야 한다는 인식이 보편화 되고 있다. 그렇다면 이 '문화' 란 무엇인가? 그리고 문화적 생산활동과 관계 있는 세부분야에는 어떤 것이 있는가?

문화의 정의

문화란 무엇인가에 대한 의견은 매우 다양하다. 필자는, 가톨릭대학교 임학순 교수가 그의 저서 『창의적 문화사회와 문화정책』에서 밝힌 아래의 내용을 제시하는 것으로 견해를 대신하고자 한다.

- 생활양식으로서의 문화(광의의 개념): 사회나 집단에서 공유되는 태도, 가치관, 관습, 제도 등을 모두 포함
- 지적, 정신적, 예술적 산물로서의 문화: 창의성을 바탕으로 만들어진 문화산물
- 상징체계로서의 문화: 상징적 의미를 창출하고 이를 공유하는 과정

이러한 문화의 개념은 국가의 정체성을 형성하는 중요한 요소이다. 효율적인 미래전략을 수립하기 위해서는 한 집단의 문화에 대한 이해가 선결되어야 하는 이유가 여기에 있다. 이러한 문화에 대한 내용을 콘텐츠라 할 수 있다.

콘텐츠의 정의

콘텐츠라는 용어는 본래 문서의 내용을 의미하는 용어에서 디지털 환경의 정보통신 사회를 거치며 각종 유·무선 통신망을 통해 제공되는 디지털 정보나 그 내용물을 총칭하는 용어로 변화하였다. 디지털 매체가 발달해 있는 현대사회에서는 '하나의 미디어 안에 들어가 있는 내용물로서, 더 나아가 임의의 저작물과 관련된 유·무형의 자원'으로 인식되고 있다. 즉 '문자, 소리, 화상, 영상 등의 형태로 이루어진 정보의 내용물을 지칭하며 출판, 음악, 영화 등의 영상, 사진 등의 화상, 게임, DB정보 등의 광범위한 분야'(장선화, 2001)이다. 대한민국의 문화산업진흥법에는 아래와 같이 명시되어 있다.

- 콘텐츠: 부호, 문자, 음성, 음향 및 영상으로 표현된 모든 종류의 자료 또는 지식 및 이들의 집합물
- 디지털 콘텐츠: 부호, 문자, 음성, 음향 및 영상 등으로 표현된 모든 종류의 자료 또는 지식 및 이들의 집합물로 그 보존 및 이용에 효용을 높일 수 있도록 전자적인 형태로 제작 또는 변환된 것
- 멀티미디어 콘텐츠 : 부호, 문자, 음성, 음향 및 영상 등과

관련된 미디어를 유기적으로 복합시켜 새로운 표현 및 저장 기능을 갖게 한 콘텐츠

그러나 위와 같은 정의 또한 디지털 환경을 기반으로 한정한 내용이라는 한계를 지니고 있는데, 현재의 디지털 환경이라는 조건에서 벗어나 아날로그 환경까지 확대해서 이해해야 한다. 즉 콘텐츠란 '인간이 수행하고 있는 커뮤니케이션을 구성하는 모든 내용'이라고 할 수 있다.

문화콘텐츠란 무엇일까

앞서 '문화'와 '콘텐츠'에 대해 간단히 언급하였다. 그렇다면 '문화콘텐츠'란 무엇일까? 문화콘텐츠를 간단히 정의하면 '창의력, 상상력을 원천으로 문화적 요소가 체화되어 경제적 가치를 창출하는 문화상품Cultural Commodity'이라 할 수 있다. 문화콘텐츠는 제품이나 하드웨어, 즉 재화중심의 산업적인 측면뿐만 아니라 무형의 문화관련 창작행위로 이해해야 한다. 문화콘텐츠진흥원 서병문 원장은 문화콘텐츠를 다음과 같이 서술하고 있다.

- 문화를 구성하는 모든 요소 즉, 유·무형의 자원들로 이루어진 내용
- 콘텐츠·문화콘텐츠를 구성하는 유·무형의 자원 즉, 이야기, 생활양식, 감성, 문화예술, 전통, 가치관, 기술 등을 응용하는 창작행위를 통해 발생되는 소설, 영화, 음악, 공연, 전

시, 게임, 애니메이션 등 다양한 가치를 발생시키는 요소 및 더 나아가 한 개인 및 집단의 아이덴티티를 형성시키는 것
- 감성, 창의력, 상상력을 원천으로 문화적 요소가 체화되어 문화적 가치를 창출하는 것

문화콘텐츠 산업

문화콘텐츠 산업이란 기획, 제작, 유통, 소비의 과정을 통해 인간의 생산소비활동이 사회에 영향을 미치는 것을 뜻한다. 문화콘텐츠 산업은 단지 수출 및 거래를 통한 이익을 발생시키기 위한 가치뿐만 아니라 한 집단의 아이덴티티, 삶의 질을 개선시키고자 하는 무형의 측면에서도 그 가치를 이해해야 한다. 이러한 이유로 세계 각 선진국에서는 문화콘텐츠 산업을 다음과 같이 명명하면서 아낌없는 투자를 하고 있다.

- 미국 – Entertainment Industry
- 영국 – Creative Industry
- 일본 – Content Industry
- 중국 – 創意産業

주요 제조업과 문화콘텐츠 산업 주요분야의 국내 시장규모와 세계 시장규모를 살펴보면, 세계경제 주요분야의 변화는 제조산업 중심에서 서비스, 콘텐츠산업으로 변화하고 있음을 쉽게 볼 수 있다. 물론 제조산업이 바탕이 되어야 콘텐츠산업

의 발전이 가능하다. 그러나 존 헤스켓 교수가 언급한, 제조산업이 정책의 주요 지향점이 되어야 한다는 주장은, 시간의 흐름에 역행하는 의견이라고 말할 수 있다.

왜 창의적인 콘텐츠를 원하는가?

현재의 콘텐츠 트렌드가 미래사회에서는 어떻게 변화해 갈 것인가? 필자는 앨빈 토플러의 사회·경제적 변화에 따른 커뮤니케이션 환경 및 콘텐츠 구현 환경의 변화를 아래와 같이 살펴 보았다.

사회 발전에 따른 콘텐츠 구현 환경의 변화

농업사회	산업사회	정보화사회	문화사회
농경 자연물 직접채취	굴뚝공장 물리적기계	정보통신 네트워크	가상현실 체험(Ubiquitous Space) 아이덴티티 가치
자급자족	대량생산 대량소비 매스미디어	탈 대량화 탈 대중화 탈 조직화 탈 표준화	감성화 체험화
표식 필사(筆寫)	아날로그 인쇄	디지털 스크린	공감각(아날로그+디지털) UCC = User Created Contents CCC = Culture Created Contents Multiple Personalization
	포스터 신문 잡지 책 LP사운드	TV, 영화 영상 PC 모바일 기기 MP3 사운드	RFID Sensor Cyber glasses /gloves Hologram

표에서 보는 바와 같이 미래 콘텐츠의 성격은 대량, 대중에서 소량, 개인으로 변화하고 있고, 이러한 환경에 적합한 콘텐

츠는 상황에 따라 유연하게 변할 수 있는 특성을 지녀야 한다. 또한 대중사회를 위한 조직화, 표준화는 해체되어야 하는 것이 아니라 빠르게 변화하고 있는 환경에 신속히 반응할 수 있도록 진화해야 하는 것이다.

콘텐츠는 미디어의 진화와 밀접한 관계를 지니고 있다. 인간의 커뮤니케이션을 위한 미디어의 커다란 변화는 1440년대 구텐베르그가 인쇄술을 발명하면서 인류문명을 인쇄문화시대로 이끈 시기와 1980년대 등장한 퍼스널 컴퓨터의 보급이 디지털문화시대로 전이시킨 시기에 발생했다. 인쇄술은 15세기 구텐베르그가 인쇄술을 발명하기 훨씬 오래 전부터 발전해왔다. 그러나 구텐베르그 인쇄술의 영향은 커뮤니케이션 방법의 대중적 보급에 있다. 인쇄를 기반으로 한 문자 커뮤니케이션 수단의 영향력이 너무나 커서 대중사회의 사고 및 행동양식은 그것의 형식과 특성에 적응하는 방향으로 진화해갔다. 즉, 인쇄기반 문자 커뮤니케이션은 선형적, 순차적 구조를 특징으로 하고 있는데, 가장 대표적인 매체가 '책'이라는 미디어이다. 이러한 선형적, 순차적 구조는 퍼스널 컴퓨터의 보급에 따른 디지털 환경이 일반화되면서 비선형, 비순차적 구조로 변화하게 된 것이다. 인간의 사고는 선형적, 순차적 구조의 특성보다는 비선형적, 비순차적 구조에 더 가깝게 작용을 한다. 다시 말해, 사건의 연상을 동시적으로 일으킨다는 의미이다.

인간의 신체는 외부로부터 정보를 이미지, 소리, 접촉, 냄새, 맛 등으로 수신할 수 있는 오감을 지니고 있는데, 상황에 따라

한 가지 경로부터 동시에 다섯 가지 모든 경로를 이용해 정보를 수집한다. 그러나 문자 기반 인쇄문화는 정보수집의 경로를 주로 시각에 의존한다. 그러므로 다른 경로를 통해 동시에 얻을 수 있는 정보는 받지 못한다. 미디어의 진화는 그러한 제한적인 환경을 하나둘씩 개선하는 방향으로 나아가고 있는 것이다. 인간은 오감을 통해 정보를 수집하고 콘텐츠를 생산한다.

콘텐츠 구현 환경의 변화와 인간의 오감

커뮤니케이션 환경은 미디어를 이용해 인간의 신체기능을 극대화하는 형태로 진화한다. 인간의 오감기관은 외부정보를 인지하는 데 대략 시각 70~80%, 청각 15~20%, 촉각 4~5%, 후각 3~4%, 미각 1~2%의 분포로 작용한다.

마셜 맥루한 Marshall McLuhan은 저서 『미디어의 이해』에서 미디어는 '인간의 확장'이라고 언급하였다. 다양한 미디어는 인간의 감각기관을 확장하는 역할을 하며 커뮤니케이션의 효율성을 높여 왔다. 맥루한은 '모든 미디어는 인간의 감각기관을 따른다. 바퀴는 발의 확장이고, 책은 눈의 확장이요, 옷은 피부의 확장이요, 전기는 중추신경계의 확장이다'라고 했다. 현대사회의 미디어 또한 이러한 비유의 연장선상에 있다. 즉, 우리가 효율적인 커뮤니케이션을 위해 활용하고 있는 미디어의 특성은 인간의 오감으로 다음과 같이 구분될 수 있다.

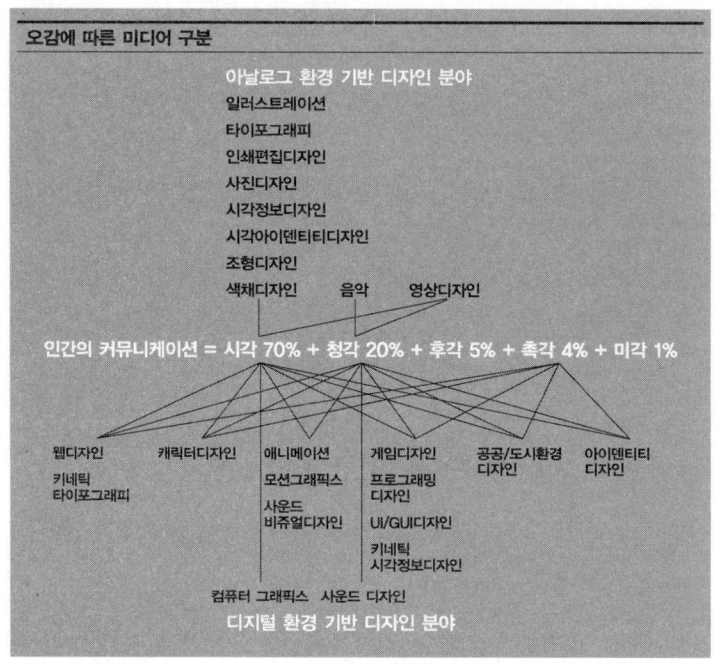

콘텐츠 구현을 위한 분야 '디자인'

콘텐츠와 커뮤니케이션을 언급할 때 빠질 수 없는 분야가 '디자인(이 글에서는 커뮤니케이션디자인 범위로 한정함)'이다. 거의 모든 분야가 콘텐츠 생산과 관련이 있는데 디자인 분야의 경우, 과거에는 주로 시각적인 구현에 한정됐지만 현재에는 청각, 촉각의 범위까지 확장되었다. 이는 더 나아가 모든 오감으로까지 확대될 것이다.

이 글의 주된 관점은 '미래의 콘텐츠 트렌드'이다. 이에 관한 철학·담론 혹은 정책·산업적 관점은 선행 전문가들로부터 빈번히 연구되고 있어 필자는 창작적 관점에서만 발전방향을 제시하고자 한다. 이를 위해 먼저 문화, 콘텐츠, 문화콘텐츠 그리고 디자인(커뮤니케이션디자인) 등에 대해 살펴 보았다. 그리고 이제 콘텐츠 구현을 위한 미디어와 디자인이 인간의 오감을 중심으로 어떻게 결합되고 발전해 가는가를 살펴보고 이를 통해 다가오는 미래의 코드를 예측해본다.

콘텐츠 구현 형태의 변화
우리 사회는 21세기에 들어서며 제품산업사회를 넘어 정보통신산업사회, 더 나아가 문화산업사회를 맞이하고 있다. 미디어는 이러한 과정을 거치며 인간의 오감의 확장시키고 있다.

우리가 커뮤니케이션을 위해 이용하고 있는 수많은 매체가 시각영역에 속해 있다. 선사시대의 벽화로부터 시작하여 상업이 발달하면서 등장한 수, 기호 그리고 소리언어를 기록하기 위한 문자 등의 형태로 발전해 왔다. 특히 15세기에 발명된 활자인쇄기(요하네스 구텐베르그가 기계화된 활자인쇄기 발명, 1440년)는 대량의 정보의 시각화를 가능케 함으로써 인간사회의 변혁을 가져온 매우 큰 사건이었다. 이를 통해 등장한 대표적인 인쇄 미디어가 사진, 포스터, 신문, 책, 잡지 등이다.

각 매체는 저장할 수 있는 면적 형태에 따라 그 용도가 다르다. 현대의 디지털 환경에서 정보를 저장할 수 있는 용량의 문제는 커뮤니케이션에 큰 영향을 주는 매우 중요한 요소이다. 지면을 중심으로 하는 이미지는 연속사진을 이용한 필름영상의 형태로 발전되어 20세기의 대표적인 광고매체로 등장하며 영상시대로 이끌었다. 매체의 진화는 정보 저장 용량의 확장, 움직임의 적용을 통한 시간의 압축 등 공간, 움직임, 시간의 요소가 근본적으로 관여되어 있는 것이다.

청각영역은 어떠한가. 구어는 몸의 움직임과 함께, 문어가 일상화되기 이전에 의사소통의 수단으로 활용되었을 것이다. 구어가 문자의 발명으로 인해 기록매체에 저장이 가능해졌듯이, 소리는 1877년 토머스 에디슨이 '소리'를 저장하는 기술을 상업화 시키면서 청각 영역이 본격적으로 대중 커뮤니케이션 수단으로 이용되기 시작하였다. 이는 1887년 베를리너의 SP(Standard Playing Record) 발명, 1948년 컬럼비아사의 LP(Long Playing Record)발명의 과정을 거쳐 아날로그 소리 저장매체가 발전해 왔다. 이러한 환경을 바탕으로 수많은 콘텐츠 창작행위가 이루어져 왔다.

촉각영역을 경제생활의 경쟁요소로 인식하고 연구하기 시작한 시기는, 조작할 콘텐츠가 복잡해지고 컴퓨터를 이용한 무형의 콘텐츠가 경제의 주요 요소로 인식되면서부터이다. 즉 접촉을 이용한 커뮤니케이션은 제품 혹은 기계 안에 있는 콘텐츠와 인간의 사고를 연결시켜 주는 매개물로서의 역할을 하는데, 이것을 얼마나 효율적으로 구축하는가가 제품판매의 성패를 좌우하는 중요한 요소가 되었다. 언급하지 않은 후각과 미각영역은 커뮤니케이션의 매개로서의 가능성을 도출해 냈으나 보편적으로 사용되려면 더 오랜 시간이 걸릴 것으로 예상된다. 인간이 오감을 효율적으로 활용하기 위해 고안된 미디어를 간단히 도식화하면 다음의 표와 같다.

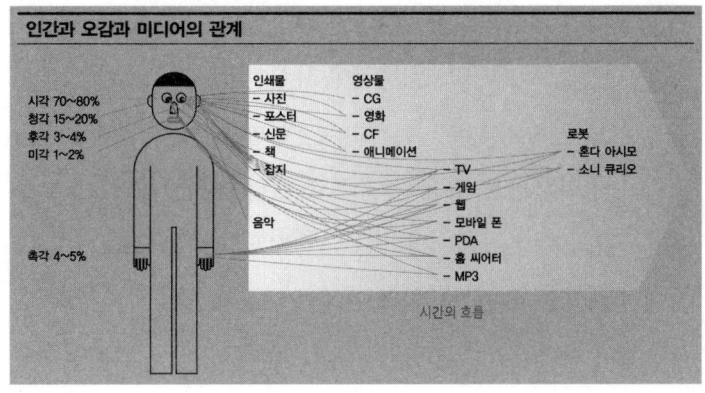

20세기 후반 퍼스널컴퓨터의 등장은 15세기에 발명된 활자 인쇄기와 비견될 정도로 사회에 또다른 변혁을 일으킨 사건이다. 개인용 PC의 보급은 아날로그 커뮤니케이션 환경에서 디지털 커뮤니케이션 환경으로, 단방향 대화 환경에서 양방향 대화 환경으로 변화하는 데 큰 영향을 주었다. 이는 미래 콘텐츠 트렌드를 예측할 수 있는 매우 중요한 요소이다. 이 요소들은 콘텐츠 생산자들의 창작환경을 더욱 자유롭게 해 주고 있다. 21세기의 가장 대표적인 콘텐츠산업인 영화산업과 게임산업을 예로 들어보자.

영화는 19세기 초에 발명되기 시작하여 20세기 초에 필름을 이용한 아날로그 환경에서 생겨나, 수많은 분야의 협력작업이 필요한 종합예술의 형태로 발전하여 사회경제에 커다란 영향을 미치는 대표적인 문화산업으로 자리잡았다. 게임산업

(비디오, 온라인 게임)은 1970년대부터 등장하여 컴퓨터 기술의 발달에 맞춰 현재까지 성장해 오고 있다. 아직까지 대중에게는 영화산업의 사회적 인식 및 역할이 게임산업의 그것보다는 더 큰 비중을 차지하고 있는 것이 사실이다. 그러나 다음의 도표에서 보는 바와 같이 국내에서는 이미 산업 규모에서 게임산업이 영화산업을 크게 앞지르고 있다. 물론 세계적으로도 게임산업의 시장규모가 영화산업의 20배가 넘고 있다.

이렇듯 게임산업은 사회적 인식과 내용적 다양성에 대한 인식면에서 영화산업보다 빈약하다. 그런데 왜 더 성장가능성이 높을까? 인간은 단방향 대화형식으로 일방적으로 정보를 전달받기보다는 양방향 대화형식을 통해 자기 의사를 전달하기를 원하기 때문이다. 영화환경에서는 수동적인 관조 상태의 관객 입장인데 반해, 게임환경에서는 능동적인 참여를 하는 주체가 된다. 그러므로 미래에는 관객 참여를 유도하는 영화가 등장할 것임을 예상할 수 있다.

미래에는 어떤 콘텐츠가 등장할 것인가

앞에서 미디어의 변화, 오감커뮤니케이션, 디자인에 대해 살펴보았다. 여기서는 콘텐츠 구현과 밀접한 관계가 있는 창작환경의 변화를 알아보고 미래 콘텐츠의 발전 방향에 대해 예측하고자 한다.

하와이대학 미래전략센터의 짐 데이토Jim Dator 소장은 현

게임산업 영화산업 수출액 비교 (2000~2005년) 단위: 천 달러

	2000년	2001년	2002년	2003년	2004년	2005년
영화	7,054	11,250	14,952	30,979	58,285	75,995
게임	101,500	130,470	140,796	181,543	387,692	564,660

• 한국문화콘텐츠진흥원 백서

1,000만 관객(회원) 영화와 게임 비교

영화		온라인게임	
제목	관객수	제목	회원수
		포트리스2	1,500만 명
		리니지	1,600만 명
실미도	1,100만 명	바람의 나라	1,200만 명
태극기 휘날리며	1,200만 명	비엔비	1,750만 명
왕의 남자	1,200만 명	카트라이더	1,600만 명
괴물	1,300만 명	메이플스토리	1,400만 명
		스페셜포스	1,300만 명
		겟앰프드	1,300만 명

• 해외가입자(관객) 제외, 게임 분야에서 해외가입자를 포함하면 '오디션', '라그나로크', '미르의 전설', '뮤', '리니지2' 등의 게임도 1,000만 게임에 포함된다.
• 디지털타임스 2007. 1. 9

재의 정보화사회 이후의 트렌드를 '드림 소사이어티Dream Society'로 내다보았다. 즉 이미지와 꿈(스토리)이 중심이 되는 새로운 경제사회 패러다임을 제시하였는데, 이미지의 생산·결합·유통이 경제의 뼈대가 되고 감성적 스토리가 더해져 새로운 부가가치를 생산하는 것이 중요한 경쟁력이 될 것임을 말한 것이다. 산업사회 시대에는 재화 생산을 통해 경쟁력을 확보했으나 디지털 정보사회에서는 정보의 생산 및 관리·전달의 효율적인 방법을 개발하는 것이 중요한 경쟁력으로 부상

하고 있다. 다가오는 미래에는 그러한 정보의 형태를 넘어서 새로운 이야기와 감성을 생산하는 능력이 더욱 강조될 것이다. 커뮤니케이션디자인은 이야기(콘텐츠)를 구성하여 시각적 · 청각적 · 촉각적 이미지로 가공, 변환하는 과정을 거쳐 생산된 결과물이다. 이러한 과정에는 콘텐츠 생산에 관여하는 모든 사람들의 창작능력이 요구된다. 필자는 창작활동에 관여하는 여러 요인을 콘텐츠, 미디어, 오감의 상호 연관 관계로 바라보았는데, 창작에 영향을 주는 각각의 요소를 간단히 다시 설명하면 다음과 같다.

콘텐츠를 구성하는 이야기구조는 기, 승, 전, 결이 명확한 순차적 시간구조에서 비 순차적인 시간구조로 변화하고 있다. 또한 이야기를 구성하는 콘텐츠는 그 범위가 매우 다양해지고 있다. 인간의 오감은 신체와 외부환경과의 커뮤니케이션이 발생토록 해주는 매개체라 할 수 있다. 그리고 미디어는, 마셜 맥루한이 언급한 바와 같이, 인간 신체의 확장 매개체로서 시간, 공간 그리고 움직임의 영향을 절대적으로 받는다.

아날로그와 디지털은 미디어의 형태와 특성을 확연히 구분하는 요소이다. 개인용 컴퓨터의 등장으로 급속하게 변화된 디지털 환경은, 구텐베르그가 인쇄기를 발명하여 사회적 변화를 일으킨 사건에 견줄 만큼, 창작자에게 큰 변화를 가져다주었다.

우리는 커뮤니케이션을 위해, 디지털미디어시대 이전까지 2차원의 평면공간 성격이 강한 인쇄미디어를 활용하였다. 콘텐츠는 2차원 평면 위에 그림, 사진, 글자 등의 이미지로 포스터, 사진, 신문, 책, 잡지 등의 미디어에 담겨졌다. 이러한 미디어는 과거 필사 시대에 소수의 계층만이 독점하던 시기를 거쳐 대량인쇄술의 영향으로 정보를 일반대중도 쉽게 접할 수 있도록 함으로써 중세 농경산업 사회에서 근대 대중산업 사회로의 전환에 커다란 영향을 미쳤다. 이러한 환경 속에서, 정해진 인쇄면적에 정보를 효율적으로 다루는 방법을 연구하는 것이 그래픽 혹은 타이포그래픽 디자인 창작활동이었다. 이미지를 더욱 사실적으로 연구하는 것은 사진가들에 의해, 더 나아가 움직임을 기록하는 것은 영상제작자들의 노력에 의해 발전되어 왔다. 이와 별도로 소리에 대한 연구도 지속되어 왔다. 시각미디어와 청각미디어가 본격적으로 결합된 것은 디지털 환경이 조성되면서부터다. 디지털 환경에서 콘텐츠, 이미지, 소리 창작자들은 더 이상 한 가지만 고민할 수 없게 되었다. 아니, 이것은 고민이라기보다는 창작자들의 상상력을 이전보다 더욱 다양하게 그리고 상상력에 더욱 가깝게 구현시켜주는 환경으로 변해가고 있다고 봐야 한다. 영화는 사회의 중요한 문화미디어로 자리잡았고 전파방송은 인쇄매체의 시공간의 제약을 크게 개선해 주었고 인터넷은 전파가 지니고 있던 단방향성을 양방향으로 커뮤니케이션 할 수 있도록 해줌으로써 이전과는 전혀 다른 정보문화 사회를 형성해갔다. 또한 디지털 환경은 동일한 양의 정보를 표현할 때 보다 많은 저장공간과 압축된 시간을 활용하게 한다. 결과적으로 이러한 환경은 창작자에게 더욱 다양한 구상을 할 수 있도록 해준다.

일러스트레이션 → 사진

일러스트레이션과 사진은 대표적인 정지이미지이다. 어느 매체가 예술가의 창작력을 더욱 잘 구현해주는가라는 질문에 대한 답은 다양하다. 그러나 어느 매체가 복제와 대중사회를 이미지로 이끌었는가는 매우 명확하다. 대량생산, 대량복제 그리고 정교한 사실성의 재현이 근대 대중 사회를 이미지 사회로 이끄는 데 큰 영향을 주었음은 분명한 사실이다.

사진 → 영상

사진이라는 정지이미지에서 영상으로의 전이과정에는 시간의 압축이라는 요소가 절대적이다. 또한 사실감의 심화라는 측면도 간과할 수 없다. 손으로 그린 일러스트레이션보다 사진으로 재현된 이미지가, 사진보다는 움직임으로 표현한 영상이 인간에게 더욱 자연스럽게 다가올 것이다. 여기서 예술적 측면의 가치는 논외로 한다. 움직임을 이용한 영상은 다시 2차원 스크린에서 3차원 공간에 투영되도록 하는 연구가 활발하게 진행 중이다.

신문 → 인터넷

신문은 종이매체를 이용하는 정보전달수단이다. 인터넷은 디지털 네트워크를 이용한 정보전달 수단이다. 신문과 인터넷에는 두 가지 매우 다른 특성이 있는데, 첫째는 시간의 압축 문제이며, 둘째는 단방향·양방향 커뮤니케이션의 문제이다. 신문과 인터넷의 시간에 대한 구속력은 큰 차이를 보이는데, 실례로 유럽에서 종이로 된 한국신문을 접하려면 며칠이 걸리지만 인터넷을 이용한 정보는 단 몇 초의 시간만 기다리면 된다. 무엇보다 이 시대에는 시간의 압축을 통한 정보소통능력이 중요하다. 현재, 우리나라에는 인터넷과 관련된 소리없는 전쟁이 벌어지고 있다. 단방향 커뮤니케이션 매체인 신문과 양방향 커뮤니케이션을 구현하고 있는 인터넷과의 경쟁이 그러한 현상이다. 이러한 특성은 사회의 구조를 중앙집권적 형태에서 지방분권적 형태로 이끄는 데 큰 영향을 미쳤다.

인쇄그래픽 → 모션그래픽스

시각구현의 측면에서 영상을 크게 두 가지로 구분할 수 있다. 촬영을 통한 재현과 컴퓨터그래픽을 이용한 움직임의 구현이다. 모두가 느끼고 있듯이 과거 촬영중심의 영상이 시간이 지날수록 CG와 특수기법이 도입되어 새로운 시각예술을 선보이고 있다. 가까운 미래에는 우리가 이전에 경험하지 못했던 새로운 가상영상이 등장할 것이다. 또한 최근에는 기존의 정지그래픽이 영상화면을 통해 움직이기 시작했다. 이러한 환경은 시·청각 커뮤니케이션 디자이너에게 확장된 창작환경을 제공하고 있다.

영상, 모션그래픽스 → 인터랙션 그래픽스

현재까지 보편적으로 인식하고 있는 영상 및 모션그래픽스는 창작자가 소비자에게 일방적으로 전달하는 형태를 지니고 있다. 이러한 단방향 커뮤니케이션의 형태는 사용자가 콘텐츠에 반응을 함으로써 새로운 콘텐츠를 생산하는 양방향 커뮤니케이션의 형태로 변화해 가고 있다.

아날로그 제품디자인 → 디지털 제품디자인 (User Interface(UI) / Graphic User Interface(GUI)

디지털미디어가 일반적이지 않은 과거에는 제품디자인과 시각디자인이 지금보다 더 명확히 구분되었으나 현대에는 그 경계가 모호해지고 있다. 디지털 환경 이전 시대의 실생활품은 직관적 인지를 통해 쉽게 이해할 수 있는 수준의 조작성을 지니고 있었다. 그러나 디지털 환경의 영향을 받은 실생활 제품은 더 이상 직관으로만은 이해할 수 없는 수준의 조작성을 갖고 있다. 이에 따라, 외관 및 3차원의 물리적 조작을 중심으로 한 디자인에서 동시에 눈에 보이지 않는 사용편리성, 스크린에 나타나는 제품사용을 위한 정보디자인이 제품의 성능을 좌우하게 되었다. 미래에는 제품의 외관은 더욱 단순해지고 제품이 지니고 있는 눈에 보이지 않는 콘텐츠의 양은 늘어날 것이며, 사용 효율성을 높이기 위한 방법은 지속적으로 연구될 것이다.

미래 콘텐츠의 발전 방향을 위한 자세 및 전략

앞서 살펴본 바와 같이 콘텐츠 창작환경은 인간 신체 감각의 분리에서 통합의 형태로 나아가고 있다. 이는 당연한 것이다. 왜냐하면 인간은 원래 오감을 동시에 활용하여 커뮤니케이션을 하기 때문이다. 기술은 단지 인간 신체의 확장을 돕는 역할로서 시간의 압축, 거리·공간의 확장을 가능케 도와주는 기능을 한다.

아날로그 시대는 분절의 시대였다. 한 분야의 전문성을 확보하면 그것으로 집단의 경쟁력 확보를 위한 역할이 충분하던 시기였다. 그러나 디지털 시대로 넘어오면서 더 이상 한 가지 전문성만으로는 해결하지 못하는 문제들이 속속 등장하였다. 인간의 오감이 그러하듯이 창작활동 또한 본질적으로 분절적이지 않다. 디지털 환경은 그러한 방향으로 가기 위한 운송수단인 것이다. 에드워드 윌슨Edward O. Wilson은 생물학을 비롯한 자연과학과 인문학, 나아가 사회과학, 윤리와 예술까지도 통합하여 모든 지식을 통섭Concilience하자는 이론을 전개하였다. 인간의 오감이 따로 나뉠 수 없는 것과 같이 인간의 학문 또한 근본적으로는 개별 영역으로 나뉘어서는 안되는 것이다.

이와 같이 미래의 콘텐츠 또한, 융합과 통섭의 방향으로 나아가고 있음은 분명하다. 오감이 서로 결합하면서 새로운 형식의 콘텐츠가 등장하고 있으며, 창작을 위한 학문 영역 또한 서로 결합하고 있다. 제품디자인과 공학이 만나는 PUIPhysical User Interface, 인간공학Ergonomics, 프로그래밍과 그래픽디자인이 결합되어 생산하는 새로운 커뮤니케이션 언어영역인 컴퓨테이션Computation, 인문학과 디자인이 만나 형성하고 있는 정보디자인Information Design 등 빠르게 새로운, 그러면서도 사회적 변화에 커다란 영향을 줄 수 있는 영역들이 등장하고 있다. 이러한 급변하는 환경에 효율적으로 대처하기 위해서는 과거 정보통신산업을 성장시켰던 자세로, 정확한 예측과 충분한 투자를 통한 콘텐츠 창작환경을 적극 조성하는 것이다. 창작환경의 조성을 위해서는 규제의 최소화가 매우 중요하다. 왜냐하면 인간의 창작활동은 과거의 이성적 사고뿐만 아니라, 아직까지 객관화시키지 못한 감성적 사고까지 요구하고 있기 때문이다. 현재 우리가 만든 규제는 매우 이성적인 사고의 산물이다. 또한 상호 다른 분야의 통섭이 활발히 진행되도록 하려면 새로운 발상의 전환이 필요한데, 여기에서는 창작자의 역할이 아주 중요하다. 이러한 창작환경의 활성화는 감성과 이미지를 중심으로 한 문화사회가 형성되기 위해 반드시 수반되어야 하는 조건이다. 나무의 뿌리에 영양분도 주지 않고 나뭇잎만 열심히 가꾼들 그 생명력이 유지될 리 만무하다. 반대로 뿌리를 튼실히 가꾸면 잠시 나뭇잎이 시들해 보일지라도 지속적으로 성장할 수 있다. 창작환경의 활성화는 미래 문화사회시대에서 국제 경쟁력을 확보하기 위해 반드시 필요하다.

4장 미래 콘텐츠의 진화 방향

임철수 | 서경대학교 CT연구소장

문화콘텐츠와 IT의 융합, CT란 무엇인가

2007년에 개봉한 「트랜스포머」와 2008년에 개봉한 「아이언맨」, 두 영화의 공통점은 무엇일까? 둘 다 만화와 애니메이션이 원작이지만 원작 이후 꽤 오랜 시간이 지난 후에야 영화화되었다는 것이다. 이 두 영화가 그동안 영화화되기 어려웠던 이유는 「트랜스포머」의 거대 로봇을 실제 배우들과 적절히 조화시키고 「아이언맨」의 첨단 소재 수트를 질감 있게 표현하기 어려웠기 때문이다. 즉 컴퓨터그래픽 기술력이 이를 뒷받침하지 못했었다. 1954년 출간된 J.R.R 톨킨의 『반지의 제왕』역시 많은 제작자들이 영화화하려고 시도했으나 표현의 한계에 부딪혀 실패하였다. 『반지의 제왕』이 영화화 되는 것은 2002년에 이르러서다. 조지 루카스가 「스타워즈」 시리즈를 4편부터 제작한 이유도 '기술력' 부족 때문이었다.

IT의 진화는 문화콘텐츠에 많은 발전과 변화를 가져왔고 현대인의 생활 패러다임에도 많은 변화를 가져왔다. 더불어 콘텐츠 수용자들은 더욱 양질의 문화콘텐츠를 소비하기를 원하고, 요구되는 양식도 질적으로 달라지고 있는 환경이다. 이에 따라 소비자들이 요구하는 콘텐츠 양식도 기존의 밀어내기식 단편적인 콘텐츠가 아니라, 개인의 요구에 맞는 주문형·맞춤형 콘텐츠로, 정보통신기기의 보편적 사용에 따른 이동형·개인형 콘텐츠로, 사용자의 참여와 체험을 중시하는 참여형·UCC 콘텐츠로, 그리고 개인의 감성을 중시하고 인간친화적인 감성형·오감형으로 변화되고 있다.

문화상품의 기획, 개발, 제작, 생산, 유통, 소비 등과 이에 관련된 서비스에 필요한 기술을 말하는 CT(Culture Technology, 문화기술)의 발전에 따라 문화콘텐츠 산업이라는 차세대 고부가가치 먹거리 산업이 탄생하였는데, 이러한 문화콘텐츠의 발전과 변화는 정보통신 환경의 컨버전스화 및 유비쿼터스화에 기초하고 있다.

미디어 및 콘텐츠 환경의 변화 측면을 살펴보면, 첫째, 초고속 광대역화에 따라 현재의 3G 이동통신 환경에서 영화나 MP3 음악 파일과 같은 수백 MB 이상의 대용량 콘텐츠를 받아 처리할 수 있고, 둘째, 컨버전스화로 인한 유·무선 네트워크의 통합과 기능별·개별 단말기들의 융합에 따라 융합콘텐츠 서비스가 가능하게 되면서 유비쿼터스 환경에서 DMB, 음원 콘텐츠, 모바일 게임, 인포테인먼트Infotainment, UCC 등 영상 콘텐츠가 확산되고, 사용자들이 이를 보편적인 환경으로 인식하게 되었다.

이와 같이 방송과 통신의 여러 매체들이 콘텐츠 중심으로 컨버전스 되는 추세에 따라, 콘텐츠와 미디어, 콘텐츠와 일상생활, 그리고 콘텐츠와 비즈니스가 융합되면서 정보전달의 효과를 보다 높이고 인간친화적이며 실감화된 콘텐츠 서비스를 제공하기 위해 인간 중심의 오감 콘텐츠들이 멀티-모달리티 Multi-Modality 형태로 융합되는 추세이다.

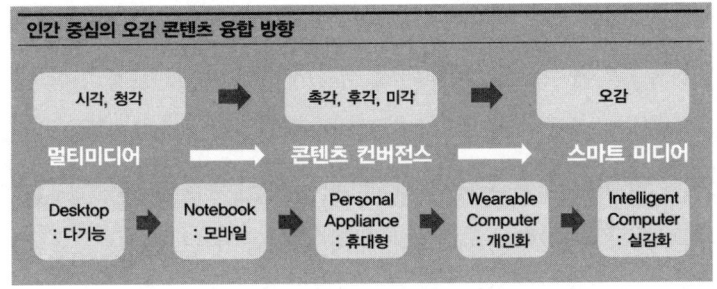

문화콘텐츠와 IT의 융합

현재까지 IT를 문화콘텐츠 제작에 활용한 일부 사례는 다음과 같다.

첫째, 스케치 기반의 캐릭터 애니메이션 기술이다. 이는 스케치의 직관성과 편리성을 이용하여 인간 동작의 상황을 가장 쉽고 효과적으로 표현할 수 있는 기술로서, 3D 애니메이션에서 효과적인 동선 및 얼굴 표현은 물론, 연기, 물, 불 등 자연현상을 표현할 수 있게 됨에 따라, 제작과정에서의 수작업을 줄이고 자동적으로 실시간 애니메이션을 생성할 수 있게 되었다. 동작의 다양한 요소들을 스케치를 통해 표현하고 필요한 동작 데이터를 모션 데이터베이스에서 검색한 후, 연속동작들을 제어하여 실제동작을 생성할 수 있는 기술이 '다이나믹 듀오'와 같은 가수의 뮤직비디오 등에 적용되어 활용되고 있다.

둘째, 애니메트로닉스Animatronics 기술이다. 이는 동작을 만들기 위한 전기와 기계적 작동으로 나타내는 표현기법으로, 'Animation'과 'Electronics'의 합성어이다. 이는 문화콘텐츠 제작에서 IT와의 대표적인 융합 기술인데, 특수 분장이나 컴퓨터그래픽으로 처리가 안 되는 위험한 상황을 연기하는 경우나 동물이나 식물을 의인화할 경우에 주로 사용된다. 미국 디즈니사가 디즈니랜드에서 자사의 작품을 설명하기 위해 최초로 사용하였고, 우리나라 영화「괴물」에서 등장한 괴물의 '입'과 '꼬리' 제작이나「각설탕」에서 주인공이 탄 말(馬) 등을 제작할 때 사용된 기술 또한 애니메트로닉스이다.

셋째, 머리카락 및 옷감 시뮬레이션 S/W기술이다. 이는 다양한 헤어스타일을 효율적으로 제작할 수 있는 모델링과 직물의 비선형적인 물리적 성질을 반영한 시뮬레이션 기술인데, 이에 따라 충돌, 상호작용, 각종 역학변수를 제어할 수 있는 시뮬레이션 기능이 가능해짐으로써,「중천」과 같은 영화에 적용되었다.

넷째, 군중 애니메이션 제작 S/W기술이다. 이는 자율적 행동양식 기반의 군중 동작 생성 및 제어를 위한 제작 기술로, 언덕, 벽, 장애물 등 환경에 반응하는 시뮬레이션 기술이라고 할 수 있다. 특히 「중천」에서 컴퓨터그래픽으로 만든 디지털 액터actor는 '정우성'을 대신해 높은 곳에서 떨어지고 땅에서 하늘로 솟구치며, 나무 사이를 날아다닐 뿐만 아니라 엄청난 점프 끝에 지상에 착지하는 역할 등을 수행한다. 아직까지 자유자재의 표정연기를 하지는 못하지만 미국 헐리우드 수준을 뛰어넘는 최첨단 기술로 평가된다.

이러한 다소 일반적인 사례 외에도, 시각적 차원의 3D 엔터테인먼트 서비스를 뛰어넘어 촉각이나 후각 등을 특수효과 제작에 활용하는 소위 4D 기술들이 게임이나 놀이공원4D Amusement Park Rides 등에 적용되는 사례가 늘고 있다.

콘텐츠 기술의 메가트렌드, 오감 미디어 콘텐츠 기술의 발전과 전망

오감 미디어 콘텐츠 특성

인간은 물리적·화학적 자극에 반응하는 5개 감각기관을 통해 자극을 감지함으로써 주변 환경 정보를 얻게 되는데, 이때 감지하게 되는 자극에는 빛 자극, 소리 자극, 기계적 자극, 화학적 자극 그리고 열 자극 등이 있다. 이러한 자극을 센싱sensing하는 인간의 감각기관은 빛 자극의 경우 눈을 통해, 소리 자극은 귀를 통해, 기계적 자극이나 열 자극은 피부를 통해, 기화성 화학 물질은 코를 통해 그리고 가용성 화학물질은 입을 통해 그 자극을 감지하고 판단하게 된다. 이러한 측면에서 볼 때, 오감정보처리 기술은 인간의 오감 메커니즘을 이용하여 보고 듣는 것뿐만 아니라, 컴퓨터를 통해 오감정보를 실제와 같이 느낄 수 있도록 실감형 서비스를 제공하는 인간중심의 CT라 할 수 있다.

이러한 인간중심적 오감 미디어 콘텐츠의 특성을 살펴보면 다음과 같다.

첫째, 오감형 미디어 콘텐츠는 사용자의 오감을 충족시킴으로써 콘텐츠의 실재감(實在感, Presence)과 정보 전달성을 극대화시킨 멀티모달 콘텐츠Multimodal Contents이다.

둘째, 사용자에게 현실세계에서 경험할 수 있는 수준의 감각자극을 제공하기 때문에 현실적인 콘텐츠Realistic Contents라 할 수 있다.

셋째, 전달하고자 하는 정보의 특성에 맞게 감각을 강조·축소함으로써 사용자에게 좀 더 직관적이면서 효과적으로 정보를 표현할 수 있는 가변형 감각 콘텐츠Scalable Sensory Contents이다.

넷째, 초소형 무선 입출력 장치를 몸에 부착하거나 의복 형태로 착용하여 시간이나 공간의 제약없이 콘텐츠를 이용할 수 있는 유비쿼터스 콘텐츠Ubiquitous Contents이다.

다섯째, CT 제작기술은 물론, 3D 디스플레이, 3D 사운드, 햅틱장치, 생체신호 인터페이스, 후각·미각 디스플레이 등과 같은 다양한 감각인터페이스 기술을 이용한 상호작용 향상기술과 인간의 감각기관에 대한 자극의 만족도 향상기술 그리고 유비쿼터스 컴퓨팅기술이 융합된 기술 집약적 콘텐츠High Technology Contents이다.

오감 기술 중 시각, 청각 중심의 처리기술은 오래 전부터 발전되고 적용되어 왔다. 최근에는 기술 및 사용자 요구사항에 따라, 촉각, 후각, 미각 정보처리 각각은 물론, 각각의 미디어들이 융합된 멀티-모달리티 콘텐츠가 현실감 있는 서비스 지원기술로 발전해나가고 있다. 오감 미디어 콘텐츠 처리기술은 크게 정보를 센싱하고 전달하고 재현하는 기술 등으로 분류해 볼 수 있다.

이러한 오감처리 기술을 문화콘텐츠 제작에 적용하기 위해서는 인간이 오감정보를 어떻게 뇌에서 지각하는지에 대한 생리학, 심리학적인 연구와 함께, 오감을 센싱·재생·전송할 수 있는 기술개발이 필요하다고 할 수 있다.

오감 중 시각과 청각은 빛이나 소리의 물리적 자극에 의해

오감 콘텐츠 처리기술 분류

기술 영역	내용
음성/청각	청각인식, 청각전달, 청각표현 기술
영상/시각	시각인식, 시각인터페이스, 시각전달, 시각표현 기술
촉각정보처리	촉각 센싱 저장, 촉각 디스플레이, 촉각 모델링 및 렌더링, 촉각 정보 부호화 기술
후각정보처리	향 센싱 저장, 향 디스플레이, 향 전달, 향 디지털 코딩, 후각제 제거 기술
미각정보처리	미각 감지 저장, 미각 디스플레이, 미각 세그멘테이션, 미각 디지털 코딩, 미각 제거 기술
오감융합처리	융합정보 모델링, 다중정보 융합 인식/표현, 오감융합 DB 및 서비스 시스템, 융합 인터페이스의 개인화와 안정화 기술
생체신호/신경/뇌파	생체신호 인터페이스, 신경 인터페이스, 뇌파 인터페이스

형성되는 감각으로 이들의 수용기에 대한 해명이 상당히 진행되어 이들에 대한 센싱 및 재현 디바이스에 관한 기술은 실용화 수준에 이르고 있다. 그러나 촉각은 기계적인 자극, 열 자극에 의한 물리적인 자극이 입력되어야 하지만, 아직 수용기에 대한 완전한 해명이 규명되지 않아 센싱 디바이스는 실용화 수준이라고 하기 어려우며, 다만 재현 디바이스가 부분적으로 실용화 수준에 있다. 또한 미각과 후각은 화학적인 자극에 의해 형성되지만, 수용기에 대한 해명이 상당부분 진행되고 있지 않아 센싱 및 재현 디바이스가 여전히 연구 중인 수준이다.

오감을 정보통신의 대상으로 파악하는 경우, 센싱한 오감 정보를 부호화Coding하고, 부호화된 정보를 통신로를 통해 전달하여, 재현 디바이스가 부호화된 정보를 재현하는 것이 주요한 기술적인 이슈로 등장한다. 이때, 시각·청각·촉각이라는 세 가지 감각은 인간의 감각기능에 근사한 정보압축 Compression 방식이 주체로서 품질에 대한 객관적인 평가가 가능하나, 미각과 후각 등 두 가지 감각은 화학반응이 따르고 감각자체가 사람의 기호에 관련되므로 객관적인 평가가 곤란하다. 따라서 오감 미디어를 전송하는 데 있어서는 미각·후각의 화학반응 자체는 통신할 수 없으므로, 송신자 측에서 감지한 미각·후각의 화학반응에 관한 정보를 부호화하면 비트스트림 전송 수신자 측에서 화학반응 정보에 대응하는 맛과 향기를 생성하는 방식이 대안으로서 제시되고 있다.

몰입형 시각 및 청각 콘텐츠

시각 및 청각 콘텐츠는 기술적 측면에서 이미 오래 전부터 충분히 개발되고 서비스되고 있는 상황이라 특별히 언급할 것은 많지 않다. 다만, 시각 콘텐츠의 경우, 인간의 몰입감을 증대시킬 수 있도록 이미지 센싱 및 인식 기술, 부호화 및 압축 기술, 오감정보통신과 관련한 고정밀 디스플레이, 3D 디스플레이 및 그 외 CAVE, HMD 등의 기술 및 제품들이 활용된다면 콘텐츠에 대한 현실감 및 몰입감이 배가 될 것으로 예상된다. 예컨대, 시각 콘텐츠는 사용자가 가상 영상에 대해 사실감 및 몰입감을 느낄 수 있도록 고해상도로 세밀하게 실물과 같은 크기의 초대형 영상으로 표현하는 방식이 많이 사용되는데, 이러한 방식은 제조산업의 가상 생산이나 문화산업의 문화재 디지털 복원 콘텐츠는 물론, 실감 디스플레이가 필요한 문화 콘텐츠 산업분야에 널리 적용될 수 있을 것이다.

청각 콘텐츠 측면에서는 3차원 공간 임의의 위치에서 소리가 발생하는 것처럼 청취자가 방향감, 거리감 및 공간감을 느낄 수 있도록 기능하는 입체 음향 콘텐츠가 요구된다. 입체 음향을 표현하기 위해서는 입체 음향을 생성하는 기술과 재생 기술이 필요하다. 입체 음향 생성은 음원을 원하는 곳에 위치시키는 음상 정위 기술과 임의의 환경(예를 들면, 실내, 야외, 강당, 동굴 등)에서 듣는 것처럼 느끼도록 음을 변화시키는 음장 제어 기술을 통해 이루어진다. 음상 정위 기술에는 HRTF(Head Related Transfer Function, 머리전달함수) 필터링, 거리감 제어기술이, 음장 제어에는 잔향제어, 공간감 생성기술이 포함되고, 입체 음향 재생 기술에는 2채널 및 멀티채널 재생 기술 등이 포함된다. 예컨대, 현재에는 사격게임에서 총기 발사음이나 자동차 경주에서 충돌 효과음 처럼 게임이나 체험형 시뮬레이터 등에서 널리 사용되고 있으나, 향후에는 영상과 음향의 동기화, 영상 내의 객체 움직임과 환경에 부합되는 음향 효과 등 실감 음향 문화콘텐츠 서비스가 영화, 애니메이션, 게임 등의 분야에서 보편화될 것으로 예상된다.

체험형 촉각 콘텐츠

체험형 촉각 콘텐츠는 사용자가 실제 체험하는 듯한 느낌을 경험할 수 있도록 중력감, 가속도 등의 감각을 표현하고 전달하는 것을 말하는데, 웨어러블 햅틱 인터페이스Wearable Haptic Interface 장치, 햅틱 모델링 및 렌더링, 질감마우스 기술이 대표적인 주요 기술이다. 햅틱 게임 콘텐츠의 경우, 게임 진행상황에서 발생될 수 있는 충돌 상황에 대한 반력Force-Feedback 효과를 표현하는데, Force-Feedback 효과에는 자동차 경주 게임에서 차량 간 및 벽면과의 충돌, 격투기 게임에서 주먹지르기 및 발차기 타격에 따른 충격, 사격 게임에서 총기 발사시 진동에 따른 충격 효과 등이 있으며, 항공기 조종훈련, 행글라이더 탑승, 레이싱 게임 등에도 적용되고 있다.

최근 햅틱 분야의 세계적 선도기업인 이머전Immersion사의 VibeTonz 기술이 핸드폰에 탑재되기 시작하였으며, 애플사는 i-Phone를 통해 햅틱을 이용한 가상 키보드 터치가 실제적인 느낌을 갖도록 하고 있다. 향후, 햅틱 장치가 현재의 탁상용 고정식에서 벗어나, 게임 사용자가 착용하는Wearable 형태로 발전하게 되면, 몰입감이 더욱 더 커질 것으로 예상된다.

체험형 후각 콘텐츠

인간의 후각을 표현하기 위해서는 냄새를 어떻게 정의하고, 이를 해석하는 인공코, 전자코 등의 기술과 더불어 냄새를 어떻게 사용자에게 전달할 수 있을지에 대한 기술이 필요하다. 그리고 궁극적으로는 콘텐츠 재생시 대상을 생생하게 후각적으로 느낄 수 있도록 냄새를 표현하는 것이 필요하다.

이에 핵심이 되는 전자코e-Nose는 인간코의 후각 기능을 디지털화한 것으로 'Multi-Sensor Array' 기술을 이용해 특정향기 또는 냄새 성분과 각 센서에서의 전기화학적 반응을 전기신호로 표현한 것인데, 초정밀센서(코의 후각세포)와 컴퓨터(뇌의 후각피질) 그리고 패턴인식 S/W(뇌의 후각정보처리) 등으로 구성된다. 유럽 NOSE II에서는 인공후각 정보인식을 위한 후각정보 데이터포맷과 응용 프로파일을 개발 중이며, 독일에서 MOSESMOdular SEnsor System가 개발 중에 있다.

이러한 콘텐츠 서비스를 제공하기 위한 기술개발의 측면을 살펴보면, 국내에서는 3차원 입체화면에 장미향이나 커피향 등을 발산해주는 멀티미디어게임과 향기 PC가 시범적으로 등장하고 있으며, 맥주·양주·차를 구별하는 수준의 연구 개발이 진행 중에 있다.

미국의 마케팅아로마틱스Marketing Aromatics사는 오락용 의자에 동작이 제어되고 공간에 자동으로 향을 분사할 수 있는 모션 의자를 개발했고, 트라이셍스TriSenx사는 시리얼, USB 포트에 장착 가능한 20개의 기본 향 카트리지를 기반으로 사용자가 수백 가지 향 조합이 가능한 '센트-돔Scent-Dome' 제품을 개발하였다. 일본 NTT사는 냄새와 촉각이 전달 가능한 휴대폰을 개발 중일 뿐만 아니라, 소방 훈련 시스템에서 나무, 유기용재, 고무, 화학약품 등 여러 물질이 타는 향을 마스크 내에 분사하여 소방수들에게 냄새를 구별하는 훈련 서비스를 제공할 수 있도록 하고 있다.

전자코를 응용한 사례로는 석유나 천연가스에서 나오는 에탄 분자 냄새 감지를 통해 석유 매장지역을 파악한다든지, 호흡시 특정 성분을 파악하여 폐암, 간경변증 등과 같은 의료 진단을 한다거나, 식품의 향미분석을 통해 화장품, 향수, 향료 및 커피, 주류 등 기호식품을 감지하고 이를 광고에 활용하는 것 등을 들 수 있다. 환경 분야에서는 쓰레기의 유해성분을 찾아내거나 공장의 배출가스를 감시하는 등 다양한 분야에 폭넓게 활용할 수 있다.

전자코의 향 발현 시스템은 컴퓨터나 전화기 내부에 잉크젯 프린터처럼 향을 낼 수 있는 향 탱크를 저장한 후 컴퓨터 등을 통해 특정향기 배합 명령에 따라 향기를 발현하는 시스템으로, 인터넷 사용시나 게임을 할 때 또는 방송·영화 감상시 장면에 맞는 향기를 재현함으로서, 영화·방송 같은 엔터테인먼트 산업 전반에 널리 사용될 수 있다.

향 발현 시스템이 상업화된 대표적인 사례로 일본 오사카에 있는 제국호텔의 객실 '향기배달 서비스'를 들 수 있다. 이 호텔은 '객실의 안락함에 향기가 적합하다'고 판단, 'NTT Com'의 향기통신 기술을 도입하여 2005년 말부터 서비스를 시작하였다. '향기통신'은 원래 'NTT Com'이 인터넷 접속서비스 'OCN Open Computer Network'의 콘텐츠에 사용하려는 목적으로 개발한 기술이다. '향기통신'은 개인 컴퓨터에 부착된 '향기 발생장치Scent-Generation Device'를 이용하게 되는데, 우선 향기를 데이터로 전환시킨 후 인터넷에 연결된 향기발생장치로 보내 장치 내부에 미리 저장된 향기 물질을 조합하여 향기를 제조해 발생시키는 원리로서, 모든 종류의 향기 제조가 가능하다고 한다.

체험형 미각 콘텐츠

미각이란 음식을 입에 넣었을 때 느껴지는 맛의 감각을 말하는데, 여기에는 5가지 기본 맛(단 맛, 신 맛, 짠 맛, 쓴 맛, 담백한 맛)과 복잡한 맛(매운 맛, 떫은 맛, 아린 맛)이 있고, 이 맛들이 센싱되면 사람 뇌의 판단에 따라 어떤 맛인지를 판별하게 된다. 이때 5가지 기본 맛은 혀 위의 '미뢰'라는 감각기로 수용된다. 수용된 맛의 자극이 신경에 전해지면, 신경은 맛의 자극을 전기신호로 변환하여 뇌에 전달함으로써 미각은 발생하게 된다.

이러한 미각을 표현하기 위해서는 맛을 화학적으로 분석하고 생성하는 기술과 맛을 사용자에게 전달하는 기술이 필요하다. 맛을 분석하는 기술로는 맛을 느끼는 화학적 센서가 달린 전자혀e-Tongue 등이 연구되고 있으나, 아직 초기 단계로 상용화할 정도는 아니다. 맛을 생성하는 기술로는 단 맛, 쓴 맛, 짠 맛 등의 기본적인 맛이 조합하여 특정한 맛이 나는 것으로 보고 각 기본적인 맛을 대체할 수 있는 화학성분을 조합하여 만드는 방법 등이 연구되고 있다.

관련 기술개발 동향을 살펴보면, 미국 텍사스대에서 마이크로머신기술MEMS을 이용해 액체의 맛과 화학성분을 가릴 수 있는 전자혀를 개발했는데, 이의 기본 원리는 인간의 혀의 원리와 비슷하다. 인간의 혀에 수많은 미세 돌기가 돋아있듯이 전자혀에도 역시 엄지손톱 크기의 실리콘 칩에 미세돌기 세포들이 층층 구조로 박혀있다. 테스트 물질을 전자혀 위에 떨어뜨리면 맛 성분을 나타내는 요소가 돌기에 스며들고, 이후 특정 맛에 따라 돌기들의 색깔이 변하게 된다. 그리고 초미니 CCD 카메라가 칩의 색상 데이터를 포착한 후, 컴퓨터로 맛의 데이터를 전송하면 특수 알고리즘에 따라 맛을 분석하게 된다. 이에 따라, 단 맛·신 맛·짠 맛의 판별과 물질의 화학 성분을 정밀 분석하는 것이 가능해졌으며, 식료품·혈액 판별이나 독극물 분석 등에도 폭넓게 활용할 수 있을 것으로 전망된다. 그러나 현재 국내 기술은 소금물과 설탕물의 농도 차이를 구별할 수 있는 수준 정도에 머무르고 있다.

오감형 콘텐츠 기반 디지털 콘텐츠 산업, 어떻게 전망할 것인가?

오감콘텐츠 기반 서비스 전망

오감형 콘텐츠 기반 시장인 디지털 콘텐츠 세계시장은 평균 20%대의 성장을 하여 2006년에는 약 2,000억 달러의 규모에 달했다. 또한 오감형 콘텐츠의 주요 활용 분야인 엔터테인먼트 분야의 성장률은 연평균 25.9%로서, 현재는 영상, 게임, 웹 정보 분야가 전체 오감형 콘텐츠 활용 시장 분야를 주도하고 있으나, 앞으로 모바일 및 교육용 분야를 중심으로 오감형 콘텐츠가 크게 증가할 것으로 예상된다(KIPA, 2005).

오감형 미디어 콘텐츠는 실감형과 지능형이 결합된 서비스로, 온라인 디지털 콘텐츠가 활용되는 다양한 분야에서 새로운 유형의 콘텐츠로 등장할 것이며, 이에 따라 인간친화적인 콘텐츠 전달 매체로서 오감 융합 및 재현을 통해 문화 및 생활 패턴을 변화시킬 것으로 예상된다. 이는 IT, CT를 기반으로 하여 문화콘텐츠 산업 전반에 영향을 미칠 것으로 예상되며, 대표적인 몇 가지를 제시하면 다음과 같다.

첫째, 문화콘텐츠 분야에서는 출판, 음악, 연극, 공연, 교육 등에 인간의 오감을 이용한 콘텐츠 서비스 수요가 급증할 것이며, 이에 따라 TV, 영화, 온라인 게임, 대화형 DTV, 양방향 홈쇼핑, 오감형 이러닝e-Learning 등 고품질의 실감형 서비스 및 대화형의 지능형 서비스가 새로운 시장 기회를 제공할 것으로 예상된다. 특히, 방송 분야에서는 오감형 미디어 기술인 혼합현실Mixed Reality 기술을 통한 합성 및 정합, 실시간 객체 추적 및 환경정보 추출, SFX 및 상호작용 처리로 실사영상과 가상영상 합성을 통한 정보 전달 능력 향상에 집중할 수 있는 콘텐츠 제품 수요가 요구된다.

둘째, 의료 분야에서는 오감형 미디어 기술이 뒷받침된 유헬스u-Health, 원격의료 등의 기술이 도입 단계이며, 웨어러블 컴퓨팅 기술의 발전에 힘입어 의료사고로부터 안전한 안정적인 오감생성 장치 및 유헬스케어u-Healthcare 장치 등에서 활용할 수 있는 오감 미디어 콘텐츠 수요가 많아질 것이다.

셋째, 제조 분야에서는 제품 제조 공정을 실제와 유사하도록 오감형 미디어 기술을 이용한 시뮬레이션을 통해 제품 설계, 제품 조립 및 완성된 제품의 사용성 등에 관한 오류를 사전에 발견함으로써 제품 출시 기간 및 개발·제조비용을 획기적으로 절감할 것이 기대된다.

넷째, 국방 분야에서는 실제 작전 및 전장 상황 재현을 위해 오감 미디어를 제시한 훈련용 시뮬레이터, 작전 명령 정보의 실시간 모니터링, 오감을 이용한 전쟁게임 등의 콘텐츠 서비스가 기대된다.

오감형 콘텐츠 기반 CT 발전 방향

IT, CT 기반 디지털 기술의 발전은 인간의 라이프스타일을 바꾸게 되며, 이는 궁극적으로 인간과 환경 친화적인 유비쿼터스 라이프스타일로의 변화를 예상하게 한다. 이와 같이 변화하는 패러다임 중심에는 문화가 있으며, 유비쿼터스 디지털 라이프의 핵심 키워드 역시 문화라는 점에는 합의가 형성되고 가고 있다.

오감형 미디어 콘텐츠는 기반기술이 되는 CT의 발전에 따라 다음과 같은 세 가지 주요기술이 융합됨으로써 그 발전이 정점에 도달할 것으로 전망되는데, 첫째는 다양한 감각 인터페이스기술을 이용한 상호작용성Interactivity 향상기술이며, 둘째는 인간의 감각기관에 대한 자극의 만족도(사실성, Reality)를 향상시키는 기술이고, 셋째는 연구개발이 한참 진행 중인 유비쿼터스 컴퓨팅u-Computing 기술이라고 할 수 있다.

이러한 관점에서 볼 때, 기술의 발전과 사용자(시장)의 요구사항에 따라 CT 기반의 콘텐츠 제작에는 가장 인간친화적인 전달 매체로서 오감형 미디어 콘텐츠가 포지셔닝될 수밖에 없으며, 구현적인 표현 및 융합형태는 인간의 상상력 및 창의성 그리고 시장의 요구사항에 달려있다고 할 수 있다. 이렇게 종합해 볼 때, 앞으로는 이러한 방향으로 오감 미디어 기반 CT가 발전할 것으로 전망된다.

2부 콘텐츠로 승부하는 미래기업

5장 문화콘텐츠로 승부하는 미래 기업들

김준호 | 마인드브랜치아시아퍼시픽 부사장

감성사회, 문화콘텐츠가 힘이다

세계 경제가 산업화사회에서 정보화사회를 거쳐 다시 감성사회로 발전하면서 문화콘텐츠의 전략적 가치가 급격히 증가하고 있다. 농경사회에서의 대표적 생산물은 쌀, 면, 목재 등의 일반 재화로 재화간 품질 및 가격 차이가 크지 않았고, 생필품 중심의 재화이므로 수요를 촉진할 필요도 없어서 광고가 발전하지도 않았다. 이 시기의 문화는 생활의 일부인 대중 예술과 일부 부유층이 즐기는 고급 예술로 구성되었고 산업적 가치보다는 예술적 가치로 존재하였으며, 주요한 비즈니스 모델은 공연을 보는 사람이 관람료를 지불하는 형태였다.

산업사회에서는 제조 기술에 따른 상품의 품질 및 가격 차이가 크게 나타났고 이 차별화를 만들어내는 기술을 보호하기 위한 특허와 특정 상품군의 브랜드를 보호하기 위한 상표 제도가 발전하였다. 또한 새로운 용도의 상품이 지속적으로 개발되면서 이 신제품의 소비 촉진과 브랜드를 알리기 위한 광고가 발전하기 시작하였다. 광고는 문화산업의 주요 부분인 신문과 방송 산업의 매출 중 상당 부분을 차지하면서 문화산업의 주요한 비즈니스 모델로 등장하였다. 농경사회에서 예술적·문화적 가치가 대부분이었던 문화는 산업사회가 발전하면서 신문, 방송, 광고 등 산업의 형태를 갖추기 시작했다. 산업혁명으로 인한 대량생산은 과잉공급 상황으로 이어졌고 마케팅의 중요성이 강조되었다. 이와 함께 신문·방송 및 광고산업 등의 문화산업은 마케팅의 주요한 매체로 발전하였다.

정보화사회에서는 네트워크의 규모가 커질수록 네트워크의 가치가 증대하는 수확체증의 법칙이 작용하여 승자독식의 현상이 나타나기 시작하였다. 또한 표준화된 디지털 기술은 산업간 경계 및 지리적 경계를 붕괴시켜 전 세계 시장을 하나로 통합하기 시작했고, 제품 및 서비스의 차별성을 붕괴시켜 많은 공산품을 일반 재화화하기 시작하였다. 이로 인하여 제조업의 수익성은 하락하고 정보통신 등 서비스 산업이 경제성장을 주도하기 시작하였다. 정보통신망을 통하여 서적, 음악, 영화의 내용물이 전달되면서 시작된 콘텐츠산업이 차세대 성장산업으로 주목 받기 시작하였다. 종이, 음반, 비디오테이프 등에 담겨서 일반 상품과 동일하게 유통되던 문화상품들이 통신망을 통하여 전달되면서, 재고비용 및 유통비용이 혁신적으로 경감되어 유통되는 상품의 수가 폭발적으로 증가하게 된 반면, 인기상품은 다양한 유통구조로 매출이 더욱 확대되는 결과를 낳고 있다. 이와 같이 블록버스터의 매출 증가와 다양한 구색상품의 증가로 문화콘텐츠 산업은 주요 국가에서 GDP 성장률의 2~3배의 성장률을 보이는 주요한 산업으로 발전하고 있다.

정보화사회 다음에 올 것으로 전망되는 감성사회(꿈의 사회)에서는 문화콘텐츠가 상품 및 서비스를 경험 및 트랜스포메이션Transformation화시키며 부가가치를 향상시키는 데 활용될 것으로 전망된다. 디지털 기술이 표준화 및 개방화를 통하여 상품 및 서비스를 범용화시키고, 지역 및 산업간 경계를 붕괴시키면서 기업의 수익성을 악화시킨 반면, 경험 및 트랜스포메이션화는 차별화를 통하여 수익성을 향상시킨다. 기업들이 경험 및 트랜스포메이션의 마케팅으로 블로그, 동영상 포탈, TV, 가상세계 커뮤니케이션을 활용하면서 문화콘텐츠 산업이 제조, 금융, 교육, 의료, 식료품 및 외식산업 등과 융합된다. 이 단계에서 기업의 가장 중요한 자산은 소비자들의 관심과 이미지이며, 이들 두 요소를 확보한 기업은 다른 요소들을 아웃소싱하면서 경제활동을 주도하게 된다.

문화콘텐츠는 농경사회에서는 산업적 가치가 크지 않았으며, 산업사회에서 광고를 중심으로 산업화가 시작되었다. 정보화사회에서 성장산업으로 그 산업적 가치가 부상하게 되었으며, 향후 감성사회에서는 문화콘텐츠가 기업 경쟁력의 가장 중요한 원천으로 부각될 것으로 전망된다. 따라서 이 글에서는 문화콘텐츠 주요 산업별로 발전 단계 및 향후 기업활동과 어떻게 결합되면서 경쟁우위의 원천으로 활용될 것인지를 전망하여 보도록 한다.

문화콘텐츠 산업 분야별 발전 과정 및 전망

음악산업

현재까지 음악 산업에 영향을 미친 가장 큰 기술 환경 변화는 라디오, TV, 인터넷을 들 수 있다.

우선, 1920년대 라디오의 등장은 음악산업의 비즈니스 모델을 변화시켰다. 이전에 음반을 사서 들어야 했던 음악이 라디오를 통해 무료로 제공되면서 기존 비즈니스 모델에 안주하던 콜럼비아나 빅터 등은 파산위기에 직면하였고, 새로운 비즈니스 모델을 활용한 RCA는 급성장을 할 수 있었다. 이때는 기술환경 변화에 따른 비즈니스 모델로의 신속한 전환이 성공의 핵심요소로 평가된다.

둘째, 1960년대 TV의 등장으로 기존의 라디오 및 전축 시장을 어려운 경쟁에 처하게 됐다. 이때 소니는 걸어다니면서 고감도의 음질을 즐길 수 있는 워크맨을 개발하여 큰 성공을 거두게 되고, 이와 같은 제품을 출시하지 못한 경쟁사들은 상당한 위기에 봉착했다.

마지막으로, 인터넷 시대의 특성을 잘 활용한 애플은 아이팟 및 아이튠으로 기업의 주력 사업을 PC에서 음악 서비스 및 음악 재생기기로 전환하는 계기를 마련한 반면, 이전 시기의 승자였던 소니는 콘텐츠와 기기를 확보하고도 패배하는 결과를 초래하였다. 애플의 성공은 인터넷 시대에 도래한 디지털 생태계를 잘 활용했던 반면, 소니는 환경의 변화를 인식하지 못하고 자사 중심주의에 집착한 것이 패배의 원인으로 지적된다.

음악산업의 기술 환경 변화 및 기업 변신

	라디오/이동성	Walkman/개인화	MP3P/편의성	UCC/다양성	ACC*/창조성
특징	집밖에서	내가 원하는 곡을	편하게 구입하여	다양한 음악을	내게 맞게 창조된 음악
시기	1920~1960	1960~2000	2000~2010	2010~2020	2021~2030
환경변화	라디오방송(1920년대)	TV방송(1960년대)	인터넷	Web2.0	Web3.0
승자	RCA ·무료로 양호한 음질의 음악 제공	Sony(Walkman) ·새로운 수요 창조 ·TV와 차별화된 오락	Apple(iTunes) ·공급 증가로 편리한 유통의 필요성	YouTube Music ·음악감상→음악제작 ·제작자 지불시장의 형성	My Music ·내가 원하는 음악 즉시 창조
패자	콜롬비아, 빅터 ·환경변화에 적응 못해 파산	필립스 ·90년 27억달러 적자 ·Centrium프로젝트로 회생	Sony(Connect) ·적응성 부족 ·고객 편의성 부족	CD음반사 ·음악 소비패턴 변화 ·유통 경로의 변화	You Tube Music ·제작자 지불시장의 쇠퇴 ·음악 소비패턴 변화
핵심역량	Biz Model ·지재권 분쟁 해결 ·광고 모델	신규 수요 창출 ·이동시 음악 감상 ·Sony 이미지 구축	생태계의 협조 ·DRM에 대한 생태계의 신뢰 ·충성고객의 확보	Attention ·아메리칸 아이돌 ·브리티스 갓 탤런트	뇌과학/음악 창조 기술 ·원하는 음악 파악 ·원하는 음악 창조
비핵심역량	음반 유통 채널 ·새로운 BM으로 기존 BM 무력화	음악 콘텐츠 ·콘텐츠확보/폴리그램 (필립스 자회사) 등	EDLP ·Walmart 등에서 가격경쟁 실패	DRM ·폐쇄형 DRM의 한계 ·u-Music의 도래	UCC ·확보된 UCC의 무용지물화

ACC* : Automatically Created Content

음악산업의 발전과정을 살펴보면 2000년까지는 산업사회의 특성을 보였다. 소니의 워크맨의 성공요인은 뛰어난 음질을 이동하면서 즐길 수 있게 하여준 기술력에 의존했다는 것이다. 그러나 생태계의 협조를 얻어 수 십만 곡의 음원을 확보한 것이 성공요인의 하나로 제시되는 애플의 아이팟과 아이튠은 정보화시대의 특성인 네트워크 경제의 특성을 보여준다.

정보화사회 이후의 감성사회에서 음악산업이 성공하려면 소비자에게 경험 및 트랜스포메이션을 제공하는 능력을 가져야 한다. 풍요시대의 소비자들이 원하는 경험 및 트랜스포메이션은 음악 창작에 참여하는 경험이 될 것이다. 친구나 연인의 생일 선물로 증정할 음반은 단순히 아이튠 서비스에서 구입한 것이 아니라 내가 직접 만든 음반이 될 것이다. 디지털 기술의 활용으로 음악연습 및 창작이 손쉬워지면서, 음악분야에서도 아마추어와 프로의 역량 차이가 감소하기 시작하였다. 「아메리칸 아이돌」이나 「브리티시 갓 탤런트」에서와 같은 프로그램에서 발굴된 인재가 스타가 되는 시대에 UCC의 비중은 점차 증가할 것이다. 따라서 이 시기의 승자는 UCC를 활용한 비즈니스 모델을 개발하는 기업이 될 것이다. 이때는 적은 수의 작품이 유통되던 과거와 달리 유통되는 작품수가 기하급수적으로 증가할 것이기 때문에 가장 중요한 핵심역량은 관심 Attention이 된다. 사용자의 관심을 끄는 UCC 및 이 UCC의 유통 채널은 성공할 것이며, 그렇지 못한 채널은 즉시 도태될 것이다.

뿐만 아니라 인공 지능의 발달로 필요한 음악을 즉시 생산하는 것이 가능해질 것이다. 즉 내가 좋아하는 곡을 내가 원하는 가수의 음색으로 변환하는 것이 가능해 더 이상 UCC를 찾지 않고, 즉석에서 음악을 만들어 감상하게 된다. 이때에는 음악을 창조하는 기술이 핵심역량이 될 것이다. 또한 내가 원하는 음악을 일일이 지시하기 보다는, 내가 원하는 것을 기계가 알아서 음악을 들려 줄 수 있게 될 것이며, 이를 위하여서는 뇌파, 얼굴 표정, 신체 상태를 파악하면서 즉석에서 심리 상태를 파악하는 기술이 핵심역량이 될 것이다.

출판 · 지식 산업

현재까지 출판 · 지식 산업에 영향을 미친 가장 큰 기술 환경 변화는 전자기술, 인터넷, 웹 2.0 등을 들 수 있다.

첫째, 전자 기술은 사전의 개념을 변화시켜 종이사전을 전자사전으로 변화시켰다. 과거 출판산업에서 큰 비중을 차지하였던 사전류는 전자사전으로 대체되었으며, 사전 출판을 중심으로 하던 출판사들은 경영이 크게 위축되고 인수합병으로 이어지는 경우가 빈번히 발생했다.

둘째, 인터넷을 잘 활용한 대표적인 기업은 잡코리아, 블룸버그 등을 들 수 있다. 이들 기업은 인터넷을 이용하여 소비자가 원하는 정보를 저렴하고 편리하게(검색 등) 공급하여 큰 성공을 거두었다.

그리고 웹 2.0을 들 수 있다. NHN의 지식iN, 위키피디아 등은 실시간으로 지식 정보를 제공함으로써 기존의 권위있는 백과사전 등과의 경쟁에서 승리하였다.

출판 · 지식 산업에서의 기업 변신 사례의 특징을 살펴보면, 작은 규모의 신생기업들이 오랜 역사와 전통의 권위 있는 대기업과의 경쟁에서 쉽게 승리하였다는 점을 들 수 있다. 이는 기존의 대기업들이 환경 변화에 따른 적응이 늦은 반면 신생 기업들은 새로운 기술 환경 변화에 기민하게 대처한 점이 경쟁력의 원천이었다고 평가된다.

출판 · 지식산업의 기술 환경 변화 및 기업 변신

	전자사전	정기간행물/DB	온라인 백과사전	맞춤형 전문 정보	제2의 두뇌
특징	편하게	저렴하게/대중화	최신의 내용을	내가 원하는 형태로	알아서 제공
시기	1990~2000	2001~2005	2006~2010	2011~2020	2021~2030
환경변화	전자기술	인터넷	Web2.0	Web3.0	인지기술
승자	카시오, A-One 등 · 대화면, UI 등 · 편리한 기능	Job Korea/블룸버그 · 저렴한 원가/흥미 · 검색 기능 제공	NHN/Wikipedia · 많은 저자의 참여 · Update 즉시 출판	My Expert · 맞춤형 지식 · 전문가 검증	My Secretary · 원하는 정보 인지에 방해 안되게 제고조
패자	동아출판사 · 종이사전은 검색이 어려움	종이 신문/잡지 · 한정된 지면 · 검색 기능 없음	브리태니카 · Update가 늦음 · 한정된 수의 전문가	NHN/Wikipedia · 정보의 홍수 · 검증안된 정보 불필요	온라인 신문 · 시장 세분화로 Mass Market 쇠퇴
핵심역량	디자인/기능 · 브랜드 및 이미지 · 구매층의 선호도	규모의 경제 · Winner takes all · Network Economy	Community · 자발적 참여 · 참여자 규모	Semantic기술 · 맞춤 기술 · 자료의 검증	인지기술 · 원하는 정보내용, 형태, 시기 파악
비핵심역량	사전 콘텐츠 · 다른 요소에 비해 차별성 적음	매체의 권위 · 소비자가 검색 가능	전문성 · Distributed intelligence로 기존 전문성의 가치 약화	Search Engine · 정확한 니즈의 파악이 필요 · 필요한 정보의 생성이 필요	정보 수집 기술 · 정보 수집의 보편화 · 일반정보의 효용감소

출판 · 지식 산업의 발전을 살펴 보면 전자사전 등의 보급은 산업사회의 산물이었으며, 위키피디아 등의 온라인 백과사전은 네트워크 경제로 설명되는 정보화사회의 산물이었다. 이에 비하여 향후 감성사회의 출판 · 지식산업은 조금 더 소비자에 초점을 맞춤 상품 · 서비스가 주도할 것으로 전망된다. 즉 지금의 소비자는 필요한 정보를 필요한 형태로 제공받고 싶어하기 때문에 이동시에 휴대폰으로 정보를 원할 때 간단한 설명

을 제공하고 집에서 PC로 검색할 때는 보다 자세한 내용을, TV로 검색할 때는 동영상이나 그래픽 중심의 정보를 제공하는 등, 소비자가 원하는 것에 적절한 대응을 할 수 있느냐가 성공의 향방을 결정한다. 다시 말하면, 앞으로의 지식산업은 필요한 정보를 단순히 제공하는 것이 아니라 필요한 형태로 가공하여 제시하고, 소비자가 지식의 필요를 표현하지 않더라도 알아서 제공하는 형태의 산업이 발전할 것으로 전망된다.

또한 디지털 기술의 보급으로 출판이 용이해지고 이와 동시에 아마추어들의 출판도 활성화될 것이다. 또 이들의 출판을 지원하는 사업도 성장할 것으로 전망된다. 특히 금융기관, 교육기관, 보건 및 의료 기관 등의 공익기관들이 이미지 관리를 위하여 각종 콘텐츠를 제작하여 유통하는 사례도 증가할 것으로 보이며, 이러한 기관들이 콘텐츠를 제작하는 데 필요한 각종 서비스나 기초 자료를 제공하는 수익 모델도 활성화될 것으로 기대된다.

게임산업

게임산업에 영향을 미친 가장 큰 기술 환경 변화는 전자기술 및 인터넷 등을 들 수 있겠다. 게임산업 초기의 아케이드 게임은 전자 기술을 이용한 인터랙티브 게임으로 새로운 산업을 형성하였으며, 비디오 게임기들은 이 게임들을 가정에서 언제든지 저렴하게 즐길 수 있게 만들었다. 또한 온라인 게임은 인터넷의 새로운 용도를 창조한 것으로 평가되면서 많은 성장

기업들을 탄생시켰다.

아케이드 게임부터 시작된 즉시 상호작용성interactivity은 기존의 다른 오락에 비하여 강한 몰입성을 요구하면서 게임 산업의 경쟁력을 향상시켜갔다. 게임에의 몰입 정도가 영화 및 음악 등 다른 엔터테인먼트에 비하여 훨씬 높은 이유는 개인화 및 상호작용성에 있다고 판단된다. 즉 기존의 엔터테인먼트 산업 중 이 분야가 가장 앞선 산업은 게임산업으로서 향후 다른 엔터테인먼트 산업의 미래상을 제시한다고 보인다.

예를 들면 게임산업에서는 내가 주인공이며 화면은 내가 조작하는 대로 변환을 하는데, 향후 음악 및 영화도 이와 같이

게임산업의 기술 환경 변화 및 기업 변신

	갤러그 등	Gameboy, PS	리니지, 온라인 바둑	위, 스크린 골프	가상 기억
특징	멀티미디어	집에서 저렴하게	사람과	체감형	현실감
시기	1970~1990	1991~2000	2000~2005	2006~2020	2021~
환경변화	전자기술	TV기술(Module)	인터넷	센서기술	뇌과학
승자	아케이드 게임 · Interactive 게임으로 새로운 시장 창조	패키지 게임 · Nintendo · Sony	NC/NHN · 게임을 통한 Community활동	Nintendo · 새로운 장르 개척 · 체감형 오락	Matrix Game · 프로선수 같은 느낌 · 현실감있는 게임
패자	보드게임 · 바둑, 장기, 체스 등의 고객 감소	아케이드 게임 · 일본에서만 명맥유지 · Gambling산업 진출	당구/탁구/Gameboy · 몰입도, 오락성에서 열세	Sony PS3 · 그래픽을 위한 비싼 가격 · 규모의 경제 미확보	스포츠 · 가격 경쟁력 상실 · 수익모델 상실(복싱)
핵심역량	게임 제작 기술 · 고객의 수요 파악 · 유통 채널 확보	플랫폼/네트워크 경제 · Graphic/CPU · 저가격의 HW보급	Community · 아이템 거래 등 · 파생산업 창조	UI(User Interface) · 현실감있게 사람의 동작을 인식	뇌과학/기억 창조 기술 · 원하는 기억 창조 · 현실감있는 기억창조
비핵심역량	Community · 인간 대 인간의 게임 아님	고객 충성도/콘텐트 · Nintendo/SEGA가 Sony와의 경쟁에서 패배	CG · 화려한 그래픽·입체 영상	온라인 서버 기술 · 기술 확산으로 보편화	스포츠 센터/돔 구장 · Physical Activity의 감소

나를 중심으로 내가 원하는 대로 콘텐츠가 변환하는 방향으로 발전할 것이다.

　게임산업 발전의 특징을 살펴보면, 첨단 기술을 게임 분야에 적용한 점과 새로운 산업을 형성하면서 많은 파생 산업을 창조했다는 점을 들 수 있다. 여기에서 기술력과 기업 경쟁력과의 관계 및 표준화의 영향력 등이 주요 이슈로 부각된다. 게임산업의 파생 산업을 살펴 보면 아이템 거래와 같이 직접적인 파생 산업, e-스포츠 대회 및 게임 채널 등 게임산업의 관련 산업, 그리고 세컨드라이프 등과 같이 게임산업에서 시작된 새로운 비즈니스 모델 등을 들 수 있다. 게임산업은 디지털 기술이 가장 많이 활용되고 있는 산업으로서 양방향 커뮤니케이션, 실시간 그래픽 창조 등이 실현되고 있는 분야로 문화콘텐츠 산업을 선도하고 있다.

　향후 영화나 방송 등이 현재의 온라인 게임, 체감형 게임의 형태를 많이 차용할 것으로 전망된다. 또 현재 게임에서 활용되는 시뮬레이션 기술 등은 교육, 군사, 의학 등의 많은 분야로 확산될 것이다.

　게임산업의 미래를 전망해 보면, 가까운 미래에는 체감형 게임의 확대가 전망된다. DDR을 중심으로 시작된 체감형 게임은 최근 첨단 기술을 활용하여 체감의 수준을 높이면서 급속히 성장하고 있다. 닌텐도의 위Wii를 활용한 테니스 등의 스포츠 게임의 인기가 계속 증가하고 있으며, 스크린 골프는 예전의 아케이드 게임 전성시대 만큼이나 게임장을 늘려 가고 있다. 이와 같은 경향이 당분간 지속되어 계속 새로운 게임이 등장할 것으로 전망되고 있다. 중장기적으로는 가상 기억을 이용한 게임이 등장할 것으로 보인다. 현재 발전하고 있는 뇌과학은 가상 기억을 창조하는 수준으로 발전하고 있으며, 이는 멀지 않은 미래에 상용화될 수 있을 것으로 전망된다.

게임산업에서 아케이드 게임 및 패키지 게임은 산업사회의 특징을 지닌 반면, 온라인게임은 네트워크 효과를 가진 정보화사회의 특징을 가지고 있다. 반면 스크린 골프 및 위 스포츠 게임 등의 체감형 게임은 감성사회의 특징을 보인다.

디지털 기술의 발전은 가상세계와 현실세계의 경계를 붕괴시키고 있으며, 게임에서의 체험이 제공하는 효용이 점차 증대되는 만큼 감성사회에서 게임의 역할은 지속적으로 커질 것이다. 향후 게임은 커뮤니케이션의 매체로 발전하면서 전통산업의 상품 및 서비스 등을 경험 및 트랜스포메이션화하는 데 큰 역할을 할 것으로 기대된다.

영상산업

19세기 말부터 시작된 영화기술, 1960년대의 TV 기술 및 1980년대 이후 보편화된 VTR 기술은 영상산업을 크게 변화시켰다. 우선, 영화기술은 과거의 공연산업에 큰 영향을 끼쳤다. 한번 찍은 영화필름은 무한정 복제되어 세계의 여러 영화관에서 동시에 상영되면서 글로벌 스타를 탄생시켰다. 과거 한정된 공간과 시간 속에서만 가능하던 글로벌 스타들의 연기를 시간과 공간의 제약 없이 감상하게 되었다. 이때부터 영화의 소비자층이 넓어지면서 작품성과 흥행성의 괴리가 나타나기 시작하였다.

또한 1960년대부터 시작된 TV산업은 막대한 양의 콘텐츠를 필요로 하였다. 과거 대부분의 사람들은 1년에 몇번 영화관에 올 정도였기 때문에 극장은 1년에 몇 편만 상영하면 됐으나, TV는 매일 새로운 콘텐츠를 필요로 했다. 이 문제를 해결한 것이 스포츠 콘텐츠로, 주요 스포츠는 TV의 보급을 기반으로 발전하였다.

영화 및 애니메이션 등의 콘텐츠도 TV용으로는 저렴하면서 지속적이어야 한다. 그래서 TV드라마 시리즈가 탄생하였고, 애니메이션의 경우도 「한나와 바바라」의 경우처럼 주요 장면을 재활용하는 방법으로 제작비를 크게 낮춘 방식이 유행하기 시작하였다. 이후 1980년대부터 보급된 VTR은 재개봉관을 집안으로 이전하는 효과를 냈다. 이로 인하여 선진국의 경우 2차 판권 시장이 영화관 박스 오피스의 2배의 규모로 성장하였다. 특히 VTR이 DVD로 변환하는 시점에서 온라인 DVD 대여점을 개설한 넷플릭스netflix의 비즈니스 모델은 환경 변화를 잘 활용한 대표적인 사례로 손꼽힌다.

영상산업 분야에서의 문화콘텐츠 기업으로의 변신 사례의 특징은, 새로운 기술로 인해 새로 생긴 유통 채널을 잘 활용한 프로스포츠, 넷플릭스 등의 기업들이 성장했다는 점이다. 가까운 미래에도 이와 같은 변화는 지속될 것으로 전망된다. 최

영상산업의 기술 환경 변화 및 기업 변신

	영화관/대중예술	TV/저가 콘텐트	VOD/편의성	UCC/다양성	ACC*/창조성
특징	우리 동네에서	집에서	내가 원하는 시간에	내가 원하는 것을	즉시 만들어서
시기	1920~1960	1960~1980	1980~2005	2006~2020	2021~2030
환경변화	영화 기술의 보급	TV방송(1960년대)	VTR/DVD	IPTV	Web3.0/CG
승자	디즈니/니켈로디안 · 오페라 등에 비해 저렴한 오락 제공	방송사/CP · Hanna&Barbara · 프로 스포츠	콘텐츠 유통업체 · 블록버스터(VTR) · 넷플릭스(DVD)	FastWeb · 콘텐츠(스포츠)	My TV · 내가 원하는 영상 즉시 창조
패자	오페라, 뮤지컬, 서커스 · 가격 경쟁력의 상실 · Global Star 부재	영화관 · TV에 비해 원가 및 편의성에서 열세	재개봉 영화관 · VTR에 비해 경쟁력 상실 · Multiplex로 변신	공중파 방송 · 광고 수익모델 악화 · 시청료 타당성 도전	통신사업자 · 충분한 통신망 공급으로 주도권 상실
핵심역량	Global Star · 시공간을 초월한 Entertainment	방송망/저원가 · 정부 규제 산업 · 유통의 증가로 저원가 필요	콘텐츠 유통망 · 영화시장의 2배 시장 창출	통신망 · 100Mbps이상 · QoS	영상창조기술 · 기존 작품의 변형 · 즉시 제작 능력
비핵심역량	작품성 · 대중이 소비의 주체 · 작품성보다 오락성이 중요	고품질 콘텐트 제작 능력 · 방송사가 콘텐츠제작 · 독립 제작사 존립이 어려움	물리적 공간 · 기술 발전으로 소비 행태의 변화	공중파 방송망 · 양방향성이 부족한 네트워크의 한계	통신망 · 수요에 비해 충분한 공급

ACC* : Automatically Created Content

근 전 세계에서 활발히 진행되고 있는 IPTV는 기존의 방송망에 비하여 훨씬 많은 양의 채널을 공급할 수 있으며, 양방향 콘텐츠가 자유롭다는 점에서 영상산업에 일대 혁신을 가져올 것이다.

IPTV의 상용화로 촉발된 영상 콘텐츠 유통채널의 확대는 기존 콘텐츠의 재방송, VOD(Video On Demand, 주문형 오디오) 등을 통한 유통 확대, 신규 PP(Program Provider, 방송채널사용 사업자)의 확대 및 콘텐츠 수출입의 확대를 유발한다. 단기적으로는 지상파 TV콘텐츠의 재방송과 VOD(월 시청료 혹은 PPV) 등을 통하여 지상파 TV콘텐츠의 시장점유율은 증가하며, 이어 수입 콘텐츠가 확대된 유통채널을 채울 것으로 전망된다.

특정 수요를 겨냥한 소위 '롱테일' 콘텐츠의 수량은 지속적으로 증가하겠지만 애니타 엘버스Anita Elberse가 지적한 것처럼 꼬리가 두꺼워지지는 못한 채 길어지기만 하는 현상을 보일 것으로 전망된다. 이는 지상파 방송 콘텐츠와 비교해 품질 및 지명도가 열세한 데서 비롯되는데, 긴 꼬리는 콘텐츠 매출수익으로는 지속되지 못하고 프리코노믹스(freeconomics, 공짜경제) 모델로 전환될 것으로 예상된다. 즉 홍보효과를 노리는 기업, 공공기관 및 개인들이 무료로 제공하는 형식으로 발전하게 되고, 이에 따라 저렴한 비용으로 콘텐츠를 제작하는 방법들이 발전할 것이다. 지상파 TV콘텐츠가 재방송, VOD 등 여러 유통채널을 통해 방영되는 과정에서 노출되는 빈도는 높겠지만, 무료 시청이 가능한 지상파 TV콘텐츠에 별도로 비싼 비용을 지불하면서 시청하려는 시청자가 적기 때문에, 재방송이나 VOD를 통한 추가 수입은 제한된다. 오히려 반복되는 콘텐츠로 인한 식상함과 언제든지 시청할 수 있다는 접근성 때문에 본방송 시청률이 떨어져 방송 광고수입이 감소하는 결과를 볼 것이다. 또한 해외 콘텐츠의 수입이 증가되면서 국내 콘텐츠와 비교되어 국내 콘텐츠의 제작비를 줄일 수도 없는 상황이어서 방송사의 수익성이 개선될 가능성은 희박해 보인다. 따라서 지상파 TV콘텐츠의 점유율 확대는 한시적일 것으로 예측된다.

콘텐츠 제작이 개방화된 후에는 스폰서가 개방화될 것으로 전망된다. 과거에는 정부(공영방송 시청료 결정 및 징수 지원), 시청자(케이블 TV 등의 월 시청료), 광고주 등이 주요 스폰서였으나, 앞으로는 콘텐츠를 직접 제작하여 무료로 공급하는 기업, 공공기관 및 전문가 등으로 스폰서가 확대될 것으로 예상된다. 또 이때부터 프리코노믹스를 기반으로 하는 비즈니스 모델들이 많이 등장할 것으로 전망된다.

콘텐츠 제작 및 스폰서가 개방화되면 이들은 무료로 제공하는 영상콘텐츠를 TV이외의 다른 채널을 통해서도 보급함으로써 효과를 극대화하려고 노력할 것이다. 즉 기업이나 개인 블로그, 뉴스 릴리스 등의 기업 홍보 사이트, 동영상 포탈이나 혹은 온라인 게임, 세컨드라이프와 같은 새로운 커뮤니케이션 미디어로 각광받는 채널도 적극 활용할 것이다.

이렇게 되면, 플랫폼의 개방화가 시작된다. 다양해진 플랫폼을 통하여 제공되는 영상 콘텐츠는 TV와 PC 뿐만 아니라, 휴대용 기기 및 웨어러블wearable 기기(신체 내장형 기기 포함) 및 대형 디스플레이 등을 통해서도 시청하게 되어 기기의 개방화는 가속화된다. 현재의 IPTV 셋탑박스와 같이 특정 서비스 업체에서 제공하는 영상 콘텐츠만을 시청할 수 있는 기기들은 소멸되고, 모든 플랫폼을 사용할 수 있는 표준화된 기기들이 주류를 이루게 될 것이다.

미래 문화콘텐츠 산업의 주요 이슈

이상과 같이 문화콘텐츠 산업에서 주요한 부분 산업인 음악산업, 출판·지식 산업, 게임산업 및 영상산업에서 기술 환경의 변화 및 이에 따른 산업의 발전 과정을 살펴보았다. 사회가 정보화사회 및 감성사회로 발전하면서 광고 및 홍보의 역할이 증대하고 있는데, 향후에는 콘텐츠의 시청자가 아닌 콘텐츠의 제공자가 비용을 지불하는 모델이 더욱 발전할 것이다. 통화음을 음악으로 대체한 칼라링, 내 아바타를 꾸미는 데 비용을 지불하는 사이월드 모델, 블로그 개설자가 비용을 부담하면서 음악이나 영상을 제공하는 등, 개인들이 자기 PR을 위해 기꺼이 비용을 지불하는 사례들이 보편화될 것이다.

농경사회에서는 광고를 거의 하지 않던 재화를 감성사회에서는 이미지와 스토리에 재화를 연결시켜 부가가치를 증대시킨다. 예를 들면 공장에서 생산되는 일반 달걀에 비해 자연에서 생산되는 프리미엄 달걀은 30% 이상의 비싼 가격을 받고 있다. 이 부가가치는 동물도 자유로운 환경에서 사육되어야 한다는 윤리적 생각, 과거에 대한 향수나 농촌 낭만주의 등의 감성적 스토리를 부가했기 때문에 생긴다. 공산품의 경우에도 노키아의 최상급 브랜드 Vertu는 영국에 본사를 두고, 영국 황실이 사용하는 휴대폰이라는 이미지를 구축하여 상류층 지향 부자들의 감성을 움직여서 휴대폰 1대에 400만 원에서 8,000만원(시그니처 코브라는 3억 원) 이라는 높은 가격을 받고 있다.

이와 같이 감성사회에서는 실제의 모습보다 어떻게 보이는 가가 중요한 시대이다. 기업의 경우도 제공되는 제품의 품질, 가격보다 기업의 이미지, 제품의 이미지가 중요한 요인이 된다. 제품 품질이 아무리 우수하더라도 좋은 이미지를 만들지 못하면 높은 가격을 받기 힘들고, 좋은 제품을 생산하는 기업도 공해 배출, 비윤리적 등의 이미지가 있으면 매출 증대를 기대할 수 없다. 따라서 향후 콘텐츠는 개인이나 기업이 이미지를 만들기 위한 목적으로 창출되고 유통된다.

　디지털 기술의 발전으로 콘텐츠의 제작 및 유통이 용이해지면서, 기업들이 과거처럼 방송사에 비싼 광고료를 지불하면서 드라마 앞뒤에 광고를 게재하기 보다는 광고주 스스로 콘텐츠를 제작하여 소비자에게 제공하는 방식을 선호하게 된다. 이때 광고주는 콘텐츠의 제작에 직접 관여하면서 거리의 간판 등도 광고주가 원하는 내용으로 변경하는 등 PPL이나 콘텐츠의 내용에서 광고·홍보의 효과를 극대화시킬 수 있다. 이러한 콘텐츠를 소비자에게 직접 전달할 수 있는 다양한 채널이 있으므로 매스컴의 의존도는 계속 감소하게 된다. 광고주(기업, 공공기관, 정부, 각종 단체 등)는 보도자료(기사), 사진, 동영상 등을 직접 제작·유통시키고, 때로는 관련 각종 다큐멘터리, 교육 콘텐츠 뿐만 아니라 영화나 드라마 제작에도 적극 뛰어들 것이다.

　최근 문화마케팅의 일환으로 콘텐츠를 직접 제작하는 기업들이 늘고 있는데, 이러한 사례는 향후 지속적으로 증가할 것이다. 즉 상품 및 서비스를 경험 및 트랜스포메이션으로 만들어 부가가치를 증대시키고 고객 충성도를 높이는 방법으로는 강력한 경험을 제공하는 브랜드, 개인화된 기념품, 감각적이고 희귀한 한정 수량의 제품을 만들고 제품 클럽 및 제품 이벤트 등을 활성하는 것 등이 있는데, 문화콘텐츠는 여기에서 핵심 역할을 하고 있다. 따라서 미래의 기업에게 문화콘텐츠는 광고 수단, 인접 산업이 아닌 경영전략의 가장 중요한 자원으로 부각될 것으로 전망된다.

6장 애니메이션 산업의 비전과 과제

김영재 | 한양대학교 문화콘텐츠학과 교수

문화콘텐츠 산업으로서의 애니메이션 산업

OSMU의 핵심 콘텐츠

급변하는 디지털 미디어 환경 속에서, 그에 대응하는 문화콘텐츠 산업의 새로운 발전방향 설정이 무엇보다도 중요한 시점이다. 문화콘텐츠 산업에서 OSMU One Source Multi Use를 이야기하는 것은 이미 진부한 일이 되어버렸고, OSMU가 일반화되면서 문화콘텐츠 산업 장르간 경계는 허물어졌다.

만화『타짜』는 영화「타짜」로, 드라마「주몽」은 만화『주몽』으로, 애니메이션은 출판만화와 뮤지컬로, 영화는 출판만화·애니메이션으로, 어떤 경우는 한 산업분야가 Source가 되고, 어떤 경우는 Use가 되어 서로의 콘텐츠 가치를 증대하는 방향으로 장르의 경계를 넘나들고 있는 것이다.

그중 만화, 애니메이션, 캐릭터 산업은 OSMU 구도에서 마치 하나의 산업처럼 커다란 카테고리를 형성한다. 1,000만부

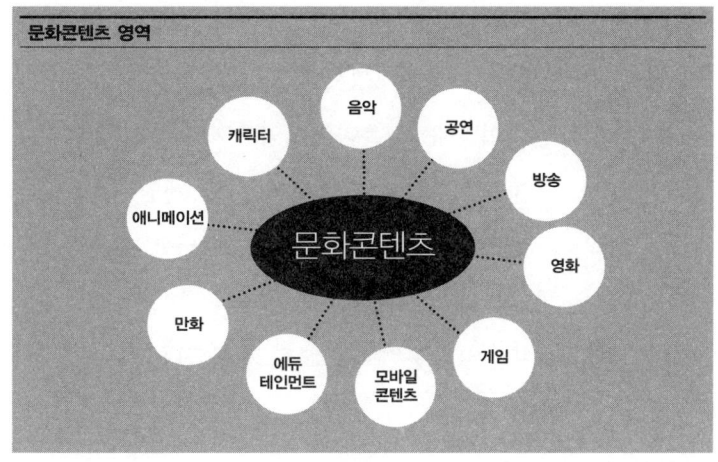

가 넘는 판매고를 기록했던 『만화로 보는 그리스로마 신화』는 TV애니메이션과 극장용 장편 애니메이션으로 제작되어 지금도 케이블, 위성채널을 통해 방영되고 있으며, 세계적인 캐릭터로 자리잡고 있는 국산 캐릭터 '뿌까'는 유럽과의 합작을 통해 TV 애니메이션으로 제작되어 전 세계에 방영되었다. 또한 2006년 대한민국 만화·애니메이션·캐릭터 대상에서 대통령상을 수상한 아이코닉스의 「뽀롱뽀롱 뽀로로」는 애니메이션, 캐릭터상품, 출판만화로 상품화되었고 뮤지컬로도 제작되어 계속 공연 중에 있는 등, 이제 특정 콘텐츠를 애니메이션, 캐릭터, 만화콘텐츠냐로 구분하려고 하는 것은 별 의미 없는 일이 되어버렸다.

이러한 만화, 애니메이션, 캐릭터의 일체화 속에서 애니메이션은 산업규모와 상관없이 OSMU의 산업화, 대중화, 비즈니스화의 첨병으로서 핵심적 역할을 담당하고 있다. 특정 콘텐츠가 OSMU를 전개하고자 할 때 그 핵심도구로 애니메이션이 항상 고려된다.「만화로 보는 그리스로마 신화」의 경우와 더불어 일본 반다이사(社)가 온라인게임 「포트리스」를 일본에 수입하고자 할 때도, 게임회사 넥슨이 히트 게임「카트라이더」의 캐릭터 사업을 활성화하고, 게임 캐릭터를 주인공으로 하여 새로운 게임을 만들기 위해 '캐릭터 파워'를 강화하고자 할 때도 애니메이션은 유용한 수단으로 채택된다.

영상콘텐츠 산업의 핵심 콘텐츠
할리우드 흥행영화 리스트를 살펴보면, 영화산업에서 애니메이션이 차지하고 있는 비중을 알 수 있다. 역대 전 세계 흥행 순위 30위 안에 드는 영화 중 한두 작품을 제외한 거의 모든 영화는 애니메이션이거나, 컴퓨터그래픽이 중요한 비중을 차지하고 있는 작품들이다.

컴퓨터그래픽의 발전은 영화「베오울프」와 같이 풀 애니메이션Full Animation이면서도 실사영화와 거의 구분이 되지 않는 영화를 탄생시켰으며, 이제 영화는 더 이상 "현실의 투영이 아니라 상상할 수 있는 모든 것을 관객의 눈앞에 이미지로 구현해내는 애니메이션"이 되었다는 분석에서 알 수 있듯이, 애니메이션이 없는 영화산업은 이제 상상할 수도 없다.

이러한 세계적인 '영화의 애니메이션화' 추세는 현재 위기를 맞고 있는 한국영화 산업에 시사하는 바가 크다. 한국영화 산업이 당면한 문제는 극장수익 위주의 기형적 수익구조와 시장규모의 한계로 인한 '수익성의 문제'이며, 그 원인 중 하나로 현재 전 세계 흥행영화 시장을 지배하고 있는 '가족용 영화'의 부재不在를 들 수 있다.

국내외로 시장을 확장시킴으로써 수익성을 개선해야 하는 한국 영화산업은 국내시장에서는 영화의 라이트 유저Light User층인 가족관객을 만족시키는 영화가 나와야 하며, 가족영화의 큰 축을 구성하고 있는 것은 전 세계적으로 「슈렉」과 같은 애니메이션이거나 「해리포터」, 「반지의 제왕」과 같이 '상상을 형상화' 시키는 애니메이션이다. 이 '애니메이션 영화'는 해외에서와 마찬가지로 앞으로 한국 영화산업의 지속적인 성장동력으로서 그 중요성이 부각되어야 할 것이다.

애니메이션의 수요는 세계적으로 계속 높아질 것이며, 문화콘텐츠 산업에서 차지하는 중요성은 매우 커질 것이다. 문제는 과연 이러한 영상콘텐츠의 미래 성장동력이자 OSMU의 핵심 콘텐츠로서, 애니메이션의 파워를 발휘하기 위한 산업 경쟁력을 어떻게 빨리 세계 최고 수준으로 끌어올릴 수 있는가 이다.

한국 애니메이션을 위한 변명

단순 하청산업이라는 오명

진로소주 TV 광고로 한국 애니메이션이 첫 선을 보인 이후, 1967년 한국 최초의 장편 애니메이션으로 제작된 신동헌 화백의 「홍길동」은 흥행 및 작품성 면에서 두 마리 토끼를 잡은 기념비적인 작품으로 기억되고 있다. 「홍길동」은 당시 미국과 일본 애니메이션과 비교해 볼 때, 특히 우리 애니메이션 을 말할 때 늘 비교대상으로 꼽히는 일본의 '아니메'와 비교해 볼 때 결코 뒤지지 않는 작품 완성도를 지니고 있었고, 흥행에 있어서도 1967년 1월 대한극장과 세기극장 두 곳에서 개봉되어 15일 만에 50만 명 관객을 동원, 그해 한국영화 흥행 2위를 기록하였다.

40년 전, 동일한 출발점에 서있었던 한국과 일본 애니메이션 산업은 1970년대 이후 서로 다른 길을 걷게 된다. 일본은 지속적으로 성장하는 일본경제와 함께 훌쩍 커버린 일본 내수시장을 위한 창작 애니메이션 산업을 발전시키면서, 오늘날 세계적 애니메이션 강국으로서의 기틀을 다져가게 되는 반면, 한국 애니메이션 산업은 그 산업의 역량을 하청제작에 집중하면서, 창작 애니메이션 제작의 하부 하청제작 인프라가 필요했던 일본 애니메이션과 미국 애니메이션의 하청 기지로 발전 방향을 정하게 된 것이다.

1970년대 '수출이 애국의 길이며, 수출로 달러를 벌어오는 것이 경제인의 책무'였던 당시 우리나라의 상황으로 볼 때, 이러한 애니메이션 산업의 하청산업화는 어쩔 수 없는 선택임과 동시에 사회적 요구이기도 했다. 하청산업의 발전은 당시 애니메이션 업계의 좁은 시야이거나 안이함, 또는 미래에 대한 무지함, 창작에 대한 무관심에 기인한 것이 아니라 섬유, 신발, 가발 등 대한민국 수출경제의 버팀목이었던 다른 제조업과 함께 한국 경제의 발전에 기여한다는 시대적 흐름에 따랐던 결과일 뿐이다.

경쟁력 제고의 기회상실 – 만화, 만화영화에 대한 사회인식
한국의 전자산업이 초기 OEM 하청생산과, 이후 축적된 자본을 투입하여 이루어진 R&D를 통한 자체 기술개발 및 과감한 투자를 통한 세계적 경쟁력 확보라는 산업발전 단계를 밟아왔던 것에 비해 한국 애니메이션 산업은 그러한 산업발전 과정을 거치지 못하고 1990년대까지 계속 하청생산 단계에 정체되고 만다. 이 역시 하청제작의 편안함에 자족해 온 업계에 그 책임을 전부 돌리기보다는, 만화 또는 만화영화에 대한 사회적 인식과 관심의 부재에서 기인한다고 보는 것이 더 타당할 것이다.

한국의 많은 산업은 정부의 적극적인 국내 산업보호 및 진흥정책 그늘에서 세계적인 상품과의 직접적인 경쟁을 피하면서 경쟁력을 축적해 왔다. 영화의 경우 스크린쿼터, 수입쿼터 등 정부의 문화보호정책 속에서 국내시장에서의 경쟁력을 키워올 기회가 주어졌던 반면 만화, 애니메이션 산업은 정부의 어떤 보호·진흥정책 없이, 또 사회의 무관심에 방치되며 하급문화로 치부되면서 경쟁력을 키울 수 있는 기회를 찾지 못했다.

TV에는 「황금박쥐」, 「아톰」, 「마린보이」, 「요괴인간」, 「플란

더스의 개」, 「들장미 소녀 캔디」 등 세계적 경쟁력을 갖춘 일본 애니메이션들이 국적을 감춘 채 안방극장에 깊이 침투했고, 외국 영화 직배사의 한국시장 진출 이후 자유롭게 한국 영화 시장에 진입한 디즈니의 장편 애니메이션은 한국 관객을 매료시키며 애니메이션에 대한 눈높이를 세계 최고수준으로 높여 놓았다. 외국으로부터의 국내산업 보호라는 산업진흥책은 만화, 애니메이션에는 해당되지 않는 것이었고 한국의 만화, 애니메이션은 존재하지 않아도 좋은, 우리 아이들의 건전한 정서를 해치고 공부를 방해하는, 보호할 필요성이 없는 산업이었다.

이러한 사회적 분위기와 환경, 정책 속에서 생존을 위해 하청산업에 머물러 있을 수밖에 없었던 한국 애니메이션 산업은 2000년대에 들어서면서 문화콘텐츠 산업으로서의 그 중요성이 부각되기 시작한다. 과거에는 아이들이나 보는, 사회문화적으로 별로 중요하지 않았던 한국 애니메이션도 이제는 일본·미국의 애니메이션보다 더 사랑받아야 하며 세계적인 히트작이 되어야 한다는 갑작스러운 시대적·문화적·사회적 책임에 맞닥뜨리게 된 것이다.

2000년대 – 하청에서 창작으로의 방향전환

2000년대 들어 IT, 문화콘텐츠 산업에 대한 중요성이 부각되면서 금융자본이 문화콘텐츠 산업에 주입되기 시작했고, 그동안 한국 애니메이션 산업 기반이었던 하청생산이 중국, 동남아 등 경쟁국과 비교하여 하청제작 가격 경쟁력이 저하되면서 하청물량이 줄어들기 시작했다. 이러한 외부적 자극과 생존을 위한 내부적 필요성에 의해, 한국 애니메이션 산업은 뒤늦게 창작 콘텐츠 개발에 전력을 기울이며 창작산업으로의 체질전환을 시도하게 된다.

구체적인 사례를 들어 설명하면 다음과 같다.

① 작품의 성공, 투자회수의 실패 -「바스토프 레몬」과「유니미니펫」

2000년 창작 애니메이션 제작이 활성화되면서 제작된 작품 중의 하나인「바스토프 레몬」은 2001년 KBS를 통해 방영된 TV 애니메이션 시리즈로 높은 완성도를 보여 세계시장에서 큰 호응을 받았던 작품이다. 미국시장에 수출된 이 작품은 세계적으로 애니메이션 매니아들의 칭송을 받았던「신세기 에반게리온」이 일본 애니메이션 사상 처음으로 실현하였던, 편당 수출가 1만 달러를 단숨에 기록했고 2003년에는 외국 애니메이션을 거의 방영하지 않는 일본 지상파 TV에 한국 애니메이션으로서는 사상 처음으로 방영되는, 등(TV Tokyo, 토요일 아침), 해외에서 큰 호응을 받으며 인정받았지만, 국내시장에서는 TV애니메이션의 주 시청층인 미취학, 저학년 아동들이 받아들이기에 너무 난해한 내용이라 큰 호응을 받지는 못했다.

또한 2001년 SBS를 통해 방영된「유니미니펫」은 국내 시청자들에게 큰 호응을 받으며 높은 시청률을 기록한 TV 애니메이션 시리즈였다. 「유니미니펫」이 기록한 12%의 시청률은 동기간 국내에서 방영되었던 일본의 세계적인 히트작 「방가방가 햄토리」, 「파워디지몬」과 동등한 시청률이었고, 2004년 중국시장에 수입된 유일한 한국 애니메이션으로서 2003년 애니메이션 수출대상을 수상하는 성과를 거두기도 했다.

2000년대 초에 제작된 한국 창작 애니메이션 작품들이 겪어야 했던 문제는, 결국 국내시장의 협소함이었다. 두 작품 모두 높은 작품 완성도와 재미, 국내외 시장에서의 호의적인 반응을 이끌어낸 수작이었으나 긴 투자회수기간과 국내시장의 협소함 때문에 바로 다음 작품제작에 착수할 수 있는 투자 자금의 회수에 어려움을 겪었다. 지속적인 창작 작품의 제작이 필수적인 창작 애니메이션 산업구조에서 투자자금의 회수기간 지연은 창작작품 제작의 공백을 야기했고, 이러한 문제는 당시 창작 애니메이션 제작을 시도했던 많은 기업들이 차기 작품 제작의 재원을 마련하지 못하고 시장에서 철수하는 결과를 초래하였다.

② 투자구조의 개선노력 - 「올림포스 가디언」

이러한 초창기 창작 애니메이션의 경험은 막연한 성공에 대한 기대 속에서 이루어졌던 한국 애니메이션의 과투자에 대해 경계심을 촉발하였다.

그러한 고민 속에서 나타난 것이 방송, 제작, 캐릭터 사업 등 전체 프로젝트의 사업 각 분야를 담당하는 기업들이, 각자

사업영역을 담당하고 일정 지분만큼 투자를 책임지는 제작위원회 방식이었다. 제작위원회 조직 내의 각 파트너들은 투자리스크 및 투자재원에 대한 부담을 줄이고, 각자 전문화된 사업영역에서 수익을 극대화시키는 수익확대, 투자리스크 감소라는 이점을 찾아낸 것이다.

『만화로 보는 그리스로마 신화』를 애니메이션화한 「올림포스 가디언」은 이러한 제작위원회 방식을 통해 추진되었다. 투자분담으로 각자의 소요재원을 줄일 수 있었으므로, 이제껏 투자재원의 문제로 인해 13편~26편에 머물렀던 한국 애니메이션과는 달리 처음으로 39편 시리즈로 제작되어 프로젝트 성공가능성을 높일 수 있었고, 기존 만화원작의 인기와 각 파트너들의 전문영역에서의 업무분담으로 인한 효율성으로 성공적인 캐릭터 사업전개와 높은 시청률을 달성하였다.

③ 투자위험의 분산과 시장의 확대 - 해외 공동제작

TV 애니메이션의 경우 미국과 일본을 제외한 세계 어느 나라도 국내시장만으로는 투자액을 전액 회수할 수 없다. 이러한 명백한 사실을 깨닫는데 수년이 걸린 한국 애니메이션 산업은 창작 애니메이션 제작을 위한 자금조달과 수익원을 찾기 위해 해외로 시야를 넓히게 된다.

단독적인 해외수출의 한계를 인식한 한국 애니메이션 산업은, 해외 파트너와의 전략적 제휴, 즉 각국이 보유한 비교우위의 경쟁력을 하나의 프로젝트에 투입하고 각자 시장을 확대하는 한편, 공동 투자를 통해 투자리스크를 줄이는 해외공동제작 방식을 활발히 추진했다.

한국의 온라인게임을 원작 콘텐츠로 한 「포트리스」 프로젝트는 반다이와 선라이즈라는 일본의 엔터테인먼트 대기업이 처음으로 참여한 한일 공동제작 프로젝트였고 국내에서 큰 반향을 일으킨 성공 OSMU 프로젝트로 기록되었다.

또한 대만 만화를 원작으로 한 「접지전사」는 중국의 상하이 미디어그룹이 본격적으로 참여한, 동북아 5개국이 참여한 범아시아 프로젝트로 주목받았으며, EBS와 캐릭터플랜, 프랑스 공영방송사 프랑스5 France5와 문스쿱그룹MoonScoop Group의 프랑스 애니메이션France Animation사가 공동 기획·제작한 작품인 한불합작 애니메이션 「빠삐에 친구」는 2008년 한국과 프랑스에서 동시 방영되었다.

진화하는 한국 창작 애니메이션 산업

창작산업으로서의 한국 애니메이션 산업의 화두

이처럼 수년간의 시행착오와 학습과정을 거쳐 한국 창작 애니메이션 산업은 어떤 다른 문화콘텐츠 산업보다도 발 빠르게 그 생존방식을 모색해왔다. 애니메이션 산업은 창작 애니메이션의 생존과 발전을 위한 문제해결에 초점을 맞추고 그에 집중하면서 진화해 왔으며, 이는 앞으로의 창작 애니메이션 산업의 정립에 계속 필요한 화두이기도 하다.

창작 애니메이션의 생존을 위해서는 충분한 수익확보를 위한 시장 확대가 필수적이다. 이 시장 확대의 문제는 성숙기에 접어든 일본 애니메이션 산업이나, 높은 비용의 문제를 안고 있는 미국 애니메이션 산업에 있어서도 늘 산업성장과 생존을 위한 과제로 추진되어 왔다.

① 국내시장의 확대 - 라이트 유저, 넌-유저 시장의 공략
시장의 확대는 해외시장뿐만 아니라 정체되어 있는 국내시장에 있어서도 필요한 일이다. 한국 애니메이션 시장은 미취학, 저학년 아동시장에 전적으로 의지해 존재하고 있는 것이 현실이며, 이러한 '아동용'이라는 딱지는 세계시장에서의 경쟁을 위한 한국 애니메이션의 경쟁력 제고를 가로막는 요인으로 작용하고 있다. 오후 시간대에 집중되어 있는 TV 애니메이션 시간대 배정에 기인한 이 '아동용 콘텐츠'라는 굴레는 현재 애니메이션 헤비유저Heavy User가 아닌, 다양한 연령층의 라이트 유저, 넌유저Non-User를 확보함으로써 극복되어야 한다.

② 해외시장의 확대 - 게이트키퍼와의 협력
애니메이션 제작을 위한 투자규모에 비해 협소한 국내시장을 갖고 있는 한국 애니메이션 산업에서 해외시장 개척의 필요성은 절대적이다. 이는 단순히 해외마케팅에 대한 투자 증대나 보다 적극적인 해외시장 개척 등의 구호로는 해결될 사안이 아니다. 애니메이션과 같은 문화상품은, 해외시장을 지

배하고 있는 소수의 미디어 및 메이저 배급사의 협조 없이는 효과적인 시장공략이 불가능한 분야이다.

먼저 이러한 게이트키퍼Gatekeeper들의 니즈를 파악하고, 이들을 파트너로 흡수할 수 있는 프로젝트의 설계, 네트워크의 형성이 선행되지 않고는 최종소비자에게 접근하는 일 자체가 불가능하다는 것을 인식해야 한다. 그 후에 이들을 공동제작 파트너로 만들 수 있는 구체적인 방법, 예를 들면 합작 등을 모색해야 한다.

투자리스크의 최소화 - 원가절감의 필요성

애니메이션에 대한 투자리스크 최소화는 지속적인 창작 콘텐츠 생산을 위해서는 필수 조건이다. 한국 애니메이션 산업은 제작위원회, 해외 공동제작 등의 방법을 모색하면서 투자리스크를 줄이기 위해 노력해 왔으며 이러한 투자리스크의 최소화는 이제 콘텐츠 제작원가의 절감 등 새로운 차원으로 발전되어야 한다.

하청산업 구도 하에서의 한국 애니메이션 산업에 있어서는, 원가절감 보다는 제작품질의 향상이 훨씬 더 중요한 생존의 수단이었다. 하청제작은 어차피 일정한 수익이 보장되어 있기 때문에 해외 구매자 입장에서 볼 때는 보다 좋은 품질의 작품을 만들어 내는 것이 계속적인 하청물량의 확보와 고급인력의 확보, 조직 운용의 효율성에서 더 바람직한 일이었던 것이다. 그러나 창작산업 구도 하에서는 어떻게든 저렴한 원가로 시장을 만족시키는 작품을 제작함으로써 투자리스크를 줄이는 것이 필요하다. 진화하고 있는 한국 애니메이션 산업은 생산시스템의 개선, CT의 개발 등을 통해 원가절감 노력을 이미 시작했다.

성공확률의 극대화 - 통합 마케팅 구조의 설계
'고위험-고수익'의 원칙은 대부분의 엔터테인먼트 분야에서 유효하다. 특히 작품 당 제작비 투자가 크고 제작 및 회수기간이 장기간에 걸쳐 이루어지는 애니메이션에 있어서의 실패의 대가는 시간적·금전적 측면에서 막대하다. 수년에 걸친 기획과 제작기간, 막대한 제작비를 자랑하던 프로젝트가 실패로 끝난다는 것은 어마어마한 금전적 손실뿐만 아니라 수백 명 참여인력의 수년간의 노력이 무의미하게 소진되었다는 것을 의미한다. 물론 그 시간이 전부 헛된 것만은 아니겠으나 실패한 애니메이션의 대가는 분명 혹독하며, 그렇기 때문에 애니메이션 프로젝트의 성공확률을 높이기 위한 노력은 절대적으로 필요하다.

성공확률의 제고는 다양한 방법으로 추진되고 있으며 앞으로도 더욱 발전해야 한다. 콘텐츠의 질, 기획의 독창성, 시장 니즈와의 부합 등의 필수적인 노력은 물론이고, 다른 장르에서 성공한 콘텐츠의 애니메이션화, 시장지배력이 강한 파트너의 영입, 강력한 배급망의 확보, 공동 마케팅을 통한 통합마케팅 노력 등 구조적으로 프로젝트 성공확률을 극대화시키기 위한 모든 노력이 절실히 필요하다.

해외시장에서의 성공사례

수년간의 시행착오와 학습, 진화의 과정을 거쳐 온 한국 애니메이션 산업은 앞서 언급한 산업발전의 화두, 즉 시장의 확대, 투자 리스크의 최소화, 성공확률의 제고를 위한 방안으로 해외 시장진출 및 해외 주요 배급사와의 공동제작을 적극적으로 추진하였다. 그 결과, 2006년 이후 한국 애니메이션의 해외시장에서의 위상이 어느 정도 확립되어간다는 사실을 반증하는 성공사례들이 나타나기 시작하였다.

① 「아이언키드」의 미국시장 성공

미국의 『애니메이션 매거진Animation Magazine』 인터넷판은 2007년 11월 25일자에서 한국의 디자인스톰, 대원미디어, 스페인의 BRB가 공동제작하여 미국 「Kids WB」에서 방영된 「아이언키드」(미국 타이틀, 「Eon Kid」)의 2007년 10월 13일 방영분이 전 미국 TV에서 방영한 애니메이션중 시청률 1위를 기록했다고 보도했다. 미국에서의 시청률 호조에 따라 미국의 완구회사 플레이메이츠Playmates는 「아이언키드」의 액션 피규어Action Figure등 관련 완구상품을 미국 월마트 2,000개 점포 및 전 토이저러스Toys R Us 점포에서 2008년 1월부터 판매를 개시한다고 전했다.

② 「장금이의 꿈」 일본시장 성공

2006년 4월, 일본 NHK를 통해 방영되기 시작한 「장금이의 꿈」(일본 타이틀, 「소녀 장금의 꿈」)은 최고 시청률 9.9%, 전국 평균 시청률 5.9%를 기록하면서 애니메이션 왕국 일본에서 시청률 10위에 올랐다.

③ 「뽀롱뽀롱 뽀로로」의 성공

한국 애니메이션의 대표적 성공작으로 손꼽히는 「뽀롱뽀롱 뽀로로」는 2003년 EBS-TV를 통해 방영되기 시작한 이래, 프랑스, 일본, 중국 등 전세계 42개국에서 방영되고 있다. 프랑스 공중파 TV TF1 방영시에는 점유율 41.7%라는 놀라운 시청점유율을 기록했고 2008년에도 새로운 시리즈가 제작·방영되면서 지속적으로 방영국 수를 늘리고 있다.

한국 애니메이션의 과제 – 미래를 향하여

하청산업 구조에서 탈피하여 창작 콘텐츠 산업으로서의 산업구조 정착을 위해 노력해 온 한국 애니메이션은 그 동안의 노력의 결과, 한국 문화콘텐츠 산업 중에서 가장 국제화되어 있고, 투자와 수익구조의 설계 등 프로젝트에 있어서의 산업적 이해도도 가장 높은 분야로 자리매김하고 있다.

그러나 한국 애니메이션이 해외 공동제작의 활성화를 통해 해외시장에서의 기반구축 및 제작품질의 국제화에 어느 정도

성과를 이룩했다고는 하나, 한국 애니메이션 산업이 할리우드나 일본 애니메이션 산업과 비교할 때 아직 충분한 경쟁력을 갖추었다고 자신하기에는 부족한 점이 많다. 해외시장으로의 진출이 계속 확대되고 있는 반면, 국내에서는 애니메이션 전문 TV 채널을 통해 노출되는 일본 애니메이션에 시장주도권을 내어주고 있으며, 낮은 TV 시청률과 노출빈도로 인한 국내시장에서의 캐릭터 사업의 부진은 애니메이션 프로젝트의 낮은 수익성의 원인이 되고 있다.

많은 진화와 학습과정을 거쳐 온 한국 창작 애니메이션 산업이 밝은 미래를 자신하기 위해서는 다음의 과제를 해결해야 한다.

미디어 유통기반의 확보

해외에서의 성공에도 불구하고 한국 창작 애니메이션이 국내시장을 일본 작품들에게 내어주고 낮은 수익성으로 고민하는 데는 그동안 한국 애니메이션의 주요 유통창구였던 지상파 TV시청률의 급격한 저하가 큰 원인으로 작용한다.

불과 2~3년전 만해도 10%를 상회했던 지상파 TV의 애니메이션 시청률은 작품과 관계없이 1% 수준을 맴돌고 있고, 애니메이션 시청자는 케이블과 위성 TV의 애니메이션 전문채널을 통해 오후 5시~8시 황금시간대에 집중 방영되는 일본 애니메이션에 지속적으로 노출되고 있다. 이는 과거 지상파 TV 방영을 통해 캐릭터의 인지도를 확보하고, 그를 통해 관련 캐릭터 상품을 판매하여 수익을 달성하는, 애니메이션의 '올드 비즈니스 모델'의 종말을 의미한다.

이처럼 속속 등장하고 있는 뉴미디어는 미디어의 근본 패러다임을 변화시킬 것이며, 그에 따른 콘텐츠 유통구조의 변화, 수요자의 새로운 니즈를 창출할 것이다. 케이블 TV의 등장에 미온적으로 대응하다가 국내시장 주도권을 일본 애니메이션에 내어준 경험에서 보는 바와 같이, 뉴미디어 시대의 도래에 효과적으로 대응하지 못하면 애니메이션 시장의 급격한 축소와 유통 기반의 상실로 이어질 수 있다.

아시아 콘텐츠의 개발

시장의 확대, 보완적 자원의 공유, 투자리스크의 최소화 등의 많은 해결 과제에 있어 해외 공동제작, 특히 아시아 국가들과의 공동제작을 통한 시장통합은 한국 애니메이션 산업에서 가장 중요한 화두 중의 하나이다. 애니메이션 산업은 영화 등 어떤 다른 분야보다도 이러한 아시아 공동제작 네트워크 구축의 선두에 있다. 그만큼 이는 생존을 위한 필연적 선택이었다는 의미이다.

그러나 아시아 공동제작이 갖고 있는 장점에 비해 실제로 실현되는 아시아 공동제작 프로젝트는 그리 많지 않은 것이 현실이다. 그 원인으로 세계 최대 애니메이션 시장으로 성장한 중국의 자국 애니메이션 보호정책과 같은, 각국의 방송·문화산업 보호 정책, 공동 제작 작품의 TV 방영을 위한 국가

별 국산물 승인제도 등을 들 수 있지만, 이는 국경을 초월한 공동제작 및 시장통합 과정에서 자연스럽게 발생하는 문제점으로 이해해야 한다.

보다 근본적인 아시아 콘텐츠 활성화 방안은, 결국 아시아 시장을 위한 콘텐츠 개발에 초점을 맞추는 것이다. 아시아 공동제작에 단순한 비즈니스 네트워크나 사업구도만이 중시되어서는 곤란하며, 결국 좋은 콘텐츠를 만들기 위한 방법으로서의 아시아 공동제작을 바라보는 시각이 필요하다.

즉, 한국 콘텐츠의 수출을 위한 방법론이라는 개념에서 탈피하여, 소재의 원천 국가가 중국이든 인도이든 태국이든 간에 아시아 시장에서 시장성있는 소재를 공동으로 개발해 아시아 시장에서 성공을 거두고 이를 발판으로 미국, 유럽시장으로 진출한다는 접근법이 필요하며, 그 노력이 결실을 맺을 때 비로소 진정한 아시아 콘텐츠 시대가 열리고 그 시장통합의 효과가 극대화 될 것이다. 해결해야 할 과제는 이러한 의미의 진정한 아시아 콘텐츠의 개발과 공동 협력 구도 속에서, 한국 애니메이션 산업이 얼마나 그리고 어떻게 주도적 역할을 할 수 있느냐이다.

콘텐츠 중심주의 실현 - 결국은 또 다시 콘텐츠다

애니메이션은 문화콘텐츠 산업 중 가장 '산업적' 성격이 강한 분야이다. 그러므로 어떤 분야보다도 비즈니스적 시각과 접근법이 발전해 왔다. 애니메이션을 활용한 캐릭터 상품의 판매가 그렇고, 해외 공동제작을 통한 시장 확대에 있어서도 가장 앞서 있는 분야가 애니메이션이다. 또한 뉴미디어 적합성이 가장 뛰어나면서, 새로운 미디어에 대한 대응도 다른 문화콘텐츠 산업보다 발 빠르게 움직이는 분야도 애니메이션이다.

그러나 이제껏 논의했던 이슈들, 예를 들면 아시아 시장을 위한 아시아 콘텐츠 개발의 중요성, TV 애니메이션 '올드 비즈니스 모델'의 소멸에 따른 캐릭터 사업용 애니메이션의 한계, 유통구조의 변화를 극복하는 과정에서 파생된 새로운 시장의 요구를 충족하는 콘텐츠 개발 등은 모두 지금까지의 애니메이션 산업에 대한 접근법을 일부 수정할 것을 요구하고 있다. 결국, 콘텐츠 자체에 대한 관심과 노력이 현안 문제를 해결하고 미래의 비전을 실현하는 데 필수적이라는 얘기다. 이는 문화콘텐츠 산업 전체에 대한 시각에서도 '산업' 위주의 접근법이 아니라 궁극적으로 '문화콘텐츠' 자체를 중시하는 '콘텐츠' 위주의 접근법이 요구되는 것과 같은 맥락이다. 문화콘텐츠 산업의 주인은 '사업구도'가 아니라 당연히 문화콘텐츠이며, 이는 가장 산업적 성격이 강하다는 애니메이션에서도 예외일 수 없다.

과거, '스폰서를 위한 30분짜리 광고'라고 까지 불리며 캐릭터 상품 홍보수단에 머물렀던 일본 애니메이션을 오늘의 작품수준까지 끌어올리는 데 기여한 많은 요인 중 하나가 '작품성 자체로만 승부하는' OVA Original Video Animation의 발달이었다는 것은 우리에게 시사하는 바가 크다. 글로벌 프로젝트의 창조 등의 구호 아래, 한국 애니메이션의 국제화·산업화가 촉발되고 있지만, '애니메이션 영화' 자체에 대한 관심과 창작능력의 향상이 진정한 산업화를 위한 선결과제라는 점 또한 간과해서는 안 된다. 결국, 콘텐츠가 가진 재미와 감동이 핵심이다.

7장 공연산업의 성공요인과 시장 전망

김병석 | CJ Entertainment 공연사업본부 상무

공연 vs 영화

공연산업은 문화예술의 상품화를 통해 부가가치를 창출하는 대중문화 흥행 산업이다. 이러한 사전적인 정의를 좀 더 확대해보면, 공연산업은 양질의 콘텐츠를 확보하여 최적의 형태로 패키징한 뒤 마케팅 활동에 힘입어 부가가치를 창출하는 산업으로 볼 수 있다.

공연산업은 라이브형 산업으로 사업성 면에서 다른 산업과 비교했을 때, 기술 발전 등의 외부 환경 변화에 크게 영향을 받지 않으며, 투자 대비 회수 기간 역시 매우 짧은 특성을 보인다. 또한 흥행성이 검증된 작품 중심의 라인업 구성으로 흥행 리스크 분산이 가능하며, 산업구조 측면에서는 소수의 조직이 고용, 관객, 티켓 판매 수입 등에서 산업 전체를 지배하는 과점적 형태를 가진다. 이러한 공연산업의 특성은 산업 형태가 비교적 유사한 영화와 비교할 때 더욱 명확히 드러난다.

영화와 공연은 흥행 상품이며 극장 인프라를 통해 직접적인 경험으로 소비되는 경험재라는 공통분모를 가진다. 영화가 넓은 고객층을 대상으로 저가로 소비되는 저관여 상품인데 반해, 공연은 상대적으로 구매력 높은 매니아 고객층을 대상으로 높은 가격대로 소비되는 고관여 상품이라는 점에서 차이점이 있다. 또 영화는 극장 개봉 이후 온라인, 공중파, CATV, 모바일 등 다양한 경로를 통해 복제 유통되는 반면 라이브형 산업인 공연 상품은 오직 극장에서만 소비되므로 부가적인 가치 창출은 제한되어 있다. 제품수명주기로 볼 때 영화는 극장 개봉, DVD, 방송 방영 등 1~2년의 기간 안에 집중적으로 소비되는 비교적 짧은 주기를 가진다면, 성공한 공연 작품의 경우 10년 이상 막을 올리는 등 긴 수명 주기를 가지기도 한다.

공연시장 규모

국내시장 규모를 미국, 영국, 일본의 선진국과 비교해 봤을 때, 전체 시장 규모 기준으로는 미국이 75억 달러, 영국이 12억 달러, 일본이 20억 달러, 한국이 2.2억 달러로 큰 편차를 보인다. 인구 숫자를 고려한 1인당 공연시장 규모를 살펴보면, 미국 28.82달러, 영국 19.64달러, 일본 16.07달러, 한국 4.6달러의 순으로 격차가 있음을 알 수 있다.

미국, 영국, 일본의 전체 공연시장은 뮤지컬이 중심이며, 일본의 경우 뮤지컬 시장의 주도적인 성장이 전체 공연시장의 확대를 이끌고 있다. 국내시장의 경우 향후 선진국에 근접한

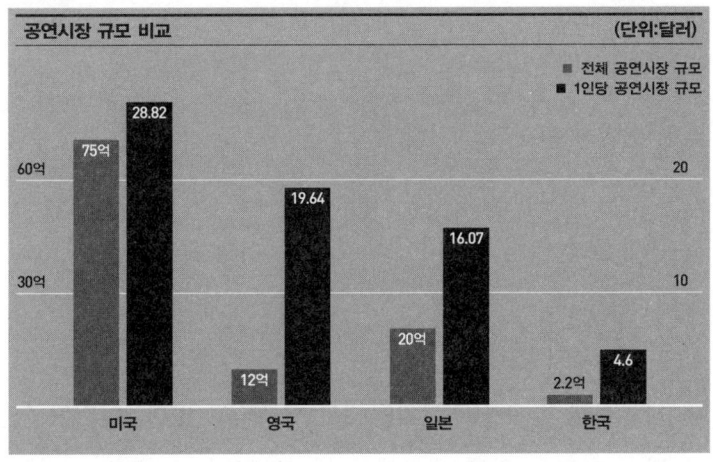

GDP 상승을 가정했을 때 3배 정도의 성장 잠재력을 가진 것으로 평가된다.

문화관광부 자료에 따르면 국내 공연시장은 연평균 15% 내외의 성장세로 평균 경제성장률 대비 높은 수치를 기록하고 있으며, 2005년을 기점으로 전체 시장 규모는 2,000억 원대로 진입하였다. 이러한 높은 시장 성장세는 뮤지컬 시장 확대에 힘입은 바 크다. 매년 약 20%의 성장을 지속하고 있는 뮤지컬 시장은 2007년 기준 1,500억 원의 매출을 기록하며, 총 공연 매출의 50% 이상을 차지했다. 또 관객 규모 역시 전체 공연 관객의 40% 이상을 차지하고 있다.

공연문화 확산

정부에서는 21세기 중점 육성 산업으로 문화콘텐츠 산업을 선정하여 각종 인프라 확충 및 지원을 정책적으로 추진하고 있다. 복권 사업 기금으로 전국 문예회관연합회를 지원하여 지방 공연을 육성하고 있으며, 지자체를 중심으로 공연장 건립 역시 활발히 추진되고 있다.

2005년 10월 문광부에서 발표한 '예술 현장을 위한 역점 추진 과제'를 살펴보면, 6대 정책 방향과 28개 역점 추진 과제를 통해 예술인의 지위를 법적으로 보장하고 1,000억 원 규모의 공연 예술투자 조합을 설립하는 등 현장의 공연 예술인을 지원하는 정책 과제가 정부차원에서 시행되고 있다. 이러한 역점 과제 추진을 위해 문화부에서는 2007년에는 579억 원을 투입하였다.

현재 대기업 위주로 재편되고 있는 엔터테인먼트 업계 내부에서는 공연사업이 신규 사업군으로 부각되면서 롯데, 중앙일보 등 신규 대기업 자본이 유입되고 있다. 이러한 대자본은 공연 시장에서 요원한 극장 인프라 확충과 대형 콘텐츠 개발로 이어져 시장 확대를 가속시킬 것으로 예상된다. 또한 싸이더스, 시네라인투 등의 영화제작사는 물론 SM엔터테인먼트, YG엔터테인먼트 같은 연예기획사에 이르기까지 역시 창작 및 라이선스 공연 제작을 통해 공연 시장 진출을 시도하고 있는 상황이다.

사회 전반적으로 살펴보면, 공연 분야에 관심이 증대되면서 대학 아카데미를 중심으로 공연 관련 학과가 증설되고 있으며 해외 유학을 통한 전문 인력들이 지속적으로 유입되고 있다. 이는 공연물이 일부 고소득 계층만 향유하는 고급문화라는 인

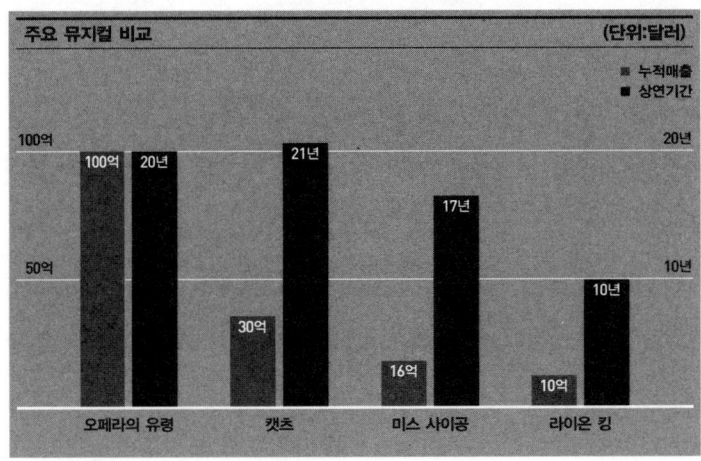

식에서 벗어나 새로운 대중문화 코드로 공연문화가 안착되고 있음을 보여준다. 주5일 근무제로 인한 생활 패턴의 변화로 여가 문화가 다양해졌으며, 직장인을 중심으로 한 인터넷 공연 관람 동호회의 폭발적인 증가 역시 공연시장의 밝은 미래를 보여주는 예이다

공연문화 확산

전 세계적으로 흥행한 뮤지컬인「오페라의 유령」,「캣츠」,「미스 사이공」,「라이온 킹」의 누적 매출과 상연 기간을 살펴보면 장기간에 걸쳐 높은 부가가치를 창출하는 뮤지컬 산업의 특징을 파악할 수 있다. 전 세계적으로 사랑 받는 작품인「오페라의 유령」의 경우 1986년 런던에서 초연된 이후 21년간 8,000만 명이 관람하고 109억 달러에 이르는 매출을 기록하였다.「오페라의 유령」과 함께 4대 뮤지컬로 일컬어지는「캣츠」는

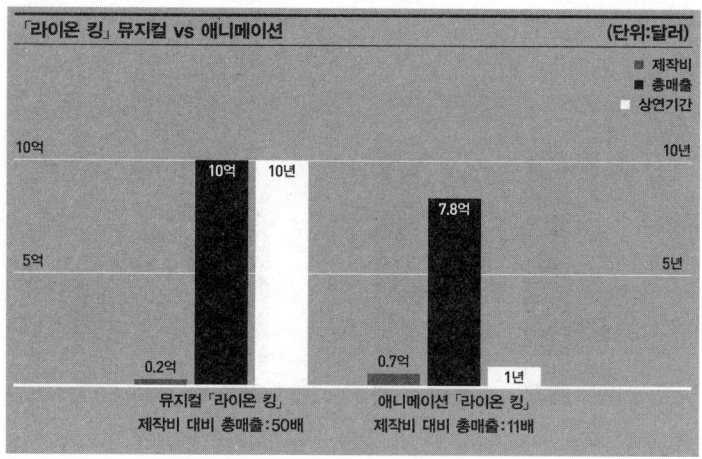

21년간 30억 달러의 매출을, 「미스 사이공」은 17년간 16억 달러의 매출을 기록했다. 이러한 매출 규모는 전 세계에서 동시에 개봉하는 블록버스터 영화의 기록을 뛰어 넘는 수치이다.

「라이온 킹」을 통해 영화와 공연의 수익성을 직접적으로 비교해보면 그 결과는 더욱 흥미롭다. 만화 영화 「라이온 킹」의 경우 7,000만 달러의 제작비로 1년 정도의 상연기간을 갖고 전세계에서 7.8억 달러의 매출을 기록한 반면, 뮤지컬은 2,000만 달러의 제작비로 10년이 넘는 기간 동안 총 10억 달러의 매출을 달성했다. 뮤지컬 「라이온 킹」의 경우 현재 뉴욕과 런던을 비롯한 전 세계 곳곳에서 공연 중이므로 앞으로 영화와의 격차는 더욱 벌어질 것으로 예상된다.

국내 공연계에서 대표적인 흥행작으로 꼽히는 뮤지컬은 「오페라의 유령」과 「맘마미아」이다. 먼저 「오페라의 유령」은 2005년 공연 기준으로, 예술의 전당 오페라 극장에서 100회

공연으로 93.5%의 객석점유율을 기록하며 18만 7,559명을 불러모아 178억 원의 매출을 달성했다. 이러한 성공 요인은 오리지널 투어 프로모션을 통해 작품의 완성도가 완벽에 가까웠다는 점, 2000년 초연과 동명 영화 흥행 등으로 지명도 역시 매우 높았다는 점에 있다.

순수 국내 배우들이 출연하는 라이선스 형태로 제작한 「맘마미아」는 2004년 공연을 기준으로, 예술의전당 오페라극장에서 114회 공연으로 78%의 객석점유율로 18만 3,320명의 집객과 140억 수준의 매출액을 기록하였다. 이 작품의 경우 70년대의 향수를 불러일으키는 '아바'의 음악으로 중장년 관객층을 공략한 것이 성공의 요인으로 풀이된다.

창작 공연물의 최고 성공 사례로 손꼽히는 작품은 단연 「명성황후」와 「난타」이다. 1995년 초연된 뮤지컬 「명성황후」는 12년간 서울공연 12차례, 지방투어 59차례, 해외 투어 4차례를 통해 700회 막을 올렸으며, 2007년에는 100만 명의 관객을 돌파하는 등 매출규모 500억 이상으로 예상된다. 넌버벌 퍼포먼스인 「난타」는 전세계 19개국에서 150개 도시 투어를 진행했으며 현재 서울 강북, 강남에 전용극장 2개관을 운영 중이다. 1997년 초연 이후 전 세계 350만 명 이상의 관객을 동원하였으며, 2007년 기준 700억 원의 누계매출을 기록 중이다. 두 작품 모두 앞으로 지속적으로 막을 올릴 예정이므로 이 수치들은 현재 진행형이다.

국내 공연시장이 성장하면서 이러한 롱런 히트작들이 꾸준히 양산되고 있다. 뮤지컬 「아이러브유」는 2년간 장기 공연에 성공하면서 30만 명의 관객을 동원했다. 또한 연극 「라이어」는 8년간 80만 명, 연극 「백설공주를 사랑한 난장이」는 7년간 50만 명의 관객을 극장으로 불러 모았다.

최근에는 비보이 댄스 퍼포먼스 「비보이를 사랑한 발레리나」, 마셜아츠 퍼포먼스 「점프」 등 퍼포먼스 공연물의 잇따른 성공이 공연계의 주목을 받고 있다. 「비보이를 사랑한 발레리나」의 경우 최근 엔터테인먼트 업계의 이슈로 떠오르고 있는 비보이 콘텐츠의 시발점으로, 극적인 내러티브가 약한 댄스 공연물은 성공하기 힘들다는 공연계의 통념을 깨고 과감히 1020세대의 트렌드에 맞는 비보이 댄스를 전면으로 부각시킨 것이 성공 요인으로 꼽히고 있다.

「점프」는 마셜아츠 퍼포먼스에 코믹적인 요소를 적극 가미해 해외 시장에서 먼저 인정을 받은 것이 가장 큰 성공의 요인으로 분석된다. 영국 에딘버러 페스티벌을 통해 해외 공연 평단과 관객의 지지를 받았으며 이러한 반향이 국내에서 크게 이슈화되었다.

이러한 새로운 장르적 시도 외에, 전용관 개관 및 장기 임대를 통해 사업 수익성을 향상시킨 것 또한 주요 성공 포인트로 꼽을 수 있다. 「점프」는 영화관 시네코아를 전용관으로 리모델링해 연중 내내 장기 공연을 할 수 있는 인프라를 구축했으며, 「비보이를 사랑한 발레리나」 역시 홍대에 전용극장을 확보했다. 이렇듯 검증된 콘텐츠의 경우 장기 공연을 통해 러닝

순수 전용관 작품			장기 임대 전용관 작품		
작품명	개관일	규모	작품명	극장	개관일
난타	2000년 7월	487석	라이어	샘터파랑새	2000년 7월
펑키펑키	2003년 10월	350석	지하철 1호선	학전그린	2002년 3월
비보이를 사랑한 발레리나	2005년 12월	400석	사랑은 비를 타고	인켈아트홀	2004년 12월
점프	2006년 9월	450석	리어왕	아트홀 스타시티	2006년 1월

코스트를 최대한 낮춰 수익성을 최대화시킬 수 있다.

현재 「난타」, 「라이어」, 「점프」, 「비보이를 사랑한 발레리나」, 「브레이크아웃」 등 10개 남짓한 작품들이 전용관이나 장기 임대 극장을 통해 장기 공연을 진행하고 있다. 그러나 장기 공연을 주도하고 있는 이러한 공연 콘텐츠들은 작품 규모가 500석 이하의 중소 규모의 극장에 한정되어 있다. 앞으로 1,000석 이상의 대형 극장에서 장기 공연이 가능한 킬러 콘텐츠를 탄생시키기 위해서는 배우, 스텝 등의 양질의 제작진을 육성하고 인프라 차원에서 대형 전용극장을 확보하는 노력이 절실하다.

한국 공연산업의 미래

최근 웨스트엔드와 브로드웨이의 뮤지컬계를 살펴보면, 소재 고갈 및 시장 성장 정체 등의 문제가 대두되면서 기존에 영미권에 집중되었던 작품 소재가 기타 유럽 및 아시아 지역으로 확대 되는 추세에 있음을 알 수 있다.

대표적인 예는 2002년 웨스트엔드에서 막을 올렸던 인도 배경의 뮤지컬인 「봄베이 드림즈」로, 가난한 인도 청년이 영화배우로 성장하는 성공기를 담은 작품이다. 이 작품은 영국 내 인도계층의 지지를 받으며 손익분기점을 넘겨 2년 동안 장기 공연에 성공했다. 미국 브로드웨이 작품인 「더 라이트 인 더 피아자」는 이탈리아를 여행하는 모녀의 로맨스 이야기를 그린 것으로, 링컨 센터에서 막을 올려 2006년 토니상 6개 부분을 수상할 정도로 히트를 기록했다.

이러한 움직임과 더불어 세계 최대의 뮤지컬 제작사인 카메론 매킨토쉬 사나 네덜란더Nederlander사는 중국 시장 합작 법인 설립 등 아시아 시장 진출을 본격적으로 추진하고 있다.

국내 시장 전망의 흐름은 크게 네 가지로 설명할 수 있다.

첫째, 자국 콘텐츠 비중이 커지고 있는 추세이다. 국내 인력들의 제작 역량이 강화되고 시장 성장에 따른 제작 투자가 활성화 되면서 우수 국내 공연물들이 급격히 증가하고 있다. 또한 4대 뮤지컬이라 일컫는 「캣츠」, 「레미제라블」, 「오페라의 유령」, 「미스 사이공」이 모두 국내에서 막을 올렸을 정도로 많은 수의 해외 작품들이 국내에 소개되었기 때문에 국내 순수 창작물과 한국형 라이선스물이 더욱 활성화될 것이다.

이러한 흐름에 따라서 순수 창작물과 라이선스 제작물의 경계는 앞으로 더욱 모호해질 전망이다. 신시뮤지컬컴퍼니에서 제작한 뮤지컬 「댄싱섀도우」는 차범석의 「산불」을 원작으로 국내 배우들이 예술의전당에서 초연을 하게 됐지만 각색, 연출, 음악 등의 주요 크리에이티브 스텝들이 해외 아티스트들로 구성이 되었다. 또 오디뮤지컬컴퍼니의 뮤지컬 「드림걸즈」의 경우처럼 국내 및 해외시장 진출을 전제로 기획단계부터 브로드웨이 프로듀서, 해외 아티스트와 공동으로 제작하는 케이스가 생겨나고 있다.

이렇듯 공동제작의 형태가 다양해지는 가운데, 해외 스텝들이 만드는 창작 뮤지컬과 국내 스텝들이 만드는 라이선스 뮤지컬을 지금처럼 '창작 vs 라이센스'의 개념으로 분류해야 하는지에 대해서는 재고가 필요한 실정이다.

둘째, 한국, 중국, 일본의 투어시장 확대이다. 성장 가능성이 무한한 중국과 뮤지컬 시장규모가 6,200억 원에 이르는 일본, 그리고 2,000억 원대를 바라보고 있는 한국시장이 하나의 광역 시장을 이룬다고 가정해보면 투어 프로덕션을 통해서 3개국 장기 공연이 가능해질 전망이다. 실제로 2006년 CJ엔터테인먼트와 오디뮤지컬컴퍼니가 제작한 「지킬앤하이드」는 서울, 도쿄, 오사카 등 7개 도시의 투어 공연을 통해 124회의 공연으로 약 90억 원의 매출을 기록하여 아시아 투어 시장의 성공 가능성을 입증했다.

셋째, 인프라 구축에 따른 국내 시장의 확대이다. 뮤지컬 전용 극장이 설립되면서 안정적 수익 모델이 창출되어 시장 성장은 더욱 탄력을 받을 것으로 예상된다. 뮤지컬 전용 극장에서 대형 작품의 3년 이상 장기 공연이 현실화 된다면 단일 작품으로 150만 명 이상의 관객과 1,000억 원 이상의 매출을 기록하게 될 것이다.

넷째, 뮤지컬 산업의 전문 분업화 추세이다. 뮤지컬 제작 규모가 커지면서 제작, 투자, 홍보, 마케팅, CRM 등 부문별 전문 분업화가 가속화되고 있다. 전문 제작사를 표방하는 프로덕션들이 신작을 발표하고 공연 투자만을 목표로 한 펀드가 조성되고 있으며 마케팅 및 티켓 매니지먼트 대행사들이 전문 서비스를 제공하고 있다. 전문화 흐름은 최근 1~2년 사이 더욱 활발해졌으며 이러한 전문 분업화에 따른 업무 효율성의 증대는 국내 뮤지컬 시장의 전망을 더욱 밝혀주고 있다.

8장 영화산업, 지금이 기회다

길종철 | CJ Entertainment 전략기획실장

스탠리 큐브릭 감독의 「2001 스페이스 오딧세이」는 짧은 시간 동안 그 어떤 영화보다도 긴 시간을 보여주는 영화다. 영화의 첫 장면에 유인원들은 먹고 있던 동물의 뼈를 허공으로 던지고, 그 동물의 뼈는 미래 세계의 우주선으로 바뀐다. 가장 짧은 시간에, 태초의 원시시대부터 먼 미래까지 인류 진화의 과정을 영화로 보여주었다.

이 영화의 흐름처럼 이 글 또한 영상을 기록하고 재생하는 장치들은 어떻게 만들어졌고 어떻게 일반에 들어오게 되었고 진화가 되었는지, 아울러, 그 진화를 바탕으로 한국영화는 어떻게 성장했는지 짚어보고, 마지막으로 미래의 영화와 영화 비즈니스는 어떤 모습일지 살펴보고자 한다.

영상 기록장치의 탄생

인류의 영상 기록에 대한 노력은 아주 오래전부터 시작된 것으로 추정된다. 스페인 알타미라에서 발굴된 기원전 1만년~5,000년으로 추정되는 동굴 벽화에는 소, 말, 사슴 등을 역동적으로 표현한 그림이 많았는데, 그 중 특이하게도 다리가 8개인 소의 그림이 발견되었다. 어느 전문가는 분석 결과, 이 그림이 다리가 4개인 동물의 움직임을 표현한 것으로 결론지었으며, 바로 이것을 애니메이션, 즉 동영상의 기원으로 보고 있다. 이렇게 인류는 기원 1만 년 전부터 움직임을 포착하고 기록하려는 노력을 해왔다.

19세기 초반에 들어서면서 사진이라는 형태가 프랑스에서 개발되었고, 1884년에 G.이스트먼이 셀룰로이드를 롤 형태로 만든 필름을 개발한다. 이것은 영화 역사상 가장 중요한 발명이 되었고, 그 이후인 1889년, 발명의 아버지라 불리는 에디슨이 지금 보는 형태와 유사한 롤필름을 사용하여 영화를 볼 수 있게 하는 장치인 키네토스코프를 개발하게 된다. 하지만 에디슨이 개발한 키네토스코프조차도 여러 사람이 보기에는 무리였으며, 1인 관객 혼자서만 영화를 볼 수 있는 수준이었다. 그 후 1895년, 드디어 프랑스의 뤼미에르 형제가 시네마토그라프라는 지금 형태의 촬영기이자 영사기를 개발하게 된다. 영화의 탄생은 1895년 뤼미에르 형제가 지금과 같은 형태의 촬영기와 영사기를 개발한 시네마토그라프로부터 시작한다. 하지만 시네마토그라프는 1914년에 발발한 2차 세계대전 때문에 유럽에서 널리 보급되지 못하다가, 1920년대부터 미국 헐리우드로 건너가고, 이로써 영화산업이 눈부신 발전을 하게 되는 전환점을 맞이하게 된다.

영화가 헐리우드에서 활성화되고 있던 1931년, 텔레비전이 개발되었다. 물론 그 이전에도 여러가지 기술적인 방식이 제시되었지만 지금과 같은 형태의 텔레비전은 1931년 미국의 RCA가 전자식 텔레비전으로 개발해, 흑백 TV로 첫 시험방송을 함으로써 탄생했다. 1953년에 등장한 칼라 TV는 한국에서는 1980년대에 비로소 보급되기 시작했다. 이렇듯 필름에 영상을 기록하는 장치가 먼저 개발되었고, 이후 방송 형태로 영상을 보여주는 기계 장치가 개발되었다.

한편, 컴퓨터는 1946년 집 크기 만한 계산기인 'ENIAC'으로부터 시작해서 현재의 손바닥 안에 들어 오는 작은 기기로 진화되어 왔다. 컴퓨터는 당초 영상을 기록하기 위해 만든 것은 아니지만 지금 시점에서는 영상 기록, 재생 장치로서 주목할 수밖에 없는 매체가 되었다.

그리고 1956년, 미국의 'AMPEX'라는 회사가 VTR을 개발하였다. 그 이전에는 녹화방송을 할 수 없어 불가피하게 생방송만을 했으나, 마그네틱 테이프에 영상을 기록하고 재생하는 기계를 방송용으로 쓸 수 있도록 개발하여 녹화방송이 가능하게 된 것이다.

이렇게 영화, 텔레비전, VTR 순으로 영상 기록장치가 탄생하였고, 컴퓨터를 포함하여 영상을 기록하고 재생하여 즐길 수 있는 기계는 여러 가지 다양한 형태로 진화를 거듭해 왔다.

홈엔터테인먼트 Home Entertainment의 진화

1970년대에는 영상 기록장치가 가정으로 들어오기 시작했다. 영상 기록장치의 가정내 진입의 가장 큰 기폭제는 일본 회사들의 개발력이었다. 유럽이 원천 기술을 개발하고 미국에서 상용화하여 방송국에서만 쓸 수 있었던 VTR을, 1975년 소니가 'β-Max'라는 가정용 VCR로 개발했고, 그 이듬해에 VHS-VCR이 연이어 소개되었다. 이 때 VTR은 VCR로 바뀌게 되었는데, 'C'는 카세트를 의미하는 것으로, 이것이 녹화 재생 기술을 가정용화 할 수 있게 한 중요한 기술적 변화다. VHS는 일본의 JVC가 개발했는데, 기술적인 열세에도 불구하고 장기 녹화 등 여러 가지 기능적인 부분, 그리고 많은 영화를 미리 보급하는 능력 때문에 기술적으로 우월한 소니의 포맷을 제치고 세계 표준이 된다. 이런 경쟁의 역사를 전자 업계에서는 1차 AV 전쟁이라고 부르는데, 이 전쟁에서 소니는 완패하고 말았다.

한편, 1978년 JVC는 디스크에 영상을 담는 장치인 VHD를 개발했지만 널리 보급되지는 못했다. VHD보다 조금 더 많이 보급된 LD 디스크는 파이오니아Pioneer가 1981년 개발해서 상용화했으며, 영화를 중심으로 다양한 영상을 고화질로 보급했다. 하지만 이 역시 2002년에 철수되어 20여 년의 수명밖에 누리지 못했다.

1975에서 1976년 사이, 경쟁사 JVC에 1차 AV전쟁에서 완패했던 소니는, 다른 방법으로의 접근을 꾀하게 된다. 소니는 결국 미래 영상시장의 헤게모니를 잡는 방법은 콘텐트를 장악을 하는 것이라고 판단, 1989년 헐리우드에 진출하게 된다. 소니가 콜롬비아 영화사를 당시 약 68억 달러 정도에 인수하면서 미국 전체를 들끓게 한 것이다. 미국의 혼을 일본에 팔았다는 기사와 함께 『뉴스위크』지 전면에 기모노를 입은 자유의 여신상 사진이 게재되기도 했다. 소니를 뒤따라 마쯔시다도 바로 이듬해에 MCA그룹을 인수한다. 업계에서는 두 전자회사가 모두 헐리우드에 진출하게 된 이 사건을 2차 AV전쟁이라고 부른다. 이렇게 여러 가전 업체들은 21세기 하이 비전 시대의 영상시장은 기술과 콘텐츠의 결합 없이는 성공할 수 없다고 판단하여 속속 헐리우드에 진출하기에 이르렀다.

또한, 1995년 소니와 도시바는 각각의 DVD 포맷을 제안했다. β-Max, VHS-VCR 전쟁에서도 보았지만, 두 가지 포맷이 공존하는 것이 소비자 입장에서도 불편하고, 가전업계 입장에서도 별로 바람직한 일이 아닐 뿐 아니라, 콘텐트 업계 입장에서도 역시 좋은 일은 아니다. 그래서 소니와 도시바 진영의 합의를 통해 포맷을 통일하여 보급을 하게 되었는데, 이때 포맷 통일의 가장 중요한 역할을 한 주체가 바로 헐리우드의 워너 브라더스를 중심으로 한 메이저 영화사들이었다. 이를 기점으로 AV 기기의 포맷 결정이 콘텐트 업계의 주도로 이루어지게 되었다.

그리고 최근까지, 차세대 DVD가 포맷 경합 중이었다. 소니가 주도하는 청색 레이저Blue Ray와 도시바가 제안한 HD-DVD가 경쟁하던 중, 2008년 2월 19일 도시바가 공식적으로 패배 선언을 했다. 이 같은 도시바의 전격 철수의 직격탄 역시 그간 HD-DVD의 지원 세력이었던 워너가 블루레이로 옮겨 간 일이었다. 기존의 DVD는 적색 레이저를 썼는데, 소니가 청색 레이저를 쓰는 디스크 기록 재생장치를 개발하면서 월등한 기술을 앞세워 헐리우드 영화사와 먼저 접촉하기 시작했다. 물론 소니는 자사의 영화사인 소니 픽처스의 영화를 청색 레이저로 출시했다. 그리고 워너브라더스가 청색 레이저 쪽으로 하이 비전High Vision의 디스크를 출시했다. 1차 AV 전쟁에서의 교훈과 마찬가지로, 기술적인 우위가 아니라 소비자들이 어떻게 더욱 편리하게 좀더 다양한 영화를 볼 수 있게 할 것인지가 차세대 DVD 전쟁에서도 승부를 가늠하는 주요 잣대가 된 것이다.

지금까지의 과정을 살펴보면, 영화가 미디어를 처음 만나게 된 지점은 바로 비디오로 대표되는 패키지 미디어가 탄생했을 때였다. 처음에는 극장에서만 영화를 보다가, 텔레비전이 나오면서 영화가 없어질 것이라는 우려가 팽배했으나 영화는 건재했다. 다시, 비디오가 나오면서 영화가 위축될 것이라고 우려했으나, 오히려 비디오 시장에서 추가적인 매출을 확보했고, 이것이 다시 영화 제작을 일으키는 선순환구조가 생기면서 전체 영화 시장을 훨씬 더 키우게 되는 기반이 되었다.

한국영화의 르네상스와 위기

한국영화의 전성기인 60년대, 그 중 1969년에는 극장에서 영화를 본 관객수가 1억 7,300만으로 역사상 최고치를 기록했다. 그러나 1969년을 정점으로 국내 영화 관객수는 이후 지속적으로 감소하여 4,000만 명대를 상당기간 유지하며 다소 암울한 영화시장을 형성했다. 그런데 1980년대 후반부터 홈 엔터테인먼트가 활성화되면서 대기업들이 영화시장에 진출하기 시작했다.

당시 대기업은 본격적인 영화 제작·투자 보다는 비디오 유통업을 중심으로 영화 비즈니스를 시작하게 되었는데, 개인적으로 이 시기를 한국 영화산업의 '대기업 시대 1라운드'라고 부르고 싶다. 그 당시 선경SKC, 삼성, 대우, 현대, 금성(현 LG) 등 대부분의 대기업들이 직·간접적으로 영화산업에 뛰어들어, 비디오 유통을 시작으로 점차 영역을 확장해 영화를 투자하고 배급하기에 이르렀다. 특히 삼성그룹은 1995년 여러 계열사에서 분산되어 진행하던 영화, 영상을 비롯한 엔터테인먼트 사업을 통합하여 삼성영상사업단을 출범시켰다. 이를 계기로 한국 영화산업은 또 다른 중흥기를 맞을 것이라고 기대되었는데, 아쉽게도 삼성영상사업단이 3년여 정도 운영되다가

1999년 IMF 사태를 계기로 문을 닫았다. 비슷한 시기에 대우도 문을 닫았고 현대, LG 등 대부분의 대기업들이 영화산업에서 철수하면서 한국 영화산업의 대기업 1라운드가 막을 내리게 되었다.

삼성영상사업단이 출범한 1995년은 영화계로서는 아주 중요한 해로, 처음으로 금융자본이 영화산업에 유입된 해다. 이때부터 다양한 형태의 자본들이 들어 오면서 영화계의 위기를 극복하고 성장을 견인하는 큰 동력이 되어 왔다. 특히, 1995년 일신창투를 비롯한 금융자본을 필두로 1999년 펀드 형태의 영상투자조합이 본격적으로 만들어져 지금까지도 이어지고 있어 영화업계의 산업화에 중요한 역할을 하게 되었다.

다음의 그래프를 보면 1983년 연간 극장 관객 동원수가 4,000~5,000만 명 사이였는데 98년까지 5,000만 명을 넘지 못하고 있다. 또 1997년까지 외국영화도 한국영화도 뚜렷하게 성장하지 못하다가 1998년부터 그래프가 급격히 올라가기 시작하는 것을 볼 수 있다.

그 획기적인 전환점이 바로 멀티플렉스의 출현이다. 당시 모든 사람들이 멀티플렉스는 아직 한국에서는 시기상조로, 오픈하게 되면 곧 문을 닫을 것이라고 우려했음에도, 1998년 CGV라는 이름의 멀티플렉스 11개관이 강변에 국내에서 처음으로 문을 열었다. 결과는 대성황이었고 이를 계기로 본격적인 멀티플렉스 시대가 열리게 되었다.

8장 **영화산업, 지금이 기회다** 317

한동안 대기업의 투자와 금융자본의 기반으로 체력을 다진 영화계는 1998년 멀티플렉스 도입을 기점으로 성장 그래프가 급상승하기 시작했고, 바로 이듬해인 1999년에는 「쉬리」라는 영화가 한국영화로서 공전의 히트를 기록하면서, 멀티플렉스를 통한 관람환경 개선과 「쉬리」로 시발된 한국영화의 경쟁력이 한국영화 산업의 르네상스를 주도했다. 1999년 당시 621만 관객 동원은 지금의 유통 구조에서 보면 2,000만 정도로 추산될 정도의 메가톤급 성과였다. 2007년 「디 워」 개봉 전까지도 한국영화사 흥행 순위 탑 10위 안에 들어있던 「쉬리」는, 1999년 개봉 이후 한국 영화에 대한 관객들의 인식을 완전히 뒤바꿔 놓았다. 바로 '우리 영화도 헐리우드 영화 못지 않다'는 자부심이다.

이렇게 영화계는 대기업들의 사전 투자, 멀티플렉스 도입으로 인한 영화 관람환경 개선, 콘텐트 품질 향상의 선순환 구조를 맞으면서 급격한 성장 그래프의 상승을 몸소 체험하였다. 그래프를 자세히 살펴보면, 2003년부터 한국영화 점유율이 외국영화를 앞서기 시작해서 지금까지도 앞서 있고, 당분간 이런 추세는 지속될 전망이다. 전 세계에서 자국영화가 헐리우드 영화를 누르고 점유율을 뒤집은 나라는 인도를 제외하고는 한국이 유일하다.

또한 1988년에 UIP라는 영화사가 「위험한 정사」라는 영화를 개봉하면서 국내 최초의 직배 영화사 국내 직배가 실시되었는데(아직도 직배 반대운동의 목소리가 생생하게 들리는 듯하다),

2006년 바로 그 직배 영화사가 국내에서 해체되었다. 한국영화의 약진이 직배영화사를 몰아내기에 이른 것이었다. 국민 1인당 극장에서의 영화 관람 횟수가 1년에 0.8편 정도이던 것이 2007년 연 3.3회까지 관람 횟수가 증가되었고, 수년 내로 5회까지 높아질 것으로 기대된다.

그러나 다른 한편, 성장의 이면에는 그늘이 있게 마련이다. 1970년 대 후반부터 등장, 1990년대 말까지 2,000~3,000억 규모까지 성장했던 홈비디오 시장이 현재 500억도 안 되는 규모로 급격히 축소되었다. DVD의 출현이 홈비디오의 축소를 어느 정도 보완해줄 것이라고 생각했지만, DVD 시장도 인터넷 불법 다운로드 등과 맞물리면서 더 성장하지 못하고 사라질 위기에 처해 있다 해도 과언이 아니다.

아울러 1990년대 말, 2000년대 초부터 한류와 더불어 한국영화가 일본을 중심으로 아시아 시장에 수출되기 시작해, 2005년에는 한국영화 수출액이 7,600만 달러에 달하였다. 5년 전 700만 달러에 비해 10배를 넘는 성장을 이룬 것이긴 하나, 2006년 일본시장의 붕괴로 우리 영화 수출액은 다시 2,500만 달러로 떨어지게 되었다. 해외시장 본격 진출로 국내외에서 승승장구하던 한국영화에 대한 막연한 환상은 경계해야 한다는 것을 깨달은 시점이었다.

게다가 1998년부터 시작된 멀티플렉스는 현재 스크린 수가 전국 2,000개에 육박했고, 이러한 추세대로라면 2~3년내로 2,500개 정도로 증가할 것으로 예상되는데, 이 정도가 되면

극장 시장도 포화상태에 이를 것이다. 이러한 추세를 반영하듯, 2007년부터 멀티플렉스들의 수익이 급격히 떨어졌고, 인접 지역의 경쟁 극장들은 문을 닫는 경우도 생겨나고 있다. 그래서 한국영화 시장의 성장을 견인하던 멀티플렉스가 이제 성숙기 초입에 진입하여 2~3년 내에 포화상태에 이르게 되면 영화업계는 새로운 국면을 맞게 될 전망이다.

그렇다면 미디어 환경은 어떠한가? 한국과 같이 이렇게 빠른 속도로 여러 가지 미디어가 동시에 전개되는 나라도 없을 것이다. 그 사이 케이블, 위성, DMB, IPTV까지 짧은 시간 안에 많은 미디어가 동시에 출현하고 있다.

이러한 환경 변화로 콘텐츠는 더욱 중요해졌지만, 여러 미디어의 혼재가 영화를 보는 관객들의 제한된 시간을 분산시키는 동시에 미디어 플랫폼과 수익을 배분해야 하는 상황이어서, 현재는 콘텐트 자체의 수익에는 크게 기여하지 못하고 있다. 또한 새로운 미디어가 급격히 출현하면 기존 미디어는 위축되기 마련인데, 홈비디오 시장도 예외없이 축소되었다.

지금 한국영화 시장은 거의 극장 시장 수익만으로 버티고 있으며, 새로운 미디어가 도래하면서 전체 콘텐츠 시장은 혼란스러운 형국이 되었다. 그럼에도 불구하고 CJ, 롯데, 오리온 등 대기업들이 주도하는 '대기업 2라운드'를 거쳐, 이제 이동통신 사업자들이 가세한 '3라운드'에 접어 들게 되어, 영화계는 이제 무한 경쟁 시대로 돌입하게 되었다.

왜 영화인가?

무엇이 이렇게 많은 대기업들을 영화로 유인하는가? 왜 영화일까? 사업적으로 그다지 안정되어 보이지도 않는데 도대체 영화의 어떤 매력 때문일까? 이런 의문에 대해 보다 근원적으로 접근해 보면 다음 세가지로 요약될 수 있는 영화의 우수성에 기인한 것이 아닌가 한다.

첫째, 영화는 1895년 발명될 때부터 기술적인 우월함을 가지고 출발했다. 기술적인 우월함이라는 것은, 필름에 광학적으로 영상을 그대로 찍어냈다는 점이다. 즉 영화의 역사는 100년이 넘었지만 100년 전에 만든 영화도 현재의 그 어떤 영상 기록 매체로 재현할 수 없는 풍부한 화질을 제공할 수 있는 기술로 출발했다. 영화는 궁극적으로는 100여 년이 넘는 방대한 자료를 그 어떤 미디어가 출현하더라도 촬영 당시 품질에 가장 근접하게 재현할 수 있는 기술적인 우월성을 가지고 있다. 게다가 개발 초기부터 필름은 복제가 가능해서 동시에 여러 곳에서 볼 수 있는 가치를 가지고 있다. 둘째, 영화는 문학, 철학, 사학 등 모든 인문학적인 요소가 집약되어 100여 년 동안 개발·발전되어 온 문화적 가치를 가지고 있다. 셋째, 영화는 제7의 예술, 종합예술이라고 불릴 만큼 예술적인 가치까지 인정받고 있다.

이러한 산업적·문화적·예술적 가치는 각각 인간의 기본적인 욕구와 연계되고, 영화는 이 욕구를 충분히 만족시키는 매체이기도 하다. 최근에는 오락적인 가치가 더해져 명실공히 영화는 어떤 콘텐츠 보다도 먼저 주목받아야 할 위대한 콘텐츠가 된 것이다. 이러한 우수성을 지닌 영화는 앞서 이야기한 바와 같이 수 차례의 위기 상황을 극복하고 생존·번성하여 현재에 이르렀다.

결국 영화는 지난 100년 넘게 어떤 새로운 미디어가 출현하더라도 그 새로운 미디어의 문을 열어 주는 역할을 해왔다. 이제 그 누구도 더 이상 영화의 존폐 여부를 의문시하지 않는다. 남은 질문은 영화의 미래, 즉 '영화는 앞으로 어떻게 더 발전해 나갈 것인가?' 이다.

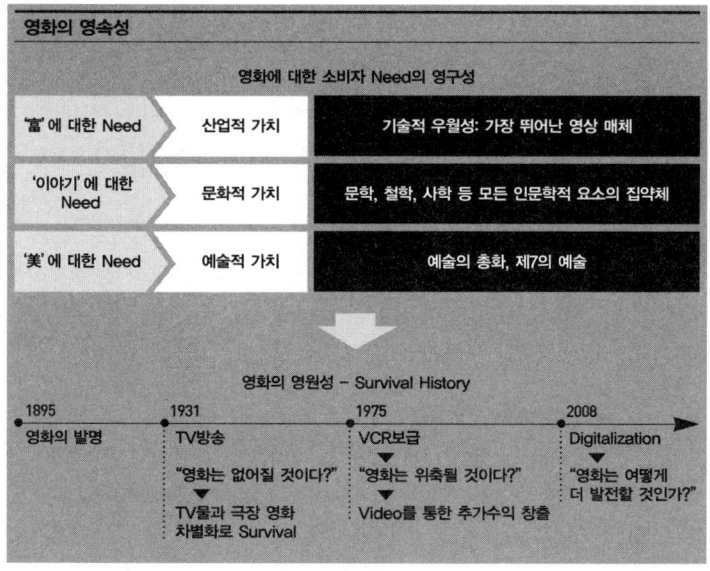

영화의 미래

이러한 영화의 위대함이 영화를 영원하게 만들 것이다. 이 영원성과 함께 영화의 모습은 다양하게 더욱 더 진화하고 발전할 것이다. 또한 영화를 관람하는 형태도 시간의 흐름에 따라 조금씩 변모될 것이다. 동시에 극장의 모습 또한 끊임없이 변화하고 있다. 그것은 기술과 우리의 라이프스타일이 변화하고 있기 때문이다.

다매체 시대, 멀티미디어 시대, 뉴미디어 시대로, 여러 미디어가 공존하는 지금 상황에서 영화(영상)산업은 어떻게 될지, 영화 비즈니스는 어떻게 될지, 그리고 콘텐츠의 미래는 어떻게 될지 등, 미래를 가늠할 수 있는 주요 영화 트렌드를 한번 살펴보자.

찍은 영화야? 그린 영화야?

그린 영화는 애니메이션, 찍은 영화는 실사영화다. 2007년 초에 크게 흥행을 한 「300」이라는 영화는 그린 것CG인지, 찍은 것인지 구분하기 어렵다. 이제는 애니메이션과 영화의 경계가 무너지고 있는 것이다. 즉 우리가 상상할 수 있는 것을 찍어서 구성하든, 그려서 구성하든 어떤 형태로든지 만들 수 있게 되어 가고 있다.

매체의 변화

현재 필름 위주의 영화 제작 및 배급 형태가 변화하고 있다. 전통적으로는 FFF, 즉 필름으로 촬영하고 후반작업하고 상영하는 방식이 유일했었다. 최근 DI라는 디지털 후반작업을 통해 FDF 및 FDD, 즉 필름으로 촬영된 영화를 디지털 후반작업을 통해 필름 혹은 디지털 형태로 상영하는 경우가 병행되고 있다. 또한 작년에 출범한 '시네마 디지털 서울 영화제'는 디지털로 촬영된 영화만을 포커싱하고 상영하면서 디지털 영화의 미학을 탐구하고 있다. 즉 DDD와 DDF, 디지털로 촬영한 영화를 디지털이나 필름 형태로 상영하는 경우도 생기는 것이다. 요약하면 후반작업과 상영 형태의 선택권이 넓어지면서 창작자들은 디지털 매체와 필름 매체 중 선택이 가능해지고 있는데, 초기에는 제작비 절감에 관심이 모아지던 것이 이제는 매체의 차이에 따른 미학과 철학의 문제로 발전·진화하고 있는 것이다.

제작 환경의 변화

지금의 제작 기술은 디지털 영상 기술의 발전으로 죽은 이소룡을 부활시켜 살아 있는 사람처럼 연기를 시키는 영화를 구상할 정도로까지 발전했다. 「스타워즈」가 처음 나왔을 때 조지 루카스가 가장 걱정한 것은 앞으로 20~30년 동안 이 영화를 만드는 동안 주인공 해리슨 포드가 나이를 들면 어떻게 할까 하는 고민이었다고 한다.

앞으로는 죽은 이소룡의 사진을 애니메이션화해서 살아난 사람이 영화에 나오는 것처럼 할 수도 있을지 모른다. 이렇게 되면 죽은 사람이 영화에 출현하게 되면서, 어떤 것이 판타지이고 어떤 것이 리얼리티이고, 어떤 것이 애니메이션이고 어떤 것이 실사영화인지 혼란스러운 상황에 빠질 수 있을 것이다. 그렇게 제작 기술은 점점 모든 상상력을 다 현실화시킬 수 있는 수준으로 발전하고 있다.

3D 입체영화 활성화

이전에 3D 입체영화는 놀이공원에서 10~20분정도 상영하는 영화였는데, 이제는 이미 영화 전편을 입체영화로 볼 수 있게 되었다. 안경을 쓰고 90~120분 동안 영화 시작부터 끝까지 전체를 입체로 볼 수 있게 된 것이다. 국내에서도 작년부터 일반 극장에서 상영이 시작되었고, 드림웍스는 2009년부터 드림웍스의 모든 영화를 3D 입체영화로 만들겠다고 선언했다. 스티븐 스필버그도 앞으로 3D 입체영화를 만들겠다고 했고 「킹콩」,「반지의 제왕」을 만들었던 피터 잭슨도,「타이타닉」의 제임스 카메론도 3D 입체영화를 제작중이다. 2009년에는 3D 입체영화가 10편 이상 헐리우드에서 개봉되어 본격적인 입체영화 시대가 될 전망이다.

3D 입체영화의 장점은, 홈엔터테인먼트와 차별화된 극장 관람만의 독특한 체험을 제공한다는 점과 디지털 불법복제의 가능성을 현저하게 낮게 할 수 있다는 점이다. 이러한 장점은

영화 제작자들에게 크게 매력적이기 때문에 헐리우드에서는 다른 여타 미디어 대비, 극장 관람 체험을 좀더 독특하게 살리기 위한 희망 프로젝트로 기대받고 있다.

다양한 극장

테크놀로지에 의한 변화뿐만 아니라, 여러 형태로 관객의 라이프스타일과 접목한 극장들이 많이 소개되고 있다. 국내에서 CGV가 가장 먼저 시도한 골드 클래스는 15~30명을 대상으로 항공기 비즈니스 클래스와 같은 고급스러운 영화관람 체험을 제공한다는 목표로 운영되고 있고, 아주 좋은 시설에서 우아한 식사까지 패키지 되어있는 1인당 10만 원짜리 영화관인 '씨네드쉐프Cine de Chef'가 압구정동에서 영업 중이다.

복합 문화공간으로서의 영화관

미래 영화관의 가장 큰 장점은 디지털 시네마인데, 앞으로 모든 영사기가 디지털로 바뀌고 모든 영상소스가 전송되어 다른 네트워크와 연결되면 영화관에서 영화만을 볼 수 있는 것이 아니라, 스포츠 중계도 볼 수 있고 유명 강사의 강연 내용도 들을 수 있는 등 영화관이 복합 문화공간으로서의 기능 Alternative Contents을 갖추게 되어 극장의 모습이 획기적으로 바뀔 수도 있다.

누구나 영화를 만들 수 있는 세상

산업적으로 보면, 디지털화의 가장 좋은 점은 제작 또는 창작의 민주화를 이룰 수 있다는 점이다. 이전의 필름 촬영기 및 영사기 같은 복잡한 기계장치를 다룰 수 있으려면 일정 수준의 교육을 받지 않으면 안되기 때문에, 아무나 영화를 만들 수도, 상영할 수도 없었다. 그러나 이제는 누구나 카메라를 들 수 있고 누구나 손쉽게 영화를 만들 수 있는 환경이 되어 가고 있다. 이것이 바로 디지털 기술의 힘이다. 극장은 2~3년 내로 70~80% 이상 디지털로 바뀔 것이다. 그리고 UCC나 PCC (Proteur Pro+Amateur) Created Contents) 형태로 누구나 영화를 만들고 누구나 영상으로 이야기를 꾸밀 수 있음이 입증되고 있다. UCC, PCC는 제작의 민주화의 획기적인 시발점이 될 것이다.

다양한 디바이스 등장

이동 중인 차량 안에서나 도보 중에도 조그마한 단말기를 통해 자신만의 콘텐츠에 집중하고 있는 사람들의 모습은 이제 평범한 일상이 되었다. 반도체 기술의 혁명적인 발전을 토대로 휴대폰을 비롯하여 PMP, MP3P, 디지털 카메라 등 컨버전스 기기를 통하여 업무, 뉴스검색, 각종 네트워킹은 물론 엔터테인먼트까지 즐기는 세상이 다가오고 있다. 이는 영화를 소비하는 소비자의 구성도 다양화할 것으로 기대된다. 최근 리서치 조사 전문업체인 TNS가 지상파 DMB 시청률 조사를 시행하면서, 그동안 주 시청자 그룹에서 제외되어 있던 50대 남성이 주 시청자로 부상하고 있다는 결과가 나오기도 했다. 또한 이동하며서 소비하는 패턴에 맞추어 데이터 방송, 양방향 콘텐츠 등 콘텐츠 특화가 화두로 등장하고 있다. 지금껏 보지 못한 새로운 형태의 콘텐츠의 등장 또한 머지 않았다.

영화 자체의 변화, 영화관의 변화, 또는 그것을 둘러싼 환경의 변화, 제작에서 상영, 미디어까지 온갖 변화를 맞이하고 있는 이 시기는 엄청난 혼란기이면서 동시에 기회가 될 것이다. 이제까지 정규분포에 가까웠던 영화의 생산과 소비의 행태는 이제부터 더욱 다층화·다각화되어 스펙트럼이 크게 확장될 것이다. 따라서 미래의 영화 비즈니스는 더 이상 현재와 같은 메이저 리그 중심이 아닐 것이다. 이는 전 세계적으로 1920년대 영화산업의 태동기에 구축된 강력한 스튜디오 시스템이 점

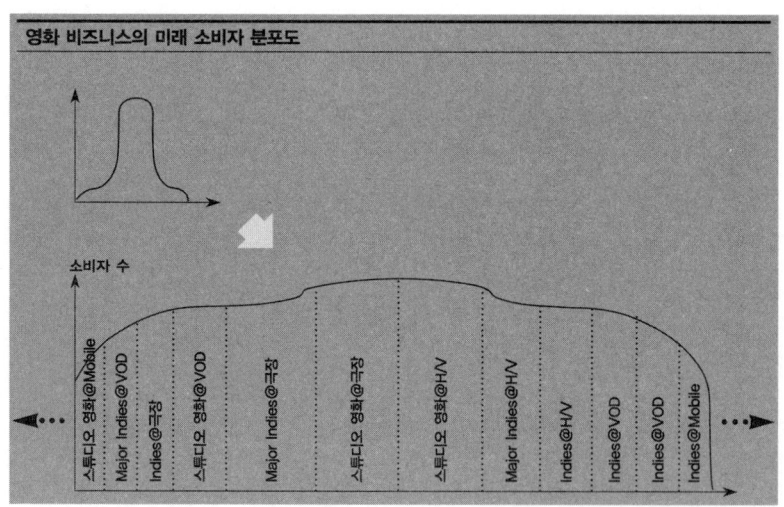

차 독립 제작사들의 도전을 받고, 1980년 대 이후는 방송, 케이블 방송, 뉴미디어 등 다양한 플레이어들 간의 네트워크를 통한 산업 주도 행태에서도 증명되고 있다. 미래에는 적어도 메이저 리그와 마이너 리그가 공존하여 비슷한 무게중심으로 영화산업을 이끌어 갈 것이다. 이것은 즐거운 상상이다.

   1895년에 영화를 개발한 뤼미에르 형제는 기계 장치 특허권을 헐값으로 넘기면서 '영화의 미래는 없다'라고 했다지만, 100년이 넘는 동안 영화는 엄청난 발전을 했고 앞으로도 무한하게 발전할 것이다. 영화의 미래는 있다. 영화의 위대한 힘을 믿는다.

9장 생활속의 게임, 미래의 게임

한향원 | 전 그라비티 이사

공상과학물에서 게임은 실로 놀랍다. 멀게는 아시모프 이후의 초기 SF소설에서, 가깝게는 「스타워즈」와 「007」시리즈, 「매트릭스」까지 많은 미디어에서 게임의 모습이 그려져 왔다. 게임은 주로 가상현실을 나타내는 형식으로 표현된다. 실제와 전혀 구분이 가지 않는 가상 시뮬레이션은 게임이 발전하는 방향에 서 있다.

과거 8비트의 콘솔에서 '뽕뽕'이라는 기계음으로 대표되던 게임은 지금까지 '발전'이 아니라 '변신'의 과정을 거쳐왔다. 불과 20년의 세월 동안 이루어진 게임의 변모는 괄목상대라기보다 상전벽해에 가깝다는 말이다. 그렇다면 향후 20년에 걸쳐 게임은 또 어떤 도약을 우리에게 보여줄 것인가? 발전이 아니라 변신이라는 표현을 사용한 데서 알 수 있겠지만, 게임의 모습은 과거의 것을 토대로 차근차근 올라온 것이 아니다. 그저 어느 순간 획기적인 발상이 실현되어 그 벡터가 크게 바뀌어 왔을 뿐이다. 때문에 사학자들이 흔히 그러하듯 과거의 모습에 비추어 미래를 예상하는 것은 큰 의미가 없을 수도 있다. 그러나 모든 일에서 과거의 모습과 현재의 모습 사이에는 최소한의 상관이 늘 존재하는 법이다. 그래서 이러한 연결고리와 현재 게임산업에 종사하고 있는 사람들이 가지고 있는 생각, 그리고 게임을 실제로 소비하고 있는 유저들의 생각을 통해 미래에 등장할 게임의 모습을 그려보는 것이, 논리를 떠나 가장 적합한 방법이라고 생각한다. 게임 산업에 몸담고 있는 이로서, 필자는 이 글을 통해서 감히 미래의 게임이라는 것에 대해 이야기해보려 한다.

게임을 즐기는 이들, 세상으로 나오다

게임을 즐기는 유저들은 어떤 사람들일까? 실로 불행한 일이지만, 게임을 취미로 삼거나 혹은 그 이상의 의미를 둔 사람들은 오랫동안 사회적으로 냉대를 받아왔다. 옛날 우리나라에서 유희를 즐기던 이들은 광대라 하여 천민 계급 중에서도 백정과 함께 가장 낮은 계급에 속했다. 그러나 게임이 하나의 산업으로 당당히 자리매김한 현대에도 게임을 즐기거나 업으로 삼는 이들은 여전히 백안시의 대상이다. 미국에서는 Geek(긱-괴짜)라고 불렸고, 일본에서는 オタク(오타쿠-원래는 '당신', 심한 수준의 마니아를 의미함)라고 불렸다. 사회는 어두운 방에서 컴퓨터나 게임기를 붙잡고 있는 폐쇄적인 인물들이 게임을 즐기는 이들이라고 낙인을 찍었다.

 그러나 그런 이들이 주체적인 취향과 자기정체성을 버리지 않고 관철해서일까? 게임산업은 점점 더 거대해졌다. 이제 그런 긱과 오타쿠들만이 아니라 수많은 사람들이 게임을 즐기고 있다. 술집에 손님 없는 날은 있어도, PC방에 손님이 끊이는 날은 좀처럼 없다. (심지어 월드컵 4강전이 열리는 날 조차도 PC방은 만원사례였다.) 어두운 방에서 세상과 단절되어 있던 이들은 인터넷의 선을 타고 밖으로 그 존재를 알리기 시작해서, 이제는 당당히 방문을 열고 나의 취미는 게임이라고 세상을 향해 외치고 있는 것이다.

 이제 게임을 하는 사람을 보기는 어려운 일이 아니다. 길가에 즐비하게 늘어선 PC방에서 찾을 수 있다는 것도 이제는 철 지난 이야기다. 가정에서, 지하철 좌석에서, 길거리에서, 공원에서, 심지어 직장과 학교에서조차 휴대용 게임콘솔과 휴대폰을 들고 게임을 즐기는 이들을 쉽게 찾아볼 수 있다. 그만큼 게임의 저변은 넓어지고 게임 유저층은 두터워졌다.

 무엇이 게임 유저들을 이렇게 양지로 끌어내고 더더욱 늘어나게 만들었을까? 우문에 현답을 내자면 그 답은 바로 게임이다. 아케이드, 오락실이라는 이름으로 더욱 친숙한 어두운 공간에서 유행하던 게임은 가정용 콘솔과 PC를 통해 빠르게 각 가정으로 보급되었다. 그리고 게임의 장르와 종류가 다양해지고, 주 대상층이 넓어지면서 게임은 점점 널리 퍼져나가기 시작했다. 오락실이라면 나이 든 남성들이나 불량청소년을 떠올리던 시절은 이미 옛날 이야기인 것이다. 아케이드에 여성이나 어린이들을 위한 게임이 보급되고 그와 동시에 게임콘솔과 PC를 통해 성인과 여성, 어린이들을 폭넓게 대상으로 삼은 게임들이 속속 개발되었다. 게임은 이렇게 다양한 모습으로 변모하면서 스스로의 설 자리를 넓혀왔다.

대중에게 다가오는 게임

게임의 변신 → 게임시장의 확대 → 유저층의 확대는 다시 게임시장의 확대와 게임의 변신이라는 뒤의 항목에의 피드백을 충분히 제공했다. 게임은 이런 순환과정을 통해서 단기간에 눈부시게 발전할 수 있었다. 게임산업은 황금알을 낳는 거위라 할 만했다. 그리고 그 거위의 황금알들은 부화되어 또 다른 거위로서 태어나고 있었다. 시장은 점점 커져갔다. 그리고 게임을 통한 수익창출은 보다 다각화되었다.

　게임이 시장의 상품으로서 싹튼 것은 미국에서였지만, 그 꽃봉오리가 맺힌 것은 일본이라 하는 것이 정확할 것이다. 일본은 게임을 게임만이 아닌 다른 산업과 연계해 전개하기 시작했다. 남코Namco사의 팩맨이라는 게임에 등장하는 팩맨 캐릭터가 최초로 캐릭터 상품을 발매하며 이른바 OSMUOne Source Multi Use사업을 전개했다. 뒤를 이어서 90년대 게임 산업을 대표하는 두 회사가 나타난다. 바로 닌텐도Nintendo와 세가SEGA이다. 그들의 상징이라고 할 수 있는 닌텐도의 슈퍼마리오와 세가의 소닉 더 헤지혹이 캐릭터 시장에서 으뜸의 위치에 서면서 그들을 이용한 게임이 각종 포맷으로 쏟아져 나오기 시작했다. 닌텐도와 세가는 8비트 콘솔인 패미콤과 세가 마크3, 16비트 콘솔인 슈퍼 패미콤과 메가 드라이브, 이후 차세대 콘솔로서 주목받은 닌텐도 64와 세가 세턴에 이르기까지 치열한 경쟁을 펼치게 된다. 이들의 경쟁구도로 인해서 가정용 게임 콘솔시장은 보다 활발한 변신과 발전을 이루어낼 수 있었다.

 CD를 매체로 보다 고품질의 게임을 구현한 이른바 차세대 콘솔들이 등장한 것은 90년대 중반이다. 이 때를 계기로 게임산업에는 또 하나의 거대한 세력이 등장하는데, 바로 소니 SONY이다. 16비트 콘솔까지 게임을 담는 매체로 선택되었던 것은 이른바 ROM팩이라 불리는 카트리지였다. 그러나 게임이 발전하면서 그 용량이 점점 커지자 게임업체들은 고용량 저가격 매체인 CD로 눈을 돌린다. 그리고 CD매체를 다루는 데에 일가견이 있던 소니는 차세대 게임시장 석권을 선언하며 게임 콘솔 플레이 스테이션을 야심차게 발매한다. 세가 역시 만년 2인자의 오명을 벗고자 세가 새턴이라는 콘솔을 발매한 때였다. 이때부터 게임산업은 한 단계 더 도약을 하게 된다. CD라는 매체로의 변신은 게임 그 자체의 품질을 높이기도 했지만, BGM이나 그래픽, 애니메이션, 이펙트 등의 많은 분야에서 획기적인 발전을 이끌어 냈다. 특히 MIDI 기반으로 제작되어 별로 상품가치가 없던 16비트 시절의 게임 음악은 CD를 통해 음악의 새로운 분야로 개척되고 있었다. 게임 음악에 오케스트라며 유명 밴드와 가수가 참여하는 일이 빈번해졌고, 게임 OST가 음반판매량 상위권에 진입하는 일도 심심치 않게 일어났다. 스토리, 비쥬얼, 사운드가 결합된 종합 장르로서 게임은 스스로를 제7의 예술로서 선언하였다.

이 시기의 게임을 주목할 필요가 있는 것은, 게임은 마니아층의 취미에서 벗어나 일반인들의 여가활동으로 깊이 파고들기 시작한 시기이기 때문이다. 플레이 스테이션이 '온 가족의 플레이 스테이션'이라는 슬로건을 내걸고 가족용 게임시장 공략에 열을 올린 것도 그러한 현상의 하나이다. 이 때, 소니 계열의 게임개발 업체인 SCEI에서 '모두의 골프(みんなのGOLF)'라는 타이틀을 선보이고 대대적인 광고에 들어갔다. 이 타이틀의 TV CF는 우산을 들고 출근하던 직장인이나, 꽃다발을 들고 데이트에 나가던 청년, 빗자루를 들고 청소를 하던 주부 등이 문득 손에 든 물건을 들고 골프를 치는 시늉을 하는 내용으로 꾸며졌다. 제목과 어울리게 남녀노소 누구나가 즐길 수 있는 골프 게임을 표방하고, 그러한 점을 적극적으로 홍보한 것이다. 그 전략은 큰 성공을 거두어서, 모두의 골프는 아직까지도 그 시리즈가 번번히 히트를 기록하는 대표 브랜드로 자리매김을 하였다. 온 가족이 플레이 스테이션 패드를 잡고 골프 게임을 즐기는 광경은 그보다 불과 1~2년 전만 해도 상상하기 힘든 것이었다. 이후 일본의 게임시장은 '가정', '남녀노소' 등의 테마를 향해 무섭게 질주하기 시작하였다. 게임의 시

장성은 그야말로 수직상승을 계속하기 시작했다. 게임콘솔 보급율은 콘솔 게임인 종주국 일본에서도 최고 기록을 나날이 경신해 나가고 있었다.

그러한 열풍은 우리나라에도 그대로 이어졌다. 일본의 게임 CF가 더빙되어 그대로 TV에 방영되기도 하고, 그 동안 블랙마켓에서 암암리에 거래되던 게임콘솔이나 타이틀이 정식 수입을 거쳐 대규모로 유통되기 시작하였다. 용산 전자상가 등은 명절과 크리스마스에 가족단위 쇼핑을 즐기는 이들로 붐비기 시작했다. 게임이라는 거위가 낳은 황금알은 한국에서도 부화하고 있었다. 드디어 게임 '붐'이 일어나기 시작한 것이다.

한국의 온라인 게임 열풍

이러한 게임 붐이 일어날 무렵까지도 한국은 게임이라는 분야에서 지극히 수동적인 입장이었다. 대부분 일본의 게임을 일본어판 그대로 수입해서 즐기는 유저들이 많았고, 90년대 말까지 큰 인기를 유지했던 게임 아케이드의 모든 기판은 일제였다. PC 패키지 게임에선 미국의 게임이 힘을 발휘하고 있었지만, PC 게임의 보급률은 그 당시만 해도 게임콘솔을 따라가지 못하고 있었다. 그런 상황을 일거에 역전시킬 문명의 이기가 대한민국에 번져나가고 있었으니, 다름아닌 바로 PC통신이었다.

오로지 텍스트정보만이 오가는 원시적 수준의 PC통신이었지만, 새로운 커뮤니케이션으로서 이른바 X세대들에게 큰 인기를 모으게 된다. 신세대들은 텍스트로 이루어진 이 공간 안에서 새로운 자신들만의 콘텐츠를 찾아내기 시작했다. 낯선 사람과의 채팅, 타자, 퀴즈, 끝말잇기, 이모티콘 등이 새로운 '놀이'로 태어났다. 그리고 미미하지만 후에 창대한 결과를 불러올 일이 벌어졌다. 재기발랄한 대학생들이 모든 게임의 원조라고 할 수 있는 TRPGTable Role Playing Game을 온라인으로 옮긴 것이다.

카이스트의 학생들이 만들어낸 '단군의 땅'이라는 텍스트 기반 MUDMulti-User Dungeon 게임은 온라인상에서 그야말로 공전의 대히트를 기록한다. 여러 명의 플레이어가 멀리 떨어진 곳에서도 문제 없이 즐길 수 있는 이 게임은 당시에 유행하던 콘솔게임의 그래픽과 사운드와는 내용에서 비교가 될 수 없었다. 그러나 단지 텍스트 정보만 오갈지언정, 그 새로운 플레이 스타일은 엄청난 매력을 가지고 있었다.

이것은 한국뿐만이 아니라 PC통신이 보급된 다른 나라에서도 마찬가지였다. 기술의 선진국인 미국에서도 한국에서 만든 MUD 게임은 큰 반향을 불러일으켰다. 단군의 땅을 번역한 영문버전은 심지어 NASA의 기술자들 사이에서도 대유행이 될 정도였다. 그리고 PC통신은 WWW 기반의 인터넷 체제로 점차 발전하고 있었다. 브라우저가 보편화되고 PC의 사양이 올라가고 가격은 내려가면서 PC의 보급률이 크게 올라가기 시작했다. 이동통신 사업의 발전과 더불어서 PC 전용선 사업이 이상하리만치 과열되면서 많은 사업자들이 앞다투어 초고속 통신망 사업에 뛰어들었고, 이는 곧 한국의 IT 인프라를 기형적인 속도로 빠르게 구축하게 되는 원동력이 되었다.

90년대 말에서 2000년대 초에 한국에선 이미 인터넷이 보편화, 생활화되어 있었다. 그리고 이렇게 마련된 무대를 맞아, 앞서서 개발되었던 MUD 게임들은 텍스트의 낡디 낡은 옷을 버리고 깔끔한 그래픽과 사운드라는 새로운 옷으로 갈아입을 준비가 되었다. 드디어 세계 최초로 MMORPGMassively Multi-user Online Role Playing Game가 한국에서 개발된 것이다.

넥슨이 개발한 「바람의 나라」는 게임이 이루어낸 가장 거대한 변신 중에 하나이다. 백 단위 이상의 플레이어가 같은 사이버 공간에 모여 같은 배경을 두고 게임을 즐긴다는 것은 기존의 멀티유저 게임과는 차원이 다른 것이었다. 이것은 실로 작은 매트릭스의 창조에 다름 아니다. 그 공간에서는 서열과 계급이 생겼으며, 희소가치에 기반한 경제가 이루어졌다. 인간관계가 생기고 사회와 문화, 정치가 생겨났다. 사람들은 단순한 놀이에 지나지 않았던 게임이 생활 전반에 영향을 미칠 거대한 문화로 변신한 장면을 목격하고 자신도 모르게 경탄을 금치 못했다. 이어서 「리니지」, 「라그나로크」 등의 걸작들이 한국에서 차례로 개발되기 시작했다. 일본은 아직 온라인 게임에 대해 눈을 뜨지 못하고 있는 상황이었고, 미국은 「울티마 온라인」이라는 걸출한 작품을 배출하였으나, 한국의 질주를 따라오기엔 버거워 보였다. 세계에 인터넷이 보급되면서, 한국의 게임들은 물을 만난 고기처럼 세계로 진출하기 시작했다. 그라비티의 「라그나로크」는 세계 60여 개 국가에 진출하면서 글로벌 게임 브랜드로서 자리매김을 하였고, 「리니지」는 거대한 중국대륙을 정복했다. NC소프트(리니지), 넥슨(바람의 나라), 그라비티(라그나로크), 웹젠(뮤) 등의 개발사는 청년 벤처기업에서 당당한 상장기업으로서 발돋움하며 IMF 이후에 침체에 빠진 국가 경제에 활기를 불어넣기 시작했다.

이런 온라인 게임의 불길에 기름을 부어준 것은 'PC방'이라는 새로운 문화공간이었다. 문화공간이 부족했던 한국에 노래방, 비디오방 등의 '방' 문화의 뒤를 이어서 등장한 것이 PC방이다. 미국이나 일본에서는 넷 카페Net Cafe가 조금씩 유행하게 되지만, 한국의 PC방처럼 열광적인 반응을 얻지는 못했다. 대학생 등의 젊은이들은 주점과 당구장을 대신하여 PC방으로 몰려들었다. 친구들이 다같이 모여서 같은 게임을 즐기는 것은 뭉치는 것을 좋아하는 한국인의 정서와도 잘 어울렸다. 그리고 저렴한 이용료도 PC방의 인기에 한 몫을 단단히 하였다. PC방은 불황이 없는 사업으로서 그야말로 비 온 뒤의 죽순처럼 전국으로 퍼져나갔다. 이렇게 단단한 국내기반이 형성되자, 국내 게임산업은 삼일우를 얻은 이무기처럼 승천하기 시작했다.

CCR의 「포트리스」, 넥슨의 「카트라이더」 등이 이른바 국민게임의 칭호를 얻으며 크게 유행하게 된 무렵에는 이미 게임을 접하고 있는 인구는 5년 전과도 비교할 수 없을만큼 크게 늘어나 있었다. 온라인 웹보드 게임으로 재탄생한 고스톱과 포커, 바둑 등은 게임이나 PC와는 인연이 없던 중장년층마저도 PC앞에 붙잡아 두는 위력을 발휘했다. 다양한 장르의 게임이 전국민을 공략하여, 모두에게 게임이라는 말은 더 이상 낯설지 않게 되었다.

또 한 번의 변화를 준비하는 게임

온라인 게임의 불씨는 빠르고 크게 번진 만큼 그 이후의 변화가 쉽지 않았다. 구태의연한 게임들이 계속 발매될 뿐이었다. 새로운 장르나 형식의 게임은 더 이상 없는 듯 보였다. 이러한 시기에 휴대용 콘솔이 다시 한 번 힘을 내기 시작했다. 닌텐도의 NDS와 소니의 PSP가 한국의 시장을 강력하게 공략하고 나섰다. 휴대용 콘솔은 이전에도 많이 발매되었었다. 닌텐도의 게임보이·게임보이 컬러·게임보이 어드밴스드 시리즈, 세가의 게임기어가 대표적이며, SNK의 네오지오 포켓, 반다이의 원더스완 등이 출시된 바 있다. 그러나 PSP와 NDS만큼의 인기를 모은 포터블 콘솔은 일찍이 없었다. 이 둘은 각각의 장점을 통해 게임마니아가 아닌 대중의 관심을 모으는 데 성공하였던 것이다.

 PSP는 지금까지 발매된 포터블 콘솔 중에 가장 성능이 뛰어나다. 그런 성능을 기반으로 지원되는 타이틀도 모두 휴대용 게임이라고는 느껴지지 않을 만큼의 훌륭한 퀄리티를 자랑하고 있다. 뿐만 아니라 강력한 기능을 바탕으로 동영상을 비롯한 멀티미디어 기능을 지원함으로써, 보다 많은 이들에게 어필할 수 있는 능력을 구비하였다.

NDS는 터치스크린이라는 쉬운 인터페이스를 통해서 대중에게 다가서려고 했다. 그에 발맞춰 소프트웨어도 보다 대중적인 것을 추구하였다. 특히 두뇌 트레이닝 시리즈로 대표되는 기능성 게임 시리즈는 일본에서 관심을 모은 두뇌연구에 힘입어 큰 인기를 모았다. 또 「닌텐독스」와 「동물의 숲」 등 여성이나 아동의 취향에 맞춘 게임들을 통해서 보다 많은 이에게 NDS의 매력을 뽐낼 수 있었다. 이러한 전략을 통해 빠르게 보급된 NDS는 이제 지하철이나 공원 등에서 가장 흔하게 볼 수 있는 게임콘솔이 되었다.

NDS와 PSP의 공통적인 특징은 통신기능을 지원한다는 것이다. 이를 통해서 가까운 곳이나 먼 곳에 있는 다른 플레이어와 통신 플레이를 할 수 있게 되었다. 이렇게 온라인 게임으로서의 매력도 어느 정도 갖추고 있다는 점은 두 포터블 콘솔의 또 하나의 큰 장점이라 할 수 있다.

게임 자체를 스포츠로서 끌어올리는 시도도 우리나라에서 행해졌다. 케이블 TV 채널인 「온게임넷」과 「MBC게임」은 미국 블리자드사의 실시간 전략시뮬레이션 게임인 「스타크래프트Star Craft」를 e-스포츠로 도약시켰다. 게임을 직업으로 삼는 선수들이 프로게이머 라는 이름으로 등장했고, 한국의 스타크래프트 리그는 스타크래프트의 10년 장기집권과 더불어서 국제적으로도 큰 인기를 모으고 있다. 스타크래프트 리그의 주요 경기에는 5만, 10만의 관중이 모여든다. 이는 프로야구 한국시리즈의 관객보다 몇 배 많은 관중이다.

　이런 상황에서 게임이란 이미 여가활동의 하나로서 충분히 대중의 일상 속에 들어와 있다고 판단하는 것은 결코 지나치지 않은 일일 것이다. 그러나 게임은 이제 놀이나 여가로서의 위치에만 만족하지 않고 보다 넓은 영역으로의 진출을 꾀하고 있다.

　음악, 미술, 영상 등의 다른 문화 콘텐츠와 게임 사이에는 큰 차이가 있다. 그것은 게임은 기본적으로 인터랙티브 콘텐츠라는 것이다. 정보나 서비스 제공 등의 활동이 일방적으로 이루어지지 않고 양방향으로 이루어지는 게임은 그만큼 많은 이용자에게 활동적인 재미를 줄 수 있다. 여기에 약간의 발상 전환을 덧붙이면, 단순한 놀이나 재미의 개념을 벗어난 어떤 것을 이용자에게 제공하는 것도 가능하게 된다. 가장 손쉽게 들 수 있는 예는 '교육'이다.

　게임을 통한 교육은 여러 차례 시도되어 왔으나, 최근 들어 가장 큰 성공을 거두고 있다. NDS를 통해 큰 인기를 모은 두뇌 트레이닝 시리즈나 영어 시리즈는 모두 교육성을 갖춘 기능성 게임 콘텐츠이다. 게임을 통해서 정보를 전달할 수 있기 때문에, 그를 이용한 교육용 콘텐츠는 무궁무진하게 만들어질 수 있다.

이미 실용적으로 쓰이고 있는 예도 많다. 운전 교육이나 비행 교육에 사용되는 시뮬레이터는 지극히 현실적인 목적으로 만들어낸 게임이다. 이는 이미 없어서는 안될 만큼 각 분야에 유용한 교육자재가 되어 있다. 앞으로는 보다 많은 분야에 시뮬레이터가 등장할 지도 모른다.

예를 들어서 시뮬레이터는 실습이 힘든 반면에 정교한 기술이 요구되는 의학 분야나 디자인 등의 분야에 폭넓게 이용될 수 있다. 이런 시뮬레이션을 소재로 보다 간단한 조작과 연출된 이펙트 등을 곁들이면 일반인들에게 특수한 분야에 대한 간접체험을 제공하는 놀이로서의 게임을 만들어 볼 수 있다. 일본에서 인기를 모은 「전차로 GO!」, 「Beat Mania」, 「Drum Mania」, 「Guitar Freaks」, 「태고의 달인」 과 같은 게임은 쉽게 접하기 힘든 열차 운전, 악기 연주 등을 단순화하여 시뮬레이션 게임으로 만들어 낸 예이다.

게임을 생활의 도구로 삼는 시도도 이미 실행되고 있다. 미국을 비롯한 서양에서 서비스 중인 세컨드라이프는 사이버 공간에서 토지나 건물을 임대하여 장사를 하고, 그렇게 타인이 차린 상점에서 쇼핑을 하는 등, 실생활에 필요한 것을 그대로 옮겨놓은 게임이다. 이를 통해서 광고와 홍보 등의 기본적인 사회 활동은 물론, 캠페인이나 정치적 이슈에 대한 토론 등 보다 고차원의 사회 활동까지도 이루어지고 있다.

또 다른 변신은 게임과 의료활동의 접목이다. 국내외에서는 부상, 사고, 질병으로 인한 장애를 안고 있는 이들을 위한 재활 프로그램의 일환으로서 게임을 이용하려는 연구가 진행 중이다. 또한 나날이 커져가는 노인성 치매에 대한 예방책으로서 노인을 대상으로 하는 실버 게임의 개발도 이루어지고 있다. 각종 연구나 fMRI(기능성 자기 공명 영상) 실험 등의 결과에 따르면, 게임은 일반적인 독서 등의 지적 활동이나, 바둑과 같은 고도의 사고를 요하는 여가활동에 비해서 훨씬 많은 영역의 두뇌 활동을 일으킨다. 이러한 결과를 응용해 두뇌에 보다 많은 자극을 공급하고 이를 통한 활성화를 꾀하는 기능성 게임은 앞으로도 계속 발전해 나갈 것이다.

게임은 그 플랫폼에 있어서도 보다 대중에 가까운 형태를 취하고자 노력하고 있다. 특히 최근에 이슈가 되고 있는 IPTV는 게임이 또 한 번 도약할 수 있는 좋은 계기가 될 것이다. 게임과 같은 인터랙티브 미디어로서 대중에게 서비스되는 IPTV는 '방송·통신 융합 콘텐츠의 시험무대'라는 기대와 어울리게 수많은 정보와 활동이 오갈 것으로 예상된다. 이러한 활동에 게임 역시 한 축을 차지할 것이 분명하다. IPTV는 미디어라는 본질적인 특성상 게임콘솔보다도 훨씬 그 저변이 넓으며, 세계적으로도 이용자 수가 수 천만 명에 달하고 있다. 이를 통해서 보다 많은 이에게 게임 서비스를 제공할 수 있기 때문에 게임업계에서는 차세대 사업의 장으로서 IPTV를 주목하고 있다. 셋탑박스의 성능과 리모콘의 단순한 조작 형식 등의 해결 과제가 남아있으나, 현재의 기능 상에서도 구현될 수 있는 게임이 이미 많이 기획되고 있으며, 기술과 인프라의 발전에 따라서 IPTV 기반 게임시장은 점점 더 커져, 게임 저변의 확대에 크게 기여할 것으로 보인다.

게임의 미래, 새로운 무대

지금껏 살펴본 바와 같이 게임은 수많은 형태와 모습으로 그 벡터를 달리하며 변모해 왔다. 때문에 전술한 대로 게임의 미래를 예상하는 것은 힘든 일이며, 동시에 무의미한 일일 수도 있다. 그러나 게임을 이용하는 유저와 게임을 개발·공급하는 게임업계 종사자에게는 게임에 대한 그들만의 시각과 의견이 있을 것이다. 그런 모습들을 살펴봄으로써 미래의 게임에 대한 예상을 갈음하는 것도 유의미한 일이리라 생각한다.

　게임은 지금까지 PC, 콘솔, 아케이드 등의 전용 기판 등을 통해서 접할 수 있었다. 저장매체는 여러번 변화해 왔지만, 그 게임을 실행하는 플랫폼은 크게 변화하지 않았다. 그러나 이제는 새로운 플랫폼으로 그 영역을 넓히려고 하고 있다. 최근에 불고 있는 컨버전스와 융합 콘텐츠 베드의 바람이 그것을 뒷받침해주고 있는 것이다.

　광범위한 가정에의 보급이 게임 시장의 발전에 유일한 출구라고 할 수 있다. 그리고 가정에의 문화콘텐츠 공급 플랫폼은 지금 통합의 큰 물결을 타고 있다. IPTV라는 선두를 시작해서 통합의 시도는 계속될 것이다. TV, 인터넷 단말기, PC, 홈시어터, 오디오 등의 가정용 콘텐츠 플랫폼은 차례로 통합되어

가서 결국은 한 가정의 가전제품 중에 상당수가 하나로 합쳐질 날이 올 것이다. 그런 통합의 하나로서 게임 실행의 플랫폼이 들어가는 것은 지금의 추세로 보면 당연한 일이 될 것이다. 이러한 통합과 컨버전스의 움직임은 이미 게임업계에서 촉각을 세우고 관찰하고 있는 현상이다. 가정에 있는 모든 가족이 이용하게 될 통합 플랫폼에 과연 어떠한 게임이 어울릴 것인가? 어떤 게임이 높은 시장성을 가질 것인가? 어떤 게임이 보다 큰 즐거움과 실용성을 제공할 것인가? 이것은 게임의 미래에 대해 생각한 사람이라면 누구라도 끊임없이 속으로 되뇌고 있는 질문들이다. 그에 대한 해답들 역시 몇 가지 모습으로 제시되고 있다.

그 중의 하나는 앞서 언급한 바 있는 기능성 게임이다. 교육, 치료, 재활 등의 목적을 지닌 시리어스Serious 게임이 가정에서 힘을 발휘할 첫 번째 후보자이다. 덧붙이자면, 점점 다원화되고 세분화되는 현대 사회에서 각박한 사회 현상을 극복해 낼 수 있도록 고안된 이모셔널Emotional 게임이나 커뮤니티Community 게임이 기능성 게임 중에서도 또 하나의 대안으로 떠오를 수 있다. 이를 위한 심리학, 의학, 교육학 등 학계와의 연계 활동도 이미 게임업계에서는 이루어지고 있으며, 정부의 지원도 적극적이다.

다른 하나는 실용성 게임이다. 전술한 세컨드라이프 스타일의 아바타 게임을 보다 큰 무대로 옮겨, 집에서 쇼핑을 하고 문화콘텐츠를 관람하며, 심지어 직업에 종사할 수 있도록 고안된 또 하나의 편리한 사회가 통합 플랫폼을 통해서 수많은 가정에 배급될 수 있다.

　이러한 게임들이 실제로 통합 플랫폼 상에 구현된다면 그 시장규모와 사회적 영향은 지금까지의 게임과는 비교할 수 없는 거대한 것이 될 수 있다. 휴대전화가 일부 직업군 종사자나 부유층을 대상으로 한 사치품이었던 시절이 분명히 있었다. 그러나 지금 국민의 상당수는 휴대전화를 사용하고 있다. 심지어 초등학생들까지도 휴대전화를 가지고 있다. 현대 생활의 필수품처럼 되어버린 것이다. 통합 플랫폼은 기술적인 문제가 해결이 되는 그 순간부터 휴대전화보다도 훨씬 빠르게 사회에 보급될 수 있다. 한 가정에 하나만 있어도 많은 요구를 해결할 수 있는 통합 솔루션이라고 할 수 있기 때문이다. 이렇게 넓고 빠르게 펼쳐질 무대에서 모든 분야보다 앞서서 발전하고 신선하게 움직여온 게임 분야가 보여줄 활약상은 게임업계 종사자로서 크게 기대되는 일이 아닐 수 없다.

게임의 미래, 새로운 형식

VR이야 말로 게임의 미래라는 의견은 아직까지 지배적이다. VR이란 Virtual Reality, 즉 가상현실을 의미한다. 이것은 각종 입출력 도구를 통해서 이용자에게 가상이지만 마치 실제 상황을 경험하는 듯한 환경을 제공하는 것을 말한다. 가장 완벽한 형태의 VR은 영화 「매트릭스」에 등장하는 매트릭스이다. 매트릭스는 실제 감각과 기억마저 만들 수 있는 완벽에 가까운 가상현실을 제공한다. 영화에서는 그 가상현실이 인간을 지배하는 기계들의 도구로서 묘사되어 있지만 말이다. 실제로 그러한 기술이 구현될 경우, 일상생활에 혁신이라 일컬을 만한 변화가 생길 것이 분명하다. 그보다 간단한 예로는 영화 「007」시리즈에 등장하는 제임스 본드의 훈련장면을 들 수 있다. 제임스 본드는 특수 장치가 되어 있는 무대에서 시각 정보를 제공하는 특수 안경을 쓰고 상대편 스파이들과 총격전을 실제 벌이는 듯이 훈련을 받는다. 후에는 머니 페니라는 여직원이 그 VR 장치를 다른 용도로 사용하는 장면도 나온다. 이처럼 VR 장치는 위험이 존재하는 상황을 간접경험할 수 있도록 하기 때문에 보다 안전한 여가활동으로서 이용될 수 있는 가능성이 무한하다.

현재 가장 VR 게임에 근접한 것은 게임의 종가라고 할 수 있는 닌텐도의 신작 콘솔 닌텐도 위Wii를 통해서 구현되어 있다. Wii는 독창적인 센서를 탑재한 리모트 컨트롤러를 통해서 유저의 다양한 동작을 인식한다. 이를 통해서 유저는 테니스, 골프, 야구 등의 스포츠와 같은 게임을 실제로 동작을 해가며 즐길 수 있다. 이제 게임을 즐기면서 땀을 흘려야 하는 시대가 온 것이다. Wii 다이어트라는 말이 생길 정도로 Wii가 가져온 새로운 바람은 신선하고 강하다.

게임은 이렇게 기술에 신선한 아이디어를 불어넣음으로써 완성된다. 시청각 위주로 30년이 넘게 발전되어 온 게임은 최근 진동이라는 형태를 통해서 인간의 촉각 역시도 자극해주고 있다. 이제 게임이 더욱 발전한다면, 게임을 통해 진귀한 꽃의 냄새를 맡거나 산해진미의 맛을 느끼는 것도 가능할 수 있다. 그리고 실제로는 볼 수 없는 환상적인 영상을 생생하게 보는 것도 가능할 것이다. 이것은 모두 VR의 기술이 적용된 게임의 형식으로 우리 앞에 다가올 것임에 틀림이 없다.

지금의 기술로도 어느 정도의 VR을 구현할 수 있을 만큼 발전되어 있다. 인간의 동작을 인식하는 모션 센서 기술이나, 완벽에 가까운 3차원 환경을 영상으로 제공할 수 있는 HUD형 디스플레이 장치 등이 이미 개발되어 있다. 이러한 기술들이 보다 보편화 된다면, 이를 이용한 게임이 가장 먼저 대중에게 다가갈 것이다.

컴퓨터의 성능이 하루가 다르게 진보하고 있는 것은 그를 기반으로 한 게임이 그만큼, 아니 그보다 빠르게 발전하기 때문이다. 게임은 기술의 발전을 선도하고, 그 발전된 기술을 가장 먼저 대중에게 선보이는 역할도 하고 있는 것이다. NDS라는 콘솔이 나타나기 전에 PDA나 다른 매체를 통해서 터치스크린이라는 기술을 접해본 이는 지금처럼 많지 않았을 것이다. 결국 게임은 첨단기술이라는 조금은 먼 분야와 대중의 사이를 이어주는 교각의 역할도 수행하고 있다.

이렇듯 기술을 전파하는 매체로서, 색다른 경험을 제공하는 도구로서, 여가를 즐길 수 있는 취미로서, 오감을 자극하는 문화로서 게임은 현대 사회에서 알게 모르게 큰 역할을 수행하고 있다. 우리가 문득 주위를 둘러 보면, 게임의 자취를 쉽게 찾아볼 수 있는 것이 지금의 사회이다. 그리고 앞으로 다가올 미래에 게임은 틀림없이 보다 더 신기하고 재미있으며, 감동적이고 유용한 형태로 계속 존재할 것이다.

10장   문화 + 콘텐츠, 그리고 마케팅

김우정 | 풍류일가 대표

문화, 예술, 콘텐츠, 그리고 경제, 기업, 창조의 상관관계

영국의 문화학자인 레이몬드 윌리암스Raymond Williams는 문화를 크게 세 가지 영역으로 구분하고 있다. 그 첫 번째 영역은 지적·정신적·심미적인 계발의 일반적 과정으로 물질문명과 반대되는 정신문화다. 우리가 흔히 문명으로서의 문화 혹은 역사로서의 문화라고 부르는 개념이다. 그 두 번째 영역은 한 인간이나 시대 또는 집단의 특정한 생활양식으로 일상적 생활이다. 바로 생활로서의 문화를 의미하는데, 시간적 잣대를 들이대면 역사로서의 문화개념이 혼재되어 있다. 마지막 문화영역은 지적 작품이나 실천행위, 예술적 활동으로 미술, 음악, 문학, 영화, 건축, 의복, 음식 등을 일컫는 예술로서의 문화다.

  이 세 가지 문화영역은 결코 떨어져서 존재할 수 없다. 이러한 관점에서 문화를 코드와 콘텐츠로 구분할 수 있다. 콘텐츠는 형상화되어 있는 문화의 유형을 말한다. 소설, 연극, 무용,

건축 등의 예술작품이나 영화, 게임, 드라마 등의 문화상품이 바로 콘텐츠다. 그러나 눈으로 볼 수 있는 콘텐츠에는 보이지 않는 무형의 코드가 숨어 있다. 문화가 다른 분야와 구분되는 가치가 바로 그 코드 때문이다. 코드는 보이지 않는 가치로 콘텐츠를 통해 전파의 과정을 거친다. 그리고 그렇게 사람들에게 전파된 코드는 새로운 문화현상을 창조한다. 코드가 만든 문화현상은 콘텐츠 창조자들에 의해 다시 새로운 콘텐츠의 가치로 담기는 과정을 반복한다. 바로 이러한 순환과정이 코드와 콘텐츠가 가진 상호불가분의 관계다.

흔히 문화콘텐츠는 문화산업의 장르를 의미한다. 영화, 게임, 대중음악, 캐릭터, 애니메이션 등이 대표적인 문화콘텐츠다. 그러나 문화콘텐츠는 예술이라는 원형을 추구하고 있다. 영화는 연극을, 게임은 놀이를, 대중음악은 고전음악을, 캐릭터와 애니메이션은 시각예술에서 출발하였고 그 문화적 지향가치 또한 예술이다. 그럼에도 문화콘텐츠가 예술과 구분되는 이유는 경제적 부가가치를 예술에 비해 높은 비중으로 지향한다는 특성 때문이다. 그것은 문화콘텐츠가 산업으로 인정받고 육성되고 있는 반면, 예술을 산업으로 인정하는 것이 금기시되고 있기 때문이기도 하다. 그럼에도 문화콘텐츠가 추구하는 두 가지의 큰 가치, 즉 작품성과 상품성의 두 축에서 작품성의 가치원형은 다름 아닌 예술이다. 그런 점에서 예술의 새로운 전개방향을 살펴보는 일은 문화콘텐츠의 미래를 발견하는 데 매우 큰 의미를 부여한다.

문화콘텐츠는 스스로 문화산업을 형성하고 있기 때문에 문화콘텐츠를 만드는 기업 역시 하나의 독립적인 유기체를 형성한다. 그러나 예술은 그렇게 독립적이기가 힘들다. 그 이유는 앞서 언급한 것처럼 예술의 특성이 경제적 부가가치 추구에 부합하기 어렵기 때문이기도 하고, 예술의 발생 특성상 많은 부분 사회적 지원에 힘입어 성장했기 때문이기도 하다. 그러나 시대는 산업사회와 정보사회를 넘어 지식기반의 창조사회로 진화했다. 이런 관점에서 이제 현시대의 예술은 경제적 독립을 위해 스스로의 변화를 추구해야만 한다. 그리고 그런 변화의 중심에 서 있는 분야가 바로 문화마케팅이다.

문화마케팅의 개념과 트렌드

문화마케팅은 크게 두 가지 관점에서 살펴 볼 수 있다. 그 하나는 문화분야의 마케팅 활동marketing for culture이다. 문화산업과 예술로 대표되는 두 분야의 마케팅 활동이 문화마케팅의 한 축이다. 또 다른 한 축은 문화를 마케팅에 활용Culture for Marketing하는 활동이다. 전자에 속하는 분야에는 영화마케팅, 게임마케팅, 음반마케팅, 공연마케팅 등이 있지만 크게는 문화분야의 비즈니스 활동을 통칭하는 용어로도 사용된다. 그리고 후자에는 기업문화마케팅, 지역문화마케팅, 국가문화마케팅, 문화공간마케팅, 메세나, 문화예술교육 등이 포함된다. 두 가지 관점은 활용하는 주체에 따라 구분되기는 하지만, 결국 문화의 창의성을 마케팅과 비즈니스에 활용한다는 점에서 매우 닮아 있다. 또한 둘 모두 문화와 마케팅을 통해 문화 자체를 창조한다는 문화창조전략이라는 공통된 목표를 지향한다. 결국 문화마케팅이란 창의적인 문화(콘텐츠)를 도구로 문화(라이프스타일)를 창조하는 전략이라고 설명할 수 있다.

이 중에서도 기업이라는 경제의 주체가 문화콘텐츠(예술 포함)를 활용하는 전략은 최근 몇 년 사이에 급속한 속도로 발전해 왔다. 기업이 문화를 중요한 비즈니스의 수단으로 활용하게 된 이유는 바로 창조경영의 시대가 도래했기 때문이다. 노무라경제연구소가 2000년 발표한 자료에 따르면, 지금의 사회는 창의성의 사회형태를 보이고 있으며 아이디어라는 생산수단과 창의성이라는 비교우위를 통해 문화력이 국력의 원천이 되는 시대다. 농업사회, 산업사회, 정보사회의 국력원천이 군사력, 정치력, 경제력이었다는 점과 비교할 때 창의성의 사회에서 문화가 왜 중요하고 얼마나 큰 핵심가치인지를 단적으로 보여주는 내용이라고 할 수 있다.

창의성과 문화력이 중요한 사회에서는 문화콘텐츠가 새로운 핵심분야로 부상할 수밖에 없다. 이는 세계적인 경영학자 톰 피터스Tom Peters가 주장한 창의적 기업의 경쟁력과도 밀접한 관계를 가지고 있다. 결국 기업의 창의성 또한 문화를 이해하는 것에서부터 출발한다는 믿음이다. 그렇다면 기업은 어떻게 문화를 배워야 하고 문화를 통해 어떻게 창의성을 얻을 수 있을까? 이에 대한 해답은 최근 이어령 교수가 강연했던 「창

2009 (주)북이십일 도서목록

토머스 프리드먼

CODE GREEN
코드 그린

뜨겁고 평평하고 붐비는 세계

왕윤종 감수
최정임 + 이영민 옮김

"2009년 한국,
저탄소 녹색성장의 빅뱅이 시작됐다"

'코드그린' 전략으로
신성장동력의 핵심 사업을 선점하라!

뉴욕타임스
베스트셀러

아마존닷컴
올해의 책

코드그린 값 29,800원

21세기북스

21세기북스 베스트셀러

설득의 심리학 ❶❷

설득의 심리학 ❶ – 로버트 치알디니 외 지음 | 이현우 옮김 | 값 12,000원
설득의 심리학 ❷ – 로버트 치알디니 외 지음 | 윤미나 옮김 | 값 12,000원

130만 독자를 사로잡은 '설득의 바이블'

'예스'는 정말 단순한 말이다. 하지만 동료, 고객, 소비자, 심지어 가족들에게 이 말을 듣기란 쉬운 일이 아니다. 적어도 설득 과정의 비밀을 알지 못한다면 거의 불가능하다. 이 책은 우리에게 강력하고 가치 있는 설득의 비밀을 알려주는 데 그치지 않고, 빠른 시간 안에 목표를 달성할 수 있도록 도와준다.

2004 SERICEO 선정도서

인문의 숲에서 경영을 만나다 ❶❷

정진홍 지음 | 각 권 15,000원

인문학적 깊이가 건널 수 없는 차이를 만든다!

인문학 정신의 울림이 인문의 숲에서 퍼져나가 우리의 삶과 기업과 국가의 미래를 바로 세울 수 있기를 간절히 바라는 마음으로 책을 낸 정진홍 박사. 이 책을 읽는 순간 인문을 향한 열정이 어떻게 남과 다른 나를 만드는지, 어제와 다른 오늘을 만들 수 있는지 깨달을 것이다.

2008 SERICEO 선정도서

읽는 CEO 시리즈

옛시 읽는 CEO – 고두현 지음 | 12,000원
시 읽는 CEO – 고두현 지음 | 12,000원
그림 읽는 CEO – 이명옥 지음 | 15,000원

비즈니스맨의 내일을 바꾸는 상상력 페스티벌

〈읽는 CEO〉시리즈는 CEO와 CEO를 꿈꾸는 대한민국 직장인들에게 자기계발과 문화예술이라는 서로 다른 분야의 결합을 통해 창조력과 상상력, 시대를 통찰하는 안목 등을 제공하는 고급 자기계발 교양서이다.

YES24 2009년 우수도서

알면 보인다 시리즈

도쿄를 알면 일본어가 보인다 - 김현근 지음 | 값 13,500원
뉴욕을 알면 영어가 보인다 - 이유진 지음 | 값 13,800원
베이징을 알면 중국어가 보인다 - 조창완, 하경미 지음 | 값 13,800원

도시여행을 하면서 언어를 배운다!

문화에 대한 이해는 곧 그 나라의 언어에 가장 쉽게 접근할 수 있는 통로이다. 알면 보인다 시리즈는 뉴욕, 도쿄, 베이징의 재미있는 도시 문화이야기를 술술 읽으면서 자연스럽게 외국어를 학습할 수 있다.

박코치 기적의 영어학습법

박정원 지음 | 값 14,500원(학습프로그램CD 포함)

알파벳만 알던 박코치
2년 만에 억대연봉 강사 된 사연

'나도 할 수 있다' 이 책은 군대를 제대한 후 아무것도 가진 것 없이 영어공부를 시작하여 2년 만에 강남 이익훈 어학원의 최고 인기강사가 된 사정과 비결을 소개하고 있다. 박코치의 영어학습 비결을 알게 된다면 누구라도 영어를 정복할 수 있을 것이다.

웃지만 말고 영어로 말해봐!

심진섭 | 15,800원(Tape 2개 포함)

외국인 앞에서 주눅 드는 영어는 이제 그만!

외국인 앞에서 웃음으로만 때우는 영어는 이제 그만! 외국인과 1시간 대화를 위해 꼭 필요한 15개 소재와 141가지 표현, 단숨에 읽히는 쉬운 학습이 특징이다. 2개의 Tape에는 심진섭의 폭소 강의와 영어 표현을 따라하게 되는 영어 말하기 훈련이 수록되어 있다.

21세기북스 신간

판데노믹스

톰 헤이스 지음 | 이진원 옮김 | 값 13,800원

디지털 폭풍의 시대, 전염성 강한 회사만이 살아남는다

2011년 전세계 네트워크 접속인구가 30억 명에 이르는 순간, 수많은 사람들이 웹상에서 모여 만든 초대형 커뮤니티는 새로운 세계 경제 질서를 만들어 낼 것이다. 기존의 질서를 뒤바꿔놓을 이러한 미래경제의 패러다임은 확산과 전염의 경제학을 의미하는 '판데노믹스'로 정의한다. 판데노믹스가 지배하는 세상에서는 그 어떤 대기업이나 브랜드도 순식간에 사라질 수 있고, 자본 규모가 작은 심지어 1인 기업도 전 세계를 휩쓸 수 있다.

사진 읽는 CEO

최건수 지음 | 값 15,000원

위대한 사진가의 프레임을 훔쳐라!

사진가들은 어떻게 인생을 바라보는가? 사진에는 사진가의 눈으로 해석된 세상사와 인생이 담겨 있다. 그래서 사진을 대하면, 우리는 그 속에서 또 다른 사람의 인생을, 또 다른 세계를 간접적으로나마 읽고 있다는 느낌을 받는다. 세계적 사진가들이 세상을 통찰했던 방법, 즉 열정과 상상력, 그리고 기본의 눈으로 위대한 사진에 담긴 통찰의 기술을 터득해보자.

대한민국 국가전략

박세일 지음 | 값 20,000원

일류 국가를 향한 위대한 비전과 전략

1996년 OECD에 가입한 지 10년도 더 지났지만, 대한민국은 여전히 선진국 문턱을 넘지 못했다. 1인당 국민소득을 위시한 경제력과 몇몇 통계 수치를 뛰어넘어, 진정한 의미의 선진국이란 어떤 국가인가. 또 우리는 어떻게 해야 하는가. 전편 『대한민국 선진화 전략』에 이어 자주적이고 창조적인 일류 국가로의 비전과 전략을 담은 실천서!

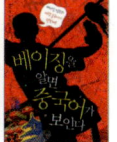

알면 보인다 시리즈

도쿄를 알면 일본어가 보인다 – 김현근 지음 | 값 13,500원
뉴욕을 알면 영어가 보인다 – 이유진 지음 | 값 13,800원
베이징을 알면 중국어가 보인다 – 조창완, 하경미 지음 | 값 13,800원

도시여행을 하면서 언어를 배운다!

문화에 대한 이해는 곧 그 나라의 언어에 가장 쉽게 접근할 수 있는 통로이다. 알면 보인다 시리즈는 뉴욕, 도쿄, 베이징의 재미있는 도시 문화이야기를 술술 읽으면서 자연스럽게 외국어를 학습할 수 있다.

박코치 기적의 영어학습법

박정원 지음 | 값 14,500원(학습프로그램CD 포함)

알파벳만 알던 박코치
2년 만에 억대연봉 강사 된 사연

'나도 할 수 있다!' 이 책은 군대를 제대한 후 아무것도 가진 것 없이 영어공부를 시작하여 2년 만에 강남 이익훈 어학원의 최고 인기강사가 된 사정과 비결을 소개하고 있다. 박코치의 영어학습 비결을 알게 된다면 누구라도 영어를 정복할 수 있을 것이다.

웃지만 말고 영어로 말해봐!

심진섭 | 15,800원(Tape 2개 포함)

외국인 앞에서 주눅 드는 영어는 이제 그만!

외국인 앞에서 웃음으로만 때우는 영어는 이제 그만! 외국인과 1시간 대화를 위해 꼭 필요한 15개 소재와 141가지 표현, 단숨에 읽히는 쉬운 학습이 특징이다. 2개의 Tape에는 심진섭의 폭소 강의와 영어 표현을 따라하게 되는 영어 말하기 훈련이 수록되어 있다.

21세기북스 신간

판데노믹스

톰 헤이스 지음 | 이진원 옮김 | 값 13,800원

디지털 폭풍의 시대, 전염성 강한 회사만이 살아남는다

2011년 전세계 네트워크 접속인구가 30억 명에 이르는 순간, 수많은 사람들이 웹상에서 모여 만든 초대형 커뮤니티는 새로운 세계 경제 질서를 만들어낼 것이다. 기존의 질서를 뒤바꿔놓을 이러한 미래경제의 패러다임은 확산과 전염의 경제학을 의미하는 '판데노믹스'로 정의한다. 판데노믹스가 지배하는 세상에서는 그 어떤 대기업이나 브랜드도 순식간에 사라질 수 있고, 자본 규모가 작은 심지어 1인 기업도 전 세계를 휩쓸 수 있다.

사진 읽는 CEO

최건수 지음 | 값 15,000원

위대한 사진가의 프레임을 훔쳐라!

사진가들은 어떻게 인생을 바라보는가? 사진에는 사진가의 눈으로 해석된 세상사와 인생이 담겨 있다. 그래서 사진을 대하면, 우리는 그 속에서 또 다른 사람의 인생, 또 다른 세계를 간접적으로나마 읽고 있다는 느낌을 받는다. 세계적 사진가들이 세상을 통찰했던 방법, 즉 열정과 상상력, 그리고 기본의 눈으로 위대한 사진에 담긴 통찰의 기술을 터득해보자.

대한민국 국가전략

박세일 지음 | 값 20,000원

일류 국가를 향한 위대한 비전과 전략

1996년 OECD에 가입한 지 10년도 더 지났지만, 대한민국은 여전히 선진국 문턱을 넘지 못했다. 1인당 국민소득을 위시한 경제력과 몇몇 통계 수치를 뛰어넘어, 진정한 의미의 선진국이란 어떤 국가인가. 또 우리는 어떻게 해야 하는가. 전편 『대한민국 선진화 전략』에 이어 자주적이고 창조적인 일류 국가로의 비전과 전략을 담은 실천서!

THE RICH(리치)

피터 번스타인·애널린 스완 지음 | 김정혜 옮김 | 값 22,000원

이 시대 부자들의 진실을 밝힌다

경영 전문지 '포브스,에서는 해마다 미국 최고의 부자 400명을 선정해 보너스 400 이란 타이틀을 발표한다. 이 책은 1982년부터 2006년까지 명단에 오른 1,302명의 타이틀 중심으로 그들의 재산을 엄밀하고, 다양한 분야에서 아웃계 성공을 거두고 부를 쌓았는지, 또 그 부를 어떻게 하고 쓰는지, 혹은 탕진했는지 살펴보여준다.

THE BOX(박스)

마크 레빈슨 지음 | 김동미 옮김 | 값 25,000원

컨테이너 역사를 통해 본 세계경제학

누구도 주목하지 않았던 컨테이너에서 박스가 인터넷에 비견되는 혁명적 도구로 사회에 착안해, 이를 경제학적으로 심도 깊게 파헤친 책. 세계경제의 혁신자이자 세계화의 촉진제로서 컨테이너의 중요성과 영향을 밝혀낸다. 본다부터 시작된 기본 시장의 등장부터 오늘날에 이르기까지 컨테이너를 근간으로 한 스토리를 추적한다.

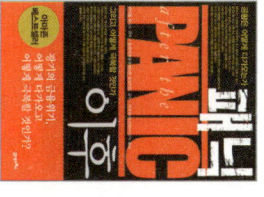

패닉 이후

마이클 루이스 편저 | 정경국 감수 | 이건 옮김 | 값 18,000원

공황은 어떻게 다가오며 어떻게 극복할 것인가?

1987년 블랙 먼데이에서, 아시아 외환위기와, 러시아 디폴트 사태, 닷컴 버블 붕괴까지 모기지 금융시장의 역사에서 가장 격동한 사건들의 다섯 차례의 위기를 안내한다. 현대 금융사상 가장 비극적이었던 다섯 번의 금융공황. 조지 소로스, 폴 크루그먼, 조지프 스티글리츠 등 대가들의 분석과 함께 일본으로 경제불안을 가시적으로 조망할 수 있는 통찰을 준다.

연애하듯 일하고 카리스마 있게 사랑하라

질로완, 개브리엘 팩험, 오우경 지음 | 값 12,000원

이 책은 실질적 카리스마를 갖춘 언니들의 일과 사랑, 스타일과 꿈에 대한 가볍지만 진지한 현실적인 성공 지침. 잡지가는 그녀 그대로 살아가고 있는 자신들의 솔직담백 현장이 있는 이야기를 통해 Career, Style, Love, Dream 에 대한 고민들만의 성공 노하우와 현실적인 멘토를 제공한다.

행복한 아기주의자를 위한 공정에너지

바버라 셔 & 바버라 스미스 지음 | 이정은 옮김 | 값 12,000원

성공공포증을 없애는 단 하나의 힘

〈오프라 쇼〉, 〈도나휴 쇼〉에 출연하며 결정적인 찬사를 받은 인생 가공술사 바버라 셔는, 누구나 마음 시점엔 하고 싶은 일을 하기를 잠자지만 아무런 도움 받을 수 있는 일에 마주하고, 이것이 바로 우리가 성공하지 못하는 까닭이다. 성공하고 싶다면 문턱부터 깊숙이 까버라. 연봉은 걷어 길면 다시 이름 수 있다.

머물지 말고 흘러라

오렐리 고드 지음 | 이윤 리네타 니어 엮음 | 이권 사진 시몽스 옮김 | 값 12,000원

시간은 어제의 내일 바라는 일이다

유럽인들의 정신적 이정자이자 영상의 아도리자로, 두드러진 영상의 이메일 존중을 받아오신 안셀름의, 인생을 풍요롭게 해주는 동일, 임약, 동, 힘 그리고 다시 시작에 대한 자전서 이상을 답았다. 약속한 것의 이별의 새로운 곳으로 출발하기 위한 고민 중인이라는 자전적 받은 우리에게 큰 깨달음을 준다.

3년 후, 세계는 그리고 한국은

공병호 지음 | 값 12,000원

공병호의 미래 글로벌 가이드 13

금융자본주의에 대한 근본적인 회의와 함께 국가의 경제적 생존마저 불안한 대한민국의 현실은 실시간으로 위협받는 경제이슈로 개인과 사회의 안정과 성장을 보장하기 어려운 실정이다. 이 책은 국가와 기업, 개인의 성장과 미래에 영향을 미칠 수 있는 최근의 트렌드를 짚어보고 성장의 전환점이 될 3년 후를 전망한다.

프레임

최인철 지음 | 값 10,000원

프레임을 바꾸면 인생이 확 바뀐다!

세상을 바라보는 마음의 틀 프레임! 이 책은 우리가 세상을 어떤 틀로 바라 보고 매순간 삶을 어떤 시각으로 선택하는가에 대한 통찰력을 재차한다. 다양한 예제와 연구결과를 통해 보다 지혜로운 선택 방법이 무엇인지 알려준다. 또한 자신의 한계에서 벗어날 수 있는 지혜와 희망을 준다.

행복한 이기주의자

웨인 다이어 지음 | 오현정 옮김 | 값 10,000원

행복한 사람은 이기적이다!

행복한 사람은 먼저 자신을 사랑한다, 남보다 자신을 배려하되, 다른 사람의 눈치도 보지 않는다. 자신을 사랑함으로써 당당하고, 자신을 사랑함으로써 스스로를 인정함으로써 자유로운 그들이 바로 행복한 이기주의자이다.

나는 누구인가

리하르트 다비트 프레히트 지음 | 백종유 옮김 | 값 19,800원

철학의 진화, 생각의 즐거움을 건다!

철학에 관한 책은 많이 있다. 그러나 이 책은 지금까지 나왔던 책들과는 그 유형이 사뭇 다르다. 복잡한 사유를 지향하면서도 전문적인 지식을 포기하지 않고 인생에 관한 철학적인 해법에 바짝 다가서게 만든다. 생각에 빠져드는 것이 즐거움이 되고, 흥미를 대해 가며 읽게까지 읽어낼 수 있는 이 책은 인생이란 모험이 그 안에 숨겨진 가능성들을 모두 보여주는 초대장이다.

칭찬은 고래도 춤추게 한다

켄 블랜차드 외 지음 | 조천재 옮김 | 값 10,000원

대한민국에 징찬 열풍을 일으킨 화제의 책!

직장과 가정에 놀라운 변화를 이끄는 칭찬의 힘을 통해 성공적인 인간관계를 위한 기본 좋은 메시지를 전한다. 칭찬이 가장으로서, 회사의 간부로서, 가족과 직원들에게 영향과 희망을 불러일으키고자 하는 사람들을 위한 훌륭한 지침서이자 안내서이다.

웃일낙고 갑시다

김성오 지음 | 값 12,000원

사람을 낚는 마음경영의 힘

우리나라에서 가장 작은 4,5명의 여주를 마산이 역주를 랜드마크로 만들어낸 이지의 사나이 김성오. 600만 원의 일이 맞으 시작한 역주에서 시가홈이 1조 한 기업의 CEO가 되기까지 자신만의 독특한 경영철학으로 무일푼 성공신화를 이루어낸 그의 독창적 노하우를 밝힌다.

조경영 아고라」라는 포럼에서 발견할 수 있다. 이어령 교수는 이 포럼에서 창조경영을 위해 어떤 것을 배워야 하고 어디서 영감을 얻어야 하는지를 정확하게 보여준다. 그 해답은 문화콘텐츠에 있으며, 문화콘텐츠의 창의성과 독창성이 결국 기업에 적용되어 새로운 문화창조의 원동력으로 발휘된다.

기업은 문화콘텐츠를 통해 새로운 문화를 창조한다. 그리고 그 시작은 문화산업의 원형인 예술과의 교류에서부터 출발한다. 기업과 예술이 만나서 어떠한 창조적인 문화를 탄생시키는가를 살펴본다면 문화콘텐츠가 나아가야 할 미래상도 엿볼 수 있다고 믿는다. 그럼 지금부터 기업과 예술의 창조적인 만남을 살펴보도록 하자.

기업의 예술활용 발전추이와 성공사례

기업과 예술의 만남은 메세나에서 출발했다. 메세나는 기업의 문화공헌을 의미한다. 그러나 최근 기업은 예술을 사회공헌의 관점에서 마케팅전략과 경영전략까지 발전시켰다. 단순한 기부에서 예술의 고유한 가치를 기업의 가치와 접목시킴으로써 새로운 시너지와 경제적 부가가치까지 만드는 문화마케팅전략으로 승화시킨 것이다. 그럼 지금부터 기업이 예술을 활용하는 문화마케팅전략의 발전추이를 다양한 국내외 성공사례를 통해 분석함으로써 기업과 문화콘텐츠의 창조적인 미래의 만남을 예측해보자.

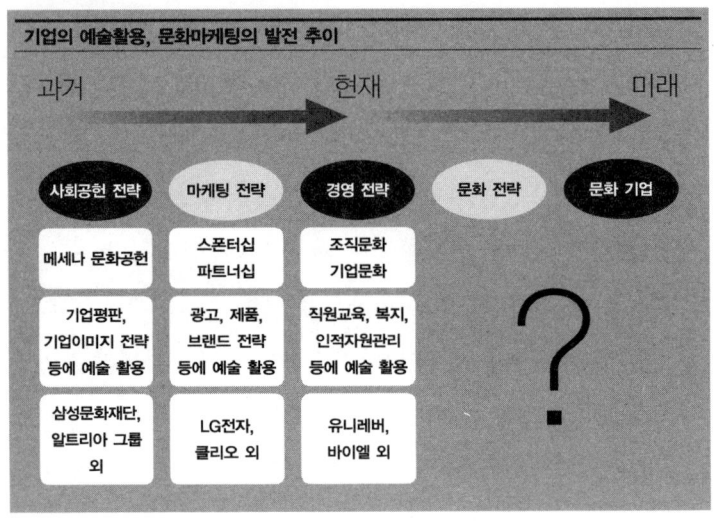

삼성전자는 해외 마케팅에 적극적으로 예술을 활용하는 대표적인 기업이다. 그 중에서도 러시아 진출을 위해 볼쇼이극장을 후원한 것이 대표적이다. 삼성전자는 1993년부터 볼쇼이극장을 후원해왔다. 10년간 200만 달러의 재정 및 기술지원을 통해 글로벌 기업으로서 현지 사회공헌활동을 통해 지역사회와 유대 강화를 추진했다. 그 결과 매년 70만 명이 찾는 러시아 문화상징인 볼쇼이극장을 후원하는 긍정적인 기업이미지를 어필할 수 있었고 단기간에 현지기업으로서의 위상을 수립할 수 있었다.

코리아나화장품 역시 '스페이스 씨 Space*C'라는 미술관을 건립하여 시민들에게 문화공간을 제공하면서 화장품 기업브랜드의 고급화 및 예술적 가치 창출효과를 얻을 수 있었다.

최근 하나은행은 2010년까지 전국 620개 전지점을 미술관으로 변모시키겠다는 의지를 표명했다. 지난 30년간 꾸준히 추진해온 미술후원을 이제는 문화서비스로 발전시킴으로써 다른 은행과의 차별화를 추구하겠다는 것이 하나은행의 야심 찬 목표다. 미술을 통한 문화서비스는 은행의 이미지 제고는 물론이고 차별화된 서비스로 보다 많은 고객이 지점을 방문하게 하는 유인요소로 작용하여 결국 기업의 매출증대에 엄청난 영향을 미칠 것으로 예상된다.

밀러맥주와 필립모리스 담배를 생산하는 알트리아그룹의 경우 지역사회의 거부 대상으로 지목되며 위기에 처한 1958년, 켄터키주 문화 페스티벌에 대한 스폰서 활동으로 시작하여 50여 년간 2억 달러 이상을 예술부문에 지원함으로써 인류의 건강을 해치는 기업이라는 부정적 사회 이미지를 극복할 수 있었다.

IBM의 경우 모두가 누리는 정보기술을 모토로 지구촌 사람들이 언제 어디서나 세계의 문화유산을 볼 수 있도록 하기 위한 문화마케팅을 전개한 것으로 유명하다. IBM이 보유한 기술력을 동원하여 세계 문화재 복원, 각종 이벤트 등을 지원하는 '이컬처e-Culture' 프로젝트를 개시, 최초의 디지털 박물관으로서 러시아의 '에르미타쥬 박물관Hermitage web museum'을 개관하는 등 자사의 기술력을 통해 예술을 지원하는 새로운 문화마케팅의 패러다임을 창출했다.

2003년부터 꾸준히 한국뮤지컬 시장 활성화에 기여하고 있는 GM대우의 문화마케팅 또한 현지화에 성공한 사례로 평가

받고 있다. 어린이 시계브랜드 플릭플락Flick Flak은 폴카Polka 극단과 함께 시간을 소재로 한 연극을 제작하여 런던의 20개 교를 방문하며 무료 공연을 펼치면서 영국시장에서 성공적으로 기업의 풍부한 상상력과 교육적인 기업 이미지를 구축할 수 있었다.

포틀랜드에 위치한 히스만 호텔 The Heathman Hotel의 경우 문화예술과의 접목을 통해 여행객을 유치하고 지역 문화예술 단체 지원 및 주민의 삶의 질을 향상을 목표로 문화마케팅을 전개하였다. 예술기금을 만들고 주말 수입의 1%를 지역 예술 단체 지원에 사용하고, 예술가들의 작품과 250개의 회화, 사진, 종이로 된 작품을 객실과 호텔 로비, 라운지 등에 전시함으로써 갤러리 호텔이라는 명성과 지역의 관광명소로 급부상했다. 이런 전략은 개인과 예술가들에 의해 100% 예약 성과를 이룩하는 큰 성공을 거두었음은 물론이다.

위의 사례들은 기업이 예술지원을 통해 이미지를 제고하고 아름다운 사회환경을 구축한 사례들이다. 그럼에도 불구하고 이 사례들을 통해 발견할 수 있는 사실은 기업의 문화예술지원이 더 이상 전술적이거나 단편적이지 않다는 점이다. 이제는 기업이 전략적으로 예술을 후원함으로써 장기적으로 기업 본연의 가치인 이윤추구를 지향하고 있다는 사실을 발견해야 한다. 이런 점에서 기업의 마케팅활동에 예술이 활용되고 있다는 것은 결코 놀랍지 않다.

삼성전자 하우젠의 경우 몬드리안의 추상화를 배경으로 작품 속에 가전제품을 포함시킨 광고를 제작함으로써 문화예술의 고급스러움과 세련된 분위기를 브랜드 이미지로 연결시켰다. LG전자의 경우에도 최근 미켈란젤로, 마네, 고갱 등 세계적인 작가의 명화 26점 속에 회사 대표 제품을 등장시키는 브랜드 광고를 펼치면서 새로운 문화마케팅의 패러다임을 제시하고 있다.

중저가 화장품의 이미지로 각인되어 있던 더페이스샵의 경우에도 화장품 용기에 빈센트 반 고흐의 「삼나무가 있는 보리밭」을 새김으로써 고급이미지를 제고하고 있다. 스와치는 정기적으로 화가, 조각가, 패션 디자이너, 감독, 요리사, 음악가, 일러스트레이터 등 문화 전반에 걸쳐 명성이 있는 아티스트들과 협력해 아티스트 스페셜을 출시한다. 1985년 키키 피카소가 디자인한 시계, 디자이너 비비안 웨스트우드가 디자인한 시계, 2000년 백남준이 디자인한 시계 등이 그 대표적 예이며, 이는 스와치를 단순한 '시계' 브랜드로 인지하기 이전에 '문화를 선도하는 브랜드'로 그 가치를 높여주고 있다. 루이비통 또한 컬렉션에서 무라카미 다카시는 일본의 벚꽃 문양과 일본 애니메이션 포케몬 디자인을 응용한 '모노그램' 핸드백을 내놨다.

LG전자의 미국시장 진출은 문화마케팅으로부터 출발했다. LG전자는 2004년 미국시장 진출을 위해 1931년 설립된 미국 국가문화유산인 월턴극장의 이름을 '월턴LG극장'으로 탈바꿈 시켰다. 이는 미국 대중문화의 상징이자 미국인들의 자존심을 전략적으로 구입한 과감한 문화투자로 단숨에 미국 내에서 LG전자의 위상을 급상승시키는 데 크게 기여했다. 신세계백화점은 본관 리모델링 공사장 외벽을 초현실주의 작가 르네 마그리트의 작품 「겨울비」로 장식하고, 본관 장식을 위해 미술작품을 200억 원어치 구입하면서 새로운 명품쇼핑공간으로 그 품격을 한 단계 높였다. 인텔은 기업문화의 효과적인 홍보를 위해 문화마케팅을 선택한 경우다. 인텔 본사 로비에 위치한 인텔뮤지엄은 미국 실리콘밸리 인텔 본사에 위치한 기술문화 확산의 전초기지다. 인텔은 자사의 영속성을 위해 산업과 기술에 친숙한 사회문화적 토양을 구축하는 전략으로 자사의 공간을 문화공간으로 탈바꿈시켰다.

문화마케팅은 결코 대기업의 전유물이 아니다. 취영루는 1945년 서울 소공동에서 중국요리집으로 창업하여, 이를 기반으로 국내 최초로 고급 냉동물만두를 출시한 이후 레스토랑 및 델리샵 등 다양한 외식매장을 선보이며 사업다각화를 이루어 온 대표적인 식품기업이다. 그런데 단순히 식품을 생산하고 유통하는 기업이 미술관을 개관하고 콘서트를 개최하고 박물관을 오픈했다면 믿을 수 있을까? 과연 취영루가 이러한 문화전략을 추진하고 있는 이유는 무엇일까? 그 해답은 취영루가 개관한 센띠르 갤러리 1주년 기념 전시에서 센띠르 갤러리 관장을 겸하고 있는 취영루 김현주 부사장이 인터뷰한 내용을 통해 찾을 수 있다.

"우리 제품은 고객의 미각을 즐겁게 하고 허기를 채우지만,

여기에 그치지 않고 마음속까지 부르게 해드리고 싶었다."

어떤 전략이 느껴지는가? 단순한 식품회사로 알고 있던 취영루가 어떤 문화를 창조하고 있는가? 미각을 채워주는 기업에서 고객의 마음까지 채워주는 기업으로 성장하는 기업문화가 느껴지는가? 그리고 그러한 문화코드를 생산하기 위해 취영루는 과감하게 문화를 선택했다. 그 전략은 어김없이 성공했고, 이제 취영루는 대표적인 문화기업으로 성장하고 있다. 만두를 생산하는 기업에서 문화를 생산하는 기업으로 몇 단계 진화한 것이다.

한화그룹의 서울세계불꽃축제는 기업의 예술을 통해 얼마나 큰 문화를 창조할 수 있는가를 보여준 대표적인 사례다. 5년간 이어지고 있는 한강변 최고의 축제인 서울세계불꽃축제는 기업이 주최하는 국내 유일의 축제로 일일 방문객 100만 명 이상, 축제만족도 81.78점(평균 58~76점), 안전사고 제로라는 엄청난 성공을 거두었다. 약 20억 원의 예산이 투입되는 본 축제는 홍보효과만 200억 원 이상으로 예상되며, 서울의 대표적인 축제로 자리매김했다. 그리고 매년 수 백만 명 이상의 서울 시민에게 가을밤의 정취와 감동을 선물하는 대표적인 문화로 자리잡았다. 기업이 불꽃과 축제라는 콘텐츠를 통해 엄청난 문화를 창조한 것이다.

그리고 최근 문화마케팅의 트렌드는 브랜드전략으로 이어지고 있다. 현대자동차는 2007년 현대자동차의 문화브랜드인

'H-art'를 선보였다. 지금까지 가지고 있었던 딱딱한 기업 이미지를 감성적으로 변모시키기 위해 매년 수 백억 원의 돈을 문화마케팅에 투자하고 있다. 그러나 문화브랜드의 효시는 KT&G의 상상마당이다. 2005년 온라인에서 시작한 KT&G의 상상마당은 상상을 기업마케팅과 접목한 국내 최초의 사례이자 성공사례로 평가받는다. 상상마당은 경쟁사로 인한 시장잠식과 이로 인한 수요감소, 그리고 미래고객 이탈현상이 발생하면서 시작되었다.

상상마당은 KT&G의 미래고객인 젊은 상상들의 문화를 후원함으로써 기업의 이미지를 제고하고자 기획된 문화마케팅 브랜드다. 상상마당의 핵심은 온라인을 기반으로 젊은 상상을 응원한다는 메시지를 전달하는 것이다. 상상마당은 크게 단편영화, 문학, 가요, 사진, 만화, 학술, 기타 문화행사로 구분된다. 출품경쟁과 공모전 등을 통해 선정된 젊은 예술가, 대학생들을 지원하여 그들의 미래를 함께 한다는 것이 그 취지다.

2005년 2월부터 운영된 온라인 상상마당은 현재 사이트 순위에 있어서도 미래고객 확보를 위해 경쟁을 벌이고 있는 영삼성, 애경링투유, KTF 모바일을 훨씬 상회하고 있다. 상상마당의 힘은 마케팅리그에서도 확인할 수 있다. KT&G 상상마당은 대학생 대상 공모전을 개최함으로써 기업 브랜드 제고를 가장 성공적으로 했다는 평가를 받고 있다. 대학생을 대상으로 '공모전 시행 기업 선호도'를 조사한 결과 4개 부문 중 가장 참여하고 싶은 광고공모전과 가장 참여하고 싶은 디자인공모전 2개 부문에서 다른 공모전에 비해 역사가 매우 짧은 상상마당이 1위를 차지할 정도로 대학생들이 상상마당 공모전에 대해 긍정적인 생각을 갖고 있음을 알 수 있다. 문화마케팅에 왜 브랜드가 중요한지를 보여주는 아주 좋은 사례다.

상상마당은 2007년 9월 홍대앞에 오프라인 상상마당을 오픈하면서 미래의 성공을 담보하고 있다. 온라인의 성공에 힘입어 오프라인 공간 운영을 병행하겠다는 발상은 디지털과 아나로그의 융합인 디지로그digi-log와도 맞아 떨어지는 혁신의 패러다임이다. 또한 온라인에서 구축한 30만 젊은 상상의 힘을 오프라인에서 구현함으로써 한 차원 높은 상상마케팅을 펼칠 수 있게 되었다는 점에서 그 의의가 크다. 특히 홍대라는 젊은 상상의 거리를 선택한 점도 주목할 만하다.

우림건설의 독서경영은 예술이 창의적인 기업문화 형성에 얼마나 큰 영향을 미칠 수 있는가를 보여주는 대표적인 사례다. 우림건설의 독서문화는 이미 10년이 훌쩍 넘은 훌륭한 기업문화다. 아마 대한민국 기업들의 독서경영의 효시라고도 불릴 수 있을 것이다. 많은 기업들이 우림건설의 독서경영을 본보기 삼아 감성경영의 꽃을 피울 수 있었다. 한 기업이 하나의 문화를 창조한다는 것은 결코 말처럼 쉬운 일이 아니다.

우림건설의 심영섭 사장은 매월 10여 권의 책을 읽는 독서광으로 유명하다. 또한 최고경영자의 취미를 임직원과 함께 공유하여 '독서경영'을 성공시킨 CEO로도 유명하다. 사업장이 각 지역에 퍼져있어 직원들의 얼굴을 보기가 힘들다는 점에 착안, 독서를 통해 최고경영자의 생각을 전달하고 회사의 비전을 공유하자는 생각에서 심 사장은 독서경영을 시작하게 되었다. 그리고 거칠고 남성적인 건설업계에서 좀 더 섬세한 안목을 키울 수 있는 것이 바로 책이라는 지론도 독서경영의 도입에 큰 역할을 했다.

그는 매월 책 1권을 골라 임직원과 협력업체 등 주변 사람들에게 선물하는 독서경영을 10년 가까이 실행하고 있다. 책 앞에는 4~5페이지에 걸쳐 친필로 쓴 그의 독후감이 늘 붙어 있다. 심 사장이 자신의 철학 등을 메모에 실어 전 직원에게 나눠주고, 직원들은 독후감으로 자신의 생각을 표현하는 경영방식은 우림건설만이 가진 독특한 쌍방향 대화채널이다. 또한 직원들의 독후감은 단순한 책의 감상문이 아니라 평소 오너와 경영진, 직원간에 나누고 싶은 얘기가 책을 통해 전달된다는 대화창구로서의 의미가 더욱 크다.

이러한 우림건설의 독서경영은 임직원은 내부고객이라는 철학과 함께 문화경영으로까지 발전한다. 그 단적인 사례로 우림건설에는 홍보실이 아닌 문화홍보실이 있다는 점에 주목한다. 또한 우림건설의 명함은 시각장애인을 위한 점자가 적혀 있어 색다르다. 이러한 우림건설의 문화활동은 최근 '메세나 대상' 수상으로 이어지기도 했으며, 문화경영, 감성경영, 나눔경영을 통해 전년대비 도급순위가 52계단 상승한 36위로 올라서는 위력을 발휘했다.

성도GL은 1974년 설립된 이래, 인쇄산업 및 그래픽 아트

Graphic Arts로 명명 되는 프리프레스 업계에서 30년간 굳건한 리더역할을 수행하고 있는 우량 중소기업이다. 성도GL은 세계적 필름 산업의 리더인 후지필름Fuji Film의 그래픽 아트 그룹의 한국 총책임 기업으로 선정되어 제판 및 출력용 필름, PCB 제조에 필요한 공업용 필름, 인쇄용 PS Plate, 현상 관련 화공 약품 등을 기초로 하여 국내 신문사 및 대표적인 인쇄 및 출력 기업들에 이들 제품과 기술 서비스를 통하여 선진 기술을 제공하는 사업을 꾸준히 수행해왔다.

성도GL의 문화마케팅은 '삼더운동(더 똑똑하게, 더 빠르게, 더 즐겁게)'이라는 차별화된 기업문화를 통해 자연스럽게 일어난 즐거운 혁명이었다. 문화나눔 정신에 입각한 성도GL만의 첫 번째 문화마케팅 혁명은, 내부고객을 우선적으로 배려하는 브런치 콘서트 정기초대, 창립30주년 기념 정세훈 콘서트, 직원 가족들과의 마당극 관람 등으로 내부고객 문화나눔이다. 자율독서대를 운용하면서 우수서적에 대한 독서토론회를 개최하고, 생일자와 결혼기념일에는 전직원이 책에 축하메시지를 담아 선물하는 등의 감성나눔은 그 두 번째 혁명이며, 전 직원의 급여에서 0.5%, 회사가 0.5%를 기부하여 사랑의 1% 나눔운동에 모든 구성원이 참여하고, 정기적으로 양로원을 방문하는 사회공헌을 통한 나눔이 그 마지막 혁명이다. 성도GL의 경영성과는 2005년 대한상공회의소가 주최하는 경영혁신대상에서 국무총리상을 수상하는 영예로 이어졌다.

최근 문화마케팅을 경영전략에 활용하는 사례가 부쩍 늘고 있다. 세계 최대의 생활용품 기업인 유니레버는 문화예술을 사내 인력개발 교육프로그램으로 적극 활용하여 성공한 대표적인 사례다. 1999년 당시로서는 매우 파격적인 문화예술을 활용한 교육프로그램인 '카탈리스트Catalyst'를 도입하였다. 도입 당시에는 주위의 우려가 컸지만, 도입 후의 성과는 매우 성공적이었다. 이 프로그램을 통해 유니레버의 직원들은 표현력과 대화법 개선을 통해 사내 의사소통에 커다란 진전을 이뤘을 뿐 아니라 창의력 개발에 바탕이 될 수 있는 다양성을 존중하는 문화가 뿌리내리기 시작했다. 말로 하는 대신 연극이나 공연 위주로 진행되는 이 프로그램은 유니레버의 현 자화상을 리얼하게 깨닫게 해 줬을 뿐 아니라 개선을 위한 구체적인 행동지침까지 제시해 줌으로써 기존 교육프로그램과 차별화를 꾀한 것이 그 특징이다.

국내에서 가장 대표적인 기업예술교육 프로그램은 '팀버튼 Team Button'이다. 팀버튼은 기존의 프로그램을 보다 혁신적으로 발전시켜 산업교육시장에 예술교육을 하나의 새로운 브랜드로 자리매김시켰다는 점에서 그 의미가 크다. 팀버튼은 크게 여섯 가지 프로그램으로 구성되어 있다. 춤과 안무를 활용한 댄스버튼, 음악과 아카펠라를 활용한 뮤직버튼, 마술과 놀이를 활용한 매직버튼, 연극과 공연을 활용한 플레이버튼, 마임을 활용한 마임버튼, 뮤지컬을 활용한 뮤지컬버튼이 그것이다. 팀버튼은 최근 청와대 비서실 혁신교육 프로그램으로 채택되어 그 효과를 확실하게 검증받기도 하였다. 특히 청와대 교육의 경우 총점 5점 만점에 4.6점이라는 높은 점수를 받아 같은 기간 실시되었던 다른 프로그램들 중에 최고의 프로그램으로 평가받았다.

이러한 사례는 존루이스John Lewis 백화점의 예술을 통한 기업문화 창조전략에서도 나타난다. 영국 상공부가 후원하는 예술 활용 효과를 확인한 이 회사 피터보로우Peterborough점의 고위 경영진은 대인 기술과 자신감 함양의 방법으로 예술 활용 방법을 사용해보기로 결정을 내렸다. 이 매장은 씨어터액티브Theatre Active라는 극단에 요청을 하여 어떻게 하면 더 나은 고객 서비스를 제공할 수 있는지, 그리고 어떤 종류의 고객 서비스를 새로 고안하는 것이 좋을지에 대해 직원들이 생각해 볼 기회를 주는 연극을 한 편 제작하여 공연해줄 것을 부탁했다. 만족스러운 결과를 얻기 위하여 각 직원은 매장 현장에서 2시간짜리 교육을 받은 후 극단 사람들과 반나절을 함께 보내며 필요한 정보를 제공하도록 했다. 극단은 한 명의 배우가 두 명의 매장 직원 역할을 하도록 1인 2역씩 배역을 배정했다. 즉 연극배우들은 모두 매장 직원들의 역할을 맡았으며, 이들이 사용하는 용어와 표현을 이용하여 대본을 썼다. 고객 서비스의 현실을 보여주기 위하여 기업과 극단이 협력하는 방식을 채택한 것이다.

문화마케팅, 그 위대한 미래상

지금까지 문화마케팅의 현재에 대해 살펴보았다. 그 현재상은 아래 그림으로 설명할 수 있다. 그렇다면 과연 기업과 문화콘텐츠의 창조적인 만남은 어떤 미래상을 만들 수 있을까? 아래의 통합문화마케팅 시스템은 현재까지 나온 문화마케팅 전략모델이다. 그러나 아래의 내용은 문화마케팅의 고유한 특성인 감성적 측면과 기업의 현실적인 문제를 지나치게 간과한 결과, 마케팅 현장에 적용되기가 매우 어렵다. 실재로 아래 모델을 활용하여 통합문화마케팅을 전개하고 있는 기업은 아직까지 한 곳도 없으며, 적용 자체에 너무 많은 시간이 필요하고 효율성 또한 떨어지는 것으로 분석되고 있다. 그런 의미로 새롭게 대두되는 모델이 바로 문화코드와 문화콘텐츠의 융합을

문화코드와 문화콘텐츠의 융합을 통한 미래의 문화창조전략

Artware	Humanware	Software	Hardware	Codeware
Text	Author etc	Novel etc	Library etc	Story
Image	Painter etc	Picture etc	Museum etc	Gallery
Sound	Singer etc	Jazz etc	Studio etc	Melody
Stage	Player etc	Musical etc	Theater etc	Play
Media	Director etc	Movie etc	Cinema etc	Drama
PQ etc	Landmark etc	Storytelling etc	Jingle etc	Brand Expreesion etc

통한 문화창조전략이다

위의 전략모델은 문화콘텐츠를 표현에 따른 특성별로 다섯 가지로 구분한 후, 그 특성별 콘텐츠의 대표코드와 융합함으로써 새로운 문화를 창조하는 단계로 쉽게 이해할 수 있다. 예를 들어, 문학이라는 콘텐츠와 스토리라는 코드가 융합하여 스토리텔링이라는 전략을 통해 기업, 지역, 국가 등의 이야기를 창조한다는 뜻이다. 그렇게 창조된 이야기가 바로 문화로 승화된다. 위의 모델은 기업의 모든 부서에서 자신의 목표에 부합하게 활용할 수 있다. 단순히 마케팅뿐만 아니라 교육, 인사, 복지, 기업문화, 영업, 홍보, 고객관리, 투자관리, 이미지 제고 등에 폭넓게 활용할 수 있는 장점이 있다.

베네통의 '파브리카Fabrica'는 위의 문화창조전략을 가장 잘 활용한 가까운 미래의 사례라고 할 수 있다. 세계적인 패션기업 베네통은 지구촌 예술인들의 창조공간인 파브리카를 통해 예술가들의 창의적 아이디어를 비즈니스에 접목시키는 마당으로 활용하고 있다. 파브리카는 색채의 혁신을 가져온 이탈리아 의류회사 베네통이 세계의 젊은 예술가들을 후원하기 위해 설립한 커뮤니케이션 연구센터로, 세계 각국의 25세 미만의 젊은 작가들을 심사를 통해 초청해 기존의 선입관에서 탈피한 창의적이고 독창적인 영화, 사진, 디자인, 뮤직 비디오, 잡지 출판 등의 활동을 통해 새로운 이슈와 시각언어, 스타일을 생산하고 있다. 여기서 생산된 독창적인 스타일은 베네통의 경영전략으로 활용되면서 지금까지도 베테통 창조경영의 문화코드가 되고 있다. 결국 각 분야의 문화콘텐츠 창조자들이 베네통의 문화코드와 만나면서 새로운 패션 라이프스타일과 베네통의 창의적인 기업문화를 창조하고 있는 것이다.

미술후원사업에서 출발하여 다양한 문화현상들을 창조하고 있는 국내의 패션기업 쌈지의 경우도 베네통과 마찬가지로 문화창조전략을 매우 잘 활용하고 있는 사례다. 헤이리를 대표하는 쌈지의 '딸기가 좋아'는 벌써 3개의 테마파크를 운영하고 있으며 곧 이어 딸기를 주인공으로 한 애니메이션도 제작될 예정이다. 패션 캐릭터가 하나의 문화 아이콘으로 급부상하는 성공의 이유가 바로 이런 문화창조전략에 숨어 있다.

LG전자의 경우 우즈베키스탄에 경제한류라는 문화현상을 창조한 것으로 유명하다. LG전자는 우즈베키스탄이 전통적으로 이슬람 신앙이 깊어 수줍음이 많고 별다른 놀이나 유흥문화가 없는 것에 대한 역지사지 전략으로, 우즈벡어 노래가 수록된 가라오케 제품을 현지 최초로 출시했다. 이에 맞춰 주말마다 각 지방의 주요 도시에서 즉석 길거리 노래자랑 등을 실시했고 지역 주민들로부터 선풍적인 인기를 누리고 있다. 현지에서 자사의 콘텐츠와 현지의 코드를 융합하여 새로운 여가문화를 창조한 것이다. 이러한 결과로 LG전자는 우즈베키스탄에서는 TV, 에어컨, 냉장고, 세탁기, 전자레인지, 청소기 등 6개 제품 시장점유율이 50%를 상회하며 1위를 차지했고, 나아가 2005년에는 우즈베키스탄에서 80% 증가한 6,500만 달러의 매출을 목표로 하고 있다. 그리고 카자흐스탄에서도 진출 10년만인 지난해 에어컨, 청소기, 전자레인지 등 주요 가전제품 시장점유율 1위를 차지했다. 또한 '2004년 올해의 제품 Choice of the Year'에 프로젝션 TV, 모니터, 에어컨, 냉장고, 세탁기, 오디오 등 22개 제품 중 17개 분야를 석권하며 3년 연속 '올해의 가전업체'로 선정되었다.

결국 미래의 문화마케팅은 콘텐츠와 코드가 창조하는 문화로 귀결된다. 그리고 창조된 문화의 형태는 하나의 제품일 수도 있고, 하나의 라이프스타일일 수도 있으며, 조직문화, 문화트렌드, 마케팅전략일 수도 있다. 그렇게 창조된 문화는 성공한 전략으로 기억될 수밖에 없다. 왜냐하면 기업이 문화를 창조한다는 것 자체가 기업의 영속성을 보장 받는 최고의 전략이기 때문이다. 최근 등장하고 있는 문화융합상품 컬덕트 cultduct나 컬비스cultvice의 개념 또한 문화를 창조하는 문화마케팅전략의 또 다른 이름이다.

바야흐로 문화의 시대다. 문화의 시대는 문화산업의 시대이기도 하지만, 다양한 분야가 문화와 만나 새로운 문화를 창조한다는 뜻이 더욱 크다. 기업이 문화를 만나 얼마나 아름다운 사회를 만들 수 있는지, 이제 생각이 아닌 실천으로 옮겨야 할 때다.

3부 미래 세대와 콘텐츠

11장 네트워크 부의 미래

김용학 | 연세대학교 사회학과 교수

'위키피디아'는 http://www.wikipedia.org 에 접속하기만 하면 누구나 저자가 될 수 있는 온라인 백과사전이다. 2001년 처음 개설된 이 백과사전 편집 사이트에는 2007년 말에 이미 638만 7,732명의 스스로 등록한 저자들이 활동하고 있었다. 등록하지 않은 저자들도 집필과 편집에 참여하여 2008년 1월 현재 221만 개 이상의 항목에 대한 자세한 설명을 담고 있으며, 2억 번에 달하는 편집을 거치면서 지금도 진화와 성장을 계속하고 있다. 지하철에서 자기 애완견의 변을 치우지 않고 내린 어느 한국 여성에 대한 네티즌들의 공격 사건인 '개똥녀Dog Poop Girl'에 대한 설명까지 담고 있으니, 사전 내용의 방대함은 놀랄 정도이다. 위키피디아는 현존하는 백과사전 중에서 단연 최대이자 실시간으로 새로운 내용이 추가되고 편집되는 신속한 백과사전이다(위키라는 단어는 하와이 말로 빠르다는 의미다). 이 사전의 과학지식과 관련된 글을 브리태니커 백과사전과 비교하면 오류 비율이 거의 비슷할 정도로 정확할 뿐 아니라, 브리태니카와 달리 위키피디아의 오류는 독자들에 의해 실시간으로 편집되어 수정될 수 있다는 강점이 있다(Giles and Brumfiel 2005). 네트워크에 연결된 수많은 사람들이 아무런 금전적 보상도 바라지 않은 채 자신의 시간과 노력을 들인 대규모 집단 협업의 결과로 매우 빠른 속도로 집단지성이 탄생한 것이다.

플라스틱 블록완구로 유명한 레고 그룹은 장난감 레고 로봇을 만들어 팔면서, 이 로봇을 통제하는 운영 프로그램operating system을 소비자들끼리 공유하도록 한다. 사실 이러한 레고의 기업 전략은 전혀 의도된 것이 아니었다. 마인드스톰Mindstorm이라는 이 제품과 이를 움직일 수 있는 프로그램을 시장에 내놓자, 소비자들은 회사가 제공한 프로그램을 개량하고 심지어는 운영 프로그램에까지 손을 대기 시작했다. 레고는 처음에는 이를 못마땅하게 여겨 이들에게 소송을 걸겠다고 위협하기도 했지만 입장을 바꿔 소비자들이 내놓은 혁신을 받아 들이기로 전략을 수정한다. 그 후 기발한 창작 프로그램들이 인터넷을 통해서 공유되고 그 프로그램을 따라 움직이는 로봇의 동영상을 찍어 유튜브YouTube에 올리기도 하면서 마인드스톰은 더 멋진 로봇으로 발전했다. 레고의 전략은 이후 '개방 혁신open innovation'이라는 개념의 초석이 된다. 즉, 혁신을 기업 내부의 힘으로 이루는 것이 아니라, 외부의 대학이나 연구소, 심지어는 네트워크에 연결된 일반 소비자들까지 참여시켜서 만들어 낸다는 것이다.

이처럼 온라인 네트워크를 활용한 대규모 집단협업mass collaboration이 혁신과 가치를 창출하는 사례가 증가하고 있다. 이에 주목한 학자들은 네트워크 상에서의 대규모 집단협업을 특징으로 하는 새로운 생산양식이 등장했다고 주장하기도 한다.(Tapscott and Williams, 2007) 시간과 공간이 압축되는 네트워크 사회의 도래는 이전 사회와 다른 사회적 조건들을 창출하면서(Castells, 1999) 정보사회의 핵심적인 특징으로 자리잡았다. 뜨는 현상들이 많아졌고, 네트워크 군대가 등장하는가 하면, 프로슈머라는 새로운 생산-소비자 그룹이 등장하기도 했다. 이 글은 네트워크가 확산되는 미래 사회에서는 네트워크가 부의 원천으로 자리잡게 될 것이라는 점을 주장할 것이다.

부의 원천으로서의 네트워크

부의 원천으로서의 자본이라고 하면, 우리는 일반적으로 돈이라고 불리는 물적자본을 상상하게 된다. 물적자본은 공장을 짓거나 사람을 고용하는 데 활용되는 생산요소로서 더 많은 부를 창출하는 근원임은 명백하다. 물적자본은 자본주의 사회가 출현하기 이전부터 새로운 부를 창출하는 원천이었고, 언제나 그러할 것이다. 그러나 물적자본과는 다른 인적자본의 중요성이 부상하고 있다. 경제학자들에 의해서 제안된 인적자본이라는 개념은 사람들이 지니는 숙련도와 정보 및 지식 또는 창의성 등이 생산요소가 된다는 말을 함축한다. 지식정보

사회에서는 지식이 부의 원천이 될 것이라는 주장은 토플러 이외에도 수많은 학자들에 의해서 제기되어 왔다. 구글과 같은 신흥 대기업의 출현은 창의적인 아이디어만 있으면 단기간 안에 어마어마한 부를 창출할 수 있다는 점을 보여준 극적인 사례이다. 마이크로소프트사에서 같은 일을 하는 사람들이라도 지식과 숙련의 정도에 따라 약 3,000배 정도의 생산성의 차이를 내기도 한다고 한다.

이처럼 예외적인 사례가 아니더라도, 인적자본의 가치가 증대하고 있는 경향은 여러 통계에서 확인할 수 있다. 1980년에 미국의 대학교 졸업자가 받는 평균 임금은 고교 졸업자의 1.3에 불과했으나 2000년대에 접어들어 1.8 배까지 올라갔다. 일류대학 졸업자는 훨씬 더 많은 연봉을 받게 된 것을 보면, 눈에 보이지 않는 기술과 지식 같은 형태의 인적자본에 대한 가치가 점차로 증가하는 것을 확인할 수 있다. 이처럼 인적자본은 물적자본 못지 않게 부의 원천으로 기능하고 있는 것이다.

경제학자가 지식정보사회에서 인적자본의 중요성을 상기시킨 반면 사회학자들은 사회적 자본이라는 개념을 제안하면서 사회적 자본이 만들어내는 생산성과 경제적 효율성에 주목한다. 사회적 자본은 네트워크를 통하여 동원할 수 있는 자본, 또는 네트워크 안에서 발생하는 신뢰나 규범의 생산성을 의미한다. 예를 들어, 친한 친구가 갖고 있는 콘도는 내가 늘 빌려 쓸 수 있기 때문에 네트워크를 통해 동원할 수 있는 콘도는 나의 콘도나 마찬가지다. 네트워크 안에서 발생하는 신뢰도 매우 생산적이다. 엠파이어 스테이트 빌딩의 매매 사례는 신뢰가 얼마나 비용을 절약시키는지를 보여 준다. 1968년에 이 빌딩의 매매가 성립되어 계약서를 작성하는 데 200여 명의 변호사가 1년 동안 매달려 400여 페이지에 달하는 깨알 만한 글씨의 계약서를 작성했다고 한다. 변호사에게 지불된 비용만 해도 엄청난 것이었는데, 혹시 일어날지도 모르는 돌발사태에 대비하기 위해 작성한 계약서의 대가 치고는 너무나 비싼 것이었다. 만일 계약 당사자들 사이에 친밀한 네트워크에 의해서 구축된 신뢰가 있었다면 계약서 작성에 들어간 거래비용을 상당히 줄일 수 있었을 것이다. 다시 말하면 신뢰의 네트워크가 비용을 줄여서 경제적인 부를 만들어 내는 기반이 될 수 있는 것이다.

네트워크는 사회적 자본뿐만 아니라 네트워크 외부성 network externity에 의해서도 부를 직접 창출하기도 한다. 네트워크 외부성이라는 개념은 정보통신 기기의 예를 통해서 쉽게 이해할 수 있다. 팩스Fax의 가치는 팩스에 내재한 것보다는, 얼마나 많은 사람들이 팩스를 쓰고 있는지에 따라 결정된다. 전세계에서 팩스를 단 한 사람만이 가지고 있다면, 팩스의 사용가치는 전무하다. 팩스를 많은 사람들이 보유할수록 그 가치가 상승하는 것이다. 가치가 네트워크 자체에 내재해 있음을 보여준다. 다른 사람들과의 호환성이 중요한 소프트웨어 등도 네트워크 외부성에 의해서 가치가 결정된다.

최근의 네트워크의 과학에 의해서 밝혀지고 있는 네트워크의 가장 큰 특징은 거의 대부분의 네트워크가 매우 좁은 세상이라는 점이다. 수 억, 수 천만 노드로 구성된 엄청난 규모의 네트워크도 몇 단계만 건너면 서로 연결된다는 것이다. 미국의 사회심리학자인 스탠리 밀그램 Stanley Milgram은 1960년대 중반에 '좁은 세상 실험'을 고안했는데, 전혀 모르는 사람으로부터 출발한 편지가 지인 네트워크를 통해 몇 단계를 거쳐 편지의 주인공에게로 전달되는가를 알아보는 실험이었다. 실험 결과, 편지는 평균 5.5단계 만에 최종 목적지에 도착했고, 세상은 서로 연결되는 좁은 곳이라는 것을 보여주었다. 몇 해 전 실행된 한국에서의 실험도 전혀 모른 두 사람이 4.5단계 만에 연결되어 좁은 세상을 확인해 주었다. 같은 결과가 온라인에도 적용되어 2005년 현재 싸이월드의 1,200만 명에 달하는 일촌들은 일촌 망을 통하여 평균 4.2단계 만에 연결되는 매우 '좁은 세상'이라는 사실이 밝혀졌다.

그렇다면 네트워크는 왜 좁은 세상인가? 휴대전화에 저장된 전화번호를 생각해 보자. 만약 내가 300명의 전화번호를 가지고 있고, 또 내가 알고 있는 친구가 300명의 전화번호를 가지고 있다면, 나는 한 다리만 건너도 나는 9만 명의 전화번호를 알게 되는 것이다. 또 한 다리만 더 건너면 2,700만 명이 된다. 이처럼 단순한 계산상으로도 네트워크는 엄청난 속도로 자라나는 것을 확인할 수 있다. 그러나 실제로 네트워크는 이처럼 단순히 기하급수적으로 늘어나지 않는다. 친구의 친구는 곧 나의 친구일 가능성이 높기 때문에 중첩되면서 네트워크가 성장하기 때문이다. 그럼에도 불구하고 네트워크 사회가 좁은 세상으로 나타나는 이유는, 다수의 링크를 가진 허브, 그리고 먼 거리 전달자들이 존재하기 때문이다. 이러한 좁은 세상에서는 입소문이 빠르게 전파되고, 소위 뜨는 현상이 자주 나타난다. 네트워크를 통해 삽시간에 퍼지는 정보전달 효과는 상품의 광고뿐만 아니라, 어느 개인의 명성 등을 전하는 데 활용될 수 있다. 앞으로는 TV 등과 같은 매체의 광고효과보다 네트워크 상에서의 입소문이 더 중요해 질 것이다.

네트워크 사회의 변화

네트워크는 '좁은 세상'의 특성을 사회 각 영역에 부과한다. 네트워크 사회의 가장 큰 특징은 '시공간이 압축된 사회'라고 설명할 수 있는데, 이를 잘 이해하기 위해서는 시공간지리학 time-space geography의 개념이 필요하다.

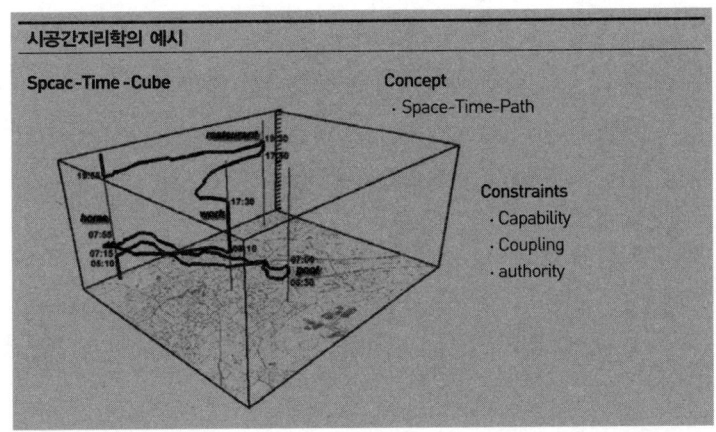

집에서 잠을 자다 오전 6시에 일어나서, 아침밥을 먹고 직장에 출근해 오후 6시까지 일하다가, 퇴근할 때 술집에 들러 술한잔을 하고 집으로 돌아오는 일정을 생각해보자. 시간에 따른 동선을 시공간지리학에 표시할 수 있을 것이다. 이런 식으로 사람들의 일주일간의 동선을 그려보면, 어떤 사람은 좁은 반경의 동선을 반복하는 반면, 다른 어떤 사람은 넓은 공간과 자유로운 시간대의 동선 그래프를 그릴 것이다. 여기에 전자적으로 움직이는 공간까지 포함해보는 것이다. 외국에 있는 친구와 이메일을 주고 받는다든지, 쇼핑몰에서 상품을 주문한다든지, MSN을 한다든지 하는 것들을 모두 포함하면, 시공간지리학에서의 활동 범위가 굉장히 넓어질 것이다. 그래프의 주인공은 개인 뿐 아니라 기업일 수도 있고, 국가일 수도 있다. 모든 경우에, 정보통신기술이 만든 네트워크가 우리의 시간과 공간의 지리를 한껏 압축하고 있는 것이다. 이것이 네트워크 사회의 핵심적인 특징이다.

시간과 공간이 압축된 네트워크 사회의 특징은 산업사회와의 비교를 통해 뚜렷이 나타난다. 찰리 채플린은 「모던 타임즈」라는 영화에서 컨베이어벨트 공장에서 일하는 노동자 찰리의 일상을 그려냈다. 여기에서 찰리는 화장실에 갈 때도 타임카드에 구멍을 뚫을 뿐 아니라, 중앙에서 통제하는 컨베이어벨트에 의해 통제되고 표준화된 시간에 맞춰 반복적인 노동을 수행한다. 찰리는 전형적인 산업사회 노동자의 반영이며 이것이 많은 학자들이 산업혁명을 시간 통제, 시간 표준화의 혁명이라고 부르는 이유다. 산업사회에서는 공간 통제도 특징적으로 나타난다. 1917년에 미국에서 특허를 받은 슈퍼마켓의 설계도는, 슈퍼마켓에 들어온 사람들이 어떻게 하면 동선을 최대화하게 될 것인지에 초점을 두어 계획된 것이다. 이 설계도대로 만들어진 슈퍼마켓에 들어온 사람은, 물건을 고르고 거의 전 매장을 거쳐서야 계산대에 이르게 된다. 산업사회는 이처럼 세밀한 공간까지 통제하는 것이다. 따라서 산업사회의 시공간지리학은 세밀하게 통제된 시간과 공간 내에서의 반복적인 그래프로 나타난다.

같은 맥락에서 '한국사회는 연줄사회'라는 말은 학연, 지연, 혈연의 중요성을 나타낸다. 일례로 학연을 보면, 대학 입학시 평균 수능성적 기준 5위를 차지하는 특정 대학교 출신의 개인이 한국의 최고 엘리트 집단에 진입할 가능성을 1이라고 하면, 1위 대학교 출신은 139배의 진입 가능성을 가진다. 1위 학교 출신은 2위 대학 출신에 비해 거의 12배 정도로 엘리트 집단에 진입할 가능성이 높다. 연줄의 효과가 실력 차이를 극대화한 것이다. 이러한 구조는 쉽게 바뀌지는 않겠지만, 네트워크 사회로 진입함에 따라서 그 정도가 약화되는 경향이 있다. 양적인 면에서 다수의 접촉을, 질적인 면에서 시간과 공간을 탈피한 네트워크가 가능해지기 때문이다. 온라인 커뮤니티에서 쌓아가는 인간관계가 연줄의 상대적인 힘을 서서히 약화시킬 수 있다.

네트워크 사회의 심화는 권력이동과 입소문, 네트워크 활용과 관리 전략의 등장 등으로 확인할 수 있다. 지식과 정보의 전달 방식의 변화가 특히 눈에 띈다. 과거에는 중앙에서 변방으로 일방적으로 지식과 정보를 전달하는 시스템이었는데, TV가 대표적이다. 중앙 방송국에서 전파를 관리하여 청취자에게 일방적으로 공급하는 방식의 TV는 생산자와 소비자 사이의 엄밀한 분업 체계를 전제로 한다. 중앙에서 정보를 생산하고, 변방은 이 정보를 소비하고 의존하는 것이다. 이런 중앙집중, 공급방식은 중앙에서의 권력집중을 심화시킬 수밖에 없다. 그런데 지금은 중앙과 변방 사이에 그리고 변방과 변방 사이에 양방향으로 지식과 정보를 소통하는 방식으로 변화했다.

   네트워크에 의해서 연결된 변방의 부상은 이들에게 새로운 부의 창출 기회를 제공한다. 소비자가 생산자에게 특정한 상품의 아이디어를 제공하면서 돈을 벌 수 있게 된 것이다. 한가지 예로, 쓰레드리스 www.threadless.com라는 티셔츠 생산 회사는 옷 디자인과 디자인에 대한 평가를 소비자에게 맡긴 후 좋은 평가를 받은 옷만 생산하여 성공한 기업이 되었다. 연인들은 자신들이 원하는 특별한 이미지를 담아 디자인한 옷을 회사에 출품한다. 이 회사가 그 디자인을 선택하면 1만 2,500달러를 디자이너에게 지급하고, 보통 셔츠 150만 개를 생산하여 20달러씩 판다. 이렇듯 이제 생산자와 소비자 사이의 엄밀한 경계는 더 이상 존재하지 않는다. 정보 비대칭성이 상대적으로 약화되고, 권력이동을 경험하게 되는 것이다. 예컨대 더 이상 TV 방송은 과거의 권력을 유지할 수 없고, 포털 및 중앙에서 쉽게 구할 수 없는 정보를 접할 수 있는 블로거들에게 권력이 넘어가고 있다. 그러나 이러한 추세들은 중앙이 사라지는 것이 아니라, 중앙의 상대적인 권력이 줄어든다는 것을 의미한다는 점을 기억할 필요가 있다. 여전히 중앙은 그 위치적 특성에 의해 다른 행위자들보다 정보획득과 자원동원 면에서 더 유리할 것이라는 점을, 앞서 불평등한 네트워크 세상을 통해 예측한 바 있다.

한편 네트워크의 구조가 조밀하게 변화하면서 입소문의 빈도와 효과가 증가했다. 싸이월드 일촌연결망은 2004년 봄에서 2006년 여름까지의 변화를 살펴본 바, 일촌수는 23명에서 39명으로, 일촌 사용자가 900만에서 1,200만으로 증가하는 것을 확인할 수 있었다. 이런 증가가 있을 때, 좁은 세상은 더 좁아질까? 그렇지는 않다. 네트워크에 속한 모든 개개인을 최소한으로 연결하는 정도를 의미하는 최단경로수는 겨우 0.1단계가 줄어드는 데 그쳤다. 중요한 것은 네트워크를 연결하는 경로의 가짓수가 증가했다는 것이다. 이것이 의미하는 바는 '소문은 어떻게든지 퍼지게 되어 있다'는 것이다. 어떤 소식이든, 다양한 경로에서 정보가 흐르는 네트워크 구조에서는 소위 뜨는 현상이 점점 많아지고 기존보다 광범위한 영향을 갖게 되는 것이다.

네트워크를 활용하여 부를 창출한 사례들

네트워크의 가치 창출은 대규모 협업과 집단지성의 출현으로 특징 지어진다. 사실 협업과 협동은 인류가 집단생활을 한 이래 늘 있어 왔다. 그러나 과거의 협업은 대개 규모가 작았고, 제한된 시간과 공간에 한정되어 있었다. 반면 네트워크 사회에서 이루어지는 대규모 협업과 집단지성은 기존의 협업과 비교하여 규모와 내용면에서 질적인 차이를 보인다. 전세계적 차원의 정보전달과 교류의 증가와 더불어, 온라인 협업을 훨씬 용이하게 하는 네트워크 경제의 구조적 변화가 이러한 차이를 만들어낸 것이다.

대규모 집단협업에 의한 가치 창출의 사례는 네트워크 사회가 진전되면서 점차 늘어나고 있다. 공개 소프트웨어를 지향하는 오픈소스운동Open Source Movement에 참여한 75만 명의 전세계 프로그래머들은 자신들이 개발한 프로그램을 누구나 자유롭게 사용하고 개조할 수 있도록 프로그램 소스 코드를 무상으로 공급한다. 한 명의 천재 프로그래머에 의해서 기본 구조가 만들어져 공개된 리눅스는 수많은 익명의 프로그래머들이 집단적으로 노력을 기울인 결과, 누구나 무료로 사용할 수 있는 훌륭한 컴퓨터 운영체제로 자리 잡았다. 현재 리눅스는 1억 줄이 넘는 소스 코드로 이루어져 있는데, 소스 코드 한 줄을 개발하는 데 드는 미국 업계의 비용이 통상 100달러라는 기준에 비추어보면 대규모 집단협업에 의해서 100억 달러라는 가치가 무상으로 만들어진 것이다. 게다가 위키피디아에 따르면 리눅스를 사용자들이 쉽게 사용할 수 있게 배급하고 AS하는 레드햇Red Hat이라는 회사가 2,200명의 종업원을 거느리고 수익만 2006년에 3억 달러를 올렸다니, 공짜 프로그램으로 먹고 사는 기업치고는 대단한 규모라고 할 수 있다.

한편 경영학에서는 '아웃소싱'에 의존하던 기업이 기업 밖의 익명의 다수의 도움으로 가치를 생산하는 '집단소싱crowd-sourcing'이라는 새로운 개념에 기대게 되었다(Brabham 2008). NASA는 로버Rover라는 화성탐사 로봇이 매일 전송하는 화성의 지형 자료에 이름 붙이는 작업을 집단소싱하였고, 그 결과 화성의 분화구와 평야들은 전세계에 흩어진 네티즌의 자발적인 참여로 돈 한푼 들이지 않고 이름을 갖게 되었다. 한편 맹인에게 책을 읽어주는 인터넷 사이트는 짬 생길 때마다 한 페이지 또는 반 페이지씩을 읽어 주는 수많은 봉사자에 의해서 매일 같이 오디오 북을 생산하고 있다. 마을 사람 누구나 주변에 일어나는 공연이나 여러 행사에 대한 안내를 올릴 수 있도록 하여, 마을 주민이 모두 기자가 되게 하기도 한다.

이렇게 네트워크가 강화되면서, 네트워크를 활용하고 관리하는 전략이 나타나기 시작했다. 아마존에서 어떤 책을 고르면, 그 책을 산 다른 사람들이 다른 어떤 책들을 샀는지를 함께 소개해준다. 아마존에서 『위키노믹스Wikinomics』를 검색하면 『네트워크의 부The Wealth of Network』, 『롱테일법칙The Long-tail』이 '이 책을 구매한 다른 사람이 함께 구매한 책' 목록에 딸려 나오는 것을 볼 수 있다. 함께 묶여 판매되는 책들 사이의 네트워크를 이용해 관련 상품에 대한 다양한 정보를 제공하고 궁극적으로 소비를 촉진시키는 것이다. 이런 식의 전략은 대다수의 국내 인터넷 서점들도 채택하여 거의 일반적인 네트워크 활용 전략으로 자리잡았다.

인간관계 면에서도 네트워크를 관리하는 전략이 변화하고 있다. A씨와 B씨는 똑같이 5명과 연결되어 있는데, A씨는 서로 잘 연결된 집단 내에서의 연결을 관리하고, B씨는 서로 연결되지 않은 다섯 개의 집단에 걸쳐서 자신의 네트워크를 관리한다. A씨와 B씨 중 누가 더 효율성이 높을까? 즉, 누가 더 질 좋은 정보를 얻고 전달할 수 있을까? 사회학자들의 연구결과에 따르면, 단연코 B의 네트워크가 훨씬 효율성이 높다. 비중복적이고, 개방적이고, 이질적인 네트워크를 관리하는 편이 더 우월한 네트워크 관리 전략이라는 것이다. 이것이 사회적 자본 투자의 제1원칙이며, 직장 내 승진의 경우에도 마찬가지로 적용되는 것이다.

대규모 집단협업에 참여하는 인원의 규모와 일의 크기는 점차 확대되고 이제 전 세계 곳곳에서 동시다발적으로 일어나고 있다. 어떤 경우에는 자기에게 돌아오는 이득이 없는 경우에도 집단협업에 참여하고 있다. 왜 그런가? 네트워크 경제의 환경변화에서 그 원인을 찾을 수 있다.

정보 상품을 만들어내는 데는 한계비용이 매우 작게 든다 (Shapiro and Varian 1999). 전국에 인터넷 망을 구축하고 각자 개인용 컴퓨터를 구매하는 일은 사회적으로나 개인적으로 큰 비용을 필요로 하지만, 일단 한번 구축되고 나면 하나의 추가적인 이메일 보내는 것이나 영화 한편 다운로드 받는 일은 너무나 손쉽다. 단순히 정보와 지식의 전달이라는 차원에서 보면 오프라인에서 편지 한 장을 새로 부치기 위해서 직접 편지지에 글을 써서 우표를 구입하고, 이를 우체통에 넣어야 하는 수고로움과 비할 바가 아니다. 이처럼 네트워크 사회가 가지는 기술적 인프라는 정보 및 지식의 생산과 유통에 소요되는 비용을 가히 혁명적인 수준으로 절감할 수 있게 만들었다. 시공간이 압축됨으로써 서로 다른 시간과 공간에 존재하는 사람들이 효율적인 상호작용을 할 수 있게 되었고 덕분에 정보와 의견의 조율이 손쉬워졌다. 여러 사람이 리눅스와 같은 프로그램을 개발하고 있다고 했을 때, 누군가가 프로그램상의 오류를 발견하여 수정하였다 하더라도 다른 다수의 프로그래머들에게 그 결과가 재빨리 공유되지 않는다면 많은 사람들이 같은 일을 반복하게 되는 비효율을 낳게 될 것이다.

벤클러(Benkler 2002)가 지적하는 바와 같이, 생산의 단위를 조립식으로 나눈다거나modular, 각각의 일의 크기를 작게fine-grained, granulated 만드는 것이 쉬워졌다는 점 역시 온라인 생산의 특징이다. 맹인에게 책을 읽어주는 사람들은 책 전체를 읽어주는 것이 아니라 시간 날 때마다, 문단이나 페이지 단위로 읽어서 웹에 올리면 된다. 이 작은 부품들이 조립되어 한 권의 오디오 북이 된다. 위키피디아의 예에서 보는 것처럼 그 전체는 백과사전이라는 큰 지식의 체계를 만드는 작업이지만, 그곳에 지식을 게재하는 개인들은 그들이 참여하는 작업의 전체 규모에 대해 부담을 느끼지 않는다. 각 참가자는 자신의 사정에 맞추어 작은 부분만 맡는 것이 얼마든지 가능하고, 또한 지식체계의 나머지 부분은 다른 참가자에 의해 완성될 것이라는 믿음이 있기 때문이다. 이와 같이 전체 생산의 과정이 쉽사리 분할되어 질 수 있게 되면서, 각자가 투입하는 비용(혹은 인적 자본)이 낮아지고 따라서 많은 사람에게로 그 참여의 폭을 넓힐 수 있게 된 것이다.

뿐만 아니라 많은 사람들이 자신의 웹 사이트를 구축하면서 걸어 놓은 링크를 활용하여 보다 적절한 정보를 검색하는 데 활용하기도 한다. 하이퍼링크란 자신의 사이트와 관련이 있다고 생각하는 사이트를 연결시켜 놓은 것이다. 즉 수많은 사람들이 노력하여 만들어 놓은 링크를 활용하면 자연히 키워드와 밀접한 관련이 있는 사이트만 선별해 낼 수 있는 것이다. 물론 이러한 링크의 네트워크에서 중심적인 위치를 차지하는 사이트는 가장 중요한 사이트일 가능성이 높기 때문에 탐색결과를 제시할 때 맨 상위를 차지하게 된다.

인터넷이 전에 볼 수 없었던 대규모 집단협업을 가능하게 한 것은 분명하다. 그렇다면 왜 사람들은 자신에게 돌아오는 직접적인 이득이 없는데도 불구하고 협동에 스스로 참여하는 것일까? 협동하는 그들의 동기도 꽤나 다양하다. 리눅스 개발자가 말했듯이 "일 그 자체가 재미있기 때문"이기도 하고, 도움을 받았으면 자신도 남을 도울 줄 알아야 한다고 생각하기 때문일 수도 있고, 자신이 무언가 중요한 일을 하고 있다는 자존감을 갖기 위해, 그리고 자신의 이름을 널리 퍼뜨리려는 목적일 수도 있다.

이 글에서 필자는 네트워크를 활용하여 생산되는 가치의 여러 측면을 살펴 보았다. 네트워크에서 발생하는 신뢰, 네트워크를 통해서 동원할 수 있는 자원, 네트워크 외부성은 네트워크가 경제적 효율이나 가치생산에 직접적인 원천임을 보여주는 개념들이다. 뿐만 아니라, 네트워크에 연결된 사람들의 집단 협동에 의해서 전 세계적 차원의 네트워크 없이는 만들어 낼 수 없었던 가치를 생산하고, 집단지성을 활용하는 기업이 점차로 늘어나고 있다. 이러한 다양한 모습들이 바로 부의 원천으로서의 네트워크이며, 『비즈니스위크』가 "인터넷에 기반한 대규모 집단협업이 비즈니스 세계를 뒤흔들 것이다."고 예고한 근거이다. 앞의 몇 가지 사례들은 거대한 변동의 시작점에 불과하다.

12장 새로운 세대와 콘텐츠

최혜실 | 경희대학교 국어국문학과 교수

가상놀이인간(homo virtuens ludens)의 탄생

가상놀이인간의 기원

2002년 월드컵 때, 축구를 좋아하는 사람들의 인터넷 동호회였던 '붉은 악마'가 거리로 뛰쳐나와 응원을 하였고 그 열풍은 전국을 축제의 장으로 변하게 하였다. 효순이 미선이 사건이 터지자 디시인사이드에 한 누리꾼이 촛불집회를 제안했고 월드컵 응원이 있었던 시청 앞 광장에서 집회가 있었다. 이처럼 온라인의 담론이 오프라인에 변화를 일으키는 소통 방식은 인터넷의 노사모 활동이 대선에 영향을 미치는 것으로 2007년의 말미를 장식했다.

가상현실에의 몰입, 일명 오타쿠 현상은 이후 현재까지 점점 빈도수를 더하며 다양한 방식으로 현실공간의 담론을 형성해가며 일상화되어 갔다. 정치 청문회에서 '누리꾼들의 언로(言路)' 등이 이슈화되는 것은 물론이고, 비극적인 사건이지만

'밀양 성폭행 사건'은 안동에서 시드니 등의 세계로 이어지는 온-오프 연계의 원인과 과정을 여실히 설명해주는 것이었다. 인터넷 음란물에 중독된 청소년들의 현실 공간에서의 성폭행, 다시 자신의 행동을 동영상을 찍어 인터넷에 올려 수많은 누리꾼들을 감염시키는 방식은 가히 '선진적'인 것이었다. 현실에 있어서도 안되고, 있을 수도 없는, 가상공간의 스토리텔링은 내 머릿속으로 흘러들어가 나를 만들고 이미 내 것이 되어버린 그 스토리텔링은 현실 공간에서 거리낌 없이 재현된다. 그리고 그 스토리텔링은 인류의 집단지성collective intelligence 으로서의 인터넷상에 저장되어 언제든지 다시 기억 속으로 끄집어 내어질 날을 기다린다. 이쯤 되면 가상이 현실을 대체하는 시뮬라크르simulacre의 세계가 현실을 지배하는 시대가 도래했다고 말할 수 있을 것이다.

그리고 이런 방식은 '왕따 동영상' 사건 때에도 동일하게 되풀이된다. 학교 친구를 괴롭히면서 그 장면을 찍고 편집하여 인터넷에 올릴 것이다. 인터넷 강국인 한국의 온-오프 연계의 순환구조는 전세계로 확산된다. 이제 우리는 전세계를 놀라게 했던 '버지니아텍' 사건을 떠올릴 차례이다.

부모세대에서 미국으로 이와 건실한 중산층 삶을 이룬 가족, 명문대를 나온 누나, 자신도 버지니아텍에 진학한 조승희는 평소 유난히 내성적이라는 것 빼놓고는 큰 문제가 없는 학생이었다. 혼자서 게임에 골몰해온 그는 「카운터 스트라이크」에 나오는 전투원 복장으로, 어깨에는 탄창을 두르고 손가락

이 나오는 반장갑에 양손에는 권총을 한 자루씩 들고 학생들을 향해 총을 난사했다.

  1990년대 후반부터 인기를 끌어온 1인칭 슈팅 게임인 「카운터 스트라이크」의 형식은 테러집단과 반테러 집단으로 편을 갈라 기관총, 권총, 라이플, 칼 등을 택해 싸우도록 되어 있다. 그 게임에 있는 권총인 글록으로 조승희는 싸웠다. 그는 이처럼 이미지를 가상현실에서 차용하고 현실에 철저히 적용하였으며 마침내 '성공'하였다. 그리고 파생실제의 승리인 대량학살은 미디어를 통해 전세계 누리꾼들의 뇌수 속으로 흘러들어갔다. 인터넷 게시판의 댓글은 이러했다.

  32킬 1데쓰죠.... 정말 놀라운 실력이군
  그게 아니라 32킬 29양념 1데쓰죠
  (그의 실력이) 마냥 부럽다는.......

  여기서 '킬'은 사망자를, '양념'은 부상자를, '데쓰'는 본인의 죽음을 뜻하는 컴퓨터 은어로, 「서든 어택」 등 인기 일인칭 전투 게임의 사용자들의 대화에 자주 등장한다. 온라인을 통해 게이머들의 육체 속에 체화된 이 기억들은 한 누리꾼(조승희)에 의해 현실로 실천되고 다시 UCC로 가상화되어 인터넷에 올려진다. 수용자들은 현실의 사건을 다시 가상현실로 해석하고 그 과정에서 현실과 가상은 모호해진다. 이제 조승희 동영상은 음험한 기억으로 인류의 공동 두뇌의 깊숙한 곳에

각인되고 시시때때로 회상 속에서 길어 올려져 현실로 나올 것이다.

가상놀이인간의 아고라

2002년 이후 인터넷의 담론은 끊임없이 현실에 개입하며 변화를 끼쳐왔다. 인사청문회 때 인터넷은 가히 토론의 전쟁터를 방불케 하였다. 장관후보자의 재산과 도덕적 문제를 거론하는 것은 물론이고 성인이 된 자식의 병역 문제, 친인척의 재산문제까지 거론되면서 인터넷에는 그의 사생활에 대한 온갖 기록들이 올라오면서 죄인 문초장으로 변하고 있었다. 마치 커다란 원형 극장 안에 한 명의 후보자를 세워놓고 맨 앞줄에는 국회의원들이, 바로 뒤에는 누리꾼들이 돌과 고함을 날리는 형국이었다. 직접 민주주의의 아고라 광장을 넘어서 학살의 콜로세움이 재현된 것이 아니냐는 우려까지 낳게 되는 상황이었다.

　누리꾼들의 역할은 단지 국가 내에서만 나타나는 것이 아니었다. 인터넷은 자주 한국, 중국, 일본 누리꾼들의 전쟁터가 되고 있다. 동북공정, 독도 영유권, 야스쿠니 신사 참배, 영화 「괴물」의 표절 시비에 대해 서로가 설전을 벌이며 사이버 애국심을 자랑하고 있다. 중국의 일부 누리꾼들이 온라인 축구게임의 일본 서버에 들어가 채팅창을 욕설로 도배한 적도 있었다.

　물론 이런 상황은 그것 자체로는 부정적인 것일 수 있다. 그러나 소통의 범위가 동아시아 삼국으로까지 확산되고 있다는 사실에 우리는 주목해야 한다. 자동번역 프로그램까지 설치해 놓고 활발하게 토론을 벌이고 있는 모습에서 우리는 진정한 동아시아 교류의 한 가능성을 보게 되는 것이다. 지역 통합은 내셔널리즘에서 글로벌리즘으로 가는 하나의 징후로 나타나고 있다. EU는 그 대표적인 사례로, 동북아 지역 통합의 전범으로 여겨지고 있다.

그러나 현실은 만만치 않다. 전통적으로 동북아 삼국은 중화주의, 대동아 공영권 등 서로를 종적 관계로 엮어온 역사를 가지고 있으며 반목과 대립의 기억이 지워지지 않고 있다. 공산주의와 민주주의라는 사상적 대립도 존재한다. 여기에 영유권 문제, 해역을 둘러싼 분쟁 등 실질적인 이해관계가 첨예하게 부딪치고 있다. EU는 오랜 세월동안 서로 같은 가치관을 공유하고 있었고 십자군 전쟁 등 국제 관계에서도 공동 규범이 형성되어 왔기에 통합이 그렇게 어렵지 않다. 그러나 동북아 삼국은 훨씬 복잡하고 이율배반적이다. 따라서 국가의 정치적 독립성을 유지하고 사회적 문화적 다양성을 유지하면서도 경제와 군사 영역에서 독자성을 유지해야 충돌을 막을 수 있다.

이 때 미디어는 중요한 역할을 한다. 인쇄매체 시대, 국가 단위로 사유하던 국민들은 이제 세계를 바라보게 되었다. 쇼핑할 때 전세계의 인터넷 사이트를 방문하는 일은 예사가 되어버렸다. CNN을 틀어 세계의 날씨를 본다. 미국 드라마를 보며 패션 트렌드를 가늠한다. 이렇게 사회시스템적으로 접근성이 높은 데다 피부색과 얼굴 모습이 비슷하고 한자 문화를 공유하는 동북아 삼국은 자연스럽게 서로에게 친근감을 가지게 되었고, 이는 결과적으로 한류 현상에 기폭제 역할을 하게 되었다. 즉 디지털 정보통신의 발달이 서로간의 접근성을 높이고 서로의 놀이성을 증대시키게 되었다. 이제 누리꾼들의 놀이성을 십분 활용하여 사이버 공동체로 현실의 거리를 좁히는 시대가 된 것이다.

물론 부정적인 현상도 만만치 않았다. 황우석 교수를 둘러싼, 미디어 스토리텔링의 신화가 그 대표적인 예이다. 언론 매체를 통해 그는 영웅으로 스토리텔링화 되었다. 신문과 TV 등 대중매체는 앞다투어 그의 업적을 소개했고 심지어 고난극복의 영웅서사로 극화되어 방송되기도 했다. 이 신화의 스토리텔링에는 많은 방송을 통해 상영된 이전의 신화들이 차용되면서 그를 모함하는 간신배(동료 과학자들)와 불확실성에 대한 두려움을 극복하고 '불멸의 이순신'으로 각인되었다. 오죽하면 광화문 이순신 장군 동상 앞에서 분신자살한 사람이 나왔겠는가?

'바이러스 마케팅'이라 불리는 여론 조작 마케팅도 사실은 부정적인 현상이다. 인터넷 입소문의 위력을 이용하여 입소문의 미끼를 슬쩍 던져놓아 이슈화하는 것이다. '떨녀' 동영상처럼 철저히 기획된 동영상으로 평범한 여대생을 스타로 만들거나 정치에서 슬쩍 담론이 될 만한 것을 던져놓는 일 말이다.

아고라의 선 자리와 갈 길

'광우병' 관련 촛불집회가 엄청난 사회적 반향을 불러 일으킨 데는 여러 원인이 있겠으나, 정부의 안이한 초동 대책도 그 중 하나이다. 2007년 대선 진영의 초미의 관심사는 UCC로 대변되는 인터넷 담론이었다. 그러나 현실 공간의 '물길'(대운하)이 인터넷 공간의 말길(言路)을 막았다. 그렇다고 젊은 세대들의 소통의 방식이 변한 것은 아니었다. 인터넷 담론이 촛불로 나올 때, 그 심각성을 주지했어야 했다.

정보의 생산과 소비, 교환의 방식은 이미 바뀌었다. 처음 문자가 발명되었을 때, 필사본이 너무 적었기 때문에 소수만이 지식을 독점하였다. 인쇄매체가 발명되자 다수가 지식을 공유할 수 있었으나 지식의 생산자는 소수였고 지식인 계층이 탄생하였다. 그러나 디지털 매체 출현 이후 지식의 생산과 소비가 모두 다수에 의해 이루어지고 있는 것이다. 그리고 이 방식은 위키피디아처럼 집단지성의 방식으로 세상의 지식을 주도하고 있다.

이야기와 콘텐츠

새로운 세대의 소통 방식과 이야기

21세기에서 '감성'이란 말은 디지털 매체와 밀접한 관계를 지닌다. 인터넷 공동체가 감성 공동체이며 영상매체는 감성적이고 직관적 감각을 요구한다는 점에서 그렇다. 인터넷으로 소통하는 데 익숙한 영상세대들은 당연히 현실에서도 감성적 소통방식을 쓰게 된다. 여기에 인터넷 특유의 놀이성은 현실 공간에서의 스토리텔링적 요소를 증대시킨다. 왜냐하면 놀이는 내가 참여해 만들어나가는 이야기이기 때문이다.

자기정체성 찾기로서의 이야기
문학 쪽에서 주로 논의되어왔던 '이야기'는 문학의 매체적 한계(인쇄매체에 국한) 때문에 많은 오해를 낳고 있다. 예를 들어, 초기 디지털 스토리텔링 개념이 도입되었을 때 많은 연구자들은 소설이나 설화의 서사구조를 그대로 차용하여 분석하려 하였다. 그러나 상호작용성과 멀티미디어적 속성이 강한 디지털 스토리텔링에 일방적이고 문자중심적인 서사구조를 도입함으로써 많은 문제를 낳았던 것이다. 이제 이야기는 다양한 장르에서 그 새로운 특성이 연구·통합되어 그 공통점을 추출한 후, 포괄적으로 다시 정의되어야 할 시점에 이른 듯 싶다.

그러면 사람들은 왜 이야기를 하는 것일까? 그것은 세상의 수많은 사건과 알 수 없는 정보 속에서 자기 정체성을 찾는 중요한 방식이기 때문이다. 어떤 사건에 대해 자기 나름의 방식으로 이야기하는 과정을 통해 복잡한 현실 상황에서 분열하고 길을 잃은 주체는 하나로 통합되어 중심을 찾게 되는 것이다. 시간적 경과의 의미 있는 구조화를 통해 이야기가 이루어지고 이 인과율에 따른 연쇄관계 속에서 인간은 자기 정체성을 찾아간다.

우리는 어린 시절부터 동화책을 읽고 초등학교 때부터 문학 수업을 받으며 명작을 읽도록 지도받는다. 특정 인물이 인생에 부딪치는 여러 난관들을 헤쳐 나가며 세상에 대한 나름의 해석 방식을 획득하는 과정을 대리 체험할 수 있기 때문이다. 심리치료, 정신과 진료에도 이야기는 즐겨 활용된다. 의사는 환자의 이야기를 통해 그의 의식을 파악하고 분열된 정체성을 회복할 방도를 찾는다.

이야기, 서사, 스토리텔링, 디지털 스토리텔링

원래 이야기는 예로부터 존재해왔다. 그러나 근대 이후 인쇄 매체 시대가 되면서 문학이 대표적인 이야기 장르로 자리잡게 되면서 서사narrative가 이야기의 중요한 특성이 되었다. 그러나 디지털 시대가 되면서 많은 정보가 디지털 미디어를 통해 교환되기 시작하면서 새로운 이야기의 특성이 나타나기 시작했다.

스토리텔링storytelling은 'story', 'tell', 'ing'의 세요소로 구성된다. 여기서 '이야기'란 이야기되어진 것을 의미한다. 소설처럼 작가가 이미 쓴 것을 독자가 읽는 것이다. 'tell'은 구술적 측면 외에도 멀티미디어적 속성을 담고 있다. 말할 때, 사람은 동작, 표정 등 모든 매체적 요소를 총동원하기 마련이다. 'ing'는 현장성, 상황의 공유, 상호작용성을 의미한다.

그러면 디지털 스토리텔링은 무엇인가? 그것은 스토리텔링의 속성을 가장 잘 담고 있는 스토리텔링의 일부이다. 21세기

들어 서사, 이야기란 말 대신 스토리텔링이란 말이 등장하게 된 것은 바로 디지털 매체 때문이다. 멀티미디어적 속성과 양방향성 때문에 디지털 매체에서의 이야기가 종래의 아날로그 이야기와는 매우 다른 의미를 띠게 되면서, 디지털 매체 환경에 익숙해진 사람들이 이야기 중 특히 스토리텔링적인 요소에 흥미를 드러내게 된 것이다. 이로서 이야기는 놀이, 유사 공간 탐색, 문제해결 전략, 경험의 시간적 인식과 결합하면서 그 포괄적 면모를 드러내게 된다.

그런데 이미 앞에서 말했듯이 디지털 매체에서 모든 소통은 스토리텔링적인 측면을 띠게 된다. 이에 따라 스토리텔링은 콘텐츠의 핵심 요소로 부상하게 된다. 특히 이런 경향은 새롭게 부상한 젊은 세대들인 가상놀이인간들에게는 심화된다.

방송통신 융합과 이야기로서의 콘텐츠의 중요성

다중 플랫폼에서의 콘텐츠와 스토리텔링

원래 방송은 '단방향 송신에 의한 불특정 다수에 대한 방송 프로그램의 전달을 의미' 했으며 통신은 '양방향 송수신을 통한 서비스 이용자 사이의 커뮤니케이션'을 의미하였다. 그러나 디지털 기술과 전송기술의 발달로 방송망과 통신망이 유기적으로 결합하여 서비스의 광대역화 및 양방향화가 가능함에 따라 통신과 방송이 융합된 서비스가 나타나고 있다.

방송과 통신이 융합을 내부적으로 끌어가는 것은 디지털 매체의 융합적 속성이다. 미디어의 다원화, 광대역 네트워크의 출현, 멀티미디어 텍스트의 보편화의 경향은 방송 통신의 융합을 급격히 촉진시킨다. 특히 다중 플랫폼의 등장은 동일하거나 변형된 서비스가 다양한 플랫폼에 전달되는 것을 가능하게 하였다.

그러면서 콘텐츠의 개념에 전달체와 내용물을 구분해서 보자는 의도가 반영되기 시작한다. 즉 디지털 융합 환경이 가속화되면서 과거의 콘텐츠-플랫폼 통합 모델이 분리되면서 다중 콘텐츠, 다중 플랫폼의 형태로 발전된 것이다. 동일한 내용의 콘텐츠가 매체를 바꿔가면서 전달되는 상황에서는 당연히 처음 원 소스로의 콘텐츠의 역할이 매우 중요해진다.

그런데 디지털 시대, 엔터테인먼트 콘텐츠의 핵심은 역시 스토리텔링이다. 감성적이며 놀이성을 가진 콘텐츠는 당연히 스토리텔링의 속성을 가질 수밖에 없으며 매체가 변할 때마다 동일 콘텐츠의 이야기 전달 방식을 어떻게 변모시켜야 할 것인가가 파생 상품의 성공을 결정한다. 쉽게 말해서 시나리오 각색은 콘텐츠의 성공에 막대한 영향을 미친다.

가치사슬의 변화와 21세기형 문화예술의 등장

문화콘텐츠 산업의 전통적인 가치사슬은 제작, 1차 유통, 2차 유통의 방향으로 구성되어 왔다. 그러나 최근 제작과 유통이 모두 복잡한 구조로 변하면서 유통창구가 증가, 유통회사와의 경쟁은 치열해지고 제작부분의 가치가 더욱 높아지고 있다.

가치사슬상의 유통이 다양화되면서 소비자는 선택의 폭이 넓어졌으며 시청 시기를 유연하게 조정할 수 있게 되었다. 이에 따라 콘텐츠의 소유자가 수익을 확대하고 소비자를 확보할 수 있는 유통 채널이 늘게 되었다.

이 양상은 19세기 순수예술에 있어서 예술가와 수용자의 소통 구조가 단선화하면서 예술가의 권위와 힘이 커진 것과 비슷한 효과를 얻는다. 이제 수용자는 인터넷 등을 통해서 자신이 원하는 콘텐츠를 직접 만들 수 있게 되었으며 자신 또한 스스로 만든 콘텐츠를 인터넷에 올릴 수 있게 되었다. 그 과정에서 유통상의 복잡한 경로가 단순화됐다. 이는 그간 대중문화가 유통 과정에 많은 노이즈(잡음)가 개입하기 때문에 예술가의 순수한 의도가 변질, 왜곡되어 예술의 질이 떨어지게 된다는 종래 문화비평가들의 비판을 불식시키는 계기가 된다.

웹 2.0 시대의 참여 및 개방의 경향 속에서 현장성과 상호작용성은 더욱 증폭한다. 이는 구술문화의 속성과 일견 비슷한 측면이 있다. 구술문화에서 화자와 청자는 같은 콘텍스트 context에서 서로 상호작용하면서 사건과 이야기를 공유한다. 구술 문화의 연행 방식은 기본적으로 같이 참여하고 있다는, 공유의 의식에 의거하기 때문에 몰입과 공감대 형성이 필수적이다. 때문에 스토리텔링이 논리적이거나 완결적이라기보다는 장황하거나 다변적이다. 또 글쓰기가 알려지는 대상에서 아는 주체를 분리해내는 객관성을 조건으로 하는데 반해 구술 문화에서는 양자의 경계가 모호해지면서 집합적이며 감정이 입적이다.

　이런 양상은 예술의 발달 단계로 볼 때 상당히 재미있는 양상을 띠게 된다. 20세기 전반의 순수예술은 예술가와 수용자가 직접 접촉하지 않는다는 점에서 비현장성을 가지지만 예술작품의 소통 과정이 직접적이라는 점에서 예술가의 권위와 순수성이 강조되는 시대였다. 반면 20세기 후반 문화산업의 시대에 작품은 비현장성을 띠면서 동시에 제작, 1차 유통, 2차 유통의 복잡한 가치사슬을 통해 유통되면서 작품외적인 부분이 소통의 중요한 요인이 된다.

　그런데 최근 방송통신 융합 시대의 영상물들은 예술가와 수용자 사이의 상호작용으로 작품의 의미가 감상자에게 직접 전달되는 등 근대 이전의 작품 소통의 과정과 비슷한 양상을 띠고 있다.

OSMU의 보편화와 콘텐츠의 핵심으로서의 스토리텔링

디지털 매체의 융합적 속성에 의해 다중의 플랫폼상에서 동일한 내용의 콘텐츠가 매체를 바꿔가며 손쉽게 전달되는 융합 환경이 도래하였다. 이에 따라 처음 단계에서의 원 소스의 개발이 문화콘텐츠의 가장 중요한 관건이 되고 있고 매체에 따라 변모하는 콘텐츠의 각색 방식에도 무게중심이 주어지게 되었다. 특히 감성, 놀이성이 중시되면서 콘텐츠의 스토리텔링은 문화콘텐츠 성공의 가장 중요한 관건이 되고 있다. 이제 하나의 이야기는 여러 장르와 영역에서 사용되며 서로의 형식에 변화를 미치며 변화무쌍한 디지털 시대처럼 몸바꾸기를 하고 있는 것이다.

　스토리텔링은 단순 융합이 아니라 통섭적 면모를 지니고 있다. 통섭은 이질적인 것에 초점을 맞추는 단순 융합이나 컨버전스가 아니라 여러 학문들을 두루 설명할 수 있는 근본 원리가 존재하는 융합을 말한다. 이제 스토리텔링은 콘텐츠를 비롯한 많은 영역에 작용하여 그 향유 가치, 혹은 상품가치를 높이는, 현대 산업의 핵심동력이 되고 있다.

13장 청년세대의 미래

고지영 | 경기도가족여성연구원 연구위원

90년대 '신세대'는 어디 갔을까?

'가슴으로 읽는 우리 시대의 지식知識'이라는 이름표를 달고 2005년 9월에 기획·편성된 EBS「지식채널ⓔ」라는 TV 프로그램이 있다. 'e'를 키워드로 한 자연nature, 과학science, 사회society, 인물people, 문학literature, 진실true, 삶life, 희망hope 등 다양한 소재를 텍스트, 그림, 사진, 음악, 목소리 등의 효과 등를 절묘하게 조합하여 '5분'동안 강렬한 메시지를 전하는 독특한 기획이다. 이 5분 메시지들에는 '안다'는 의미에서의 지식知識이 아니라 느끼고 체득하는 '지혜'로서의 지식智識을 시청자와 나누고자 하는 제작진의 철학과 전문성이 절제력 있게 묻어난다.「지식채널ⓔ」를 홍보하려는 것이 아니라 동 프로그램에서 방영되었던 스토리 하나를 소개할까 한다. 바로 「2008, 대한민국에서 20대로 산다는 것」(2008.6.9)이라는 제목의 프로그램이다. 이 프로그램은 '신세대'란 무엇이라고 생각하느냐는 방송국 기자의 인터뷰에 자신의 생각을 이야기하는 90년대 중반 어느 고등학교 교실 안 학생들의 모습이 흑백의 영상 속에 클로즈업되면서 시작한다. '신세대'의 정의에 대해 안경 낀 단발머리 여학생 하나가 "속옷 하나라도 색깔 있게 입는 바로 저 같은 사람이요"라는 명랑한 대답을 한다. 1980년대에 태어나 1990년대에 '신세대'라 불린 10대로 살고, 2000년대에 2030세대가 된 그들. 그들은 2008년 현재 어떤 모습인가? 화면은 컬러로 바뀌고 입사시험장으로 보이는 곳에 긴장된 얼굴로 앉아 있는 정장차림의 청년들의 모습을 비추며 "2008년 '88만 원 세대'가 되다"라는 텍스트를 전시戰時의 전보처럼 화면 중앙에 타전한다. 그 타전은 다음과 같이 이어진다. "대한민국 경제의 고속성장이 마감된 2000년대 그들을 기다리는 건 세계화 그리고 무한경쟁의 시대. 취업 전쟁에 뛰어들기 위해 우선 대입전쟁을 치르고 거기에서 살아남으면 그들을 기다리는 건 대학 등록금 전쟁…그러나 졸업생의 16.4%는 등록금 전쟁에서 살아남아도 사실상 백수상태… 결국 20대에 붙여지는 이름 88만 원 세대… 그리고 88만 원 세대의 '희망'. 한국 떠나 외국서 살고 싶다 43.7%, 공무원이 되고 싶다 55.1%, 하지만 지난해 9급 공무원의 경쟁률은 64.6:1". 화면은 다시 처음의 90년대 중반 어느 고등학교 교실로 바뀌고 '신세대'가 무엇이라고 생각하느냐는 기자의 질문에 학생들은 "노래가 나오면 언제든지 춤을 출 수 있는 사람", "치마 입고 자전거 잘 탈 수 있는 사람", "싫으면 싫고 좋으면 좋은" 등의 대답을 10대다운 거리낌 없는 웃음을 터뜨리며 주위를 둘러싼 친구들의 환호 속에 거침없이 쏟아낸다. 고작 10여 년 전의 그 웃음들은 흑백 처리된 화면 때문인지 혹은 비장한 선율의 음악 때문인지 마치 아득한 과거의 스틸 사진처럼 보이면서 5분짜리 프로그램은 막을 내린다.

회상: 90년대 '신세대'

'신세대'(일명 X세대)라는 담론이 무성했던 90년대 초반을 기억하는 독자들이 있을 것이다. 당시 신세대 담론은 기성세대를 향해 '난 알아요'의 목소리를 뿜어내는 맹랑한 10대, 경제적 풍요와 소비문화의 주역으로 상징되는 압구정동 '오렌지족', 그리고 이들에 대한 나름대로의 진지한 평가를 시도하였던 당시 서른 살 전후의 필진으로 이뤄진 문화연구 동인 '미메시스'가 펴낸 『신세대: 네 멋대로 해라』와 이 책에 대해 쏟아진 해석과 평가담론에 이르기까지 미디어와 문화 연구가들의 주목을 받으며 펼쳐졌었다. 신세대 담론의 출현은 신세대와 기성세대를 확연히 가르는 어떤 생물학적인 대변화 같은 것에 기인하는 자연스러운 현상은 아니었다. 그 무렵 일본에서는 젊은 세대를 가리키는 용어로서 '신인류'라는 표현이 한창 나돌고 있었고 국내에서는 1992년 말 대통령선거 국면에서 당시 김영삼 후보는 기존정권과의 차별성을 강조하기 위하여 '신한국', '신경제', '신농정' 등 '신'이라는 수식어를 유난히 부각했다. 김 후보의 승리로 끝이 난 대선결과는 '신'자가 가지는 정치적 유용성이 대중적으로 확산된 측면이 있다. 90년대 중반까지 이어진 신세대 담론의 열기는 이후 서서히 자취를 감추고, 1990년대 말이 되면 N세대 담론이, 2002년 월드컵을 기하여서는 P세대 등 새로운 신세대 담론이 등장하였다. 세 시대의 혁신적인 '신' 주역으로 부각되던 90년대의 신세대는 그 이후 어떤 모습으로 성장하였는지, 당시 신세대 담론이 과연 그 시대의 젊은이들을 적절히 묘사하는 사회이론이었는지 등에 대한 지속적인 연구와 관심 대신 한국사회는 빠르게 변화하는 사회를 담아낼 개념 찾기에 분주하였다.

신세대에서 '88만 원 세대'로

『88만 원 세대』는 2007년 5월 처음 출간된 후 지난 1년 간 무려 12쇄나 출판되었는데 경제학자 우석훈과 전직 월간 『말』지 기자 박권일이 '절망의 시대에 쓰는 희망의 경제학'이라는 부제로 내놓은 책이다. 세간에 알려진 대로 『88만 원 세대』의 저자들은 지금의 20대를 한국역사에서 "최초로 승자독식체제를 받아들인 세대"로 규정한다. 승자독식체제란 상위 5% 정도만이 삼성전자, 5급 사무관과 같은 '단단한 직장'을 가질 수 있고, 나머지는 이미 인구의 800만을 넘어선 비정규직의 삶을 살게 되는 무한경쟁의 현 시대를 지칭하는데, 저자들은 이런 시대에 놓여 있는 20대 젊은이들에게 한 마디로 '88만 원 세대'라는 가혹한 이름을 붙였다. 88만 원은 비정규직 평균 임금 119만원에 20대 급여의 평균비율 74%를 곱하여 나온 세전 소득 수치이다. 신자유주의 패러다임과 시장의 글로벌화가 몰고 온 승자독식체제의 게임법칙은 비단 20대에게만 적용되는 것은 아니나 20대에게 불리하게 적용되는 것은 바로 그 게임법칙의 보편성에 기인한다. 즉 무한경쟁 시대는 세대를 불문하여 사회의 전 분야와 우리의 일상에서 다가와 있는데, 아직 경제력과 사회적 지위를 확보하지 못한 20대는 윗세대와의 경쟁에 들어 설 자리가 없어 비정규직의 굴레에 몰릴 수밖에 없다는 것이다.

대학진학률이 83%나 되는 고학력사회의 청년들, 그들에게 붙여진 이름이 88만 원 세대라는 것은 암울하기 그지없는 이야기이다. 경제학자의 눈에 '88만 원 세대'로 비춰지는 오늘날의 청년세대를 심리학자 황상민은 "시대 또는 사회가 요구하는 분명한 과제나 목표가 없는", 오직 "자신의 삶의 문제를 스스로 찾고 해결해야 하는" 것만 분명한 과제로 남은, 그리고 "취업이나 돈 벌기"를 통한 "불확실한 미래의 대비"만을 정체성으로 가지고 있는 세대로 기술한 바 있다.

90년대 대중문화와 미디어 담론의 스포트라이트를 받았던 신세대가 오늘날 위기의 2030, 대오족(대학교 5학년), 이태백(20대의 태반은 백수), NG족(No Graduation족), 장미족(장기간 미취업 졸업생), 패러싱글족(parasite single족-경제적으로 독립하지 못하고 부모에게 기생충처럼 붙어사는 싱글족), 캥거루족(직업을 구하지 못해 부모에게 얹혀사는 사람), 공시족(공무원 시험에 목매는 족), 토페인(토익 폐인), 낙바생(취업하기가 낙타가 바늘구멍으로 들어가는 것만큼 어려움),

삼일절(31세까지 취업을 못 하면 절망), 청백전(청년백수전성) 등으로 전락하게 될 것이라고 누가 예견할 수 있었겠는가? 좀 더 거슬러 올라가서 한국이 IMF 외환위기라는 냉혹한 경제위기를 맞고 장기간의 경제침체, 고용없는 성장 속에 백수와 백조청년층을 대량 양산하는 사회로 변모할 줄 누가 예측할 수 있었겠나?

이 글은 10년 후 혹은 20년 후, 미래의 청년세대로 성장할 오늘날의 청소년들이 이전의 '신세대'가 '88만 원 세대'로 전락한 그 형벌 같은 전철을 밟게 해서는 안 될 것이라는 고민으로부터 출발한다. 오늘날의 청소년들, 그들은 'N세대'라 불리는 디지털 1세대로, 이들의 생활양식과 이들이 살아가게 될 사회에 대한 분석과 신조어들이 '트렌드'라는 이름으로 무성히 쏟아져 나오고 있다. 과거 신세대에 쏟아졌던 조명처럼 오늘날의 N세대에 대한 조명도 눈이 부시게 다채롭고 화려하다. 그러나 그 화려함이 조명발인지, 그들 스스로에게서 나오는 빛인지 가려내는 일은 쉽지 않다. 다행히 그것이 청소년들 내부로부터 발산되는 빛이라고 할 때, 한국사회는 이들 N세대가 그들의 역량을 맹랑하게 발휘하며 시민정신을 겸비한 성인으로 성숙해 나갈 수 있는 튼튼한 토대를 마련해 줄 준비가 되어 있는지 물어야 할 것이다. 이를 위해서는 '새로운' 풍조를 담아내는 신조어 생산에 성급히 뛰어들기 보다는 현재 청년세대 삶의 실상을 되짚어보고, 향후 청년세대가 살아갈 사회의 밑그림을 사실적으로 그려보는 작업부터 시작해야 할 것이다.

2000년대, 청년세대의 삶 돌아보기

상징적 기호에서 생활인으로 등장하는 청년세대

한국 역사에서 '청년'이라는 용어가 등장한 것은 1900년 전후로, 잡지·신문 등의 근대적 인쇄 매체를 통해 간헐적으로 등장하다가 1905년 이후에 사회의 광범위한 영역으로 확대되고 수용되면서 서로 다른 신분, 계급, 성별, 직업 등에 속해 있던 존재들이 청년이라는 하나의 균질한 범주로 호명되기 시작하였다. 한국사회에서 '청년'의 출현 과정을 사회·문화적 관점에서 조명한 성공회대 동아시아연구소 연구교수 소영현은 '청년'을 "고정된 모든 것이 연기처럼 흩어져 버리는 미친 시간의 소용돌이"인 '근대'의 산물로, "흩어져가는 균열의 경계선에서 소용돌이를 만들어내는 장본인"으로 묘사한다. 근대라는 시기를 '흩어져가는 균열의 경계선'들의 시공이라고 묘사한 것은 『공산당 선언』의 저자 칼 마르크스가 근대 서구의 산업 자본주의를 "모든 견고한 것들은 공기 속으로 사라지는" 체제라고 표현했던 것과 매우 흡사하다. 견고한 것들을 흐트러뜨리는 소용돌이의 장본인이란 다름 아닌 근대적 인간, 즉 주체적으로 개인화된 인간을 말한다면 청년은 그 근대적 인간의 대명사로 등장했다.

    기존의 질서를 무너뜨리고 끊임없이 새로운 가치와 문화를 추구하는 '근대적 인간'으로서의 청년은 일종의 문화적 기호로 한국사회에서 청년은 적어도 90년대 말까지 거의 한 세기

동안 이러한 상징적 집단으로 지칭되었다고 본다. 개항과 서구 기독교의 영향 아래 출현한 계몽과 신(新)대한 창조자로서의 청년과 1920년대 전후 암울했던 일제 강점기 속에 등장한 낭만적이고 심미적인 '문학청년'을 필두로 1970년대 통기타, 블루진, 생맥주로 각인된 청춘과 젊은 우상으로서의 청년, 그리고 1990년대의 신세대 이미지 등이 그 일례이다.

2000년대 한국의 청년담론은 이전과 사뭇 다른 경향을 보인다. 바로 '생활인'으로서의 청년에 대한 조명이다. 여기서 생활인이란 스스로 생계나 살림을 꾸려 나가는, 즉 경제활동을 하는 사람을 일컫는다. 앞서 언급한 '88만 원 세대'는 생활고라는 생존의 문제가 삶의 중심에 와 있는, 그러나 기초적인 '생활'을 하기에도 힘든 오늘날의 청년의 삶을 총체적으로 묘사한다. 정치학자 손호철은 한 발 더 나아가서 신자유주의적 성향이 훨씬 강한 보수정권으로의 교체는 88만 원 세대보다 더 열악한 77만 원 세대를 낳을 가능성이 크다고 보면서 오늘날의 청년은 대학 1학년 때부터 '영혼을 팔아서라도 취직을 하고 싶다'라고 절규하는 취약 계급으로 전락한다고 우려를 표명하기도 하였다. 기성세대의 경우 웬만한 대학을 나오면 대기업에 들어가 평생 안정된 직장을 누릴 수 있었다면 오늘날의 20대가 안정된 직장을 구하기는 하늘의 별 따기인 세태를 보며 '세대'가 '계급'화 될 수도 있다는 것이다.

청년세대가 문화적 기호로서의 상징적 집단이 아닌 현실적 생활인으로 그 사회적 성격이 변모함을 말해 주는 사례는 상당히 많다. 가장 단적인 예로는 최근에 나온 20대에 관한 서적들일 것이다. 『대한민국 20대 재테크에 미쳐라』, 『여자 20대 몸값을 올려라』, 『대한민국 20대, 내집마련에 미쳐라』, 『20대 여자가 꼭 알아야 할 돈 관리법』, 『20대 땅 투자로 미래를 준비한다』 등이 그것이다. 이제 막 대학생이 된, 아직은 사회에 진입하지도 않은 20대 청년에게 '돈벌기'에 미치라는 처세술에는 과거의 청춘예찬 같은 로망은 찾아 볼 수 없다. 대학에 몸담고 있으면서 청년세대의 생활상에 관심이 많은 필자는 강의를 듣는 학생들에게 오늘날 대학생의 로망이 무엇인지 물어 본 적이 있다. 잔디밭에 둘러 앉아 인생과 미래와 사회의 모순을 논하는 것은 옛날이야기이고 대신 스포츠카에 명품 옷과 액세서리를 두르고 거기다가 재미있고 순진하기까지 한 귀족형 남성이 요즘 대학생의 로망이라며, 여러 개의 아르바이트를 하며 등록금과의 전쟁을 하고 있는 자신은 로망은 꿈 꿀 수도 없다는 자조적인 대답을 들었었다.

생활인 되기 힘든 청년들

최근 청년담론의 주요 주제인 청년실업의 문제는 생활인이 되기가 힘든 청년세대의 고충을 여실히 보여 준다. 청년실업의 문제는 일차적으로는 외환위기, IMF 관리체제, 구조조정으로 이어지는 지난 10여 년간 한국사회가 겪은 경제 위기 속에서 고용없는 성장이 낳은 산물이다. 한국경제의 취업계수는 1995년 GDP 10억원 당 43.7명에서 2000년 36.6명, 2006년은 30.6

명까지 감소했다. 상대적으로 괜찮은 일자리를 창출하는 대기업, 제조업, 수출기업은 노동절약적 기술 진보 및 고용 유연화 정책으로 단위 부가가치 당 고용 창출 효과는 감소하는 결과를 낳았다. 이에 따라 이들 분야의 일자리는 줄어들고 상대적으로 노동절약적 기술진보가 느린 소기업, 서비스업, 내수기업에서 고용을 흡수하는 상황이다. 일자리 창출의 중심은 중소기업, 서비스업으로 이동하게 되었지만, 이들 부문의 생산성 개선이 미흡하여 고용의 질적 저하가 심화되고 있는 양상이다(박길성, 2007a). 이러한 노동시장 변화는 청년층만 아니라 현재 한국사회 전반에 걸쳐 고용불안정을 초래해 왔는데, 괜찮은 일자리의 감소와 고용의 질의 저하는 고학력과 각종 자격증 취득 등으로 화려한 '스펙'을 쌓은 후 높은 고용 기대를 가지고 있는 청년세대의 취업 진입을 힘들게 하고, 더 좋은 직장을 찾기 위한 취업 준비 기간을 더욱 연장시키는 결과를 초래하고, 이는 취업경쟁을 과열시키는 악순환을 거듭하고 있다.

최근 청년실업 못지 않게 불거지는 청년 노동시장의 또 하나의 문제가 있는데 청년층의 조기 퇴사와 잦은 이직이다. 취업 포털 커리어가 2007년 상반기 신입사원을 공채한 기업을 대상으로 평균 경쟁률을 조사했더니 116대 1의 바늘구멍 같은 경쟁률을 보였다고 한다. 그런데 이렇게 어려운 관문을 뚫고 들어간 직장에서 채 1년도 버티지 못하고 퇴사하는 신입사원들이 늘었다. 반면 기업들은 신입사원들을 오래 붙잡아 두려고 애쓴다. 한 쪽에서는 취업난을 호소하고, 다른 쪽에서는 인재 탈출을 막으려 안간힘을 쓰는 기현상이 벌어지고 있는 것이다(한겨레신문, 2007). 청년층 신입사원이 조기퇴사를 결정하는 데는 취업난 속에 일단 붙고 보자는 '징검다리 취업 행태'도 작용을 하지만, 개인 인터뷰에서 나타나는 내용들은 기업 문화와 상당한 관련이 있는 것으로 보인다. 국내 굴지의 대기업에서 일하다 조기 유학을 떠난 30대 남성은 "신입사원의 10~20% 정도는 1~2년 안에 회사를 그만둔다. 글로벌 기업이라는 이미지 때문에 좋은 인재들이 입사했다가도 불투명한 조직 문화와 소모품처럼 살아가는 선배들의 모습을 보고 그만둔다"고 말했다 한다. 좋은 대학을 졸업하고 토익점수 950점, 학점 3.7, 1년 외국연수 등 입사에 필요한 스펙을 두루 갖추고 어렵게 취직을 했으나 밥 먹듯 하는 야근, 쥐꼬리같은 월급, 개인의 발전에 도움이 되지 않는 일의 성격으로 인해 백수생활을 자진하는 청년층 조기 퇴직자의 스토리는 더 이상 새로운 것이 아닌 현실이 되고 있다(머니투데이, 2008).

청년층 비경제활동인구의 증가는 어떤가? 최근 통계청 자료에 의하면 20대 가운데 취업을 준비 중인 사람이 40만 5,000명으로 20대 공식 실업자(30만 6,000명)보다 10만 명이나 많은 것으로 나타났다. 취업준비자와 더불어 그냥 쉬고 있거나(21만 5,000명), 진학 준비 및 군입대 대기 중(16만 6,000명)인 이들을 합치면 20대 인구의 16.4%에 이르는 109만 명이 비경제활동인구, 즉 유휴인력인 것으로 집계되었다(한겨레신문, 2008). 비경제활동인구 중에서 고학력자의 비중이 급증하고 있는 것도 20대 취업준비자들의 증가 때문이다. 2008년 7월 대학교 졸업 이상의 학력을 가진 비경제활동인구는 257만 6,000명으로 지난해 같은 달에 비해 8.1% 증가했다. 비경활인구 중 육아나 가사 또는 연로 등으로 일하지 않는 사람을 뺀 사람과 사실상의 실업자를 합한 '백수'는 2008년 7월, 216만 명에 달한다. 수출을 늘려 높은 경제성장률을 달성해 내수를 회복하고 일자리 창출로 이어지는 선순환 구조를 만들겠다던 이명박 정부의 계획은 거꾸로 수출을 늘리려다 물가가 급등해 내수가 침체되고 고용 부진으로 이어지는 악순환을 낳은 셈인데, 한국노동연구원 허재준 노동시장연구본부장은 "현 고용 부진은 구조적인 문제이므로 길게 보고 대응책을 마련해야" 하고, 또한 청년층 실업 문제는 노동력과 일자리의 '미스 매치'의 문제로 취업자들이 눈높이를 낮춘다고 해결되는 문제가 아니라면서 청년층이 갈만한 일자리가 많지 않다는 점을 지적하기도 했다(프레시안, 2008).

일하고 싶어도 일 할 곳이 없는 오늘날의 청년층. 대학을 졸업한 고학력자의 실태가 이러할진대 고졸 청년층의 취업고충은 더 말할 나위가 없다. 한국노동연구원의 보고에 따르면, 청년실업의 중심은 고졸 이하에 있다고 한다. 2006년 상반기 청년 실업의 55%, 곧 19만 5,000명이 고졸 이하였다. 대졸자는 본인이 원하는 직업에 취업하기까지 걸리는 시간이 길다는 문제는 있지만 어찌되던 취업은 하고 있는 반면, 고졸 이하들은 직업훈련이 부족한 상태에서 열악한 일자리에 취업했다 그만

두는 것을 반복하기 때문에 실업상태에 처하는 빈도가 더 높게 나타나며, 이러한 상황은 당분간 지속될 전망이라는 것이다(정인수 외, 2006).

기성세대와 차이 없는 청년세대의 일상 경험

오늘날의 청년세대는 꿈을 먹고 사는 젊은이라는 지난 한 세기 간의 문화적 상징성을 상실하고 스스로의 '생활'을 책임지면서 무한경쟁의 사회에서 생존해야 하는 현실적 인간으로 대두하였다. 88만 원 세대의 저자들은 청년세대가 기득권을 소유하고 있는 기성세대로부터 살 길을 차단당하는, 세대 착취의 대상으로 전락하는 것을 우려한다. 현재의 경제구조가 세대를 불문하는 무한경쟁의 구조로 변모하고 있다는 지적은 틀림없지만, 오늘날 한국의 청년세대가 겪는 고용불안의 문제를 '세대' 갈등의 문제로 회귀시키는 것은 저자들의 날카로운 분석을 오히려 희석시켜버리는 단순한 귀결로 보인다. 사회학자 송호근은 IMF 외환위기 사태 이후 한국사회의 가장 중요한 화두로 등장한 '세대갈등'의 문제, 즉 5060의 원리와 규범이 2030의 것으로 대체되고 '밀려나는 세대'와 '진입하는 세대' 간에 세대충돌이 빚어질 것이라는 화두는 기우라고 지적한 바 있다. 그는, 여러 실증적인 자료를 바탕으로 지난 몇 년 간 한국사회의 경제위기는 민주주의, 세계화, 경제성장 등과 관련한 가치관에 있어서 세대 간의 이질성을 줄이고 오히려 동질성을 늘리는 효과를 초래함으로써 '세대충돌'의 우려는 별로 근거가 없다는 주장을 하였다(송호근, 2003).

　안정적인 일자리를 찾기 위한 경쟁에서뿐만 아니라 가치관, 나아가서, 그들이 일상에서 경험하는 정서에 있어서도 '세대'는 한국사회에서 더 이상 의미 있는 사회적 개념이 아닌 것인가? 이 질문은 필자가 장기간의 외국생활을 마치고 2005년 5월에 귀국하여 대학에서 학부 전공과목을 강의하면서 처음 연구관심을 갖게 된 주제였다. 첫 학기 강의를 하면서 나의 눈에 처음 들어 온 것은 무엇인가에 쫓기듯 두려운 눈을 한 활기 없는 대학생의 모습이었다. 그 때는 청년실업의 문제와 담론이 지금처럼 전 사회적으로 확산되지는 않았기에 나는 왜 오늘날의 20대 청년들이 이토록 에너지가 없어 보이는가 라는 질문을 하게 되었고, 청년의 삶에 대한 실증적인 연구를 하게 되었다. 20대 및 30대 초반의 청년세대의 사회 인구학적 프로파일이 지난 몇 십년 간 결혼·출산의 지연, 교육 기간의 연장, 늦어지는 취업 연령 등 상당한 변화를 겪어왔다는 것을 바탕으로, 과연 그들의 삶의 질은 어떻게 변화했는지 1980년대와 2006년도의 서베이자료 비교를 통하여 주관적인 삶의 만족도의 변화를 중심으로 살펴보았다. 대학졸업이 사회 진출의 길을 보장해 주는 것이 더 이상 아닌 사회에서, 아직 가정을 꾸미지도, 반듯한 직장을 가진 것도 아닌, 그러나 정작 사회는 이들을 자기만의 개성이 강한 톡톡 튀는 신세대라는 시선으로 바라보는 이 모순적인 현실 속에서 20대들은 과연 자신의 삶에 얼마나 만족하며 살고 있는지 궁금했고, 필자의 예측대로 오늘날 20대는 과거의 20대에 비해서 기성세대와 특별히 다르지 않은 정서적 경험을 하고 있다는 결과가 나왔다.

위의 표에서 보듯이, 전반적인 삶의 만족도('전체 삶')를 볼 때, 1981년에는 20대의 삶의 만족도가 다른 모든 연령층에 비해 월등히 높았던 것으로 나타났다(부등호표시가 있는 것은 모두 통계적으로 유의미한 차이를 나타낸다).

생활만족도의 세대 차이: 1980년대와 2006년 비교

	1981	2006
결혼	(20대)모든 세대	(20, 30대)40세 이상
건강	(20대)모든 세대	(20대)40세 이상
일	(20대)30, 40대	20대 타 세대와 차이 없음
전체 삶	(20대)모든 세대	(20대)50대 이상

• 「1981 사회발전과 국민의식에 관한 조사연구」(서울대학교 사회과학연구소); 「2006 한국종합사회조사」(성균관대학교 서베이리서치센터)

영역별로 살펴보면, 1981년에는 결혼만족도와 건강만족도에 있어서도 20대 연령층의 만족도가 모든 세대에 비해 월등히 높은 것으로 나타나고 다른 세대들 간에는 별 차이가 없게 나타났다. 일에 대한 만족도는 30, 40대에 비해 20대가 훨씬 높았다. 과거 20대의 생활 각 영역에서의 만족도가 타 연령층에 비해 극명히 높았던 것에 비하여 2006년의 양상은 상당히 달라졌다. 우선, 다른 모든 세대에 비해 20대가 훨씬 높은 만족도를 보인 항목은 발견되지 않았다. 결혼만족도, 건강만족도, 전반적인 삶의 만족도에 있어서 20대의 만족도가 50대 이상의 고연령층에 비해 다소 높기는 하나, 인접 세대인 30대, 40대의 경험과는 큰 차이가 나타나지 않았다. 특히, 일에 대한 만족도에 있어서 20대의 만족도는 다른 모든 연령층과 비교하여 아무런 차이도 발견되지 않았다. 요약하자면, 1981년의 20대는 윗세대들보다 많은 영역에서 훨씬 만족하였던, 두드러지게 차이 나는 집단이었던 것을 볼 수 있다. 만족도에 영향을 미친다고 판단되는 변수들(가구소득, 교육수준, 부모 학력, 계층 의식, 가계만족도, 사회 만족도 등)을 모두 통제한 후에도 1981년에는 '20대'라는 단일 변수가 전체 표본의 삶의 만족도의 변이에 영향을 미치는 유의미한 변수로 분명히 드러났다. 반면, 2006년의 경우에는 그와 같은 '20대 효과'가 나타나지 않았고, 2006년의 20대는 개인생활 만족에 있어서 윗세대와 크게 차이 나는 항목이 감소했다. 만족도 경험에 세대 차이가 약화되었다는 것이다.

삶의 만족에 있어서 세대 차이가 약화된다는 것을 젊음의 부재로 보아야 할지, 어른의 부재로 보아야 할지, 아니면, 세대를 막론하고 모두 젊어지려고 하는 트렌드의 반영인지, 나아가서, 한국사회에서 세대는 더 이상 사회적 차이를 만들어내는 의미 있는 개념이 더 이상 아닌지 등에 대한 이론화는 더 연구되어야 할 부분으로 보이나, 어쨌든 분명한 것은 일상생활의 정서에 있어서 오늘날의 20대 청년층은 기성세대와 특별한 차이가 없다는 것이다.

기성세대와 차이 나는 청년세대의 '일' 가치관
한국사회에서 청년세대는 기성세대와 다름없는 현실적 생활인으로 변하였나? 이 질문을 제기하는 것은 세대 간의 갈등이 존재함을 고집하려는 것이 아니라 젊은 세대와 기성세대와 의 차이가 그저 숫자의 차이에 불과하다는 것을 받아들이는 것이 사회적으로도 개인들에게도 미래에 대한 희망을 차단하는 너무도 절망적인 이야기이기 때문이다. 일자리 찾기 경쟁에 내몰린 20대, 그들은 일에 어떤 가치를 두며, 이들의 가치관은 기성세대와 차이가 있는가? 필자는 성균관대학교 서베이리서치센터에서 수집한 「2005 한국종합사회조사」 자료를 이용하여 청년세대의 일 가치관에 대해 살펴보았다. 동 조사에서는 일에 대한 가치관을 측정하는 항목으로 여러 가지 항목을 조사하였는데, 그 중에서 필자는 "일은 돈을 벌기 위한 수단일 뿐이다"와 "돈을 벌 필요가 없어도 일을 하고 싶다"의 두 항목의 응답을 연령층별로 살펴보았다.

먼저, "일은 돈을 벌기 위한 수단일 뿐이다"에 대한 태도를 연령층별로 비교해 보았을 때, 20대(18, 19세 포함)의 46.9%가 반대, 33.5%가 찬성한다고 하였다 (나머지 19.6%는 찬성도 반대도 아님). 20대의 이와 같은 태도와는 대조적으로, 30대 이상의 모든 연령층에서는 찬성 의견이 반대 의견보다 더 많은 비율을 차지하는 것으로 나타났다. 즉, 모든 연령층에서 돈을 벌기 위해 일을 한다고 하는 가치관이 다수를 차지하는 반면 20대는 예외적으로 그렇지 않다고 하는 의견이 더 많은 비율을 차지한다. "돈을 벌 필요가 없어도 일을 하고 싶은가"에 대한 의견에 대한 연령층별 태도는 어떠한가? 옆의 표에서 보듯이 거의 모든 연령층에서 이 의견에 찬성하는 비율이 반대하는 비율보다 압도적으로 높게 나타나는데, 찬성비율은 20대층에서 가장

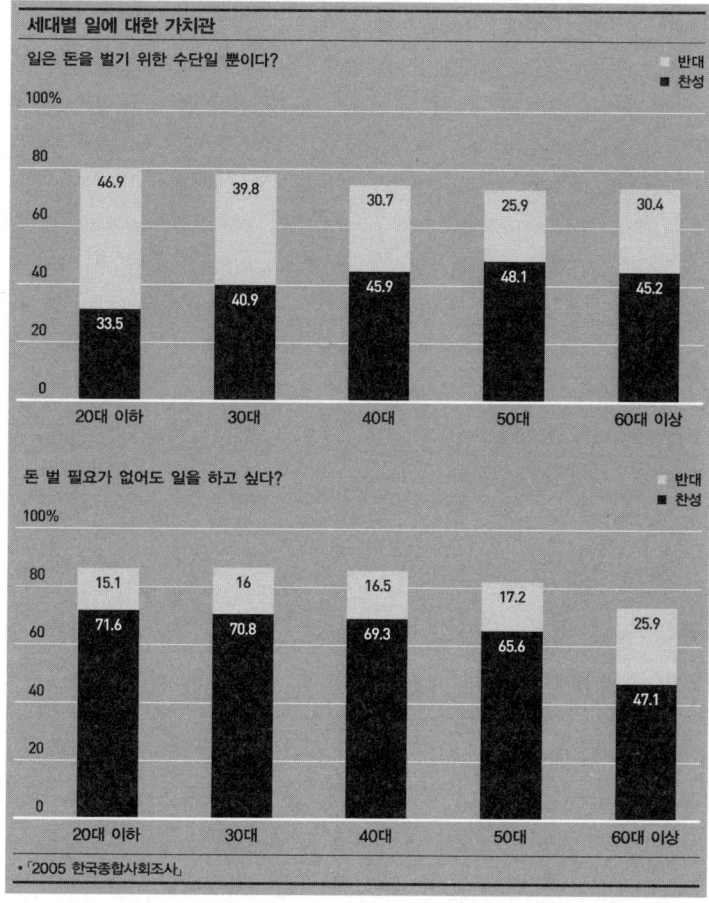

높게 나타나고 연령층이 높아질수록 찬성비율은 소폭씩 감소하는 현상이 나타난다. 20대층에서 돈을 벌 필요가 없어도 일을 하고 싶다고 한 비율은 71.6%인 반면 반대하는 비율은 15.1%에 그쳤다. 돈이 우선이냐, 일이 우선이냐는 문제에 있어서 청년세대는 기성세대에 비해 돈보다 일 자체를 더 중시하는 경향을 보이고 있는 것이다.

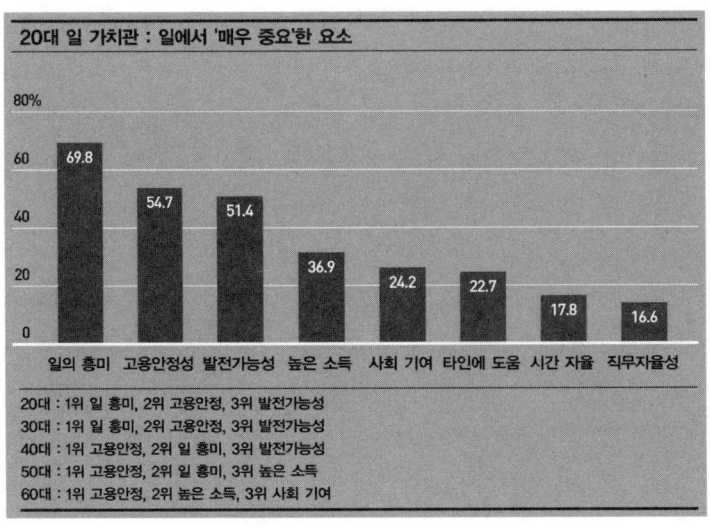

「2005 한국종합사회조사」에서는 일 가치관에 대해 고용안정성, 높은 소득, 발전 가능성, 일의 흥미 등의 총 8항목을 제시하여 각 요소가 자신에게 얼마나 중요한지를 질문하기도 하였는데, 각 질문에 대하여 '매우 중요하다'고 한 응답률을 살펴보았다.

표에서 보듯이, 20대 중에서 '매우 중요하다'는 응답률이 가장 높게 나타난 항목은 '일의 흥미'(69.8%)로 나타났고, '고용 안정'(54.7%)과 '발전 가능성'(51.4%)이 거의 비슷한 응답률을 보이며 그 뒤를 이었으며, '높은 소득'(36.9%)이 4위로 나타났다. 30대는 20대의 응답과 매우 유사한 경향을 나타냈다. 반면, 40대 이상 연령층에서는 '매우 중요하다' 응답률이 가장 높게 나타난 항목은 '고용 안정'이었다. 40대층에서는 '고용 안정' 다음으로 '일의 흥미', '발전 가능성', '높은 소득'이 그 뒤를 이었고, 50대층에서는 '높은 소득'이 '발전가능성'보다 더 중요하다고 나타났으며, 60대 이상 연령층에서는 '고용 안정', '높은 소득', '사회 기여'의 순서로 나타나 타 연령층과 대조되었다.

20대, 30대 젊은 세대가 '일의 흥미'를 일의 매우 중요한 가치로 여기고, '발전가능성'도 '고용 안정' 못지않게 유사하게 중요한 요소로 생각하며, 반면 '높은 소득'이 가지는 가치는 앞의 항목들에 비해서 상대적으로 하위로 나타나는 것은, 앞서 제시한 돈보다는 일 자체를 더 중시하는 청년세대의 일 가치관과 일관성이 있다. IMF 이후에 한국사회가 직업 선택에 있어서 도전, 모험, 장래성, 발전성 등의 가치보다는 소극적이고 현실적인, 좀 더 적나라하게 표현해서 '돈 앞에 무릎 꿇는' '현실적응적인' 직업 가치관이 만연한 사회로 급선회했다는 혹자의 우려(박길성, 2007)가 모든 연령층에 해당하는 객관적 사실이 아님을 말해 주고 있다. 일에 대한 가치관은 연령층별로 다소 차이가 있으며, 고연령층으로 갈수록 고용안정성이 가장 중요하게 나타나는 것은 사실이나, 20대, 30대 젊은 세대들은 자신에게 흥미를 주는 일을 가장 중요하게 생각하고, 발전 가능성도 고용안정성 못지않게 중요하게 여기는 것으로 나타나기 때문이다. 일 가치관에 있어서 세대 차이가 분명히 드러나고 있다는 것이다.

2008년 신세대, N세대에 대한 조명

N세대: 지나가는 유행어가 아니기를

오늘날의 청소년들, 그들을 특징짓는 이름은 『N세대의 무서운 아이들 Growing Up Digital: The Rise of the Net Generation』의 저자인 돈 탭스코트 Don Tapscott가 붙인 N(Net)세대가 될 것이다. 돈 탭스코트는 N세대를 이전의 베이비붐세대, X세대 등과 구분하면서 N세대가 미래사회의 중추세력으로 등장하고 있다고 주장하였다. N세대는 기존매체의 일방적인 소통보다는 자신의 의견을 적극적으로 개진하고 다양한 사람들과 상호작용적으로 의사소통을 하는 웹을 선호하고, 이러한 신 디지털 문화에 익숙지 않은 기성세대와는 질적으로 다른 사고방식과 삶의 방식을 추구하며, 가족, 성, 연령, 같은 기존의 제도나 관념들에 구애받지 않는 새로운 세대로 규정하였다. 이러한 N세대는 그들이 만들어가는 10가지 문화적 특징을 갖고 있는데, 강력한 자기의존적 독립심, 정서적·지적 개방성, 포용성, 자유스러운 의견 개진과 강력한 자기 주장, 혁신 지향적이고 강한 탐구심, 즉흥성, 진실되고 믿음직한 사고와 행동 등이 그것이다.

N세대에 대한 위와 같은 묘사는 현재 한국사회의 청소년담론을 비롯하여 이와 관련되는 지식사회, 지식경영 등의 담론에까지 보편화되어 가는 추세를 보인다. N세대 및 관련 개념들의 적실성을 논하는 것은 차치하고, N세대라는 '신세대'담

론 앞에 90년대의 신세대가 88만 원 세대로 전락해 버린 쓰린 경험을 되짚지 않을 수 없다. 현재의 N세대는 과거의 신세대가 오늘날 겪고 있는 생존의 싸움보다 더 극심한 경쟁 속에 내몰리지는 않을지, 결국 N세대 담론도 몇 년 가지 않아 또 다른 신세대담론에 가리어 서서히 수그러들어버리는 그저 지나가는 유행어에 그치는 것이 아닐까하는 노파심이 드는 것이다. 한국의 N세대, 그들은 과연 어떤 특징을 갖고 있는가?

한국 N세대의 생각과 꿈

인터넷을 위시한 디지털 테크놀로지가 일상생활의 일부로 본격화되기 시작한 것이 1990년대 초반이라면 2008년 현재 N세대는 이제 막 대학생이 된 20대 초반에서부터 갓 태어나는 아이에 이르기까지 모두 해당되는 개념이 된다. 한국사회 N세대의 인터넷 문화는 IT강국이라는 이름에 걸맞게 빠르고 다채롭게 변화해 왔다. 10대들이 운영하는 포털, 싸이월드, 블로그 등을 서핑하다 보면 돈 탭스코트의 『Growing Up Digital : The Rise of the Net Generation』 한국어판 제목을 'N세대의 무서운 아이들'이라고 번역된 것이 아주 적절한 의역이라는 생각이 들곤 한다. 일례를 들어보자. 필자가 즐겨 들어가 보는 10대 포털로 '10대 독립 아이두www.idoo.net (이하 아이두로 표기)라는 사이트가 있다. 아이두는 '학원숙제', '입시', '두발자유', '진학' 등 10대들이 당장 일상에서 마주하는 현실적인 주제들로부터 청소년의 삶을 둘러 싼 제반 이슈들에 대하여 10

대들이 직접 개발하는 '학교대사전', '청소년백과', '아이두 사전' 등의 용어사전, 교육제도, UCC, 이라크전쟁 등 굵직한 사회문화적 이슈에 대한 논쟁, 그리고 10대들이 직접 만든 창작물(소설, 시, 만화, 타이포그라피 등) 나눔과 토론에 이르기까지 다양한 스토리들이 오로지 10대들에 의해서 소통되는 국내 유일의 10대 커뮤니티 포털사이트이다. 아이두는 1999년 12월에 문을 열어 10년째 운영되고 있고, 아이두 멤버는 전 세계에 걸쳐 10만 명 정도의 10대 초·중·고등학생들로 이루어져 있으며, 하루 20만여 명의 사람들이 다녀가고, 교환 일기는 30만여 개, 전체 60만여 개가 넘는 글이 올라와 있다. 아이두는 '10대들이 필요로 하는 것들을 스스로 직접 만들고', '어른들의 간섭을 받지 않고 10대들이 자유로이 놀 수 있고', '10대들이 당당하게 자기 생각을 이야기할 수 있는 커뮤니티'를 지향한다.

10대들이 자유로이 놀 수 있는 10대들만의 커뮤니케이션 공간을 오직 10대들의 아이디어와 기술로 만들고 지속적으로 운영해 나간다는 것 자체도 흥미로운데, 이 공간에서 펼쳐지는 소통의 다양성과 건전함(?)에 필자는 처음 접했을 때나 지금이나 여전히 놀라곤 한다. 특히, 인터넷 사이트 어디나 횡행하는 비방성 악성 댓글문화에 식상하곤 하는데, 아이두에서는 그러한 공격적이고 비방적인 소통은 거의 찾아 볼 수가 없다는 것이 신기할 정도이다.

아이두라는 웹공간을 통하여 만난 10대의 모습은 돈 탭스코트가 묘사한 N세대의 특징과 상당히 닮아 있다. 그들은 솔직하고, 개방적이며, 자신의 의사를 진지하게 개진한다. 또 생전 처음 접하는 무수한 타인들과 일상생활과 미래에 대한 고민을 어제 만난 친구사이처럼 소통한다. 아이두에 중학교 때부터 활발히 참여하여 2008년에 대학 신입생이 된 김희진(가명)이라는 청년의 성장과정은 N세대의 좋은 일례가 되어 소개할까 한다. 김희진군이 자신을 소개한 소개문에는 나로서는 도통 알 수 없는 용어들이 가득하다. "Koolmoves, AudioConvert, NWC, Nexusfont 1.2, FCP 5.0, eMule v0.47c, V3 Pro 2004, Vegas 6.0, Get-it, Net Transport 2, Premiere, 알GiF" 등. 이 정도면 가히 디지털세대라 불릴 만하다. 김군의 취미와 특기는 상당히 다양하다. 만화 읽기, 영어·일어 회화, 시작詩作, 단편 소설 쓰기(5편 정도의 단편 소설이 아이두에 올라와 있음), 영어 소설 번역, 영어·한국어를 일어로 번역하기, 컴퓨터 한글 글씨체 개발하기(2008년 현재 몇 개의 글씨체 개발 완료 상태임) 등. 김군은 자신의 장래 희망을 '연필: 건전도덕 창조공방 만들기(문화공기업)'라고 쓰고 있다. 그가 구상하는 문화공기업은 '건전하고 도덕적이면서도 재미나는 이야기와 작품, 문화를 생산·공급·발굴·육성'하는 것을 목적으로 한다. 이 기업에 대해서는 네 가지 비전을 제시하고 있는데 '인터넷부터 TV, 영화, 신문, 라디오, 출판 등 거의 모든 매체를 통해 영향력을 끼치는 초국적 기업'이 되는 것을 제1의 비전, '관능, 소비, 일탈, 이기주의 등의 폐해에 반대하는 건설적이며 협동적인 문화를 정착하는 기업'을 제2비전, '물리학부터 종교비교론까지 가능한 많은 분야의 자문단과, 시인이나 작곡가부터 타이포그래피 전문가까지 거의 모든 분야의 창조인들을 지원하고 고용하여 사회에 이바지할 수 있게 돕는 기업'을 제3의 비전, 마지막으로 '욕을 안 먹는 기업, 거대 동호회 같은 기업, 세계가 지켜본다는 정신으로 일하는 기업'을 제4의 비전으로 삼고 있다. '우리가 가진 것은 새로움뿐이다'가 사훈인 김 군의 장래희망 문화공기업은 그가 중학교 때 이름 지어 지금껏 품어 왔던 꿈이라고 한다.

디지털 테크놀로지는 가히 현 시대를 근대 산업시대와는 다른 새로운 시대라 불러도 좋을 문화혁명을 만들어 내고 있음이 분명하다. 현재 10대들은 유아기, 초등학교시기를 통해 벌써 글로벌사회, 온라인사회에 내던져진 첫 세대가 된다. 문화와 경제의 글로벌화와 인터넷은 과거의 청소년 세대들에게 제공되지 못했던 폭 넓은 지식과 정보 자원을 제공하며, 세계는 시간과 공간을 초월한, 그러나 실재성을 갖는 체제들로 가시화되었다. 이런 변화하는 환경들이 청소년에게 미치는 부정적 영향들에 대해서 무시할 수는 없으나, 그렇다고 해서 10대들에 대한 담론이 게임과 오락에 중독된, 혹은, 지식과 정보의 홍수 속에 자기 판단 능력을 상실한, 등의 '몬스터 괴물' 같은 부정적인 내용으로 치우치는 일부 담론은 기성세대의 시각에 입각한 편향적인 담론이다(최상진 등, 2004). 과거의 세대들이 빈곤의 탈피, 산업화, 민주화, 등의 역사적 소용돌이 속에서 현실적 생존과 법적, 인도적 기본권 쟁취를 위해 개인을 희생하였다면, 오늘날의 10대들은 생존을 넘어 자신의 역량을 충분히 발휘하며 개인적, 사회적 성취감을 향유하는, 질적 발전이 있는 삶을 추구할 것이며, 글로벌화와 인터넷을 통한 지식, 커뮤니케이션, 인식지평의 확장은 이들의 양질의 일과 양질의 삶을 향한 욕구를 전통이나 현실이라는 기성세대의 담론 앞에 쉽게 타협하게 하지 않을 것이라 본다.

N세대의 미래

튀는 10대와 소외되는 10대

문제는, 과연 한국사회가 N세대가 그들의 다양한 꿈과 역량을 충분히 발휘할 수 있는 무대를 얼마나 적절히 제공해 줄 수 있는가이다. 취업난 속에서 자신이 오래 흥미를 가지고 일할 수 있는 일자리를 찾기 위해 다채로운 '스펙'을 쌓아 가는 현재의 20대 못지않게 오늘날의 10대들은 어쩌면 그 이상의 스펙을 준비하는 무서운 아이들이다. 고3의 나이에 『하루 만에 끝내는 경제학 노트』라는 책을 출판한 한국외대 부속외고의 양정환 군의 스펙은 혀를 내두르게 한다. 전국 중·고교 정보올림피아드 금상 수상(2005), 태국 치앙라이 가나안 훈련원 봉사(2006), Mock Trial USA(모의법정) 2위(2006), 아시안 Debate 챔피언십 2위(2006), 영국 Royal Russel School 모의 UN 최고 대표상 수상(2006) 등의 화려한 경력을 비롯하여 미국 대학 진학적성검사에서 수학과 화학 800점 만점을 받는 등 고등학생의 경력이라는 것이 믿기지 않을 정도로 탁월하다. 그러면서도 그는 계속 도전을 꿈꾼다고 한다.

  양 군의 경력이 10대의 보편적 특성은 아닐 것이다. 그는 분명히 10대 중에서도 여러모로 '튀는' 10대임에 틀림없다. 이러한 튀는 10대를 보며 드는 생각은 감탄 반, 우려 반이다. 17년 밖에 살지 않은 어린 학생이 그토록 놀라운 도전정신과 실천력을 가지고 있다는 것이 감탄스럽다. 그러나 한편으로는 두 가지의 우려가 든다. 첫 째는 세대내 계층 양극화의 문제이다. 양 군은 바로 오늘날 대다수의 10대들이 가장 부러워한다는, 혹은 가장 경계한다는 '엄친아'(엄마 친구의 아들)가 아닐까 싶은데 엄친아와 끊임없이 비교 당하게 될 다수의 나머지 학생들이 가질지도 모르는 상대적 무력감 혹은 박탈감이 걱정된다. 부모나 여타 성인의 사회적 지원과 정보에의 접근 없이 혼자만의 노력으로는 자기계발이 점점 더 어려워지는 사회에서 튀는 10대의 화려한 성공담 뒤에 가려질 소외되는 10대의 미래가 우려되는 것이다. 또 다른 우려는 10대들이 쌓아가고 있는 다양한 경험과 경력이 미래에 그들이 원하는 직업과 삶으로 지속성을 가지고 발전되어 갈 것인가라는 점이다. 이 문제에 답하는 것은 쉽지 않은 일이다. 이는 N세대가 살고 있는 현재 사회의 특성을 정확히 짚어 낼 언어(즉, 사회이론)를 필요로 하기 때문이다.

지식사회의 신화

독일 함부르크 응용과학대학의 미디어 및 커뮤니케이션 교수 한스 디터 퀴블러Hans-Dieter Kübler는 최근 그의 저작 『지식사회의 신화』에서 현대 사회에 대한 담론의 변천사를 되짚어 보면서 현대 사회를 '지식사회'로 명명할 수 있는지, 그렇다면 그 지식사회란 과연 어떤 성격을 갖는 것인지 밀도 있게 논의하고 있다. 퀴블러는 현대사회에서 정보와 지식의 물리적인 저장, 처리, 전송 용량이 끊임없이 증대되고 기술적인 다양성이 확대되는 것은 맞으나 이러한 대용량의 기기와 정보의 홍수가 자동적으로 지식의 증대와 사물에 대한 더 나은 이해에 이른다고 생각하는 것은 "우리 시대의 가장 근본적인 오해 중 하나"라고 못 박는다(p.177). 퀴블러는 지식사회 담론에는 신화적인, 즉 허구적인 측면이 있다고 보는데 그 첫째 이유는 "인식과 실천의 모든 영역에서 무한히 많은 지식이 생성되고 기술적으로 저장되면서 쓸 수 있는 지식을 파악하기가 매우 쉬워졌지만, 개인적 지식은 그만큼 상승되지 않았"기 때문이라고 하면서 "우리는 전 세대보다 더 많은 것을 알지 못한다. 단지 더 많은 지식의 옵션을 알고 있을 뿐이다"라고 말한다 (p.179). 또한 그는 전지全知와 무한성의 상징인 인터넷이 무제한의 지식을 회전시키는 지식 창고로 칭송되며, 지식의 획득=전문성의 확보라고 하는 신화를 만드는 것은 아닌지 논의하고 있다. 그렇다면 '전문성'이란 무엇인가? 퀴블러에 의하면 전문성에 대한 본래의 개념인 테크네Techne는 직업과 전문성이라는 두 영역을 구분하지 않았다고 한다. 산업화와 더불어 전문성은 '기술'(technique)이라는 기계적 용어로 제한되게 되었지만 직업활동은 상당히 오랫동안, 그리고 어쩌면 오늘날까지 기술 이외에 기예Kunst를 요구해 왔다고 한다. 여기서 기예란 좁은 의미에서의 예술이 아니라 능력, 지식 범위, 역량을 총체적으로 아우르는 말이다. '전문지식' 혹은 전문성이란 바로 "이론적 구성 및 모델 구성과 모든 전문직을 발전시키고 준비해온 특별한 전통에 소급하는 능력"으로 과거 장인과 도제의 관계에서 우선시되었던 인격적, 인지적, 실제적 배움을 통한 기예의 배양과 전승이다(p. 190). 그러나 현재의 지식사회는 그런 기예를 갖춘 전문가를 배양하는 것과는 거리가 먼, 마치 용량이 한정된 두뇌를 새로운 지식으로 끊임없이 교체하는 컴퓨터와 같은 저장창고를 양산하는 것은 아닌지 저자는 묻는다.

창조적 N세대 육성을 위한 지식경영

한국사회의 N세대들에게도 전문지식=정보 혹은 자격증 획득의 수준에 머물러 있는 것은 아닌지 물을 필요가 있다. 한국사회가 무한대의 지식을 저장한 똑똑한 두뇌를 가졌으나 어느 하나의 전문직의 전통에 소급하는 역량도 없고, 인격적·실제적 능력으로서의 기예를 갖추는 것이 불가능한 지식저장창고로서의 청소년세대를 양산하고 있는 것은 아닌지 말이다.

90년대 말에 등장하기 시작하여 어느새 거의 일상적인 경영용어로 자리 잡고 있는 '지식경영'이라는 개념은 우리사회가 머리만 큰 N세대를 양산하는 것이 아닌지에 대한 우려가 성급한 기우일 수도 있음을 상기시키는 지식사회의 긍정적인 패러다임이라고 본다. 지식경영은 테일러Frederick Winslow Taylor와 포드Henry Ford가 도입했던 분업적 생산의 표준화 대신 작고 다양한 생산모듈, 적시생산체계, 혁신에 의해 신속하게 교체되고 수정되는 주문생산, 등으로 특징져지는 현재의 세계 시장 상황에 필요한 경영방식이다. 이러한 시장은 연구개발, 디자인, 마케팅, 서비스, 교육, 훈련, 광고, 자문 등의 확충이 더욱 중요해지고 또한 복잡해지는 특성을 가지고 있다. 지식 집약적 산업은 오늘날의 직장인에게 양적인 지식 소유를 넘어 그들의 지식이 상이한 여러 분야에 유연하게 투입될 수 있는 질적인 능력으로 전환되기를 요구한다. 바꾸어 말하면 지식경영의 핵심은 다름 아닌 직원들의 전문지식과 능력을 끄집어내어 적재적소에 투입시킬 수 있는 유연한 경영인 것이다(p.208~214). 그러므로 지식경영인은 직원들이 가지고 있는 지식과 역량의 다양한 형태를 알아야 하는데 이는 "최고경영진에서 말단 단순노동자까지, 아이디어 기획에서부터 단순한 조력과 요령까지, 성공의 처방과 결산에서부터 좌절의 경험까지" 직원들의 다양한 지식과 경험을 수집해야 하는, 즉 직원들의 지식이 생성되고 응용되는 주관적 맥락을 널리 이해하는 것이 필수적이라는 것이다 (p.209).

지식경영을 위에서처럼 이해한다면 지식경영은 분업적으로 표준화된 산업시대의 경영보다 고용인과 피고용인 모두에게 훨씬 손이 많이 가는 경영시스템이라고 할 수 있다. 단순한 업무 지시를 넘어 개인들의 내면과 감성에까지 관심을 쏟아야 하는 경영이며, 업무의 결과물뿐만 아니라 개인들의 노동 과정에도 신경을 써야 하는, 주관적이고 과정중심적인 경영인 것이다. 이러한 지식경영 패러다임은 단순한 물질적인 보상보다 새로움에 도전하고 끊임없이 배우고 발전할 수 있는 가능성과 비슷한 취향을 가진 사람들과 함께 일 할 수 있는 사회적 가치 등을 일의 중요한 가치로 여기는 오늘날의 10대들(한국청소년개발원, 2006), 이들 N세대들이 창조적 사회인으로 살아가는 데 매우 적절하고도 필요한 노동 패러다임이다.

미래의 20대, 생활인을 넘어 유연한 생활의 달인으로

청년세대가 상징적 기호가 아닌 현실적 생활인으로 등장한 오늘을 비관적으로 바라볼 필요는 없다고 본다. 이는 청년세대가 비로서 실재성을 가진 사회의 멤버로 인식되고 있다는 말이기도 하기 때문이다. 그러나 일하고 싶으나 자신이 원하는 일자리를 찾지 못하는, 일자리를 찾았다 해도 88만 원 세대로 살아야 하는 것이 청년 생활인의 모습이라면 이러한 청년세대를 지속적으로 양산해 내는 사회에는 희망이 없다. 정부, 경제전문가, 기업은 양질의 일자리 창출을 위하여 모든 노력과 방법을 강구해야 함은 두말 할 여지가 없다. 그러나 일자리 창출은 단시일에 해결될 문제가 아니므로 우선 할 수 있는 작은 노력부터 시작할 필요가 있다. 어떤 종류의 일, 혹은 기업이든

간에, 위에서 말한 지식경영의 패러다임의 도입을 시도할 수 있을 것이다. 손이 많이 가더라도 직원과 동료가 기예를 배양하고 전승할 수 있는 과정중심적인 노동과 경영문화로의 변화 말이다. 이러한 지식경영은 전근대사회로의 휴머니즘적 귀환이 아니라 디지털시대, 글로벌시대, 지식사회, 바로 현 시대가 요구하는 경영 패러다임이자, N세대들의 재능과 역량을 디지털 격차라는 사회문제를 최소화시키는 가운데 창조적으로 발전시킬 수 있는 거의 유일한 경영문화이다.

  2005년부터 SBS에서 방영되고 있는 「생활의 달인」이라는 프로그램을 즐겨보는 사람은 '생활'이라는 그 평범하고 일상적인 단어가 마치 아무나에게 주어지지 않는 진기한 열매 같다는 느낌을 가져본 적이 있을 것이다. 골프장의 그물 설치와 보수 일을 스파이더맨처럼 고공에서 자유자재로 몸을 움직이며 하는 35세 남성, 남들은 쌀 20kg 한 포대도 들기 힘든데 한 번에 140kg의 짐을 거뜬히 지고 비좁은 시장 길을 달리는 17년 경력의 50대 청계천 지게꾼, 하루에도 수천수백의 옷을 리폼하는 경력 25년의 옷수선 달인, 2인분의 반죽을 밀어서 써는 데까지 단 17초밖에 안 걸리는 손칼국수 만들기 경력 14년의 40세 여성, 모든 요리를 30초에 끝내고 각양각색의 데코레이션까지 완벽하게 마무리하는 30년 중식요리의 달인, 하루 1,800개의 스테이크를 정확한 크기로 자르고 먹기 좋게 구워내는 경력 21년의 40대 초반 스테이크의 달인, 밑그림 없는 이불 위에 수채화를 그리는 경력 20년의 49세 남성, 산더미같은 배송물품에 1초당 2개씩 운송장을 붙이며 대한민국 홈쇼핑의 물품을 순식간에 정리하는 30대의 배송의 달인 등, 보는 이의 눈을 매료시키는 생활의 달인은 무수히 많다. 디지털 시대와 지식사회가 강조되는 요즘 이들 생활의 달인은 아날로그 시대의 향수처럼 느껴질 수도 있으나, 이들은 분명 디지털 시대의 동시대 사람들이다. 프로그램에 소개되는 이들 달인들의 일은 육체적으로 고되어 보이고, 달인의 경지에 적합한 넉넉한 수입이 보장되어 보이지도 않는다. 그러나 그들이 멋져 보이는 것은 바로 퀴블러가 말한 '기예'로서의 전문성이 그들에게 돋보이기 때문이 아닐까? 오늘날의 청년세대도, 또한 앞으로 청년세대로 자라날 현재의 10대들도, 그들이 원하는 것은 생존을 위한 생활인이 아닌, 어느 한 분야의 전문적인 달인이 되는 것, 그것을 통해서 보람과 정신적 여유를 가질 수 있는 미래의 삶이 아니겠는가?

2008년, 대한민국 초딩의 삶 돌아보기

이 글의 서두에서 EBS「지식채널ⓔ」에서 방영된 오늘날의 20대에 대한 5분 스토리를 소개하였다. 글을 맺으면서 역시 같은 프로그램에서 방영된 프로그램 하나를 더 소개할까 한다. 초등학교 때부터 대학입시를 향한 경쟁 구도에서 공부 과부하에 걸린 오늘의 '초딩'들에 대한 보고서인데,「2007, 대한민국에서 '초딩'으로 산다는 것」(2007. 4.20) 이라는 제목의 보고서이다. 이 5분 스토리의 내용은 다음과 같다. "초딩 10명 중 9명 과외; 평균 3.13개 과목; 하루 평균 2시간 37분. 과외 5시간 초과 초딩 중 38.6% 이유 없이 아플 때가 많다 ... 10명 중 7명 '학교 가기 싫다' 왜냐하면 학원에서 배운 것 반복해서 ... '공식만 가르쳐 주세요' ... 부모와 얘기하는 시간 30분. 가출충동 53.3%. 자살충동 27%. 가장 큰 이유는 성적. '저는요, 학원에서 시험 보면 영어는 항상 100점 맞아요. 근데 수학은 꼭 한 개나 두 개 틀려요. 정말 속상해요. 아파트 12층에서 뛰어내리려고 했는데 엄마가 불쌍하다는 생각이 들더라고요'(초등학교 2학년 어린이) ... 2006년 2월 인천, 방학숙제하러 방으로 들어간 6학년, 방문 손잡이에 도복 끈 묶고 자살 '학원 조금만 다니면 좋겠다' ... '내가 잊고 싶은 두려움은 〈이번에 친 시험 점수다〉', 우리 가족이 나에 대해서 '공부 잘 하는 것만 밝힌다', 나의 가장 큰 결점은 '공부를 못한다는 것이다', 언젠가 나는 '공부 제일 잘하는 아무개를 이기고 싶다' ... '나도 물고기처럼 자유롭게 날고 싶다'(자살한 어느 초딩의 유서 중)".

오늘의 초딩 N세대는 20대, 30대가 되어 어떤 미래를 살게 될 것인가? 디지털혁명도, 방대한 지식의 축적도, 세계화도, 이에 대한 답을 자동적으로 가져다주지 않는다. N세대가 살게 될 미래를 아는 열쇠는 우리가 어떤 미래를 그들에게 주고자 하는지에 대한 성찰과 그 미래를 열어 주기 위한 지속적인 실천에 달려 있기 때문이다.

참고문헌

1 디자인

2장
- 댄 힐, 이정명 역, 『감각 마케팅』, 비즈니스북스, 2004.
- 파멜라 댄지거, 최경남 역, 『사람들은 왜 소비하는가』, 거름, 2005.
- 강은주(2002), 「PET와 fMRI를 이용한 기억의 기능해부학 연구 및 임상적 적용」, 한국심리학회지 『실험 및 인지』14(4), pp243~256.
- 김상호(2006), 「아이팟의 등장과 애플사의 성공 히스토리」, 『CEO REPORT』, 삼성경제 연구소
- 김연희(2001), 「Fuctional MRI를 이용한 뇌기능 연구」, 『한국뇌학회지』1(1), pp65~76.
- 성영신, 김보경, 손민, 이주원(2007), 「디자인 파워: 선호 디자인에 대한 소비자 심리」, 한국소비자학회 추계학술대회지.
- 이연수(2006), 「2006년 주목할 감성 마케팅 키워드」, 『CEO REPORT』, 삼성경제연구소
- 이지평(2003), 「소비불황 극복을 위한 감성경영」, 『CEO REPORT』, 삼성경제연구소
- 최순화(2002), 「소비시장의 양면성과 기업의 대응」, 『CEO Information』제370호, 삼성경제연구소.
- 최순화(2003), 「불황 때는 팔릴 물건을 만들어라 - 고객 마음을 읽는 마케팅 조사기법」, 『CEO Information』제405호, 삼성경제연구소.
- McClure, Li, Tomlin, Cypert, Montague, M., & Montague, P.(2004), 「Neural Correlates of Behavioral Preference for Culturally Familiar Drinks」, 『Neuron』44(2), pp379~387.
- 『뉴스와이어』, 「상품에 이야기를 담아라」, 2006. 3. 30.
- 『동아일보』, 「뇌를 읽으면 돈이 보인다… '뉴로마케팅' 관심 고조」, 2006. 5. 17.

- 『조선일보』, 「펩시냐 코카냐… 맛은 혀 아닌 눈으로 먼저 느낀다」, 2004. 11. 3.
- 조선닷컴, 「웃겨야 팔린다: 펀 (fun) 마케팅」, 2007. 10. 4.

6장
- 문화관광부, 「'한(韓)스타일' 육성 종합계획(개요)」, 2007.
- 산업자원부, 「21세기형 국가 디자인 육성전략 및 지원체계에 관한 연구」, 1999.
- 정봉금, 「21세기 문화산업을 위한 공공디자인 정책 연구-국가 디자인 진흥 전략과 지원 시스템에 관하여」, 홍익대 대학원 박사논문, 2006.
- 코트라, 「일본의 국가브랜드 육성전략」, 2007.
- 한국디자인진흥원, 「국가 디자인정책 포트폴리오 개발」, 2006.
- 현대경제연구원, 「소득 2만 달러 시대, 한국의 국가브랜드 현황」, 2008.
- Design Council, 「The Good Design Plan」, 2008
- Douglas McGray, 「Japan's Gross National Cool」, 『Foreign Policy』 5/6, 2002.
- 『동아일보』, 「〈It's Design/지금 영국에선〉국가서 '창조적 산업' 집중 육성」, 2006. 2. 6.
- 『조선일보』, 「당신의 나라는 매력적인가요?」, 2008. 4. 11.
- 『조선일보』, 「세계 디자인 도시를 가다③ 디자인, 죽은 공장을 부활시키다 - 독일 뒤스부르크」, 2008. 4. 1.
- 『조선일보』, 「꽃을 든 사무라이」, 2008. 4. 11
- 『한국일보』, 「〈상상력이 경쟁력이다5·끝〉 새 패러다임이 온다」, 2007. 1. 5.
- 『The Washington Post』, 「Japan's empire of cool」, 2003. 12. 27.
- 뉴질랜드 betterbydesign http://www.betterbydesign.org.nz/
- 신일본양식 영문 홈페이지 http://www.japanesque-modern.org/english/

- 영국 디자인 카운슬 홈페이지 http://www.designcouncil.org.uk/

10장
- 김우정, 『위대한 기업의 선택 문화마케팅』, 바람, 2006.
- 김우정, 『창조경영시대의 문화마케팅』, 문화관광부, 2006.

2 콘텐츠

1장
- 남상열 외, 「'인터넷 경제의 미래에 관한OECD 장관회의' 주요이슈 및 전망」, 『KISDI 이슈리포트』, 2008. 8. 14.
- 박정은, 「유비쿼터스 사회의 미디어 진화와 전망」, 『유비쿼터스사회연구시리즈』제31호, 정보사회진흥원, 2007. 10. 25.
- 『전자신문』, 「〈글로벌리포트〉디지털 네이티브가 몰려온다」, 2008. 7. 14.
- 연합뉴스, 「한국 '광통신망 인터넷 보급률 1위〈OECD통계〉」, 2008. 10. 26.
- 『위클리조선』, 「유엔미래보고서」 2018년, 세계」, 2008. 11. 11.
- 배명훈, 「기업들의 세컨드 라이프 진출」, 『KISDI 정보통신정책』제19권 19호 통권 426호, 2007. 10.
- 『전자신문』, 「〈창간특집-미래경영〉콘텐츠·게임-"융합시대, 감성으로 소통한다"」, 2008. 9. 22.
- Pew Internet, 「The Future of the Internet Ⅱ」, 2006. 9. 24.
- Project 10X, 「Semantic Wave 2008 : Industry Roadmap to Web 3.0」, 2008.
- Eurescom mess@ge, 2008. 1.
- 미국 GENI www.geni.net
- 미국 FIND www.nets-find.net
- 모건스탠리 http://www.morganstanley.com/

- 문화체육관광부 http://www.mcst.go.kr
- FP7 http://cordis.europa.eu/fp7/home_en.html
- sramanamitra 블로그
  http://www.sramanamitra.com/2007/02/14/web-30-4c-p-vs/

2장

- 유승호, 『디지털시대와 문화콘텐츠』, 전자신문사, 2002.
- 임학순, 『창의적 문화사회와 문화정책』, 진한도서, 2003.
- 장용호 외, 『디지털 문화콘텐츠의 생산, 유통, 소비과정에 관한 모형』, 정보통신정책연구원, 2004.
- 한국문화콘텐츠진흥원, 『문화콘텐츠산업의 경제적 파급효과』, 2007.
- 문화관광부, 『2006 문화산업통계』, 2007.
- 문화관광부, 『2006 문화산업백서』, 2007.
- PricewaterhouseCoopers, 「Global Entertainment & Media Outlook」, 2007
- SK Telecom, 「Annual Report」, 2001~2006.

3장

- 임학순, 『창의적 문화사회와 문화정책』, 진한도서, 2003.
- 오미영·정인숙, 『커뮤니케이션 핵심 이론』, 커뮤니케이션북스, 2005.
- 조르주 장, 이종인 역, 『문자의 역사』, 시공디스커버리.
- 브뤼노 블라셀, 권명희 역, 『책의 역사 - 문자에서 텍스트로』, 시공디스커버리.
- 조르주 장, 김형진 역, 『기호의 언어 - 정교한 상징의 세계』, 시공디스커버리.
- 도널드 노먼, 인지공학심리연구회 역, 『생각 있는 디자인 - 인간 심리에 맞는 디자인』, 학지사, 1998.
- A. L. 바라바시, 강병남·김기훈 역, 『링크: 21세기를 지배하는 네트워크 과학』, 동아시아, 2002.

- 마샬 맥루한, 임상원 역, 『구텐베르그 은하계』, 커뮤니케이션북스, 2001.
- 마샬 맥루한, 박정규 역, 『미디어의 이해 – 인간의 확장』, 커뮤니케이션북스, 1997.
- 에드워드 윌슨, 최재천·장대익 역, 『통섭 : 지식의 대통합』, 사이언스북스, 2005.
- 존 나이스비트, 박슬라·안진환 역, 『마인드 세트』, 비즈니스 북스, 2006.
- 레프 마노비치, 서정신 역, 『뉴미디어의 언어』, 생각의 나무, 2004.
- 연구책임자 안상수, 공동연구자 김종덕, 장동련, 정봉금, 염동철, 송연승, 전가경, 「문화콘텐츠디자인의 유형과 정책과제」, 문화콘텐트진흥원, 2004.
- 연구책임자 이상원, 공동연구자 정영웅, 류제성, 양진식, 김효용, 서용재, 「디지털시대의 문화콘텐츠디자인에 대한 새로운 접근과 정책과제」, 문화관광부, 2004.
- 연구책임자 임학순, 공동연구자 정영웅, 이상민, 양승규, 선지현, 성지영, 손차혜, 「디지털 시대, 예술과 기술의 상호작용 연구」, 정보통신정책연구원, 2005.
- 연구책임자 임학순, 공동연구자 정영웅 노준석, 이병규, 김민규, 한혜원, 이상민, 박조원, 「디지털 콘텐츠와 문화정책, 디지털 컨버전스와 문화콘텐츠」, 디지털문화콘텐츠연구소, 2007.

4장
- 김응수·한문성, 「오감정보통신기술」, 『한국정보기술학회지』제1권 제1호, 2003.
- 김정도, 「휴대용 전자코와 전자혀의 기술 및 표준화동향」, 『한국정보기술학회지』제2권 제1호, 2004.
- 길주형, 「전자코와 인공 후각센서」, 『제어계측공학회』, 2004.
- 박창걸 외, 『2005 미래유망 사업화아이템 이슈분석 – 오감형 미디어

콘텐츠」, 한국과학기술정보연구원(KISTI), 2005.
- 박준석, 「차세대 휴먼 인터페이스의 오감 정보처리 기술」, 『주간기술동향』통권 1251호, 2006.
- 오사카과학기술센터, 『2005년 일본 오감산업포럼』, 2005.
- 정보통신연구진흥원, 『2006년도 IT839 전략기술개발 Master Plan(차세대PC)』, 2005.
- KIPA, 『2005 디지털콘텐츠산업백서』, 2005.
- David Harel, 「Towards an Odor Communication System」, 2004.

5장

- Elberse A.(2008), 「Should You Invest in the Long Tail?」, 『Harvard Business Review』 July-August.
- Pine, J. and Gilmore, J.(1999), 『The Experience Economy』, Harvard Business School Press, Boston.

6장

- 김영재, 「한국 애니메이션 해외시장 성공사례 및 국내방송시장 개선방안」, 애니메이션제작자협회 세미나 자료, 2007. 12.
- 『일간스포츠』, 「〈장상용의 만화카페〉 신동헌의 '홍길동' 비운의 천재가 만든 명작」, 2006. 4. 14.
- 전자신문, 「〈긴급진단〉기로에 선 애니메이션산업(상)해외선 환대, 국내선 찬밥」, 2007. 12. 10.
- 『Animation Magazine』, 「BRB's Eon Kids pulls ratings」, 2007. 11. 25.
www.imdb.com, 「All-Time Worldwide Box Office」

11장

- Benkler, Y.(2002), 「Coase's Penguin or Linus and the Nature of the Firm」, 『Yale Law Journal』112.
- Shapiro, C. and H. R. Varian(1999), 「Information rules: a strategic

guide to the network economy』, Boston, Mass., Harvard Business School Press.

12장
- 최혜실, 『디지털 시대의 영상문화』, 소명출판, 2003, pp11~18.
- 최혜실, 「UCC, 원시공동체로의 복귀」, 『사회비평』복간호, 2007, 여름.
- 최혜실, 「스토리텔링의 이론 정립을 위한 시론」, 국어국문학회 발표논문, 충북대학교, 2008. 5. 24.
- 폴 리쾨르, 김한식·이경래 역, 『시간과 이야기』, 문학과지성사, 2001, pp.15~17.
- 최혜실 편저, 『문화산업과 스토리텔링』, 다홀미디어, 2007, pp10~13.
- 최혜실, 『문자문학에서 전자문화로』, 한길사, 2007, p163, pp158~159.
- 최혜실, 『방송통신 융합 시대의 문화콘텐츠』, 나남, 2008, p126.
- 월터 J. 옹, 이기우·임명진 역, 『구술문화와 문자문화』, 문예출판사, 2000, pp60~92.
- 『한겨레』, 12면, 2007. 4. 20.

13장
- 고지영, 「20대 삶의 만족도의 과거와 현재: 1980년대와 2000년대 비교」, 2006 후기 사회학대회, 서울대학교, 2006.
- 박길성(2007a), 〈한국사회의 갈등구조와 통합〉, 한국사회학·중앙일보 특별 심포지엄「IMF 체제의 사회분화를 넘어서 통합사회로」.
- 박길성(2007b), 「IMF 10년, 그 후 한국은: 어떤 가치도 돈 앞에 무릎 꿇다」, 한국청년정책연구원 칼럼. 2007. 4. 2.
- 박재홍, 『한국의 세대문제: 차이와 갈등을 넘어서』, 나남출판, 2005.
- 소영현, 『문학청년의 탄생』, 푸른역사, 2008.
- 손호철, 「이제 세대는 계급인가?」, 『한국일보』, 2007. 11. 18.
- 송호근, 『한국, 무슨 일이 일어나고 있나: 세대, 그 갈등과 조화의 미학』, 삼성경제연구소, 2003.

- 우석훈 · 박권일, 『88만원 세대』, 레디앙미디어, 2007.
- 정인수 · 남재량 · 이승우, 『고졸 이하 청년층 실업 실태파악 및 정책과제』, 한국노동연구원, 2006.
- 최상진 · 김양하 · 황인숙, 「한국문화에서 청소년이란 무엇인가?」, 『한국심리학회지:사회문제』10, pp11~28, 2004.
- 퀴블러 · 한스 디터, 『지식사회의 신화: 정보, 미디어와 지식의 사회변동』, 한울, 2008.
- 돈 탭스코트, 허운나 · 유영만 역, 『N세대의 무서운 아이들』, 도서출판 물푸레, 1999.
- 『한겨레신문』, 「20대 '백수' 109만명…20대 인구의 16.4%」. 2008. 4. 21.
- 『한겨레신문』, 「'바늘구멍' 입사한 신입사원들, 떠나는 이유는?」, 2007. 7. 4.
- 한국청소년개발원, 「청소년의 선호직업 및 직업가치 특성에 관한 연구」, 『한국청소년패널조사 데이터분석보고서1』, 한국청소년개발원 연구보고 06-R01-1, 2006.
- 황상민, 「이념은 사라지고 생활이 남은 20대」, 『조선일보』, 2005. 5. 24.
- 프레시안, 「MB노믹스 직격탄 맞은 20대…300만 백수 시대?」, 2008. 8. 14.
- 머니투데이, 「졸업이 겁나는 대학교 5학년」, 2008. 8. 18.
- 지식채널ⓔ, 「2008, 대한민국에서 20대로 산다는 것」, EBS. 2008. 6. 5.

KI신서 1664
하이트렌드

1판 1쇄 인쇄 2009년 1월 28일
1판 1쇄 발행 2009년 2월 10일

지은이 이각범 외 **펴낸이** 김영곤 **펴낸곳** (주)북이십일 21세기북스
기획·편집 엄영희 **영업** 최창규 서재필 이종률
출판등록 2000년 5월 6일 제10-1965호
주소 (우413-756) 경기도 파주시 교하읍 문발리 파주출판단지 518-3
대표전화 031-955-2100 **팩스** 031-955-2151 **이메일** book21@book21.co.kr
홈페이지 www.book21.com **커뮤니티** cafe.naver.com/21cbook

값 16,500원
ISBN 978-89-509-1723-4 03320

이 책 내용의 일부 또는 전부를 재사용하려면 반드시 (주)북이십일의 동의를 얻어야 합니다.
잘못 만들어진 책은 구입하신 서점에서 교환해 드립니다.